传世名著典藏丛书

中华传统经典解读

诠解

中庸

[战国] 子 思 原著

余 庆 编译

北方联合出版传媒(集团)股份有限公司

万卷出版公司

VOLUMES PUBLISHING COMPANY

天命之谓性率性之谓道修道之谓教道也者不可须臾离也可离非道也是故君子戒慎乎其所不睹恐惧乎其所不闻莫见乎隐莫显乎微故君子慎其独也喜怒哀乐之未发谓之中发而皆中节谓之和中也者天下之大本也和也者天下之达道也致中和天地位焉万物育焉

图书在版编目（CIP）数据

中庸诠解/（战国）子思原著；余庆编译. -- 沈阳：
万卷出版公司,2018.7
ISBN 978-7-5470-4810-8

Ⅰ.①中… Ⅱ.①子… ②余… Ⅲ.①儒家②《中庸
》-译文③《中庸》-注释 Ⅳ.①B222.1

中国版本图书馆CIP数据核字（2018）第051921号

出 品 人：刘一秀
出版发行：北方联合出版传媒（集团）股份有限公司
　　　　　万卷出版公司
　　　　　（地址：沈阳市和平区十一纬路25号　邮编：110003）
印 刷 者：北京竹曦印务有限公司
经 销 者：全国新华书店
幅面尺寸：170mm×230mm
字　　数：499千字
印　　张：26.25
出版时间：2018年7月第1版
印刷时间：2018年7月第1次印刷
责任编辑：李　坪
责任校对：佟可竟
版式设计：格林文化
ISBN 978-7-5470-4810-8
定　　价：62.00元
联系电话：024-23284442
传　　真：024-23284442

序 言

  上下五千年悠久而漫长的历史，积淀了中华民族独具魅力且博大精深的文化。中华文化是中华民族无数古圣先贤、风流人物、仁人志士对自然、人生、社会的思索、探求与总结，而且一路下来，薪火相传，因时损益。它不仅是中华民族智慧的凝结，更是我们道德规范、价值取向、行为准则的集中再现。千百年来，中华文化已经融入每一位中华儿女的血液，铸成了我们民族的品格，书写了辉煌灿烂的历史。中华文化与西方世界的文明并峙鼎立，成为人类文明的一个不可或缺的组成部分。凡此，我们称之曰"国学"，其目的在于与非中华文化相区分。中华民族之所以历经磨难而不衰，其重要一点是它有着源于由国学而产生的民族向心力和人文精神的根骨。可以说，中华民族之所以是中华民族，主要原因之一乃是其有异于其他民族的传统文化！

  概而言之，国学包括经史子集、十家九流。它以先秦经典及诸子之学为根基，涵盖两汉经学、魏晋玄学、隋唐佛学、宋明理学和同时期的汉赋、六朝骈文、唐宋诗词、元曲与明清小说并历代史学等一套特有而完整的文化、学术体系。观其构成，足见国学之广博与深厚。可以这么说，国学是华夏文明之根，中华儿女之魂。

  从大的方面来讲，一个没有自己文化的国家，可能会成为一个大国甚至富国，但绝对不会成为一个强国；也许它会强盛一时，但绝不能永远屹立于世界强国之林！而一个国家若想健康持续地发展，则必然有其凝聚民众的国民精神，且这种国民精神也必然是在自身漫长的历史发展中由本国人民创造形成的。中华民族的伟大复兴，中华巨龙的跃起腾飞，离不开国学的滋养。从小处而言，继承与发扬国学对每一个中华儿女来说同样举足轻重，迫在眉睫。国学之用，在于"无用"之"大用"。一个人的成功很大程度上取决于他的思维方式，而一个人思维能力的成熟程度亦绝非先天注定，它是在一定的文化氛围中形成的。国学作为涵盖经、史、子、集的庞大知识思想体系，恰好能为我们提供一种氛围、一个平台。潜心于国学的学习，人们就会发现其中蕴含的无法穷尽的智慧，并从中领略到恒久的治世之道与管理之智，也可以体悟到超脱的人生哲学与立身之术。在现今社会，崇尚国学，学习国学，更是提高个人道德水准和建构正确价值观念的重要途径。

近年来，国学热正在我们身边悄然兴起，令人欣慰。更可喜的是，很多家长开始对孩子进行国学启蒙教育，希望孩子奠定扎实的国学根基，以此帮助他们树立正确的道德观和价值观。欣喜之余，我们同时也对中国现今的文化断层现象充满了担忧。从"国学热"这个词汇本身也能看出，正是因为一定时期国学教育的缺失，才会有国学热潮的再现。我们注意到，现今的青少年对好莱坞大片趋之若鹜时却不知道屈原、司马迁为何许人；新世纪的大学生能考出令人咋舌的托福高分，但却看不懂简单的文言文。这些现象一再折射出一个信号：当今社会人群的国学知识十分匮乏。在西方大搞强势文化和学术壁垒的同时，国人偏离自己的民族文化越来越远。弘扬经典国学教育，重拾中华传统文化，这样的需求已迫在眉睫。

本套"传世名著典藏"丛书的问世，也正是为弘扬国学传统文化而添砖加瓦并略尽绵薄之力。本人作为一名大学教师，从事中国文化史籍的教学与研究工作多年，对国学文化及国学教育亦可谓体悟深刻。为了完成此丛书，我们从收集整理到评点注释，历时数载，花费了很多的心血。这套丛书集传统文化于一体，涵盖了读者应知必知的国学经典。更重要的是，丛书尽量把晦涩的传统文化知识予以通俗化、现实化的演绎，并以大量精彩案例解析深刻的文化内核，力图使国学的现实意义更易彰显，使读者阅读起来能轻松愉悦、饶有趣味。虽然整套书尚存瑕疵，但仍可以负责任地说，我们是怀着对中华传统文化的深厚感情和治学者应有的严谨态度来完成该丛书的。希望读者能感受到我们的良苦用心。

王琪

2017年7月

前　言

　　《中庸》是儒家一部重要的经典，它同《易经》一样，都是儒家的理论渊源，而自宋代以后，《中庸》则成为儒者研读的重点。儒学，特别是理学，许多概念、命题出自《中庸》。朱熹认为，《中庸》"忧深言切，虑远说详"，"历选前圣之书，所以提挈纲维，开示蕴奥，未有若是之明且尽者也。"(《中庸章句·序》)并引用程颐的话，强调《中庸》是"孔门传授心法"的著作，"放之则弥六合，卷之则退藏于密"，是经世实用的学问。许多理学大家持守《中庸》的信条，许多儒者用《中庸》的方法论思考，从而可以看出，《中庸》对中华文明的形成有着深远的影响。

　　但今本《中庸》，并非独立成编，它仅为《礼记》中的一篇。对于《中庸》的作者，一般认为，它出于子思(前483—前402)之手。司马迁曾说，子思作《中庸》。据《史记·孔子世家》记载，孔子之孙名叫孔伋，字子思。据《韩非子·显学》记载，孔子去世后，儒家分为八派，子思和孟子是其中一派。从师承关系来看，子思大概学于孔子的得意弟子曾子，而孟子则学于子思之门人。从《中庸》和《孟子》的基本观点来看，大体上是相同的，所以有"思孟学派"的说法。后代因此而尊称子思为"述圣"。至宋代，理学大家也认为《中庸》为子思所作，这几乎成了定论。近代人们对《中庸》作者产生疑问，有人据第二十八章"生乎今之世，反古之道"，"今天下车同轨，书同文，行同伦"两段话，认为《中庸》是秦代作品。综合来看，《中庸》应主要为子思所作，只是后来掺入了秦人文字，可能经过秦代儒者的修改整理。

　　现存本虽说没有独立成编，但早在西汉时代就有专门解释《中庸》的著作。《汉书·艺文志》著录有《中庸说》二篇，以后各代有关这方面的著作也有一些，但影响甚微。唐代韩愈注意《大学》、《中庸》，揭示道统。到宋代，很多人目光转向《中庸》，范仲淹、张载、二程均重视《中庸》，二程弟子也有关于《中庸》的著作，朱熹讲友石子重作《中庸解》，但影响最大的还是理学集大成者朱熹的《中庸章句》。朱熹把《中庸》、《大学》两篇与《论语》、《孟子》合在一起，称为《四书》，并为之作章句集注。从元代开始，《四书章句集注》成为各级学校的必读书，成为后世读书人争名科举、求取功名的阶梯，对后世产生了极大的影响。

在《中庸章句》篇题之下，朱熹对"中庸"下了一个定义，指出："中者，不偏不倚、无过不及之名。庸，平常也。"《中庸》作为平民的哲学，其核心是中庸之道。所谓中庸之道，就是忠恕之道。是孔子"己所不欲，勿施于人"思想的发挥，在处理人与人交往的社会关系上要求符合于"中庸之道"。其行为准则是："君惠臣忠"、"父慈子孝"、"夫义妇顺"、"兄友弟恭"、"朋友有信"。从而达到"中庸"的和谐境界。这种境界的修养，来源于内心的"诚"。就是要怀着"诚敬"之心，不懈地进行主观心性的修养。在修养的方法上，强调"择善而固执之"的锲而不舍的勤奋精神，从而达到"至诚"的境界。

《中庸》及《中庸章句》及朱熹有关著作，还讨论了儒学和理学的一系列问题，如命、性、教、道、慎独、情、已发未发、中和、大本、达道、在中、时中、用中、费隐、忠恕、鬼神、五达道、三达德、知行、治国九经、择善固执、诚、致曲、尊德性而道问学、学问思辨行、三重、仁义礼智、无声无臭等等，有天道，有人道，有本体，有工夫。许多儒者对这些概念和命题也倾注了极大的热情，进行了广泛深入的论辩。这些讨论，虽说常常莫衷一是，但丰富多彩，细致入微，富有哲理。可以说宋明理学所以能成为本体化、哲学化的思潮，达到了时代哲学高峰，是和《中庸》密不可分的。

《中庸》在儒家典籍中，是高层次的理论色彩浓厚的著作。读通、读懂很不容易。朱熹认为读《四书》应最后读《中庸》，突出了它的高深性。为了增加这本书的可读性，本书从"本章题解"、"原典释译"、"智慧运用"三个大的方面入手，按照先从理论上整体把握，再到逐词逐句的落实，最后延展到实际运用的思路依次诠释。在"原典释译"中，我们以《四书集注》中的《中庸章句》为底本，文字、章节一一依从《章句》。注释博采众长，不固守宋儒，有时采用朱说，有时觉得朱说过于勉强者，则另辟蹊径，有的地方仅为笔者一得之见。译文与正文和注释相对应，主要采取直译的方式。有的地方为了突出概念、命题及其内在联系，则采取了必要的意译。在这一部分，我们还特别辑选了"历代论引",并存诸说,既展示了历代学者的心得体会和成果,更便于有兴趣的读者研究之用。在"智慧运用"中,我们聚焦《中庸》原书的文句,从"典句札记""史例解读""现代运用"三个层面进行透析,以现代人的视角审视原典,以生动的史例演绎原典要义,便于引起读者思想上的共鸣,找到原典精神与现实社会的契合点。

我们在《中庸》正文前还分别收录了朱熹所作《中庸章句序》序说。朱熹的《中庸章句序》,是一篇难得的历史文化文献。它完整地论述了儒家的道统论。首先,是道的内涵,序引《尚书·大禹谟》中"人心唯危,道心唯微,唯精唯一,允执厥中"四句话,表明宗旨,使其成为道统论的核心,后来被称作"十六字心传"。理学家们几乎都把它奉为圭臬,没有谁能绕过它。其次,还使道的历代承载人物谱系化。朱熹认为,尧舜禹汤、文王武王、周公召公,皋陶伊尹傅说,这些早期圣君名臣,使道代有传人,形成统绪。孔子虽无其位,但"继往圣,开来学",其功有高过尧、舜的地方,自然也承载道统。曾子见知孔子,子思得其流风遗韵,此后孟子接续其统。孟子前后,异端四起,特别是佛老思想"弥近理而大乱真",道统失传。至程颢、程颐出,斥佛道"似是而非",续千载不传之绪,完整地勾画出一个道统流变史。可见,此篇序说是与《中庸》彼此密不可分的一个整体,相辅相成,也是研究《中庸》不可或缺的资料。另外,本书在附录中还全文收录了《中庸》原文,以提供读者一个经过我们严格校订的准确完整的文本。

本书版式新颖,设计精美,配以大量古朴生动的图片,彻底打破了古典著作的沉闷气息。本书严密的逻辑结构,精确透辟的注解阐释,生动深刻的史例描述,入情入理的精彩评析,加之轻松流畅的语言风格,融知识性、哲理性、故事性和趣味性于一体的特点,使本书对您感悟儒学经典《中庸》的博大精深,修养精神道德乃至经世致用,都会大有裨益。

在写作本书的过程中,我们参考了一些近年来出版的有关《中庸》的编著资料和实用案例,谨向原作者表示衷心感谢! 限于笔者水平,书中难免有许多疏漏,敬请广大读者批评指正。

朱熹《中庸章句序》

中庸何为而作也？子思子忧道学之失其传而作也。盖自上古圣神继天立极，而道统之传有自来矣。其见于经，则"允执厥中"者，尧之所以授舜也；"人心唯危，道心唯微，唯精唯一，允执厥中"者，舜之所以授禹也。尧之一言，至矣，尽矣！而舜复益之以三言者，则所以明夫尧之一言，必如是而后可庶几也。

盖尝论之：心之虚灵知觉，一而已矣，而以为有人心、道心之异者，则以其或生于形气之私，或原于性命之正，而所以为知觉者不同，是以或危殆而不安，或微妙而难见耳。然人莫不有是形，故虽上智不能无人心，亦莫不有是性，故虽下愚不能无道心。二者杂于方寸之间，而不知所以治之，则危者愈危，微者愈微，而天理之公卒无以胜夫人欲之私矣。精则察夫二者之间而不杂也，一则守其本心之正而不离也。从事于斯，无少间断，必使道心常为一身之主，而人心每听命焉，则危者安、微者著，而动静云为自无过不及之差矣。

夫尧、舜、禹，天下之大圣也。以天下相传，天下之大事也。以天下之大圣，行天下之大事，而其授受之际，丁宁告戒，不过如此。则天下之理，岂有以加于此哉？自是以来，圣圣相承：若成汤、文、武之为君，皋陶、伊、傅、周、召之为臣，既皆以此而接大道统之传，若吾夫子，则虽不得其位，而所以继往圣、开来学，其功反有贤于尧舜者。

然当是时，见而知之者，唯颜氏、曾氏之传得其宗。及曾氏之再传，而复得夫子之孙子思，则去圣远而异端起矣。子思惧夫愈久而愈失其真也，于是推本尧舜以来相传之意，质以平日所闻父师之言，更互演绎，作为此书，以诏后之学者。盖其忧之也深，故其言之也切；其虑之也远，故其说之也详。其曰"天命率性"，则道心之谓也；其曰"择善固执"，则精一之谓也；其曰"君子时中"，则执中之谓也。世之相后，千有余年，而其言之不异，如合符节。历选前圣之书，所以提挈纲维、开示蕴奥，未有若是之明且尽者也。

自是而又再传以得孟氏，为能推明是书，以承先圣之统，及其没而遂失其传焉。则吾道之所寄不越乎言语文字之间，而异端之说日新月盛，以至于老佛之徒出，则弥近理而大乱真矣。然而尚幸此书之不泯，故程夫子兄弟者出，得有所考，以续夫千载不传之绪；得有所据，以斥夫二家似是之非。

盖子思之功于是为大，而微程夫子，则亦莫能因其语而得其心也。惜乎！其所以为说者不传，而凡石氏之所辑录，仅出于其门人之所记，是以大义虽明，而微言未析。至其门人所自为说，则虽颇详尽而多所发明，然倍其师说而淫于老佛者，亦有之矣。

熹自蚤岁即尝受读而窃疑之，沉潜反复，盖亦有年，一旦恍然似有以得其要领者，然后乃敢会众说而折其中，既为定著《章句》一篇，以俟后之君子。而一二同志复取石氏书，删其繁乱，名以《辑略》，且记所尝论辩取舍之意，别为《或问》，以附其后。然后此书之旨，枝分节解、脉络贯通、详略相因、巨细毕举，而凡诸说之同异得失，亦得以曲畅旁通，而各极其趣。虽于道统之传，不敢妄议，然初学之士，或有取焉，则亦庶乎行远升高之一助云尔。

淳熙己酉春三月戊申，新安朱熹序

【译文】

《中庸》为什么而作呢？子思忧虑关于"道"的学问失传，所以才作的。大概远自上古，具有神圣的德行和高位之人，承继天命，建立了至极之理，道统便流传下来了。现在还可以从经书中看到的，有"允执厥中"，这是尧传位给舜的时候所说的话；还有"人心唯危，道心唯微，唯精唯一，允执厥中"，这是舜传位给禹的时候所说的话。尧的一句话，就已经把理讲清楚了，完全包容了至极之内容。而舜又加上了三句，是为了更好地说明尧所说的那句话的前后关联，因为只有明白了前后关联才能比较理解"道"的精微处。

我对这些话作一个总说，要知道，人心是空虚灵动能知能觉的，每个人心自然只有一个，那么又有人心、道心的不同是什么原因呢？这是因其生成有别，人心生于个人形体气质，道心是人性命中的正理，但人的知见能力和觉悟有所不同，不能识别人心，则危殆而不安；不能识别道心，则道心微妙难以显现。然而，既然是人，就没有不具有形体的，所以即使是在智力方面堪称"上智"的人，不能没有"人心"，也没有不具有道心这种本性的，所以即使是在智力方面虽为"下愚"的人，也不可能没有"道心"。"人心"和"道心"两者，都杂处于人心这块方寸之地，如果人自身不能去治理它，自然"人心"越来越危殆，"道心"的微妙更难以显现。那道心的这至公的天理,最终无法战胜个人的私欲。所以,必须用精察严求于二者之间,使天理不杂一毫私欲,必须用专一护守天理之公这个本心,一刻也不能离开它。长期坚持如此,没有片刻间断,使天理之公的道心,长为一身之主,自私自利的人心就会服从道心,这样就会每每转危为安,道心的微妙之处就会显现。人在动静之间,说话做事,就不会有过头和不及的差错了。

尧、舜、禹都可以说是天下的大圣人了。以天下最高权位相传,这是天下的大事。以天下的大圣人,做传天下最高权位的大事,在相传之际,叮咛告诫,不过如此,则天下的道理,还有比这更重要的吗?从此以后,圣人与圣人相承,其中有像成汤、文王、武王这样的君王,有像皋陶、伊尹、傅说、周公、召公这样的大臣,都是接续了道统的真传。像我们所尊敬的孔老夫子,虽然本人没有前人那样的权位,然而,由于其继承了以往圣人开创的道统,为后来的学者开辟了道路,功德方面甚至还远胜于尧、舜这样的君王。

然而,在那个时候,对于道统能由"见"而能达到"知"的境界的,只有颜氏、曾氏而已。这两人的传续,可说是真正体悟到了道统的宗旨。其后由曾氏再往下传,又传至孔老夫子的孙儿子思。在子思那个时候,学界已与孔子的圣学相去甚远,各种异端邪说已经繁衍起来。子思惧怕时日愈久远则道统的真正学问也会流失得愈多,所以按照尧舜相传的本来之深意,验证平日从父辈和老师之处所得到的见闻,相互参照演绎,写成《中庸》此书,以将道统的精髓诏告于后世的学者。正因为子思的忧思极为深刻,所以其言语也就极为恳切;也正因为其思考极为深远,所以其论说也就极为详备。子思说"天命率性",就是说关于"道心"的方面;子思说"择善固执",就是说关于"精一"的方面;子思说"君子时中",正是说的"执中"啊。子思距前圣,已有一千多年,然而其所说的话仍和前圣没有什么差异,好像符节一样。在所有前圣的书籍之中,像此书这样纲目清晰、思想深刻、说明详尽的却并不多见。

到后来此书又再传至孟子,使此书能进一步得到推崇说明,从而继承了先圣的道统,可惜孟子去世之后,此书却逐渐被湮没而使道统失传。而我们所说的道,总是将其深意寄托在言语文字之间,然而异端之说却不止于此,手法花样翻新,日新月异,以至于老学和佛学的信徒们无处不在,其说看似与道统之理相合,实则是大大搞乱了真正的道理。还算有幸,此书并没有完全泯灭,所以出了程氏兄弟这样的人,对其加以仔细考察研究,接上断了一千多年的圣学主脉,并以此书论点为据,驳斥老学和佛学两家似是而非的谬论。

从这个方面来看,子思的功绩是巨大的,但假若没有程氏兄弟,还是不能从子思言语中把握他的思想。说起来实在可惜,程氏的学说不能传下来,而石氏所辑录的那些资料,都只不过是出自于程氏的门人之手而已,所以虽然其大义还在,然而深微之处却没有剖析清楚。至于其门人自己的言论,虽然显得比较详尽并还有许多发挥和说明,但背离师说,沾染了老学和佛学的论调,这样的见解,也是有的啊。

我本人早年在父师们的教导下研读此书,心中也一直有着不少疑问,沉思求索、反复玩味,也有多年,一旦恍然大悟,似乎得到了其中的要领之后才敢于将各家之说融汇起来,比较选取适中的观点,编定这篇《章句》,等待今后读者指正。并和几位志同道合的人,把石氏之书,反复选择,删掉繁复错乱的地方,更名为《中庸辑略》。把那些记载论辩取舍之意的言论,另编为《中庸或问》,附在书的后面。这样《中庸》的宗旨,枝分节解、脉络贯通、详略相因、巨细毕举。而关于诸说之同异得失,也得以曲畅旁通,而各极其义趣。虽说对于承续道统,不敢随便议论,但对于初学的人,或有可取的地方,也许会对他们在人生的远行和攀登中有所帮助。

淳熙己酉春三月戊申,新安朱熹序

目

录

目 录

第一章　天命　天命之谓性；率性之谓道；修道之谓教。道也者，不

可须臾离也；可离，非道也。是故君子戒慎乎其所不睹，恐惧乎其所不

闻。莫见乎隐，莫显乎微。故君子慎其独也。喜、怒、哀、乐之未发，谓之

中。发而皆中节，谓之和。中也者，天下之大本也。和也者，天下之达道

也。致中和，天地位焉，万物育焉。

第二章　时中　仲尼曰：『君子中庸；小人反中庸。』君子之中庸也，

君子而时中。小人之中庸也，小人而无忌惮也。

第三章　鲜能　子曰：『中庸其至矣乎！民鲜能久矣。』

第四章　行明　子曰：『道之不行也，我知之矣：知者过之；愚者不

及也。道之不明也，我知之矣：贤者过之；不肖者不及也。』人莫不饮

食也。鲜能知味也。

第五章　不行　子曰：『道其不行矣夫。』

第六章　子曰：「舜其大知也与！舜好问以好察迩言。隐恶而扬善。执其两端，用其中于民。其斯以为舜乎！」

第七章　子曰：「人皆曰『予知』，驱而纳诸罟擭陷阱之中，而莫之知辟也。人皆曰『予知』，择乎中庸，而不能期月守也。」

第八章　子曰：「回之为人也：择乎中庸，得一善，则拳拳服膺，而弗失之矣。」

第九章　子曰：「天下国家，可均也；爵禄，可辞也；白刃，可蹈也；中庸，不可能也。」

第十章　子路问强。子曰：「南方之强与，北方之强与，抑而强与？宽柔以教，不报无道，南方之强也。君子居之。衽金革，死而不厌，北方之强也。而强者居之。故君子和而不流，强哉矫；中立而不倚，强哉矫；国有道，不变塞焉，强哉矫；国无道，至死不变，强哉矫。」

第十一章　素隐　子曰，『素隐行怪，后世有述焉，吾弗为之矣。君子遵道而行，半涂而废，吾弗能已矣。君子依乎中庸，遁世不见知而不悔，唯圣者能之。』

第十二章　费隐　君子之道，费而隐。夫妇之愚，可以与知焉，及其至也，虽圣人亦有所不知焉。夫妇之不肖，可以能行焉，及其至也，虽圣人亦有所不能焉。天地之大也，人犹有所憾。故君子语大，天下莫能载焉，语小，天下莫能破焉。《诗》云：『鸢飞戾天；鱼跃于渊。』言其上下察也。君子之道，造端乎夫妇；及其至也，察乎天地。

第十三章　不远　子曰：『道不远人。人之为道而远人，不可以为道。《诗》云：「伐柯伐柯，其则不远。」执柯以伐柯，睨而视之，犹以为远。故君子以人治人，改而止。忠恕违道不远。施诸己而不愿，亦勿施于人。君子之道四，丘未能一焉：所求乎子，以事父，未能也；所求乎臣，以事

三

君，未能也；所求乎弟，以事兄，未能也；所求乎朋友，先施之，未能也。庸德之行，庸言之谨；有所不足，不敢不勉；有余不敢尽。言顾行，行顾言。君子胡不慥慥尔。」

第十四章 素位 君子素其位而行，不愿乎其外。素富贵，行乎富贵；素贫贱，行乎贫贱；素夷狄，行乎夷狄；素患难，行乎患难。君子无入而不自得焉。在上位，不陵下；在下位，不援上。正己而不求于人，则无怨。上不怨天，下不尤人。故君子居易以俟命，小人行险以徼幸。子曰：『射有似乎君子，失诸正鹄，反求诸其身。』

第十五章 行远 君子之道，辟如行远必自迩，辟如登高必自卑。诗曰：『妻子好合，如鼓瑟琴。兄弟既翕，和乐且耽。宜尔室家，乐尔妻帑。』子曰：『父母其顺矣乎！』

第十六章 鬼神 子曰：『鬼神之为德，其盛矣乎！』视之而弗见，听

之而弗闻，体物而不可遗。使天下之人，齐明盛服，以承祭祀。洋洋乎，

如在其上，如在其左右。《诗》曰：『神之格思，不可度思，矧可射思？』

夫微之显，诚之不可掩如此夫！

第十七章　大德　子曰：『舜其大孝也与！德为圣人，尊为天子，富有

四海之内，宗庙飨之，子孙保之。故大德必得其位，必得其禄，必得其

名，必得其寿。故天之生物，必因其材而笃焉。故栽者培之，倾者覆之。

《诗》曰：『嘉乐君子，宪宪令德。宜民宜人，受禄于天。保佑命之，自天

申之。』故大德者必受命。」

第十八章　无忧　子曰：『无忧者其唯文王乎！以王季为父，以武王

为子。父作之，子述之。武王缵大王、王季、文王之绪，壹戎衣而有天下。

身不失天下之显名，尊为天子。富有四海之内，宗庙飨之，子孙保之。武

王末受命，周公成文武之德，追王大王、王季，上祀先公以天子之礼。斯

礼也，达乎诸侯大夫，及士庶人。父为大夫，子为士；父为士，子为大夫，葬以大夫，祭以士。期之丧，达乎大夫。三年之丧，达乎天子。父母之丧，无贵贱，一也。』

第十九章　达孝　子曰：『武王、周公，其达孝矣乎！』夫孝者，善继人之志，善述人之事者也。春秋修其祖庙，陈其宗器，设其裳衣，荐其时食。宗庙之礼，所以序昭穆也；序爵，所以辨贵贱也；序事，所以辨贤也；旅酬下为上，所以逮贱也；燕毛，所以序齿也。践其位，行其礼，奏其乐，敬其所尊，爱其所亲，事死如事生，事亡如事存，孝之至也。郊社之礼，所以事上帝也；宗庙之礼，所以祀乎其先也。明乎郊社之礼、禘尝之义，治国其如示诸掌乎！

第二十章　问政　哀公问政。子曰：『文武之政，布在方策。其人存，则其政举；其人亡，则其政息。人道敏政，地道敏树。夫政也者，蒲卢也。故为政在人，取人以身，修身以道，修道以仁。仁者，人也，亲亲为大。义者，宜也，尊贤为大。亲亲之杀，尊贤之等，礼所生也。（在下位，不获乎上，民不可得而治矣。）故君子不可以不修身。思修身，不可以不事亲；思事亲，不可以不知人；思知人，不可以不知天。」

天下之达道五，所以行之者三。曰：君臣也，父子也，夫妇也，昆弟也，朋友之交也；五者，天下之达道也。知、仁、勇三者，天下之达德也，所以行之者一也。或生而知之，或学而知之，或困而知之，及其知之一也。或安而行之，或利而行之，或勉强而行之，及其成功一也。子曰：『好学近乎知，力行近乎仁，知耻近乎勇。知斯三者，则知所以修身；知所以修身，则知所以治人；知所以治人，则知所以治天下国家矣。』

凡为天下国家有九经。曰：修身也，尊贤也，亲亲也，敬大臣也，体群臣也，子庶民也，来百工也，柔远人也，怀诸侯也。修身则道立，尊贤则不

惑，亲亲则诸父昆弟不怨，敬大臣则不眩，体群臣则士之报礼重，子庶民

则百姓劝，来百工则财用足，柔远人则四方归之，怀诸侯则天下畏之。

齐明盛服，非礼不动，所以修身也。去谗远色，贱货而贵德，所以劝贤

也。尊其位，重其禄，同其好恶，所以劝亲亲也。官盛任使，所以劝大臣

也。忠信重禄，所以劝士也。时使薄敛，所以劝百姓也。日省月试，既禀

称事，所以劝百工也。送往迎来，嘉善而矜不能，所以柔远人也。继绝

世，举废国，治乱持危，朝聘以时，厚注而薄来，所以怀诸侯也。

凡为天下国家有九经，所以行之者一也。凡事豫则立，不豫则废。言前

定则不跲，事前定则不困，行前定则不疚，道前定则不穷。

在下位不获乎上，民不可得而治矣。获乎上有道：不信乎朋友，不获乎

上矣。信乎朋友有道：不顺乎亲，不信乎朋友矣。顺乎亲有道：反诸身

不诚，不顺乎亲矣。诚身有道：不明乎善，不诚乎身矣。

诚者，天之道也；诚之者，人之道也。诚者，不勉而中，不思而得，从容中道，圣人也。诚之者，择善而固执之者也。博学之，审问之，慎思之，明辨之，笃行之。有弗学，学之弗能，弗措也；有弗问，问之弗知，弗措也；有弗思，思之弗得，弗措也；有弗辨，辨之弗明，弗措也；有弗行，行之弗笃，弗措也。人一能之，己百之；人十能之，己千之。果能此道矣，虽愚必明，虽柔必强。

第二十一章 诚明 自诚明，谓之性；自明诚，谓之教。诚则明矣，明则诚矣。

第二十二章 尽性 唯天下至诚，为能尽其性；能尽其性，则能尽人之性；能尽人之性，则能尽物之性；能尽物之性，则可以赞天地之化育；可以赞天地之化育，则可以与天地参矣。

第二十三章 致曲 其次致曲，曲能有诚。诚则形，形则著。著则明，明则动。动则变，变则化。唯天下至诚为能化。

第二十四章　前知　至诚之道，可以前知。国家将兴，必有祯祥；国家将亡，必有妖孽。见乎蓍龟，动乎四体。祸福将至：善，必先知之；不善，必先知之。故至诚如神。

第二十五章　自成　诚者自成也，而道自道也。诚者物之终始，不诚无物。是故君子诚之为贵。诚者，非自成己而已也，所以成物也。成己，仁也；成物，知也。性之德也，合外内之道也，故时措之宜也。

第二十六章　无息　故至诚无息。不息则久，久则征。征则悠远，悠远则博厚，博厚则高明。博厚，所以载物也；高明，所以覆物也；悠久，所以成物也。博厚配地，高明配天，悠久无疆。如此者，不见而章，不动而变，无为而成。

天地之道，可一言而尽也：其为物不贰，则其生物不测。天地之道：博

一〇

也、厚也、高也、明也、悠也、久也。今夫天，斯昭昭之多，及其无穷也，日月星辰系焉，万物覆焉。今夫地，一撮土之多，及其广厚，载华岳而不重，振河海而不泄，万物载焉。今夫山，一卷石之多，及其广大，草木生之，禽兽居之，宝藏兴焉。今夫水，一勺之多，及其不测，鼋鼍蛟龙鱼鳖生焉，货财殖焉。

诗云：『唯天之命，於穆不已。』盖曰天之所以为天也。『于乎不显，文王之德之纯！』盖曰文王之所以为文也。纯亦不已。

第二十七章　明哲　大哉圣人之道！洋洋乎！发育万物，峻极于天。优优大哉！礼仪三百，威仪三千，待其人而后行。故曰苟不至德，至道不凝焉。故君子尊德性而道问学，致广大而尽精微，极高明而道中庸。温故而知新，敦厚以崇礼。是故居上不骄，为下不倍。国有道，其言足以兴；国无道，其默足以容。《诗》曰：『既明且哲，以保其身。』其此之谓与？

第二十八章　自用　子曰：『愚而好自用，贱而好自专。生乎今之世，反古之道。如此者，灾及其身者也。』非天子，不议礼，不制度，不考文。

今天下车同轨，书同文，行同伦。虽有其位，苟无其德，不敢作礼乐焉；虽有其德，苟无其位，亦不敢作礼乐焉。子曰：『吾说夏礼，杞不足证也；吾学殷礼，有宋存焉；吾学周礼，今用之，吾从周。』

第二十九章　三重　王天下有三重焉，其寡过矣乎！上焉者，虽善无证，无证不信，不信民弗从。下焉者，虽善不尊，不尊不信，不信民弗从。

故君子之道，本诸身，证诸庶民，考诸三王而不缪，建诸天地而不悖，质诸鬼神而无疑，百世以俟圣人而不惑。质诸鬼神而无疑，知天也；百世以俟圣人而不惑，知人也。是故君子动而世为天下道，行而世为天下法，言而世为天下则。远之则有望，近之则不厌。

《诗》曰：『在彼无恶，在此无射。庶几夙夜，以永终誉。』君子未有不如

一二

此而蚤有誉于天下者也。

第三十章 敦化 仲尼祖述尧、舜，宪章文、武，上律天时，下袭水土。辟如大地之无不持载，无不覆帱，辟如四时之错行，如日月之代明。万物并育而不相害，道并行而不相悖。小德川流，大德敦化，此天地之所以为大也！

第三十一章 至圣 唯天下至圣，为能聪明睿知，足以有临也；宽裕温柔，足以有容也；发强刚毅，足以有执也；齐庄中正，足以有敬也；文理密察，足以有别也。溥博渊泉，而时出之。溥博如天，渊泉如渊。见而民莫不敬，言而民莫不信，行而民莫不说。是以声名洋溢乎中国，施及蛮貊。舟车所至，人力所通，天之所覆，地之所载，日月所照，霜露所队，凡有血气者，莫不尊亲，故曰配天。

第三十二章 至诚 唯天下至诚，为能经纶天下之大经，立天下之大

一三

本，知天地之化育。夫焉有所倚？肫肫其仁！渊渊其渊！浩浩其天！苟不固聪明圣知达天德者，其孰能知之？

第三十三章 尚絅 《诗》曰：『衣锦尚絅。』恶其文之著也。故君子之道，暗然而日章；小人之道，的然而日亡。君子之道，淡而不厌，简而文，温而理，知远之近，知风之自，知微之显，可与入德矣。

《诗》云：『潜虽伏矣，亦孔之昭！』故君子内省不疚，无恶于志。君子之所不可及者，其唯人之所不见乎？

《诗》云：『相在尔室，尚不愧于屋漏。』故君子不动而敬，不言而信。

《诗》曰：『奏假无言，时靡有争。』是故君子不赏而民劝，不怒而民威于鈇钺。

《诗》曰：『不显唯德，百辟其刑之。』是故君子笃恭而天下平。

《诗》云：『予怀明德，不大声以色。』子曰：『声色之于以化民，末也。』

《诗》曰：『德輶如毛。』毛犹有伦。『上天之载，无声无臭。』至矣！

第一章 天命

本章所讲天命，是指个人的禀赋而言。人的禀赋是自然形成的，这就是含有道德内容的性。人人遵循各自的性，在日常生活中，就知道当做什么，不当做什么，这就有了常规，这就是道。从道入手，修饰品节，这就是教化。

从道不可片刻离开引入『慎其独』的话题，要求人们加强道德自觉，谨慎地修养自己，并特别提出了『中和』这一范畴。本章是从情的角度切入，对中和做出基本的解释。『中和』是儒学的重要范畴之一，历来有各种各样的理解。

按照本章的意思，在一个人还没有表现出喜怒哀乐的情感时，心中是平静的，不偏不倚的，所以叫作『中』。喜怒哀乐总是要发露出来的，但发出来要有节制，无过不及，这就叫作『和』。人人都达到『中和』的境界，整个社会大家都心平气和，社会和自然界很和谐，天下也就太平无事了。这里讲的中和，实际就是中庸。前人说：『以性情言之，则曰中和；以德行言之，则曰中庸。』大体如此。

【原文】

天命之谓性①；率性之谓道②；修道之谓教③。道也者，不可须与离也④；可离，非道也。是故君子戒慎乎其所不睹，恐惧乎其所不闻⑤。莫见乎隐，莫显乎微⑥。故君子慎其独也⑦。喜、怒、哀、乐之未发，谓之中⑧。发而皆中节，谓之和⑨。中也者，天下之大本也。和也者，天下之达道也⑩。致中和，天地位焉，万物育焉⑪。

【译文】

人与生俱来的自然禀赋称作"天性"，遵循天性而行叫作道，按照道的原则修养叫作教。道是不可以片刻离开的，如果可以离开，那就不是道了。所以，君子在别人看不见的地方也是谨慎的，在别人听不见的地方也是有所戒惧的。越是隐秘的事情越是容易显露，越是细微的事情越是容易显现。所以，君子在一个人独处独知的时候，更要谨慎。喜怒哀乐各种感情没有表现出来的时候，叫作中；表现出来以后符合节度，叫作和。中是天下的根本，和是天下普遍遵循的规律。达到中和的境界，天地便各在其位了，万物的生长就茂盛了。

【注释】

①天命：天赋，指人的自然禀赋。也指天理，命运。性：人的本性，是人之初由先天赋予的本真的善性，也可理解为人的天性。

②率性：统率并规范人的自然本性。率：统率，规范。遵循。道：本指路，即道路。又可理解为规律、方法、道理。

③修道：修养道德，探求事物的本源，研究世界发展变化的规律。道：道德。教：政教，教化。影响感化而致达的风尚。

④须臾：片刻。

⑤不睹：看不见的地方。不闻：听不到的事情。

⑥莫：在这里是"没有什么更……"的意思。见(xiàn)：同"现"，显现。乎：于。

⑦独：独处或独知时。

⑧中：指不偏不倚的状态。

⑨中(zhòng)节：符合法度。和：和谐，不乖戾。

⑩达道：天下古今必由之路，也指普遍规律。

⑪致：达到。位：安于所处的位置。育：成长发育。

郑玄说：天命，即上天所赋予人的自然生命。木神则仁，金神则义，火神则礼，水神则信，土神则知。按照天性而行，就是道。治而广之，人仿效之，就是"教"。郑玄说：道，就是道路，出入行走的必由之途。又说：小人闲居为不善，无所不至也。君子则不然，虽视之无人，听之无声，犹戒慎恐惧自修正，是其不须臾离道。又说：慎独者，慎其闲居之所为。小人于隐者，动作言语，自以为不见睹，不见闻，则必肆尽其情也。若有占听之者，是为显见，甚于众人之中为之。又说：中为大本者，以其含喜怒哀乐，礼之所由生，政教自此出也。

孔颖达说：天本无体，亦无言语之命，但人感自然而生，有贤愚吉凶，若天之付命遣使之然，故云"天命"。老子云："道本无名，强名之曰道。"人自然感生，有刚柔好恶，或仁、或义、或礼、或知、或信，是天性自然，故"谓之性"。感仁行仁，感义行义之属，不失其常，合于道理，使得通达。

孔颖达说：圣人修行仁、义、礼、智、信以为教化。道者，开通性命，犹如道路开通于人，人行于道路，不可须臾离也。若离道则碍难不通，犹善道须臾离弃则身有患害而生也。又说：君子行道，先虑其微。若微能先虑，则必合于道，故君子恒常戒于其所不睹之处。人虽目不睹之处犹戒慎，况其恶事睹见而肯犯乎？故君子恒常戒慎之。又说：凡在众人之中，犹知所畏，及至幽隐之处，谓人不见，便即恣情，人皆占听，察见罪状，甚于众人之中，所以恒须慎惧如此。以罪过愆失无见于幽隐之处，无显露于细微之所也。以其隐微之处，恐其罪恶彰显，故君子之人恒慎其独居。谨慎守道也。

孔颖达说：喜怒哀乐缘事而生，未发之时，澹然虚静，心无所虑而当于理，故"谓之中"。"发而皆中节谓之和"者，不能寂静而有喜怒哀乐之情，虽复动发，皆中节限，犹如盐梅相得，性行和谐，故云"谓之和"。情欲未发，是人性初本。情欲虽发而能和合，道理可通达流行，故曰"天下之达道也"。又说：人君所能至极中和，使阴阳不错，则天地得其正位焉。生成得理，故万物其养育焉。

朱子说："天以阴阳五行化生万物，气以成形，而理亦赋焉，犹命令也。"又曰："于是人物之生，因各得其所赋之理，以为健顺五常德，所谓性也。""人物各循其性之自然，则其日用事物之间，莫不各有当行之路，是则所谓道也。""性道虽同，而气禀或异，故不能无过不及之差，圣人因人物之所当行者而品节之，以为法于天下,则谓之教,若礼、乐、刑、政之属是也。盖人之所以为人,道之所以为道,圣人之所以为教,原其所自,无一不本于天而备于我。"又说:"道者,日用事物当行之理,皆性之德而具于心,无物不有,无时不然,所以不可须臾离也。若其可离,则为外物而非道矣。是以君子之心常存敬畏,虽不见闻,亦不敢忽,所以存天理之本然,而不使离于须臾之顷也。"

朱子说:"幽暗之中,细微之事,迹虽未形而几则已动,人虽不知而己独知之,则是天下之事无有着见明显而过于此者。是以君子既常戒惧,而于此尤加谨焉,所以遏人欲于将萌,而不使其滋长于隐微之中,以至离道之远也。"又说:"性情之德,以明道不可离之意。"又说:"自戒惧而约之,以至于至静之中,无少偏倚,而其守不失,则极其中而天地位矣。自谨独而精之,以至于应物之处,无少差谬,而无适不然,则极其和而万物育矣。盖天地万物本吾一体,吾之心正,则天地之心亦正矣,吾之气顺,则天地之气亦顺矣。故其效验至于如此。此学问之极功、圣人之能事,初非有待于外,而修道之教亦在其中矣。是其一体一用虽有动静之殊,然必其体立而后用有以行,则其实亦非有两事也。"

智慧运用

天命之谓性;率性之谓道;修道之谓教。

【典句札记】

这句话可以说是《中庸》中开宗明义之句。它明确向我们展示了人生哲学修养逐次递进的三重境界:基于我们天生的善性,通过修养达成我们高尚的道德,以我们的德行影响、感化、劝化周围的人们,抵达教化的至高境界,实现中庸和谐的大同世界。

我的生命从刚刚开始的时候,就已经秉承了上天的赋予,带着生命的本真之义:纯净、透明、和谐;这种命运的形式来自于上天注定的意旨,我们没有自己选择的自由与权利,就连我们自己的乳名都不是可以自己选择的,是由冥冥之中的某种昭示,借助于我们的母亲的思想所赋予。

当我们初解人情,我们受到了家庭的熏陶与教养,我们同时也受到来自于社会的影响与既定形式的教育。又经由社会心态的影响与砥砺,铸成了我们自己的性格,并以此确定我们的言行,形成了我们的人格,我们知悉了人情世故,学会了待人处世的礼仪,我们寻找适合自己的处世方法。我们行走在命运加载于我们的人生道路上,面对着人生中的得与失,承受着自己的痛苦和快乐。我们实践着自己的经历,而这一切又都与社会有关,与人们有关,无法割裂。而往往我们所奉行的,是几千年来,人们约定俗成的,称之为道德的东西,并且以自己的行为为这个社会的共同行为规范融入微小的贡献,强化着既成的律条。于是,我们众多的社会的人,组成特定的社会关系,共同恪守着这个"道"。

做事情要合乎道是值得我们借鉴的为人处世方法。也许有人会有这样或那样的疑问,比如说人们有欲望的本性,那么是不是做事情就应该遵从这种欲望呢?这不也是自然规律吗?诚然,我们人的欲望是与生俱来的,是一种自然本性,但实际上,我们人的这种自然的欲望只不过是宇宙万物中的一点尘埃,而我们做事情要遵从的是最大的"道",我们的生存更要遵循大的自然规律。因此我们的自私与贪婪的欲望如果不加以控制和正确的引导,最终导致同类之间的相互争斗、尔虞我诈,结果是带来无尽的痛苦和悲哀,这就是不遵循"道"的结果,而这样的事例是数不胜数的。所以,真正地遵从"道"来行事,是要我们获得生存的智慧,返璞归真,而非是依照那些小欲小望的本性而行事。

学习和推广回归本性,遵从规律的做事方法,这就是"教"。虽然,我们在人生旅途中一时一刻也离不开"道",因为它是最根本的规律,如影随形地统率着人的"本性",然而"道"却又是不同寻常的,它常常说也说不清,道也道不明。老子在《道德经》一书中说:"道可道,非常道,名可名,非常名。"可见"道"的神秘、深邃与难以捉摸。所以,"教"的过程其实靠的是我们自己去体悟,然后再用它来指导我们的实际行动。有人认为做事情要"随性而为",这其实是不对的,正确的做法是用我们的智慧做到"率性而为",也就是引导人的本性去行动,这才是一个能成就大事的人所应具备的德操!

经历了历史及人生的种种磨砺,无数众多的人的实践与共同建设,形成了思想,在这种思想的指引下,我们产生了共同的信仰及价值体系,并以这种信仰和价值观来规范我们的言行,修养我们的品性。又以我们的品德影响更多的人,从而形成教化。这就是一个人自我完善的历程,也就是社会发展的必然结果。

天命、本性、修道、教化,这四点是万世不移的法则,是人与社会发展进化的哲学。

上天之大德,在于宽厚,在于包容。于是有"厚德载物"的赞颂。无论是杂草还是禾苗,也无论是好人还是歹徒,更不论是真理还是谬误,也不论它们生长在什么地方,都同样生存在这天地之间。天地都给予公平的机会,都给予公平的阳光与雨露,都给予同样的空气和岁月,至于是否长成,只在于它们自己,天地只是无言地注视,默默地供给。因此,中庸就是博大与包容。

中,就是囊括,就是含蕴,就是包容。我们说"把东西放在什么中",就是如此;也就是说,万物都放置在天地之中,无论其属性如何,都有其生存的位置和依据;"中"是一种胸怀,是一种境界;不苛求,不厌弃,不厚此,也不薄彼。庸,就是自在,就是和,就是认同,就是接受。不否定,也不干扰,不偏好东,也不溺爱西,只是展示出同样的背景。比如一粒蒲公英的种子,任其随意地漂泊,无论它流落到何处,只要它能够发芽,就都提供给它生长的机缘,即使在水泥为主导的城市,也会在某个缝隙的瘠薄泥土中,让它们生根,开花。

史例解读

仁爱明德之帝——虞舜

司马迁赞誉虞舜说:"天下明德皆自虞舜帝始。"虞舜 20 岁以孝闻名天下,30 岁为尧所知并娶其两女,50 岁代行天子之政,在位 39 年。其时华夏民族疆域扩大,政治清明,百姓安康。虞舜所处的时代,成为历代政治家最为向往的社会。

舜的父亲名叫瞽叟,因为他有眼不识贤愚,于是有这样一个诨号。相传瞽叟的妻子一次看一道美丽的彩虹发呆,忽然觉得心动而怀孕,后来在姚墟生下一个儿子。这孩子就是舜。他每只眼睛都有两个瞳仁,起名重华。后来,他被封于虞,所以叫虞舜。

舜生下来不久,母亲就死了,幼小的舜从未得到过父亲的疼爱。瞽叟不久又娶了一个年轻美丽的妻子,生下一个叫象的儿子,舜的日子就更不好过了。

舜得不到一点家庭的温暖，性格却非常笃厚善良。他遭到父亲的毒打，总是默默地流泪，实在忍受不了时，就独自跑到荒野大哭一场。尽管这样，舜仍然对他的父亲、后母和弟妹充满仁爱之心。

舜孝感天地图

后来，舜终于长大成人。他孝敬父母、友爱弟妹的贤名已传遍华夏各部。但是，狠心的父母待他依然如故，舜只好离家出走，来到他早就向往的东方。

舜先是在历山开荒种地，没过多久，历山的农民受他的感化，都争着让起田界来。舜又到雷泽去打鱼，过了不长时间，雷泽的渔夫也都争着让起渔场来。舜后来又到寿丘制造各种家具器物，人们听说后纷纷迁来居住，仅一年时间，这地方就成为村庄，再过一年就成了一个较大的集镇，又过一年竟成为很大的城市了。舜的名声由此更加显扬。

天子尧决定让舜继承帝位，于是把两个女儿娥皇、女英嫁给舜，让九个儿子伴随舜。结果在舜的感化下，尧的两个女儿都不敢以帝女自骄，而是像一般人家那样与邻里和睦相处，尧的九个儿子也都尊敬舜，性格也日益笃厚恭谨。舜自己做了天子的贵婿，并没有忘记他的父母，于是带着两个妻子去见家人。瞽叟一家人见舜携妻载物归来，非但没有收敛恶心，反而处心积虑地想把舜害死，好得到他的财产和妻子。他们想尽一切计策陷害舜，终未得逞。虽然如此，舜待父母弟妹更加孝悌友爱，瞽叟和象这才回心转意，一家人从此和和睦睦地过起日子来。

在舜的身上融汇了中华民族的种种美德，儒家所提倡的中庸以及礼、义、仁、智、信在他身上体现得淋漓尽致！

道也者，不可须臾离也；可离，非道也。
是故君子戒慎乎其所不睹，恐惧乎其所不闻。

【典句札记】

此处讲的是真正的智者，正是由于认识到了"道"的重要意义，才会真心实意地遵循着"道"的原则去做事，即使在没有人看见的时候也会行为谨慎，在没有人听见的时候也会内心戒惧。一个人在独处时候的行为态度，会渐渐成为一种习惯，从而在做事时产生惯性的影响，在独处时的那些所谓的"隐私行为"，并不一定能永远不见天日，思想稍有松懈，就会显现出来。

那些只是装装样子给别人看的人，他的行为隐藏得了一时，隐藏不了一世，最终将会在不知不觉中暴露。所以，真正的君子在一个人独处的时候，也会严格地要求自己。这种儒家思想所提倡的"慎独"，在当今社会，仍然具有非常现实的指导意义。

儒家人认为君子的行为，需要自觉、自悟、自律、自警，心性诚笃，从来不曾片刻地违背道义，即使自己独处的时候，也心存对天地神明的敬畏，摒除各种私心杂念的滋生与诱惑。孔子说："君子无终食之间违仁。"（《论语·里仁》）不论是通达顺遂还是身处困厄，一时一刻也不敢懈怠，不敢放纵自己。无论日常事务如何繁杂，都能够排除外界的干扰，专注于内心的修养，凝神静修，永远保持心境平和宁静，从来不偏离道义的准则。固守着、坚持着、精心地呵护着、培育着内心的美好道德，使内心回归明净，塑造真实美好的自我。

《论语·乡党篇》中记载孔子"寝不尸，居不客"，意思是说孔子睡觉时不像死尸，家居不像接见客人或者自己做客一样。睡觉时采取怎样的睡姿，平日在家时是怎样的坐姿，这些事情本来看似平常，之所以在《论语》一书中收录，就是为了说明孔子非常重视细节问题。即使是睡姿和在家中的坐姿这样的通常不会为外人所知的家居小节，孔子也决不会人前一套，人后一套。这就是孔圣人"慎独"的体现。

天地有知

杨震（？—124），字伯起，东汉弘农华阴（今陕西省华阴县东南）人。幼年时家境贫寒，但他勤奋好学，博学多才，"明经博览，无不穷究"，成为当时的大儒学家，开馆授学，有"关西孔子"之称。据说，曾有一只冠雀衔了三条鳝鱼，飞到他家的窗台上。他的学生看到后说："老师，这种形状的鱼，据古书上所说它的颜色与官服颜色相近，三条是表示三公的职位，老师以后一定会高升发达！"杨震听后，并不以为意，仍然潜心学问，不为所动。50岁时，接受大将军邓骘的推荐，举茂才，历任荆州刺史、东莱太守，迁太仆、太常、司徒等，位列三公。杨震做官清正廉明，不谋私利。从来不私下接见任何人，也不接受任何人的请托。有人看见他生活清苦，就劝他置办田地产业。他则回答说："让后世称清白吏子孙，以此遗之，不亦厚乎！"（让后世的人称我的子孙为"清白官吏的子孙"，这样的遗产，不是很丰厚吗？）

杨震任荆州刺史时，发现荆州茂才王密才华出众，便向朝廷荐举王密为昌邑县令。王密内心很感激，深怀报答之心。后来，当杨震调任东莱太守，途经昌邑（今山东金乡县境）时，王密亲赴郊外迎接。当晚，王密拜会恩师杨震，俩人交谈投机，非常高兴，深夜王密告辞时，从怀中捧出黄金十斤，说："难得有拜见恩师的机会，学生特意备办了一点薄礼，不成敬意，只是略表心意，实在不能报答栽培之恩于万一，恳求老师收下。"

杨震

杨震意味深长地说："作为相知相敬的挚友，以前正因为我了解你的才学人品，所以才向朝廷举荐你，希望你做一个廉洁奉公的好官，为百姓做好事。可是今天你这样做，实在是违背了我的初衷和对你的厚望。

只要你为官正直,为国效力,为百姓造福,就是你对我最好的回报,而不是送给我个人什么礼物。我很了解你曾经是一个很正直的人,认为可以作为朋友,但是你却不了解老朋友,现在这样做,是什么原因呢?"

王密说:"深夜之中,没有人知道,请收下吧!"

杨震严肃地指着天地说:"天知,地知,我知,你知,怎么能说没有人知道呢?虽然此时没有旁观的别人在,难道你我的良心就不在了吗?"

王密十分惭愧地走了出去。

天地神明,都在注视着我们的一言一行,我们又能欺得了谁呢?谁的行为逃得过上天的注视呢?居心端正,行为正直,又何必躲藏世人的眼睛呢?

莫见乎隐,莫显乎微。故君子慎其独也。

【典句札记】

这句话强调君子"慎独",孔子是很重视这一点的。儒家提倡的"慎独"在今天仍有其现实的指导意义。

人生在世,无论做过的是有利于他人的事,还是危害习俗的事;无论是在众目睽睽之下,还是在独处暗室之时;所作所为最终都会被世人看到,无一例外。

人心就是一面镜子,照得见别人,也照得见自己。自己的心镜照见自己的人性,别人的心镜,照见的是你的人品。因此任何事都不可疏忽。

其实,人对于自己的行为,都心明如镜,都心中有数,都是经过事先深思熟虑,也都是经过选择取舍的内心权衡,都做过轻重的掂量,并不是漫不经心地随意而为。比如贪污行为,当初必然都是经历了心理的挣扎,独自静处时也必然做过激烈的思想斗争,最终以私欲而胜所致。他们都是清醒的贪污者,所谓不懂法律或是人情难却,都不过是一种冠冕堂皇的借口而已,他们心甘情愿地把自己的灵魂主动交给了魔鬼,与别人的行为无关。

再推广一些来看,一些人所持有的不正确的观点和态度,即使很微小或者极不易被人们察觉,也会积少成多,结果是最终的暴露,即使骗得了别人,甚至骗了自己,也骗不了事情的现实结果。所以,真正值得我们去认真把握的,就是我们的心理状态和思想意识。这种意识,常常是隐藏着不露的,既不易被别人察觉，又不易被我们自己察觉，是平时听不到、看不见，却又真实存在的，只有在"慎独"的状态下，我们的内心才能处于一种平静、淡然的状态之中，在对事情进行判断的时候，才可以做到不偏不倚，这就好像我们平时为了看到自己的相貌而照镜子一样，自觉地直指自己的内心世界，从而看到自己平时看不到或是忽略了的事情。

☯ 史例解读

清介守义

曹鉴(1271—1335)，字克明，元代宛平(今北京城西南)人。幼年时就颖悟过人，举止异于同龄儿童，青年时到南方游历，深通《五经》大义。大德五年，经翰林侍讲学士郝彬推荐，任镇江淮海书院官长。后累官至礼部尚书。为官三十多年，一贯以清介见称。感疾而卒，年65岁。追封谯郡侯，谥文穆。曹鉴天性纯孝，济贫恤孤，唯恐落后。但自己的生活却十分俭朴，一生为官，租赁房屋居住。终死之日，家中没有一文财产积累，只保存有几千册经过曹鉴亲手校订的书籍。

至治二年，曹鉴被任命为江浙行省左右司员外郎。奉旨括释氏白云宗田，稽检有方，纤毫无扰。后调任湖广行省左右司员外郎。当时丞相忽剌歹恃势强横，恣纵妄为，作威作福，僚属畏怯趋避，只有曹鉴依理办事，不曲意阿附。

曹鉴在湖广行省任职时，因他公务操劳过度，他的下属顾渊伯，同他关系极好。顾渊伯外出办事返回后，给他带回了一包辰州出产的朱砂送给他。朱砂是一种名贵药材，炮制后可用以医治惊悸、失眠等症。曹鉴当时并没有在意，也没有打开看一看，随手放到了箱子里。半年后，他取出朱砂准备配制药物时，发现朱砂中掺杂着三两金子。曹鉴很感意外，感叹地说："渊伯把我看成一个什么人了？"

这时，顾渊伯已经去世。曹鉴就把黄金归还给了顾渊伯的儿子。

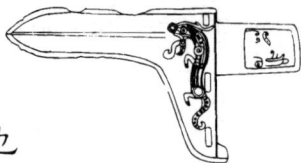

慎独者，自知也

一青年向一禅师求教怎样正确认识自己这个问题："大师，有很多人称赞我是天才，将来必有一番作为；也有人骂我是笨蛋，一辈子不会有多大出息。依您看呢？"

"你是如何看待自己的？"禅师反问。

青年摇摇头，一脸茫然。

"譬如同样一斤米，用不同眼光去看，它的价值也就大不相同了。在炊妇眼中，它不过做两三碗大米饭而已；在农民看来，它最多值 2 块钱；在卖粽子人的眼里，包扎成粽子后，它可卖出 8 元钱；在制饼者看来，它能被加工成饼干，卖10 元钱；在味精厂家眼中，它可提炼出味精，卖 12 元钱；在制酒商看来，它能酿成酒，卖 50 元钱。不过，米还是那斤米。"大师笑了笑，接着说，"同样一个人，有人将你抬得很高，有人把你贬得很低，其实，你就是你。只不过他们说的时候，偏离了现实而已。你究竟有多大出息，取决于你到底怎样看待自己。"青年豁然开朗。

做自己的一面镜子，以一种从容淡定、不偏不倚的心态理智地去认识自己，改变自己。

喜、怒、哀、乐之未发，谓之中。发而皆中节，谓之和。

中也者，天下之大本也。和也者，天下之达道也。

【典句札记】

此处阐述的是喜、怒、哀、乐的发与未发，这四种情感都是人们的正常感情，是人们由于受到外界事物的刺激而产生的正常心理反应，如果人们缺乏了其中的一样，恐怕心理上就有缺陷了。那么又为什么说喜怒哀乐的情感没有表现出来的时候是"中"呢？因为这时它们是被控制的，内心保持着平静，没有偏斜,这是合乎正道的。然而,感情得不到正常的宣泄是不可能的,但宣泄需要有个尺度。这个尺度是不要看到好的事情就喜形于色,遇到不高兴的事情便勃然大怒,过度悲伤,而是情感表现得合常理、合时宜,恰到好处,有节度,这就是"和",就是符合中庸之道的行为。

人是天地之间有欲望、有情绪的生灵,并能够对自己的喜、怒、哀、乐有充分的体验和悟解,并能够推己及人,也能够从别人的情感流露中,反观自己的心灵,审知自己的感情,从而体现出一种对于美好感情的感知与认同。情生于中,激情起伏,抒发于外,令人可感可叹。深挚的感情,通过适当的方式表达出来,并在相应的程度上予以准确地体现,使人产生同感与同情而应和共鸣,则是美好而难忘的。人的心灵,足以包容天地,胸怀万物,同时也可能脆弱无助,援手之情也令自己不能忘怀,而这一切都蕴含在我们的心灵之中。

心灵如水,在于感同身受者的自我克制与导引。克制自己内心的情绪,含蕴内敛,使之合乎礼仪规范。过度的强调自己的情绪不但会引起他人的反感,而且还可能使自己陷入一种迷失自我的状态。因此,对于自己的情绪要有恰当的表达,从而达到和的境界。

孔子说:"哀而不伤,乐而不淫。"这便是人情的最高境界,是最纯粹的人性,是人心之中的不偏不倚。

我们每个人都是区别他人的独立的个体,所以每个人都有他相应的世界观、人生观和价值观,当然每个人的特性也是千差万别的,而特性在某种情况下表现在人际关系中就是个人的情绪,也就是《中庸》中所说的"喜怒哀乐",能够在为人处世中适当控制自己的不良情绪,做到"喜怒哀乐之未发"、"发而皆中节",那么我们在社交关系中待人接物就会如鱼得水,得心应手了。

现实生活中,人们由于过于强烈地想实现自己的目标,往往希望"罗马在一日之间"建成,一旦自己的这种愿望受到阻挠和挫折,就很难控制自己,从而"点燃"不良情绪的"导火索",以致于做出许多愚蠢和鲁莽的事来。所以,当我们想达到自己的目标时,首先要拥有调整和控制自己情绪的功夫,从这一点来说,就是为了能将自己的情绪控制在别人能承受的范围内,即尊重他人。要是一旦能够控制自己的情绪行为,使之合乎礼节,那么天下也就相安无事了。

仁者自爱，仁者爱人

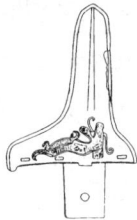

子夏（约前 507—约前 420），名叫卜商，春秋末期卫国人。孔子的学生之一，小孔子四十余岁。孔子曾称赞子夏是好学深思有志务实的人。"博学而笃志，切问而近思"（《论语·子张》）。是孔子经世思想的嫡传弟子，以文学著称，对《诗》有深入的研究，通其义理。孔子死后，"教于西河之上。魏文侯师事之，而咨问国政焉。"传授"六经"，尤为注重对《春秋》的讲授。从学的人数超过三百人，名震当时，学泽后世。《史记·儒林传》记："如田子方、段干木、吴起、禽滑厘之属，皆受业于子夏之伦。"在先秦思想史上，子夏是一位承前启后的重要思想家，是法家思想的先驱。唐玄宗追封子夏为"魏侯"，宋代时加封为"河东公"。

《礼记·檀弓》载：子夏晚年因丧子而悲痛过度，导致双目失明。离群索居，生活凄苦。曾子前去吊唁说："听说老朋友的眼睛失明了，我赶来看望。但愿能为你分担痛苦。"于是二人相对悲泣流涕。子夏悲愤地说道："天哪！我并没有罪过呀！为什么让我承受这样的苦难呢？"曾子却对他说："你怎么没有罪过呢？以前我和你在洙水和泗水之间共同侍奉老师，那时我们互相研习，那是多么美好的时光啊。后来你离开朋友，独自回到西河讲学，使西河的人们把你称作老师，而不知道我们共同的先师的思想，只看重树立自己的名声，这就是不仁，是你的第一条罪过。你居亲人之丧，只是深陷于自己的悲痛，根本就不在意天下苍生的苦难，没有做出什么可以为人特别称道的事，这就是不义，是你的第二条罪过。你儿子死了就哭瞎了眼睛，不能珍惜保全

子夏

父母给予我们的身体,这就是不孝,是你的第三条罪过。"子夏听后,扔掉手杖,恳切地致谢说:"我错了!我错了!我离开朋友独自居住太久了。"

灾难与痛苦的降临总是出人意料,谁也不愿接受。面对灾祸的打击,悲痛在所难免,其哀切怨尤之情,呼天抢地的悲愤不平,是人之常情,也正是出自至情至性的自然流露。但是,灾难又是不以个人的意志为转移的,一旦发生,就不可改变,追悔也是无用的,哀痛也应有度。生命毕竟值得珍惜,死者已矣,而生者更应当担负起好好活下去的重任,这不仅是对自己的负责,也是对死者的安慰,更是对我们亲人的责任。也正因为人人都有感情,人们都祈愿自己的亲人生活得更好,这同样也是死者生前的心愿,因此,我们无权过度悲愤自伤。

致中和,天地位焉,万物育焉。

【典句札记】

这里所说的"中"与"和"是中庸之道的很重要的概念。中,就是不偏不倚,保持一种适可而止的处世态度,合乎自然的中正之道。和,就是和谐,是指对待事物能保持一颗平常心,不与自然之道相背离。

一旦达到了"中和"的境界,我们自然都能心平气和地去待人接物,去做事处世,生活中的一切都会变得秩序井然,并且得到良好的改变。无论是在自然环境还是人类社会中,只在"中和"的和谐环境里,万事万物才能平等共存。所以说,"中"是我们人性的根本;"和"是我们所必须遵从的原则。达到了"中和"的境界,天与地也就各在其位了,万事万物也就欣欣向荣地生长发育了。所以也可以这么说:中和,是实现天下大同的必由之路。

"中"是人修养性情的内在功夫,"和"则是这种内在修养所表现出的品德行为。修养我们性情,达到敦厚和顺,博大自己的胸襟,能够包容万事万物的生存个性,处事守诚,从而致达中正和谐。

万物之生,各于其性,人生其间,各秉承命,各自遵从自己的命运。首要的是拥有博大的胸襟。

天地变化难以预测,如地震、山崩、海啸、狂风等都是合乎发展规律的自然现象。对于自然界所发生的客观事件,古代的圣贤之人以人们对于自然的敬畏之心,借以影射警戒统治者不要违天行事,不要逆人心愿,应修德恤民,以仁恕之德,应和天地变化,顺应民意,替天地行道。从而达到协调社会矛盾,维护长治久安的目的。

万物生长发展,在于自励自觉,自然地遵从规矩,找到自己的位置,尽自己的职责,并恪守合乎天性的德行。"当门之兰虽芳,必欲除之。"所处位置相异,其命运必然不同。人而不得其位,必然会自招祸患;物不得其位,必将被铲除。

人类的史前时代,为了采集食物,他们依森林而迁徙,结成部落;人类的童蒙时期,为了生存,人们逐水草而定居,形成了村庄;到了近代,为了提高生活的质量,于是人们沿交通要道而聚集,形成了城镇;而现代,那些在城市的水泥固化的丛林中住腻了的人们,为了他们理想中的美好生活与幸福感受,他们怀念乡村山清水秀的林地,但人类却再也不能回到起点了——那里才是我们的家园。

在漫长的自然演化史中,人类对于自然,一方面深怀敬畏,匍匐膜拜,献牲祭祀,以求降福禳祸。而另一方面又对大自然进行贪婪地索取,以期改造自然,并狂妄地想战而胜之,试图凌驾于自然之上。

孔子说:"钓而不纲,弋不射宿。"

孟子告诫说:"数罟不入洿池,鱼鳖不可胜食也;斧斤以时入山林,材木不可胜用也。"强调使自然能够自由地生息,防止自然资源的枯竭。主张"上下与天地同流"。从而保持自然的可持续发展。

《荀子·王制》说:"养长时则六畜育,杀生时则草木殖。"把草木开花结果时禁止砍伐,鱼鳖怀卵时禁止撒网,称之为"圣王之制"。

任何生物,任何物种都有生存繁衍的理由和必然意义,也正因为天地的包容与大度,才有了生物的多样性,使万物得以养育长成,才成就了自然的丰富与人类的发展。

"致中和,天地位焉,万物育焉",人与自然的关系不是对立的,而是和谐共存的关系。人生活在自然中,只是自然的一个物种,而不是主人,必须按照"中和"的原则与自然和谐共处,以保持自然的生机和谐与自然环境的生态平衡。只有充分发挥万物生存的意义,才是和谐的自然观,也才使人类自身得以最终解放和发展。

中和之境

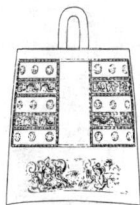

"中和"是一种尊重最根本的规律行事的境界。只有达到这种境界,万事万物才会生机盎然。

曾经听过这样一个故事:

炎炎夏日三伏天,在一个简陋的寺庙里,禅院的草地枯黄了一大片。小和尚建议师父往上面撒些草籽。

师父挥挥手,答道:"随时!"

中秋时,师父买了一包草籽,叫小和尚去撒种。草籽一边撒,一边随着秋风四处飘,落得到处都是,而且还有很多随风而去。

"不好了!风吹走了那么多的种子。"小和尚喊道。

"没关系的,吹走的多半是空的,撒下去也发不了芽。"师父说,"随性!"

撒完种子后,飞来几只小鸟,争着啄食草籽。

"不好了!种子都被鸟吃了!"小和尚急得直跺脚。

"没关系,种子多,吃不完的。不要慌!"师父说,"随遇!"

半夜,狂风骤雨袭来,种子被冲走了好多。

清晨,小和尚冲进禅房,大哭道:"这下真完了,种子被冲走了!"

"冲到哪儿,就在哪儿发芽。"师父说,"随缘!"

几天过后,原来贫瘠光秃的地上居然长出了好几大片青翠的小草,放眼望去,眼前是一片耀眼的翠绿。

享受到精美的艺术熏陶为「中」。

奏内容的节奏与情绪表达为「中」。而对于广大听众来说，能够

「指挥」就是「中」，是各位演奏者注目的中心。而指挥则是以演

会，指挥就是调动各方面的因素，达到「中」与「和」的境界。这个

自封。超越现实是偏激，跟不上步伐是落伍。就如组织一场音乐

超越阶段，也不要被时代抛弃；既不能急躁冒进，也不可固步

「君子而时中」，时「不仅指时间、时代，也指时机。既不要

意妄行，自然会肆无忌惮，好走极端，和中庸相反。

而又随时处中，戒慎恐惧，所以能体现中庸。小人不知修养，任

在形态，但都是中，只是有已发未发之别罢了。君子有此德行，

要随时处中，这就是「时中」。「时中」和「在中」是两种不同的存

无定体，随时而在，也就是说中是处于变动不居之中，这就需

与？」子曰：「过犹不及。」这是对「中」解释的根据之一。但「中」

「师与商也孰贤？」子曰：「师也过，商也不及。」曰：「然则师愈

本章提出了「时中」的概念。《论语·先进》记载：「子贡问：

仲尼曰："君子中庸①;小人反中庸。"君子之中庸也,君子而时中②。小人之中庸也③,小人而无忌惮也。

【译文】

仲尼说："君子能中庸,小人违背中庸。君子之所以能中庸,是因为君子随时做到合度适中。小人之所以违背中庸,是因为小人无所顾忌肆意妄为。"

【注释】

①中庸:儒家思想中的最高道德境界。即包容与利用。就是对于一切的客观存在都予以包容并合理的使用。在具体的事件中,无论其性质如何,其中都深含着一定的必然意义,就应予接受。而在具体的运作中,应做出恰当的抉择,把握适度,就是说在具体的时间空间条件下,做出适宜的行为。许慎《说文》:"中,和也。"又曰:"庸,用也。"程颐认为:"庸"就是"常"。庄子在《齐物论》中说"为是不用而寓诸庸。庸也者,用也;用也者,通也;通也者,得也"。因此,中是原则,庸是实践,中庸,就是知与行的统一。朱熹注"中庸者,不偏不倚,无过不及"。

②时中:随时而处中。

③小人之中庸也:王肃本作"小人之反中庸也",程、朱皆从之。

【人物简介】

仲尼,即孔子(前 551—前 479),名丘,字仲尼。鲁国陬邑(今山东曲阜东南)人。春秋后期伟大的思想家、教育家。是儒家学派的创始人,中国传统文化的集大成者。孔子的先祖本是宋国贵族,因政治原因迁居鲁国避难。孔子幼年时,其父叔梁纥去世,家境贫寒,为生活所迫,很早就独立谋生,从事过多种低微的职业。孔子待人真诚宽厚、好学善思,积累了广博的学识。一生致力于教育,相传有三千弟子,其中身通六艺(礼、乐、射、御、书、数)者七十二人。他曾周游列国,晚年专心于古代文献整理与传播工作,先后删《诗》《书》,正《礼》《乐》,序《周易》,修《春秋》,创立了以仁为核心的道德学说。其主要言行,经其弟子和再传弟子整理编成《论语》一书。"己所不欲,勿施于人"、"君子成人之美,不成人之恶"、"己欲立而立人,己欲达而达人"、"躬自厚而薄责于人"……成为后世人们修养的道德原则,影响极其深远,世代尊为"圣人"。

中庸诠解

郑玄说：庸，常也。用中为常，道也。"反中庸"者，所行非中庸，然亦自以为中庸也。又说："君子而时中"者，其容貌君子，而又时节其中也。"小人而无忌惮"，其容貌小人，又以无畏难为常行，是其"反中庸"也。

孔颖达说：庸，常也。君子之人用中以为常。小人则不用中为常，是"反中庸"也。又说：君子之为中庸，容貌为君子，心行而时节其中，谓喜怒不过节也，故云君子而时中。小人为中庸，形貌为小人，而心行无所忌惮，小人将此以为常，亦以为中庸。

朱子说：中庸者，不偏不倚、无过不及，而平常之理，乃天命所当然，精微之极致也。唯君子为能体之，小人反是。又说：君子之所以为中庸者，以其有君子之德，而又能随时以处中也。小人之所以反中庸者，以其有小人之心，而又无所忌惮也。盖中无定体，随时而在，是乃平常之理也。君子知其在我，故能戒谨不睹、恐惧不闻，而无时不中。小人不知有此，则肆欲妄行，而无所忌惮矣。

智慧运用

仲尼曰："君子中庸；小人反中庸。"

这一章告诉我们"中庸"这个词的由来，它是从孔子这位圣人的嘴里说出来的，中庸，其实就是不偏不倚，无过之亦无不及的平常道理。孔子认为，能否做到中庸是君子与小人的区别。

中庸就处在君子与小人之间。虽然没有如楚河汉界一样明确的分界线，使人们就如泾渭之不同一目了然，但是，就其行为风格，总会截然不同。

君子的行为着眼于维护众多人的利益，君子以中庸作为自己处事的原则，所以，人们受到惠泽而不以为恩；小人则只是看重小团体的好处，行事以培植党羽，罗树私恩为重，以小恩小惠收买人心，因而会得到相应的感激。

中庸的本质，就是包容以为用，因其势而利导之。在具体事件的运用过程中，注重适度，即历来认同的不偏不倚，无过无不及，是寻求内在的平衡。

君子拥有博大的胸襟，卓越的见识，能够从伦常大道出发包容众长，容纳众意，处事既不极端，也不偏激，既不专擅，也不投机，顺应自然发展之道。而芸芸众生，则只注重眼前的利益，急功近利，以现时的占有为得，既不能包容他人，又不愿与人共享，忽视他人的存在，结果与"中庸"渐行渐远。

谋略无所谓邪正，无所谓阴谋或正略，在于运用之心。心正则德着，意舛则恶生。同样的计策，由于不同的人使用于不同的时空，君子运筹于帷幄之中，小人设计于阴暗角落，所导致的结果和对事物的发展方向的影响则截然不同。

如果是维护天地正义，那么不论采取什么样的手段，都是符合道义的行为，就是替天行道。如果只是出于一己的私利，或是小部分人的利益，那么不论他的所作所为打着何种光明正大的旗号，都无异于攫取与鲸吞，都是抢掠与窃取。

是做君子还是做小人，取决于我们自己，取决于你的行为代表着谁的利益，取决于你获取了什么，拿走了什么。

史例解读

智者中庸

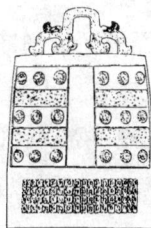

恰如其分，恰到好处的中庸之道也就是人生的最高境界和最大学问。

历史上，立下绝世功勋却由于做事忽略了"中庸"二字而没能逃脱"狡兔死；走狗烹"的厄运的人不胜枚举，然而有一个人却是个例外。

清朝末年，重臣曾国藩回湖南组建湘军，先后攻克太平军控制的几个重要城市，最后攻陷金陵，曾国藩也因此而受封一等侯爵。也就是在这时，曾国藩发现他的湘军总数已经达到 30 万众，并且成为一支只听命于曾国藩本人，除此以外谁也调动不了的私人武装。曾国藩深知顾命大臣功高震主的利害关系，于是开始自削兵权，目的就是要解除朝廷对他的顾虑，使自己依然得到信任和重用，也正因此，曾国藩更加受到皇帝的信赖。曾国藩的"好运"就在于，他善于把握做事情的尺度与分寸。

俗话说"人无千日好，花无百日红"，人的一生也不可能永远春风得意，这是自然的规律，所以适可而止是最明智的。历史有着相似的必然规律，这也是中庸之道。遵循中庸之道为人处世，就等于真正掌握了自己的命运。

在佛教中，也提倡类似于中庸之道的智慧。佛经中记载了一个很有启发性的故事：释迦牟尼有一个弟子名为二十亿耳尊者，有一次，释迦牟尼发现这位弟子诵经时表现得十分悲切、激昂，释迦牟尼于是问道："你诵经如此悲切，心中一定有很多烦恼；你因什么而起这些烦恼呢？"二十亿耳尊者说道："世尊，我出家修行很久了，眼看别人行到了三昧，证得了禅定，乃至于成道、正果，而我不但没有成道正果，连三昧都得不到，所以觉得很悲伤，心也静不下来，诵经也诵不下去，请世尊慈悲开示。"释迦牟尼又问："你没有出家以前是做什么的呢？"二十亿耳尊者回答："世尊，我没有出家以前是弹琴的。"释迦牟尼便问他说："好，我现在问你，怎样才能把琴弹得很好？如果琴上的弦太松了，有没有声音？"二十亿耳尊者回答说："世尊，弦太松了就根本没有声音。""那么，把这根琴弦上得很紧。声音好不好听呢？"尊者回答说："世尊，弦太紧了，弹出来调子不正确，甚至弦还会崩断。"于是释迦牟尼说："我们修行也是一样，心不能太紧张也不能太懈怠。太紧张容易生无明、起烦恼，反而定不下心来；太松懈了，又容易懈怠散漫。所以我们的心应当保持不松不紧。诵经的时候也应当这样，做到了就自然有正果可以得到。"

能海上师说："般若无相。"意思是说，智慧没有什么形象，表现在人身上，如果这个人做事情有条有理，恰到好处，和谐适度，这就是智慧的表现。

所以说，做事情是否中庸，不仅仅是君子和小人的区别，也是成功者与失败者的区别，是智慧与愚蠢的区别。

现代运用

君子行中庸之道

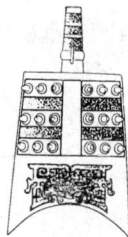

为了适应市场变化，公司需要重组。公司将裁员50%，更残酷的是，我和明浩成了竞争对手。多年来，作为公司的技术骨干，我和明浩同在一间办公室，为着同一个目标共同努力。我们是一对相互协作的兄弟，所有的设计图稿中，都饱含着他的智慧和我的心血。在公司这架庞大的机器中,我和明浩是两个相依互动的齿轮啊!

那天,主任找我们谈话的时候,我们惊呆了。其他部门员工的去留,均按各自的业绩进行量化对比,很容易就可以决定。唯有我和明浩是公司的技术骨干,且工作合作性很强,难分高低,因此,老总决定亲自考核我们,并安排一次留岗竞争。

原本是最好的兄弟,忽然变得尴尬了。我的心里很不是滋味。早晨走进办公室,明浩已经等在那里了。他苦笑了一下,没做声。我也不知道说什么好,气氛相当压抑。这熟悉的电脑、熟悉的桌椅乃至熟悉的人竟然变得如此陌生!

决定命运的时刻到了。老总作开场白:"并非公司有意拆散你们两个人,实在是迫不得已啊!"说着,将两份同样的试题分给我和明浩。一个小时的紧张答题,我和明浩几乎同时交出答卷。老总和主任对照答卷研究了好长时间,难分胜负。主任小心地说:"这两个兄弟跟我多年,老总,我是一个也舍不得啊!"老总抬眼瞅瞅他,犹豫半晌,缓缓地说:"这样吧,由他们相互评价对方,再做决定。"然后,将我的设计图纸给了明浩,而明浩的设计图纸给了我,又说:"满分为10分,另外各自写出对对方作品的书面评语。"

原本痛苦的我,越发陷入"绝境"!老总简直将我们推入了古罗马斗兽场!

凝视着明浩的图纸,我久久不能平静。他的思维和技法才华横溢,其中有我熟悉的味道,否定他,就等于否定我自己!多年在一起学习和实践,我们已相互渗透得很深很深……还想什么呢?我轻松地在明浩的图纸上打了个10分。

当我发现明浩也给了我10分时,我流泪了。我们紧紧拥抱在一起。老总无话可说,拉住我们的手说:"在这个关头,你们用各自的心灵选择了对手,请原谅我刚才的冷酷,也请允许我邀请你们永远留在公司,因为你们是两个人,却拧成了一股绳。公司永远需要这种力量,它无坚不摧!"

高尚的品质永远是不可再生的资源,它就像精美的陶瓷,破碎便一文不值。在名利面前,请保持你的高尚品质!

君子之中庸也，君子而时中。小人之中庸也，小人而无忌惮也。

【典句札记】

此处指出了君子与小人在"中庸"方面的区别。君子是有道德的人，所以能够随时随地保持"中"的境界，也就是中和平常，适中，做事情合乎中道，有一颗平常心，不急不躁。这是因为君子立身处世，不是图名图利，所以不会患得患失，急躁冒进，也不会气人有笑人无，而是做事情求同存异，公平客观，所以是中庸的。小人却只想满足一己私欲，图名索利，沽名钓誉，为达目的不择手段，做事情不会遵循客观规律，接人待物以自己的利益为中心，怎么可能做到中庸呢？更没有可能得到永久的胜利！

无论人们处在何种社会地位，承担什么样的社会角色，但是在人格上始终是平等的。无论权力大小、地位高低、财富多少，虽然等级差别悬殊，但是人都有尊严，都应受到尊重。这是人伦大道。如果忽视这个原则，往往令自己陷入被动。因为在与人的社会交往中，必然会遇到各个层次的人，如果只对各类"大腕"恭敬有加，却对小人物态度冷漠或予以戏弄，其结果必然是既不会赢得高高在上者的重视，也不会赢得小人物的尊重。而平庸相处的人，对你人品的评价就会大打折扣，既失去了他对你的信任，又会被他看不起。

在现实生活中，总会有各式各样的宴饮聚会：宴席上必然有主人、贵宾、陪客，以及应邀出席的同事或是朋友。在这样的聚会中，往往见出一个人的水准。常见的一句话，酒品如人品。这只是一个方面，更重要的是，在这个聚会中各个人物的神态与举止。势利的人，往往会逢迎贵客，或是以权势为中心，忽略了那些在他看来没什么利用价值的人，以至于以取笑他人而彰显自己。自以为是的人，总是以自我为中心，高谈阔论。圆滑的人，则施展其外交手段，以期左右逢源……这种"尊卑有别"的宴聚，往往令人心存尴尬，有时感到十分难堪。不经意间的一句话，或许就可能使聚会的人的自尊受到损伤，而心存芥蒂。

人在社会中生存，谁都有可能面临着这样两难的境地，那么如何妥善处理，如何做出"适中"的行为，谁也不能给出唯一的正确指导。只有自己权衡，依据情势做出自己的选择。高明的人通过交际技巧渡过难关,聪明的人借用外力巧解难题,从而摆脱困境;一般的人只有默然处之,静观自守;智力略显迟钝的人,只有蒙受羞辱,以至于形成僵局。而不论自己处在何种态势,唯一可取的就是"诚",只要心怀"诚"意,不存杂念,自然会赢得众人的支持,受到敬重。

中庸的处世思想,就是守"诚"。成全他人的自尊,成就自己的人品,维护共同的尊严,使自己不被自己的行为绊倒。

史例解读

为君子? 抑或为小人?

《左传》记载:襄公二十五年,齐国内乱,齐庄公被其大臣崔武子逆弑。

齐庄公和崔武子的继室棠姜私通,经常到崔家去。并且不听侍臣的劝阻,把崔武子的帽子赐给别人。崔武子由此怀恨在心。当时,正值齐庄公乘晋国动乱而进攻晋国。崔武子于是就想杀死齐庄公来讨好晋国,只是苦于没有机会。

夏季,五月,莒国由于是这次战争的同盟国,莒子就来到齐国朝见。十六日,齐庄公在北城设享礼招待他。崔武子借口有病,没有参加。十七日,齐庄公以问候崔武子为由,乘机又与棠姜幽会。姜氏进入内室,崔武子则从侧门走出去。齐庄公拍着柱子唱歌。庄公的侍人贾举因以前受到庄公的鞭打,也在伺机报复,崔、贾二人就勾结起来,寻机杀死齐庄公。于是贾举假传命令,禁止齐庄公的随从进入住宅内。贾举走进内室后,关上大门。崔武子的卫队便立即包围了齐庄公。庄公登上高台请求免死,遭到拒绝。又请求允许他在太庙自杀,仍然没人答应。甲士们说:"君王的下臣崔杼病危,不能发号施令,我们也不能执行您的命令。这里靠近君王的宫室,陪臣的职责就是巡夜搜捕淫乱的人,此外没有接到其他命令。"齐庄公跳墙突围,被人用箭射中大腿,跌入院内,于是被杀。州绰、邴师、公孙敖、封具、铎父、襄伊、偻堙都被杀死。而贾举也未能幸免。申蒯,是管理渔业的人,和他的家臣一起殉义自杀。崔氏又派人在平阴杀死了鬷蔑。

晏子走到崔氏家的大门外边,他的属下说:"也以自杀报答国君吗?"晏子说:"是我一个人的国君吗?要我去死?"属下就又说:"那么逃离吗?"晏子说:

"是我的罪过吗？我何必要逃走？"属下就问："那么现在回去吗？"晏子说："国君死了，回到哪儿去？"

晏子说："君民者，岂以陵民，社稷是主；臣君者，岂为其口实，社稷是养。故君为社稷死，则死之；为社稷亡，则亡之。若为己死，而为己亡，非其私暱，谁敢任之！"这是说，大臣应该为国家殉难，而不应该为国君个人死节。

他走进大门，头枕在齐庄公尸体的大腿上号哭，行礼。然后走了出去。

那些杀红了眼的刽子手说："一定要杀了他！"崔武子说："他是对国家对人民有功的人，杀了不祥。"

孟子主张：若社稷不利于民众生存时，"则变置社稷"（《孟子·尽心下》）。《易·革》云："汤武革命，顺乎天而应乎人，革之时大矣哉！"可见"中"不是僵死不变的教条，而是顺应时势发展的活的灵魂。

🌀 现代运用

说话要慎重

人们的社会角色和社会地位尽管不同，但都需要得到别人的尊重，维护自己的面子。如果你忘记这一事实，与人们交际时，对重要人物恭敬有加，对小角色却态度冷漠，这样自然会伤后者的自尊。

有这样一场家宴：宴席上坐着男主人、科长，以及男主人的几位同事，圆桌上的酒菜已经摆得相当丰盛了，可是，围着花布裙的主妇还是一个劲地上菜，嘴上直说："没有什么好吃的，大家将就着吃。"

男主人则站起来，把科长面前还没有吃完的菜盘撤掉，接过热菜放在科长面前，热情地给科长夹菜、添酒，而对其他同事只是敷衍了事，不怎么管。这样特别的款待，试想男主人的几位同事将做何感想？他们很难堪，其中三位竟未等宴席告终，就"有事"告辞了。

像这样的宴席，男主人眼里只有科长，而对其他人则不予理睬，这使同事们的自尊心和面子受到损伤，非但不能增进主客间的友谊，反而会造成不必要的隔阂。

还有一个类似的故事：有个人家里办喜事，摆了几十桌酒菜，可是看看时间过了，还有很多的客人没来，于是心里很是急躁，便脱口而出道："怎么回事，该来的客人都还不来？"一些敏感的客人听到了，心想："该来的没来，那我们是不该来的喽？"觉得如果再待下去的话，就会被主人说不要脸了，于是便悄悄地走了。

　　主人一看，急了，这可了不得，又走掉好几位客人，而那些没来的客人仍然没来，心里越发急躁了，便说："这些不该走的客人，怎么反倒走了呢？"剩下的客人一听，又想：走了的是不该走的，那我们这些没走的倒是该走的了！于是又都走了。

　　最后只剩下一个跟主人较亲近的朋友，目睹这种尴尬的场面，就劝他说："你说话前应该先考虑一下，你看现在的情形，说错的话就像泼出去的水，一旦说错了，就不容易收回来了。"主人大叫冤枉，急忙解释说："我并不是叫他们走啊！"朋友听了很是愤怒，说："不是叫他们走，那就是叫我走了！"说完，头也不回地离开了。

　　说话一定要看场合，面对不同的对象，要说不同的话语。话稍有不慎，便会得罪他人，造成不必要的隔阂。

第三章 鲜能

件很难的事。

静变化中做到恰到好处，的确是

不及，在两端中寻求契合点，在动

所以难以把持。不偏不倚，无过无

正因为中庸是最高的德行，

一种中庸之道』。

『中道行为使人成功』，『美德乃是

古希腊哲学家亚里士多德所说：

人生至高无上的道德境界。正如

『德行就是中道』，中庸就是

子曰:"中庸其至矣乎①! 民鲜能久矣②。"

【译文】

孔子说:"中庸大概是最高最好的德行了吧! 但人们很少能够做到,这种状况已经很久了!"

【注释】

①至:极致,顶点。

②鲜(xiǎn):少,不多

【历代论引】

郑玄说:中庸为道至美,故人罕能久行。

孔颖达说:叹中庸之美,人寡能久行,其中庸之德至极美乎!

朱子说:过则失中,不及则未至,故唯中庸之德为至。然亦人所同得,初无难事,但世教衰,民不兴行,故鲜能之,今已久矣。

智慧运用

子曰:"中庸其至矣乎! 民鲜能久矣。"

【典句札记】

在这里,孔子感慨中庸之道曲高和寡。中庸之道是最高的德行,这是为什么呢? 最难者最高,就是因为很少有人能够真正地履行它,不懂得中庸之道的人不仅仅是小人,而且我们这些平常人也常常不明白其中的真谛,甚至居于高位的人也不能够按照中庸的道理行事。所以行中庸之道才显得难能可贵。中庸之道是最具智慧的行为,因为只有拥有智慧的人,才能真正以中庸之道行事!

那么,为什么中庸这种智慧会显得曲高和寡呢? 因为我们每个人都有趋利避害的天性,这种天性使我们不会仅仅满足于吃得饱、穿得暖,而是有更多的欲望、有更多对于美好事物追求的冲动。然而,对美好事物追求的欲望如果无节制地膨胀,就会变成贪婪的欲望,美好的事物也因此而变得丑陋不堪了。我们都想使自己能生活得更好,都想拥有优越的社会地位,都想得到他人的仰慕,这样的人自然无法依中庸之道而立身处世。古今中外,那些恃才傲物,好大喜功,不知见好就收,不知"水满则溢,月满则盈"道理的人比比皆是,这恰恰就是中庸之道不易行的例证。

也正是我们的这种趋利避害的天性,也催生出了另外一类人。这类人与那些为了达到目的而疯狂行事的人不同,他们甘于平庸,不思上进,凡事喜好偷懒,口头禅是"差不多就行",根本无心干一番轰轰烈烈的事业。这类人做事就是所谓的"不及",也不可能以中庸之道来为人和行事。中庸之道实质上就是要行当行之事,不做"不及"或者过分之事。

人在社会群体之中生活,是社会的一粒尘埃。社会其实就是一个大市场,不平等的交易和意料之外的事情随时都有可能发生。而人的任何行为都必然受着社会的制约,也影响着周围的一切。

为了生活,人们不可避免地要面对各种矛盾的冲击,受到各种因素的牵制,需要接受各种形式的挑战,更要应对各种条件下的竞争,因而,烦恼对于每个人来说,将是无法避免,并且很难摆脱的。

在这一切的行为取舍中,谁会时时处处都能做得最好? 同样,谁也不可能不犯错误,谁也不可能在一切事情中都做到完美。我们生活中的大多数时光都在很普通的日子里度过,我们平凡而又渺小,我们只能是在自己的视野内做出符合自己现状条件的选择,能不能达到"中庸",我们确实并不知道。

谁都想把事情做得更好,谁都想取得事业的成功,谁也不愿意去经受失败的打击,但是,能够做到最终如愿的人,并不很多。但是这并不表示所有的人都不能享受到幸福。

中庸是令人向往的境界,但是,虽然没有达到中庸的标准,并不说明我们一无是处。人生总是有这样或那样的烦恼,不论做什么事,总会有不同的评论,从各个角度,从不同的层面,有肯定的,有否定的,甚至可能被误解,这同样的行为,也表现在我们对待别人或别人所做的事情上。所以,我们应该让自己的心胸开阔一些、超脱一点,对别人宽容一些。尽可能地不要误解别人,对于别人的"误解",也要能够给予宽容。

当然,无论如何,只要我们是真实而又努力地活着,也就足矣。因为生命并不需要我们刻意地去怎样做。

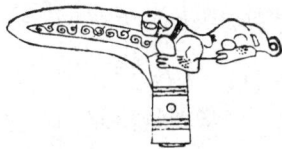

博闻多识，人鲜能之

《晋书》记载了张华博闻释疑的故事。

张华字茂先，范阳人。少好文义，博览坟典。为太常博士，转兼中书郎。虽栖处云阁，慨然有感，作《鹪鹩赋》以自寄。"鹪鹩，小鸟也。生于蒿莱之间，长于藩篱之下，翔集寻常之内，而生生之理足矣。色浅体陋，不为人用，形微处卑，物莫之害，繁滋族类，乘居匹游，翩翩然有以自乐也。彼鹫鹗惊鸿，孔雀翡翠，或凌赤霄之际，或托绝垠之外，翰举足以冲天，觜距足以自卫，然皆负赠婴缴，羽毛入贡。何者？有用于人也。夫言有浅而可以托深，类有微而可以喻大，故赋之云尔。

"何造化之多端兮，播群形于万类。唯鹪鹩之微禽兮，亦摄生而受气，育翩翩之陋体，无玄黄以自贵。毛弗施于器用，肉弗登于俎味。鹰鹯过犹俄翼，尚何惧于罿罻。翳荟蒙笼，是焉游集。飞不飘扬，翔不翕习。其居易容，其求易给。巢林不过一枝，每食不过数粒。栖无所滞，游无所盘。匪陋荆棘，匪荣苣兰。动翼而逸，投足而安。委命顺理，与物无患。

"伊兹禽之无知，何处身之似智。不怀宝以贾害，不饰表以招累。静守约而不矜，动因循以简易。任自然以为资，无诱慕于世伪。鹏鹑介其觜距，鹔鹭轶于云际。稚鸡窜于幽险，孔翠生乎遐裔。彼晨凫与归雁，又矫翼而增逝。咸美羽而丰肌，故无罪而皆毙。徒衔芦以避缴，终为戮于此世。苍鹰鸷而受谬，鹦鹉惠而入笼，屈猛志以服养，块幽絷于九重。变音声以顺旨，思摧翮而为庸。恋锺岱之林野，慕陇坻之高松。虽蒙幸于今日，未若畴昔之从容。

"海鸟鹢鹍，避风而至。条枝巨雀，踰岭自致。提挈万里，飘飘逼畏。夫唯体大妨物，而形瑰足玮也。阴阳陶蒸，万品一区。巨细舛错，种繁类殊。鹪螟巢于蚊睫，大鹏弥乎天隅。将以上方不足，而下比有余。普天壤以遐观，吾又安知大小之所如？"（见《文选》之卷十三）

阮籍读了这篇《鹪鹩赋》，深为叹赏，认为张华具有王佐之才。

张华博览图籍,四海之内,若指诸掌。晋武帝经常咨问汉朝的治理方略及管理制度,所涉及的范围十分广泛。张华应对如流。并且语言生动精警,使听取的人常常忘记疲倦。于是人们把他与春秋时期郑国的子产相比拟。官至太子少傅、司空。

张华博物洽闻。有人捡到一种奇异的羽毛,长约三丈。拿来请张华辨认。张华看见后,神情惨然地说:"这是海凫的羽毛。这种异鸟出现,就预示着天下将要发生变乱。"

陆机宴请张华,席间宾客满座,佳肴珍馐,丰盛精制,有一名菜"白鲊"。张华打开盛菜的器皿的盖子,说:"这是龙肉。"人们都不相信。张华说:"用苦酒浇醮,必定会有奇异的现象出现,一试便知。"泼了苦酒之后,立即就有五彩光芒升起。陆机叫来进献白鲊的人询问。果然说:"是在园内堆积的茅草下面得到一条白鱼。觉得鱼质与貌状都十分特异。用来做菜其味鲜美。因此就进献给您品尝。"

存放武器的库房,封闭管理十分严密。但是,库中忽有雉雏。人们感到十分怪异,就去请教张华。张华说:"这是蛇变化为雉。"打开库房验证,在雉的旁边果然有蛇蜕。

吴郡派公务人员报告说,临平江岸崩塌,有一只石鼓出现,槌播却不发出声音。皇帝就召见张华。张华说:"取蜀中桐材。刻制成鱼形的鼓槌,敲叩就会发出声音来。"果然如其所说,鼓声洪亮,震响数里。

当初,孙吴政权还存在时,在北斗星与牵牛星之间,常有紫气。研究道术的人认为:这是东吴政权强盛巩固的天意,不可讨伐。只有张华以为,这种说法是牵强附会,是没有道理的。后来东吴被平定,紫气更显明亮。张华了解到豫章人雷焕,对于天象征兆很有研究,于是邀请来,到晚间共同登楼观察。雷焕说:"这是宝剑所发的剑气,位置在豫章郡的丰城县。"于是就任命雷焕为丰城县令,让他负责探寻。雷焕上任后,经过测算,挖掘牢狱房屋下的地基。于是找到了双剑。当晚,在斗牛二星之间就再也看不到剑气了。雷焕用南昌西山北岩下的土石磨拭剑,除去锈迹,剑光明亮耀眼。于是派遣特使,护送其中一剑,并土石赠送给张华。留下另一剑作为雷焕自己的佩剑。张华认为南昌的土石不如华阴县的赤色土石。于是就用华阴土石一斤致赠雷焕。雷焕再次用来磨拭,铁剑倍加精湛锋利。

在曹魏政权时,殿前大钟忽然自动震响,令人震骇。张华说:"这是四川发生了地震,大钟感应而发出声音。"不到十天时间,蜀郡果然报告发生地震。

博学多识,处事完美,这是人人都追求的,但是,并不是任何人都能轻易达到的。

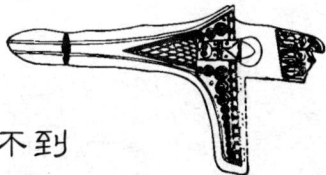

"中庸"并非做不到

中庸之道并不是什么虚无缥缈、可望而不可即的思想,现实生活中良好的语言表达与得体的接人待物行为都是中庸之道,说话时既不出言不逊、出口伤人,又切中要害、直指主旨;遣词造句既符合说话的场合,又符合自己的身份,恰到好处地表达出自己的观点,既要妙语连珠,又不能给人以夸夸其谈的坏印象,能做到这些,就可以说达到了中庸的境界。

举例来说,客气话是我们用来表达恭敬和感激时的常用语言,恰当地说说客气话,可以拉近我们与他人之间的距离,为我们建立良好的人际关系。可是如果客气话说多了,就会流于浮滑,显得有些虚伪,适得其反。比如有人递给我们一杯茶,我们只说一声谢谢也就够了,说多了反而很不恰当,就好像姜昆说的一段有名的相声《踩脚》中描述的那样,一个人踩了另一个人的脚,这原本是一件小事,那位踩人脚的人却从科技到网络,再到国际新闻、政治形势,天南地北地无所不侃,本来只是说一句表达歉意的话的事,但让这个人一说就十分令人生厌。

再比如,在语言表达时适当地配合以肢体动作能够起到加强语言效果的作用,然而在历史上记载了1933年的一次冗长的演讲纪录,一位名叫爱兰德尔的美国参议员为了通过"私刑拷打黑人的案件归联邦法院审判"的法案,竟然在参议院高谈阔论了5天之久,据说他在讲台前踱步75公里,做了无数个手势。另一次长得过分的演讲发生在1812年,一个众议员用马拉松式的演讲想阻止通过美对英宣战的决议,但是这场演讲也太长了,直到战火烧到家门口,形势已经迫在眉睫,这位议员仍在喋喋不休。时至半夜,听众席上鼾声四起,最后一个议员急中生智,将一个痰盂扔到演讲者头上,才终止了他的发言,最终还是通过了宣战决议。这两位演讲者虽然这么能说会道,但只是流于表面形式罢了。他们都忽略了"中庸"的做事原则,不知道做事恰到好处才能获得良好的结果。

中庸之道虽然看似平常,然而越平常的事情往往越难做到。不过,虽然中庸之道"民鲜能久矣",但它并非是不能做到的事情。

第四章 行明

行是实践，明是认知。贤与不肖是对立的两种现象，智者做得过头，愚者做得不足，还是过与不及的问题。正因为要么太过，要么不及，所以，总是不能做得恰到好处。其根本在于认识，就好比人们每天都在吃喝，但却很少有人真正品出滋味一样，缺乏对道的真知。人生的成就，就取决于对那个神秘的限度的把握。生命的意义，不在于我们走了多远的路，也不在于拥有什么，而在于我们感悟到什么。

贤者与不肖者也如此。

子曰:"道之不行也①,我知之矣:知者过之②;愚者不及也。道之不明也,我知之矣:贤者过之;不肖者不及也③。"人莫不饮食也。鲜能知味也④。

孔子说:"中庸之道不能实行的原因,我知道了:聪明的人自以为是,认识过了头;愚蠢的人智力不及,不能理解它。中庸之道不能彰显的原因,我知道了:贤能的人做得过了分,不贤的人又做不到。就像人们每天都要吃东西,但却很少有人能够真正品尝出滋味。"

【注释】

①道:指中庸之道。

②知者:指智慧超群的人。知:同"智"。过:超过限度。

③不肖者:指不贤的人。

④味:滋味。

郑玄说:过与不及,使道不行,唯礼能为之中。

孔颖达说:饮食,易也;知味,难也。犹言人莫不行中庸,但鲜能久行之。言知之者易,行之者难,所谓愚者不能及中庸也。

朱子说:知愚贤不肖之过不及,则生禀之异而失其中也。知者知之过,既以道为不足行;愚者不及知,又不知所以行,此道之所以常不行也。贤者行之过,既以道为不足知;不肖者不及行,又不求所以知,此道之所以常不明也。又说:道不可离,人自不察,是以有过不及之弊。

子曰:"道之不行也,我知之矣:知者过之;愚者不及也。
道之不明也,我知之矣:贤者过之;不肖者不及也。"

【典句札记】

此处,孔子认为中庸之道不能够得以普遍实行的缘故,是因为那些所谓的聪明人太"聪明"了,处处要显示出自己的智慧来,结果反而画蛇添足,凡事都做过了头,致使事情向相反的方向发展。殊不知"中庸"的智慧应当是自然而然地流露,是要建立在理性思考的基础之上的,事情要做到恰到好处,决不能为了聪明而聪明,不懂得这一点,就不可能做到"中庸"。

中庸智慧的核心是恰到好处,适可而止,无过之亦无不及。中庸的道理其实就在我们每一个人的身边。《左传》昭公二十年记载了晏婴所说的一段话,晏婴说,做汤,要在水里放上酱、醋、盐、梅等作料,与鱼肉一起烹,每一样东西分量都要恰到好处,少了一点,多了一点,都不能做出美味的汤,这其中就是中庸的道理。对于人们不能行中庸之道的原因,孔子分析认为就如同"人莫不饮食也,鲜能知味也"的道理一般,就像人们每天都在喝汤,可是却很少有人真正品味其中的"滋味"。中庸之道存在于万事万物之中,人们稍有遵循就可以取得良好的效果,然而人们却常常忽略它的存在,更不知道它的好处。这就好像人人都明白,种庄稼的时候只有气候、土壤、水分、养料都达到最佳的平衡状态,庄稼才能获得大丰收的道理。可是却很少有人体味到这其实就有"增一分则多,减一分则少"的"恰到好处"的道理。

"过犹不及"和"恰到好处"这种"中庸"哲学在古今中外其实是融通的。古希腊的哲学家亚里士多德和中国的孔子都以各自的方式阐明了人类行为的两种倾向:过分与不及。指出正确的行为准则就是中庸。但是,先哲却语焉不详,并没有进一步指明什么是中庸,以及走向中庸的道路在哪个方向。于是,后世学者认为,"中庸"唯一正确的解释就是"适中"。从而将"中庸"大道导入一个狭隘的歧途,使得"中庸"本有的光芒暗淡了一些。

究其实，先哲们为了说明中庸的实用意义，只是从人们做事的一个方面对人的具体行为做出评判，并不是就事物的全面的发展方向而言。由此可知，后人以为：中庸就是向着一个中点趋进，实为机械主义的理解。过激，只是指人们在所认识到的这个方向上走得很远，超过了时空的边界，于是不具备现实可行性；而不及，是指人们的认识不全面不深入，没有达到事物发展的现实阶段。其实质是，他们都没有把握到事物的全貌，没有认识事物的必然发展规律。是在一条路径上的踯躅，而不是对事物全面的把握。

慣常的认识是：在正确与错误之间，没有中间地带存在。因此，对于一些问题或原则的取舍上，就要求人们做出是支持或是反对的"旗帜鲜明"的抉择。正如所谓，非左即右，而不允许有任何别的选择。而这正是一种"过激"行为，不符合"中"的原则要求。因为不论是"左"或是"右"，都是统一在一个具体的系统之中，没有"左"也就没有"右"，"左"是错误的，"右"也同样是谬误。从人类的认识发展来说，很多的时候，人总是突破既定的局限，进入另一个局限，因而没有完全的正确，也没有彻底的错误。正确与错误往往交织共生。

其实，对立的双方，都是在不同角度、不同立场上对于同一事物的某一个侧面的认识，但是，把双方的立场相加，仍然不是事物属性的全面阐述。而中庸，就是全面。

所谓中，本质就是包容，具体的运用，就是中和各个方面的见解，寻求符合事物发展规律的方法。所谓庸，就是实用，就是实行。庄子《齐物论》中说"为是不用而寓诸庸。庸也者，用也；用也者，通也；通也者，得也"，即行得通的方法或具有现实可行性的策略叫庸。只有行得通，才能取得成就。

中庸就是对事物的全面把握，是包容对立双方的认识在内的对于全局发展的全面认识，是在更高的层次上，对于各方面认识的中和。

🌀 史例解读

师旷之聪慧

师旷，晋国音乐大师，学识渊博，还是一位杰出的政治活动家和博古通今的学者。师旷大约生活在春秋末年晋悼公、晋平公执政年间。山西洪洞人。《洪洞县志》说:"师旷之聪,天下之至聪也。"传说他从小就喜欢音乐,因为认识到"技之不精,由于多心;心之不一,由于多视"的道理,就用艾叶熏瞎了眼睛,专心音律,最终成为一位杰出的音乐家。《庄子·齐物论》说:师旷"甚知音律"。史称"乐圣"。师旷琴艺高超,又深通音律感应的哲理,赢得晋君信任,国事有疑,则向他垂询咨问。因而师旷也就参与了晋国内政、外交、军事等一系列事务。韩非说:师旷"迹虽隐于乐官,而实参国议"。

《荀子·大略篇》说:"言味者予易牙,言音者予师旷,言治者予三王。"

春秋时期,人们对于乐律十分重视,乐律具有神秘的色彩,备受推崇。因而留下了很多师旷奏乐的神异故事。

传说师旷弹琴,"玉羊、白鹊翱翔。"古人以玉羊白鹊为"五音协和,声教昌明"的祥瑞。师旷曾为晋平公弹奏"清微","有玄鹤列队翔集","延颈而鸣,舒翼而舞";又奏"清角",遂有玄云汇集起,风雨骤至,"裂帷幕,破俎豆,隳廊瓦",令人惊心动魄。

《左传·襄公十八年》载:"师旷告晋侯曰:鸟之声乐,齐师其遁。"这一年,齐国举兵进攻鲁国,晋鲁结盟,会合诸侯援鲁伐齐。晋平公对战争前景怀有疑虑,师旷说:"天空中的飞鸟鸣叫声,充满欢乐,表明齐国军队已经远远撤离了。"晋平公犹疑之际,派出的侦探回来报告说:齐军早已逃跑了。

同年,楚国发兵攻打郑国,当时,楚国强大而郑国弱小,形势严峻,晋国在外交上面临难以决断的难题,晋平公召来师旷询问。

师旷说:"我弹琴时演奏了南北二地近来传唱的歌曲,从音律中感到,南方的歌曲力量不足,微弱不振,楚国必然无功而返。"

师旷常向悼、平二公陈说治国安邦之策,"因问尽言"。《韩非子·外储说》"景公问政于师旷曰:太师将奚以教寡人?师旷曰:君必惠民而已。"师旷具有政治家的远见卓识和博大胸怀,最为著名的是他论"天下五墨"。

某天,晋平公宴乐之后,望着双目失明的师旷感叹道:"大师聪明智慧,却不幸眼盲,处在昏暗的世界中无法看到外面世界的精彩。"

师旷说:"其实,这没有什么,眼盲并不是天下最严重的昏暗。天下的五种昏暗,却都侵蚀不到我。"

晋平公说:"你的话是指什么呢?"

"那么,让我逐件说给大王听吧。"师旷侃侃而谈,"各级官吏通过行送贿赂来买官鬻爵博取名利,利用公家权力圈钱谋利,而老百姓承受着高昂的生存苦难,走投无路,国君却对此不闻不问,这是第一种,叫昏庸。忠臣得不到重用,任用的人奸邪不忠,无能之徒高踞要位,小丑支使、压制着

抚琴图

贤德的人,君王却对此不知不晓,这是第二种,叫昏聩。奸佞贰臣玩弄两面派手段,瞒上欺下,却享受着尊荣,正直的言辞被压制,贤人遭受诬陷,被排挤,无处容身,君主却对此不觉不察,这是第三种,叫昏墨。国家积弱贫穷,经济积累空虚,虚假的数字自欺欺人,百姓负担沉重,面临着困苦破产的悲惨境地,然而君上却好大喜功,醉心于谄谀之词而不醒悟,这是第四种,叫昏暗。良知被出卖,原则被践踏,是非被混淆,法令被私用,执法者贪赃枉法,正义无处伸张,邪恶得不到惩治,老百姓无法安居,君上却对此不明不白,这是第五种,叫昏昧。国家陷入这样的境地,没有不颠覆的。相比之下,我的这点小不幸算得了什么,不至于危及国家的安全啊。"

人莫不饮食也。鲜能知味也。

【典句札记】

在这里,孔子拿人们品味吃喝来比喻中庸之道不被一般人所理解。《礼记·学记》曰:"虽有嘉肴,弗食,不知其旨也。虽有至道,弗学,不知其善也。是故学然后知不足,教然后知困。知不足,然后能自反也,其此之谓乎!"

对于我们每天都要应对的庸常的生活,陈旧而又千篇一律,没有新意,只是一个模式的复制,今天跟昨天一样,明天也似乎与今天没有什么不同,我们就是这样地一天天度日,每天都是吃饭,睡觉;睡觉而后又吃饭,只是挨着日月,推移着时光,很少有人能够真正体悟出生活的滋味。

人活着的唯一目标,就是为了生活得更好。并为了"生活好"而努力着。但是真正体悟到"生活的美好"的人又有多少?谁解其中味?

其实,幸福就深蕴在这庸常的岁月之中。只有回过头时,才有一丝的遗憾或回味,一种时过境迁的没有很好把握的落寞。

🌀 史例解读

生活之味

《晋书》载：符朗是前秦皇帝符坚的侄子，被符坚称为"千里驹"，任青州刺史时，会稽王司马道子用江南美味设宴招待符朗。司马道子问："与关中佳肴相比，江南菜是否合乎您的口味？"

符朗说："宴席味道不错，只是盐味稍欠火候，半生未熟。"后来司马道子查问厨师，证实的确如此。

朋友聚会设宴相酬，符朗尝了一口鸡肉，他说：这是露天散养的土鸡。随后，又端上一只烤全鹅，符朗品尝后准确无误地说出了这只鹅的羽毛的颜色。

《淮南子·说山训》说："喜武非侠也，喜文非儒也；好方非医也，好马非驺也；知音非瞽也，知味非庖也。"

"文王嗜菖蒲菹，孔子闻而服之。缩颜而食之三年，然后胜之。"由于文王爱吃菖蒲腌渍的菹酱，孔子也就效仿着皱眉苦吃了三年，不知道他品出的是什么境界，但是他终于习惯了食用这种滋味。可见，人具有很强的适应性，无论处身什么境地，只要长期坚持，就能够习惯。

"入口则知味，入腹则知性。"人们常说的五味，即酸甜苦辣咸，就是借指生活的滋味。只有经历了人生的甘苦，亲力亲为，才理解生活的真谛所在，才能体悟生活中蕴含着的深刻的美感和艺术。无论做什么，都应当深入追问下去，任何一个方向的深入，都会有所发现。体悟真理，求得真知，这就是中庸。

🌀 现代运用

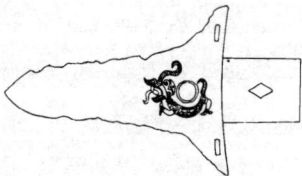

体悟美好日子

没有钱供孩子上学，没有钱去旅游，没有钱买房子；没有好的人际关系，没有贤惠的妻子，没有有权有势的老子……穷人的日子可真是不好过啊！

但是，也有人在拥有这一切后，还是觉得日子难过。就像下面这个故事中的商人。

一天，这位商人来到智者面前，说："先生，我希望您能为我指点迷津。虽然我很有钱，但所有的人都对我横眉冷对。生活真像一个战场，充满了厮杀，我什么时候才能过上好日子呢？"

"停止厮杀，好日子自然就来了！"智者回答他。

商人感到这样的告诫根本就没有用，他带着失望离开了智者。

在接下来的几个月里，商人心情变得糟糕透了，他与身边每一个人争吵谩骂，由此结下了不少冤家。一年以后，他变得心力交瘁。

他又去找智者："唉，先生，现在我不想跟人家斗了。但是，生活还是如此沉重，我什么时候才能过上好日子呢？"

"把担子卸掉，这样好日子就来了！"智者回答。

商人对这样的回答很气愤，怒气冲冲地走了。

在接下来的一年当中，他的生意遭遇了挫折，并最终丧失了所有的财富。就连自己的妻子和孩子都弃他而去了。

他再一次向这位智者讨教。"先生，我现在已经两手空空，一无所有，生活里只剩下了悲伤。"

"那就不要悲伤，好日子就来了！"

商人已经预料到智者会这样答复。这一次，他没有了以前的愤怒，只是忧郁地陷入了深思。

有一天，商人突然悲从中来，伤心地号啕大哭了起来——几天，几个星期，乃至几个月地流泪。最后，商人的眼泪哭干了。他抛下一切负担，睡了一觉，醒来时，他看到早晨和煦的阳光正普照着大地。于是，商人又来到了智者那里。

"先生，生活到底是什么呢？好日子怎样才能得到？"

智者抬头看了看天，微笑着回答道："一觉醒来又是新的一天，你没看见太阳每天都照常升起吗？每一天都是好日子啊！"

是啊，每一天都是好日子，只是我们的日子太平庸了，于是我们不断地去追求不平庸的生活，可是随着岁月的消逝，当有一天，我们蓦然回首时，终会发现：幸福的好日子其实一直在我们身边，不曾离去半步，只是我们忘了去细细地体味它。

第五章　不行

事物的发展方向，规定着前进的进程。

以难以察觉的方式和自然之力影响着界的发展。它深隐在各种现象的背后，照固有的必然法则运行着，导引着世

其实，天地之道是存在的，也在依「道」。

一个理由，都标榜着所谓的「正义」或于是，在各种色彩的旗帜下，都有以不能实行之。

人们对道的内容和重要性不了解，所

朱熹说：「由不明，故不行。」由于

子曰:"道其不行矣夫①。"

孔子说:"道大概不能实行了吧。"

【注释】

①其:表示推测的语气助词。夫(fú):语尾词,表示感叹。

孔颖达说:夫子既伤道之不行,又哀闵伤之,云时无明君,其道不复行也。

朱子说:由不明,故不行。

智慧运用

子曰:"道其不行矣夫。"

这一句同样是中国古代伟大的思想家,教育家、哲学家孔子对中庸之道难以实行的感叹之辞。

孔子一生周游列国,修书教学,他的目的就是要向世人推广教化的作用,使人们的思想行为合乎大道,使天下安定,人民得以安居乐业,这其中也包括中庸之道。然而,孔子的游历弘道却处处碰壁,他不由得发出了如此的感慨。

不过能够达到中庸境界的人毕竟不是很多,不能与这样的人交往,就要选择激进的人和耿直的人来交往,这两类人虽然有缺点,但是激进的人有理想、有进取之心,耿直的人洁身自爱,加以节制就可以接近中庸了,这两类人都是值得交往的。比起那些胸无大志、不思进取、为非作歹,不择手段的人不知要好多少倍呀·

事实上,也正如孔子所认为的那样,能够把中庸的哲理上升为哲学思想的人确实为数不多,能够真正认识到"中庸"二字重要性并且以它作为自己的行为准则的人也为数不多,然而我们这些普通人却总会在生活中于不经意之间运用中庸的处事原则。所以,并不是说孔圣人感叹"道其不行矣夫",我们就干脆不去体会中庸之道了。相反,我们应该把生活中的那些因为不经意之间运用中庸的原则好好地总结一番,并且把它升华为我们为人处世的原则。

孔子所希望的理想社会也许很难达到,然而实践之中的中庸之道却并非永远不可实现。相反,它并不是遥不可及的,它并不神秘,距离我们的生活也不遥远,它就深含在我们的生活之中,与我们的生活切近而又相关。我们的每一个行为,都能折射出中庸的光辉。只在于我们是否真正用心去做。三国时刘备告诫说:"勿以恶小而为之,勿以善小而不为。"只要我们认真体味并加以总结,在行动中刻意运用,就一定会获得好的收获。

正如孔子所认为的那样,能够把中庸的哲理上升为哲学思想的人确实为数不多,能够真正认识到"中庸"二字重要性并且以它作为自己的行为准则的人也为数不多,然而我们这些普通人却总会在生活中于不经意之间运用中庸的原则。所以,并不是说孔圣人认为"道其不行矣夫",我们就干脆不去体会中庸之道了。相反,我们应该把生活中的那些因为不经意之间运用中庸的原则从而取得成功的经验好好地总结一番,并且把它升华为我们为人处世的原则。

史例解读

行中庸之道的"红顶商人"

胡雪岩年轻的时候,在杭州一家钱庄里当学徒。一天下午,他一个人守在店堂里,与往常一样,依旧是翻书识字,有顾客来时,他就放下书,上前去打招呼。

这天下午,钱庄里来了位名叫王有龄的客人,是一个穷困潦倒的书生。胡雪岩与他并不熟识,但经过一番闲聊之后,胡雪岩发现这个穷书生很有才华,也很有抱负,他断定这个穷书生如果有机会,将来一定能发达。可是听书生的意思,他现在最缺少的就是进京的盘缠和做官的"本钱",如果有钱的话,他就可以到京城去拜见达官贵人,以此谋个一官半职。穷书生去了许多钱庄和有钱人的家借盘缠，但是没有人帮他。

胡雪岩了解到王有龄的这些情况后，二话没说，立即私下把钱庄的五百两银子借给了他，让他到京城去。穷书生惊呆了。一个小小的学徒竟然能够了解自己的心思，并且对自己这样的信任，他一时竟不知道如何是好。胡雪岩把银子给他包好，让王有龄赶快上路。穷书生感激涕零，临行前对胡雪岩说："将来如果我真的能够谋求一官半职，到时候一定回来报答你！"

黄昏的时候，钱庄老板回来了，胡雪岩就把刚才的事情告诉了老板。他的话还没说完，老板就暴跳如雷："这哪里是做生意？这五百两银子我看是有去无回了，你也给我卷铺盖走人吧！"

老板认为，不能轻易地相信别人，这是守住自己产业的根本。胡雪岩则不这么想，他想的是，真诚地相信别人才能扩大自己的生意。没有办法，老板就是老板，他叫你走，你不走也不行啊！于是，胡雪岩也就只能无奈地离开了钱庄……

胡雪岩离开钱庄后，没有工作，也没了饭碗，只能在杭州街头流浪。一段时间后，王有龄当官回到杭州，在西子湖畔见到了胡雪岩，他街头流浪的生活才告一段落。王有龄感激当初胡雪岩对他的信任和帮助，资助胡雪岩在杭州开了自己的钱庄。

胡雪岩开办钱庄后，坚持重信义，生意越做越好，越做越大。仅仅四五年的时间，就赢得了"红顶商人"的称号。

现代运用

生活中的"中庸"

有一个公司宣布了裁员名单，小王的名字竟然也在其中，他有两个月的时间另寻出路，这种事情摊在谁的身上都会十分难受，小王心里自然也不好过。

从名单宣布的第二天开始，小王的情绪就变得十分激动，好像装了一肚子火药一样，看什么都不顺眼，随时随地都会爆发。想到自己几年来为公司兢兢业业辛苦工作居然换来了"被炒"的结局，他的心里不能平衡，也无法从思想上想通。于是，他先去找同事诉苦，后来又去找主任诉冤。不久，又托人到经理那里说情，根本没有心思干手头的工作了。然而，他的这些"努力"似乎都没有奏效，这次公司裁员的决心十分坚决。折腾了将近一个月，小王感到精疲力竭，他想既然事情已经没有任何转机了，干脆就死心吧。他一边开始着手寻找新的工作，一边决定把自己应做的工作继续做好。于是，小王心里渐渐平静了，就像根本没有裁员这回事一样，照样努力工作着。一晃两个月过去了，奇迹发生了：主任向小王宣布，公司认为他是一个合格的员工，希望他留下来继续工作。

小王面对裁员这当头一棒，行为从不理智变为理智，其实就是从"过分"到"恰到好处"的转变，结果"化险为夷"。引申来说，我们在生活中难免会遇到某种打击或压力，自暴自弃和一跳而起是我们所秉持的两个极端态度，中庸之道告诉我们要"执两用中"，那么中间状态是什么呢？简而言之，就是放弃这两种极端的态度，用理性去分析形势，做应当做之事。

第六章 大知

《礼记正义》曰：此一经明舜能行中庸之行，先察近言而后至于中庸也。

舜所以大智，在于不自以为是，善于向别人学习，听到不好的话不去计较，听到好的言论到处传播，这样光明正大的行为自然会感动人，谁不愿把真实情况告诉他呢？但听到真实情况还不够，还必须善于分析选择。『执其两端，用其中于民。』做到不偏不倚，无过无不及，真正恰到好处。选择好了，还要善于应用，这是一种大智慧。

【原文】

子曰:"舜其大知也与①!舜好问以好察迩言②。隐恶而扬善③。执其两端④,用其中于民。其斯以为舜乎⑤!"

【译文】

孔子说:"舜可以说是具有大智慧的人吧!他喜欢向人请教问题,又善于从人们浅近平常的话语里分析其含义,不宣扬别人的恶言恶行,只表彰别人的嘉言善行,根据过与不及两端的情况,采纳中庸之道来治理百姓,这就是舜之所以成为舜的原因吧!"

【注释】

①大知:有很高的才智。知,同"智"。

②迩言:左右亲近者的话。也指浅近的话。迩:近。

③隐恶而扬善:推行宽和忍让的德政以教化百姓,给人以自悟自我修正的机会,从而使各种不良行为自然消解,美好的品行日渐养成,良好的风尚日益形成。

④执其两端:把握正反两个方面的行为所引起的有利与不利影响,从而引导事物向合乎中道的方向发展。

⑤其斯以为舜乎:其,语气词,表示推测。以其德化如此,故号之为"舜"。《谥法》云:"受禅成功曰舜。"又云:"仁义盛明曰舜。"意即道德充满之谓。

【历代论引】

郑玄说:近言而善,易以进人,察而行之也。"两端",过与不及也。"用其中于民",贤与不肖皆能行之也。其德如此,乃号为"舜",舜之言"充"也。

孔颖达说:既能包于大道,又能察于近言,即是"大知"也。舜能执持愚、知两端,用其中道于民,使愚、知俱能行之。

朱子说:舜之所以为大知者,以其不自用而取诸人也。迩言者,浅近之言,犹必察焉,其无遗善可知。然于其言之未善者则隐而不宣,其善者则播而不匿,其广大光明又如此,则人孰不乐告以善哉。两端,谓众论不同之极致。盖凡物皆有两端,如小大厚薄之类,于善之中又执其两端,而量度以取中,然后用之,则其择之审而行之至矣。然非在我之权度精切不差,何以于此。此知之所以无过不及,而道之所以行也。

子曰："舜其大知也与！舜好问以好察迩言。隐恶而扬善。执其两端，用其中于民。其斯以为舜乎！"

【典句札记】

这一章告诉我们有大智慧的人是怎样以中庸之道行事的。尧、舜、禹、文王、武王、周公是儒家十分推崇的古代圣贤，他们既是领袖人物，也是道德人伦的典范，他们的许多行为确实值得我们这些后世之人效法。在前面，我们已经提到了《论语》中所记载的，尧向舜禅让帝位时告诫舜的话，说明尧希望舜做到"允执其中"。这一章孔子具体告诉我们舜是怎样在为人处世的时候以中庸的大智慧行事的。

孔子认为，舜是一个拥有大智慧的贤者。天下的事理是没有穷尽的，人的知识与能力总是有限的，一个人即使再聪明，也总有不知道的事理，因此人必须要虚心，即使在某个方面懂得的比其他人多一些，也不值得炫耀。舜可以说是天分过人，可是他十分谦虚，广泛地向他的臣民征询意见。就算是听来的话很浅显，他也要仔细想一想，试图从中发现有益于自己的东西。如果听到的话不合情理，甚至是恶言，他虽然不会采用，但也不去给对方宣扬，以免对对方不利。哪怕听来的话只有一点可取之处，他也替对方宣扬，使人们都从中受益。舜总是仔细审度各方面的言论，去除过头的和不及的说法，采用中间的正道，这是最合乎尺度的，也得到了全天下人的智慧。这就是行中庸之道的妙处。

反观当今社会，人们的每一个行为，即使是一个轻微的眼神，都会受到注视。无论存心如何，都会留下痕迹，也都将得到报偿。当你在一个很低微的位置时，尽量少说话，或者不说话，只是听人们说，或是自己默默地思考。即使你身处尊位，又掌握了天地间至高无上的真理，也不要去强迫人接受你的意志。这就是继伏羲、炎黄、尧舜治民之正统：以天地之心为心，以生民之举为举，"垂拱"而天下治。

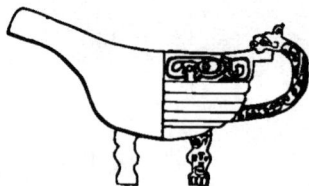

史例解读

无极无止境

瑞典著名的发明家和化学家阿尔弗雷德·贝恩哈德·诺贝尔(1833—1896)生前致力于炸药的研究,希望用自己的发明消灭战争,造福人类。他在临终前留下遗嘱,将自己的全部财产 3122 万瑞典克朗捐献出来设立奖励基金,以每年的利息作为奖金,授予"一年来对人类做出最大贡献的人"。瑞典政府建立了"诺贝尔基金会",分设物理学、化学、生物学或医学、文学创作、民族和睦或和平五项奖。每年 12 月 10 日,即诺贝尔逝世纪念日举行授奖仪式。

诺贝尔在他的遗嘱中对于文学奖,特别提出是授予"在文学领域内创作了具有理想倾向的最佳作品的人",指定由"斯德哥尔摩文学院"颁发。在他的遗嘱中特别地规定了:"不考虑候选人的国籍,只要完全具备资格,无论是否是斯堪的纳维亚人,均应授奖。"

对于这个遗嘱的解释,催生了不同时期人类文学创作的最高成就。那些有幸在有生之年获奖的作家,因为他们的作品为人类留下了光辉,并因此而永载史册。

也因为对这个遗嘱的莫衷一是的解释,令后人们异议纷呈。因而,有人说:被它发现的天才与被它埋没的天才几乎一样多!但是,对于真正的大师来说,只要是写出了不朽的作品,即使没有获得诺贝尔奖,他们照样永恒!同样是人类的荣耀。

诺贝尔奖的设立是公正的,并没有附加设置任何歧视的条件。所以人们也只能说,该获奖的作品没有授奖是一个遗憾,而没有人有理由说,某部已经获奖的作品不该获奖。这里没有冠军,但是他们都是所在时代中最为杰出的星斗,他们当之无愧。虽然有所遗憾,但总比鱼目混珠的滥竽要好得多。

任何对诺贝尔奖质疑的理由,无论含有多少卓越的见解,比起设立的本意来说,都显得无力和不够精确。因为种种质疑,在提出之初就已经怀有了功利的杂质,其动机就值得怀疑。

文学创作不是体育比赛,因而不要为了获奖而写作,更不要因为没有获奖而怀疑评选者的公正或是诽谤奖项设立的合理性。但是,无论出于何种动机,在诺贝尔奖走过的百年历程中,我们得到的是美好的享受。

获奖自有得奖的理由,遗漏也必有被埋没的原因。只有写出伟大的作品,才是唯一的证明。这正是诺贝尔的伟大之处,体现的是其博大包容的精神——无极无止境。

现代运用

谦虚的人才会左右逢源

著名艺术家梅兰芳在一家大戏院演出京剧《杀惜》,逢精彩之处,场内喝彩声不绝于耳。

这时,从戏院里传来一位老人的喊声:"不好!不好!"

梅兰芳循声望去,见是一位衣着朴素的老人。于是,戏一下场,梅兰芳就用专车把这位老人接到自己的住处,待如上宾。

梅兰芳恭恭敬敬地说:"说我孬者,吾师也。先生言我不好,必有高见,定请赐教。"

老者见梅兰芳如此谦恭有理,便认真指出:"惜姣上楼与下楼之步,按规定,应是上七下八,你为何八上八下?"

梅兰芳一听,深感疏漏,于是低头便拜,称谢不止。以后每次演出,都请这位老人观看指正。

梅兰芳的谦虚大度,使得自己在艺术造诣与德行操守方面,皆胜人一筹,受人敬重。

在生活中,那些自高自大、自命不凡的人永远得不到众人的尊重与拥护。只有谦虚的人才会左右逢源。因为他能够放低自己的姿态,放下自己的架子,从来不会抬高自己而看轻别人。

第七章 予知

什么不奉行呢？

能得到的果实，规划明天的目标。这样美好的人生我们为

正确面对自己的无知，享受已经到手的幸福，争取可

无法做到持守。

的好处，但欲壑难填，好胜、攀比心切，结果是越走越远，

那些选择中庸为立身之道的人，虽然知道适可而止

取，不于巧中求。拙显其诚，巧却诈伪。

明。最终陷于自己罗织的牢笼之中。古人说：宁从拙中

功利之心如罗网陷阱，于是人们尽显聪明，自以为高

在这里。

十句谎话来掩饰，这是何苦呢？聪明反被聪明误，道理就

诚实有什么难以做到的呢？说一句谎话，需要编造

少却许多刻意的掩饰。

心怀诚笃的人生，是轻松美好的。坦诚相对，就可以

子曰:"人皆曰'予知'①,驱而纳诸罟擭陷阱之中②,而莫之知辟也③。人皆曰'予知',择乎中庸,而不能期月守也④。"

【译文】

孔子说:"人人都说自己聪明,可是被驱赶到罗网陷阱之中,却不知道如何躲避。人人都说自己聪明,可是选择了中庸之道,却连一个月也不能坚持下来。"

【注释】

①予:我。知:同"智"。

②纳:原意为纳入,这里为落入之意。诸:"之于"的合音。罟擭陷阱:借指利欲诱惑的圈套。罟(gǔ):泛指网。《易·系辞》"作结绳而为罔罟。"擭(huò):装有机关的捕兽的木笼。《尚书传》云:"捕兽机槛。"

③辟(bì):躲避,逃避。

④期(jī)月:一整月。

【历代论引】

郑玄说:凡人自谓有知,人使之入罟,不知辟也。自谓择中庸而为之,亦不能久行,言其实愚又无恒。

孔颖达说:禽兽被人所驱,纳于罟网、擭陷阱之中,而不知违辟,似无知之人为嗜欲所驱,入罪祸之中而不知辟。小人自谓选择中庸,而心行亦非中庸。假令偶有中庸,亦不能期匝一月而守之,如入陷阱也。

朱子说:择乎中庸,辨别众理,以求所谓中庸。知祸而不知辟,以况能择而不能守,皆不得为知也。

智慧运用

子曰："人皆曰'予知'，驱而纳诸罟擭陷阱之中，而莫之知辟也。
人皆曰'予知'，择乎中庸，而不能期月守也。"

【典句札记】

这一章是在感慨人们的"自作聪明"。"自作聪明"似乎已经成为人们常犯的一种通病，人们总是盲目地认为自己比别人聪明，自认为明了一切事物的高深义理，然而对于中庸，他们根本就坚持不下来。自作聪明者做事常常缺乏正确的判断，好走极端，自以为是，我行我素，不知道什么当做、什么不当做，也不知道事情做到什么程度就是恰到好处，更不知道适可而止的道理，甚至要与大自然与社会发展规律抗衡，结果却常常是一败涂地。他们为人做事不合中庸之道，往往自投罗网、吃亏上当了自己却还不知道。就像人们常说的"淹死的都是会游泳的"那样，因为自己会游泳，就以为自己水性好得不得了，无论多深的池塘都敢下，越是别人不敢尝试的招式越敢尝试，不知道谦虚谨慎，不懂得适可而止的道理，最后只能亲自品尝自己酿下的苦酒。

俗话说"人贵有自知之明"，但是自作聪明的人就算知道自己的缺点也不愿意承认和面对，所以很难给自己一个正确的评价。

自作聪明的人也许意识不到，只要正确地面对生活，采取适当的方法应对，那么他的心情就会轻松许多，前进起来也就没有什么负累。其实，天底下没有死胡同，一切皆是人为设置。天地总给一切事物都留有出口。因此，凡事总会找到解答，脚下总会有路走。

今日所忧之事，其实到了明天就会自然而解，并不如人们所想象的那样严重。"今日有酒今朝醉，明日忧来明日愁"，其实不失为一种很好的解除生活压力的心理方法。人们所谓的预为绸缪，其实都是杞人之忧。天地变化，不可测知，任何的计划，最终都将被变化所遗弃。

命运是不可规定的，不可能沿着预想的轨道前进。如果命运是可以驾驭的，那么谁都可以长生不老。因为谁也不愿轻易死去。可是天下有谁逃避了死亡的宿命呢？因此，不要自以为高明，也同样不要被面前的挫折所征服。

🌀 史例解读

难得糊涂

郑板桥是中国清代画家、书法家、文学家。康熙秀才，雍正举人，乾隆进士，曾任山东范县、潍县知县，因请赈得罪上司而被罢官。郑板桥为政清廉，有才干，同情人民疾苦。去官后居扬州，以书画为生。其诗能揭露社会黑暗，同情人民疾苦，其文真率自然。他的"难得糊涂"可以说是中外知名。表面看来，是糊涂处事，事实上，"难得糊涂"也可以说是一种聪明之举。

公元 1751 年，郑板桥在潍县"衙斋无事，四壁空空，周围寂寂，仿佛方外，心中不觉怅然"。他想，"一生碌碌，半世萧萧，人生难道就是如此？争名夺利，争胜好强，到头来又如何呢？看来还是糊涂好，万事都作糊涂，无所谓失，无所谓得，心灵也就安宁了。"于是，他挥毫写下"难得糊涂"。因此它被称为 "真乃绝顶聪明人吐露的无可奈何语，是面对喧嚣人生、炎凉世态内心迸发出的愤激之词"。

郑板桥任潍县知县时，其堂弟为了祖传房屋的一段墙基，与邻居诉讼，要他函告兴化县相托，以便赢得官司。郑板桥看完信后，立即赋诗回书："千里捎书为一墙，让他几尺又何妨？万里长城今犹在，不见当年秦始皇。"稍后，他又写下"难得糊涂"，并在"难得糊涂"下加注"聪明难，糊涂难，由聪明而转入糊涂更难，放一着，退一步，当下心安，非图后来福报也"。此处将"难得糊涂"解释为：聪明人难得做一次糊涂事，要心安理得，也可取得心态平衡。

郑板桥

别做自作聪明的"傻子"

其实，"假聪明"与"真糊涂"两者间只有一步之遥。有"假聪明"毛病的人，好像天底下自己是最精明的，别人都是傻瓜，无论大事小事，都要"谋算"，玩弄心机。结果到头来机关算尽，聪明反被聪明误。还有一类人，总在鸡毛蒜皮的小事上"聪明"，什么东家长李家短，说起话来头头是道，可是一遇大事就乱了方寸，不知如何是好，自然不可能把事情处理得恰当。其结果正如清末名臣左宗棠所言"凡小事精明，必误大事"，而这样的人和事却屡见不鲜。

有一个人去酒吧喝酒，酒喝到一半，突然觉得内急，想上洗手间但是又怕酒被别人喝掉，于是想出了一个"聪明"的办法来。他向服务生借了笔和纸，在纸上写了一句"我已在杯里吐了一口痰"，用酒杯压住那张纸，然后就放心地去洗手间了。过了一会儿他回来了，发现酒还在那里，很高兴，但同时他还发现纸条上多了一行字："我也吐了一口"。其实，如果这个人去洗手间之前和服务生打个招呼，然后大大方方地离去，根本不会发生适得其反的事情，这就是典型的自作聪明。

还有一件自作聪明的事情，一个人写了一张字条放在衣服上，字条是这样写的："这些衣服的主人是一个拳击手，他曾夺得多次拳击赛的冠军，所以请不要随便动这些衣服"，然后放心地去游泳了。但是，当他游泳回来后，却发现自己的衣服没有了，而自己留的字条上多了两行字："拿走衣服的是一个短跑健将，如果你能追上我，衣服就还给你。"

像这些自作聪明的事例是举不胜举的，可能在我们身边就发生过很多，只希望我们不要做这样"聪明"的傻子！

第八章 服膺

作为孔子最好的弟子，颜回在毅力方面有过人之处。《论语·雍也》中孔子说：『贤哉回也！一箪食，一瓢饮，在陋巷，人不堪其忧，回也不改其乐。贤哉回也！』这说明颜渊不为贫贱所移，能持守。

君子由于受到各种理念的约束，不愿违背良知，总是耿耿于原则，因此，从来不敢懈怠，也不敢放任一次，洁身自好，保持着人格的纯粹，做着孤独的固守。颜子正是这样的君子。

而小人对于中庸，总是持着无所谓的态度，所以做事没有什么顾忌，为所欲为。所以他们总是显得自在而潇洒，正如现在的人们所曾鼓吹而奉行的『何不潇洒走一回』。

【原文】

子曰:"回之为人也:择乎中庸,得一善,则拳拳服膺^①,而弗
失之矣。"

【译文】

孔子说:"颜回的处世为人是这样的,他选择中庸之道,每有所得,就牢牢
切记不忘,并在行为上躬行实践,养成自己的美好品德,而不让它失去。"

【注释】

①拳拳:奉持不舍的样子,引申为恳切。服膺:指牢记在心中。服,着,放置。膺,胸口。弗:
不。

【人物简介】

回,即颜回(前 523—前 490),春秋末期鲁国(今山东曲阜)人。字子渊,
一作颜渊,后世也称作"颜叔","颜生"。是孔子的得意门生,以德行著称。颜回
出身贫寒,生活清苦,但能安贫乐道,不慕富贵,虽箪食瓢饮,不改其乐。性情
恬静,好学笃诚,长于思考,"闻一知十",深得孔子的赞赏。惜其年仅 32 岁就
早早死去,后世尊称为"复圣"。唐太宗尊为"先师"。宋真宗加封为"兖国公"。
元文宗又尊为"兖国复圣公"。明嘉靖改称"复圣"。山东曲阜今有"复圣庙"。

【历代论引】

孔颖达说:颜回选择中庸而行,得一善事,则形貌拳拳然奉持之。奉持守于
善道,弗敢弃失。

朱子说:奉持而着之心胸之间,言能守也。颜子盖真知之,故能择能守如
此,此行之所以无过不及,而道之所以明也。

智慧运用

子曰："回之为人也：择乎中庸，得一善，则拳拳服膺，而弗失之矣。"

【典句札记】

在此处，孔子又在夸赞自己的得意门生颜回深谙中庸之道，颜回时常被孔子向学生推荐为学习的榜样。孔门弟子七十二贤中，首屈一指的当为颜回。孔子认为颜回是一个有大智慧的人，因为他不显山露水，不卖弄自己的才华和聪慧，表面上看起来有些愚笨，其实却很聪明。孔子曾经说："吾与回言终日，不违，如愚。退而省其私，亦足以发，回也不愚。"说的是，孔子整天向颜回讲学，颜回却从来没有发表过不同意见，好像一个愚笨的人一样，可是颜回回去后孔子再省察他私下的言行，却发现他可以将这些学到的东西发挥到极致。可见颜回并不是真的愚笨，而是善于思考体悟，在事情没有考虑清楚之前，并不急于发表个人看法。颜回的做法恰恰体现了中庸之道的真意。

只有在为人行事时时刻记得用"中庸"这把尺子衡量一下，才能遵循这一原则走下去，否则稍有松懈就会被贪欲或者惰性打败。

孔子曾经说过："君子之中庸也，君子而时中。小人之中庸也，小人而无忌惮也。"君子与小人的分界，就在于是否"中"。当你在处理某一件事时，幸而做到了"中"，那么，就被人们称为"君子"，如果你不幸而没有达到"中"，则沦为小人，就会受到人们的指责。

"时中"，不是时时事事都要求普通人达到中庸，而是对于重大事务的处理时，在原则和立场上，能够信守中庸，那么就是君子，所以说，君子太累，正所谓"大德累人"。如果不能做到，抱着投机的心理，出卖良知，那么就必然是真正的小人。

当然，当我们的修养达到一定的境界，中庸已经成为自然的行为，正如孔子所说的："七十而从心所欲，不逾矩。"那么，凡事自然就能做到"时中"。但是，这是怎样的难以达到啊。圣人七十才得以"不逾矩"，平凡如我辈，又哪里能够做到时时事事得中？所以说能够有时而中就已经非常难能可贵了。

修养，就是向着"时中"的目标努力。"得一善，则拳拳服膺，而弗失之矣。"

第八章 服膺

59

史例解读

范仲淹安贫乐道

范仲淹(989—1052),字希文,北宋吴县(今江苏苏州市)人。北宋著名政治家、文学家。宋真宗大中祥符八年(1015 年)进士及第。官至枢密副使、参知政事。为官以"先天下之忧而忧,后天下之乐而乐"自励。为政关心人民疾苦,体恤贫弱孤寡,政绩卓著。范仲淹主政期间,向仁宗提出了改革政治的十项主张,史称"庆历新政",后因守旧派势力的攻击而失败。卒谥"文正",世称范文正公。

范仲淹自幼孤贫,两岁丧父,贫穷无依,随母改嫁山东淄州长山县一朱姓富户家,改名叫朱说。范仲淹从小识见不凡,看不惯朱家兄弟奢侈浪费、无所事事的寄生生活。当他得知自己的真实出身后,毅然辞别母亲,脱离朱家,带着琴剑,独自前往南京求学。

他的求学生活极其艰苦,只能寄居寺院,每天只煮一锅稠粥,凉了以后划成四块,早晚各取两块,就算是一顿饭。有时一天只能吃上一顿,这种窘境,一般人是难以忍受的,但他对这种清苦生活却毫不介意,每天伴灯苦读,直到东方欲晓。

他的一位同学(是当时南京留守的儿子)看到后,深为敬佩,就回家告诉了父亲,于是留守(当时南京的最高行政长官)让人送给范仲淹许多饭菜。

几天过去了,那些饭菜原封未动,范仲淹根本就没有看那些食物一眼。那位同学问他为什么不接受?

范仲淹说:"我内心十分感激你的厚意,只是我已经习惯于粗茶淡饭,如果现在很容易地就享受到这种丰盛的美味,那么以后还能吃得下粥吗?"

范仲淹

第九章 可均

有着明确的价值取向的事，是容易做到的，我们可以毫不犹豫地对自己的行为做出决定。但是，世间的事，并不都是如『一加一等于二』这样的简单明了，很多的事，都是有着极其复杂的因果和历史背景，并与客观世界有着千丝万缕的联系。要做出合乎天道的抉择，则是非常困难的。要做到中庸，则需要大智大勇，需要『威武不能屈，贫贱不能移』的毅力和勇气。

【原文】

子曰:"天下国家,可均也①;爵禄,可辞也②;白刃,可蹈也③;中庸,不可能也。"

【译文】

孔子说:"天下国家是可以治理的,官爵俸禄是可以辞让的,锋利的刀刃是可以践踏而过的,但中庸却是不容易做到的。"

【注释】

①天下:指古代天子管辖下的所有地区。国家:指天子分封的诸侯国。均:治理,平定。

②爵禄:爵位,俸禄。周代的爵位分公、侯、伯、子、男五等。辞:辞掉,放弃。

③白刃:闪着亮光的快刀。蹈:踩,踏。

【历代论引】

郑玄说:中庸难为。

孔颖达说:白刃虽利,尚可履蹈而行之。唯中庸之道不可能也。

朱子说:三者亦知仁勇之事,天下之至难也,然不必其合于中庸,则质之近似者皆能以力为之。若中庸,则虽不必皆如三者之难,然非义精仁熟,而无一毫人欲之私者,不能及也。三者难而易,中庸易而难,此民之所以鲜能也。

🏵 智慧运用 🏵

子曰:"天下国家,可均也;爵禄,可辞也;白刃,可蹈也;中庸,不可能也。"

【典句札记】

这一章,孔子又在感慨中庸之道的难行。所谓中庸之道,就是做事时要依事情的规律而为,顺着事物的自然禀性而为,既不可过分,也不可不到位,既然自然规律是实实在在的客观存在,那么遵循它来行事就应该是自然而然的行为,不应该是什么难事。然而,孔子却多次感慨中庸之道难以做到,甚至认为把天下国家治理得公平、放弃诱人的官爵俸禄、从雪白的刀刃上踩踏过去这些事情，都要比中庸之道简单得多。看来，中庸之道确实十分难行！

　　总之，人是有欲望有追求的群体，孔子通过对人世的观察总结出，明知不可为而为之的事情，在具备了常人所不具备的大智慧、大仁义、大勇气的条件下，确实有可能成功，因此对于万物之灵的人来说，也就不是什么最难的事情了。然而，中庸之道所倡导的恰到好处、适可而止，却需要人们删除本性中贪婪、自私的因素，时时注意修身养性，使自己具备仁、义、礼、智、信等品德，更要有永不放弃的勇气与毅力，才可能做得到，所以中庸也是很难做到的！

　　对于我们来说，中庸既是可行的，也是切近的。而且完全能够付诸于我们的行为实践，因为，对于某件事来说，我们可以找到一个较合理的解决办法。但是，要做到时时事事都合乎中庸的这种至高的境界，则是不可能的。因为，我们总难免受到各种诱惑，受到各种杂念的干扰。也就不可能做到尽善尽美。即使我们很为得意的事情，也会存在着这样或是那样的疏漏，以至于隐伏着严重的后果危机。

　　对于我们生活中面临的具体事件来说，我们总是希望一切外在的东西，服从于我们自己的意志。但是，事物总是按照其自身的固有规律存在并发展着，而人类在没有认识到这种规律的时候，要驾驭客观外在事物的发展方向显然是不可能的。而对于无限的世界来说，人类还有着广阔的未知领域，人类的认知，较之于自然界来说，是何其有限，那么，要让事物依照我们的意志发展，又是多么的困难。

　　同时，人的生存就在于使自己和自己周围的一切合乎道德，就在于道德的日益自我完善，使社会更加和谐，从而使人本身日益幸福。但是，从人的社会角度来看，这又是多么的难以实现。因此，这种认识的和道德的完美结合，即最高意义上的完善——至善，则是人所永远不可能达到的最高目标。

　　🏮 史例解读

白刃易蹈，中庸难为

　　有这样一则故事，说有一只美丽的海鸟，飞到战国时期鲁国京城的郊外，停在一棵树上。京城的人谁也没见过这种鸟，都以为是一种吉祥鸟。

鲁国国王看到了，也高兴得不得了。心想："飞来了神鸟，这可是个好预兆，看来要有大富大贵降到我的头上。"他就叫人把那鸟逮住了。怎么喂养呢？鲁王又想："神鸟可不能像一般的鸟那样，关在笼子里养着。我一定要让它的生活跟我的一样。否则，让神鸟怪罪下来可不得了。"

于是，好心的鲁王就吩咐仆人，把那只鸟供养在庙堂里。每天叫人吹乐打鼓给它听，献出最好的美酒请它喝，杀猪宰羊，把最肥最鲜的肉献给它吃。对鸟照顾得够好了，可是那只鸟却一点儿也不领鲁王的情，吓得惊慌失措，在庙堂的顶棚上，一会儿害怕得飞来飞去，一会儿恐惧地躲藏起来。什么美酒啊，肥肉啊，音乐啊，它根本不知道那是鲁王专门献给它的。一天，两天，海鸟不吃也不喝。到第三天，那只海鸟就死了。

这则故事告诉我们，外表再美丽的鸟，它的本质仍然是鸟，而中庸的境界如同老子所说的无为而治一般，不会违背事物的本来面貌和自身规律。这样做才符合中庸之道，才是不会破坏大自然的无为之道，百姓也同样会安贫乐道，天下也自然太平和乐。

面对高爵厚禄，为了道义而毫不动心，不会为了得到利益而出卖人格，这是有大仁义的人容易做到的，然而如果要这个人在处于某个官位时做到"执两用中"，工作起来恰到好处，他就不一定能做得到了。就更不要提那些因为一时耍小聪明或一时激愤而遭到惩罚或是丢官弃爵的人了。这就是人们常说的"没有什么比放弃更容易的事"。这也是"中庸不可能也"。同样的，为了达到目的而赴汤蹈火、白刃可蹈，置生死于度外，决不贪生怕死，是有大勇气的人容易做到的，然而，要他做到顺其自然，适可而止，不恣意妄为或一意孤行，却可能是难上加难。这又是"中庸不可能也"。

老子授经图

中庸是一种积极的生存之道

在达尔文的进化论里,提出了一个残酷的理论:"物竞天择,适者生存。"适应环境,随着环境而改变自己,这样才能顺应中庸之道。反之,则会遭到淘汰。我们做人处世也是一样,凡事以自己的意志为转移去做人处世,免不了要遭受挫折和排挤,毕竟别人是没有义务要忍受你的个性的。

子轩所在的公司要进行裁员。不过在子轩看来,公司裁员行动应该是和自己没有关系的。他这七年来,一直都是公司财务部的总监,过硬的专业知识和超强的能力使他一直受到老总的器重和赏识。

不过,这次情况好像没有子轩想象得那么简单。宣布要进行裁员的当晚,老总竟然打电话给他,要他到自己家里去一趟。这次老总带给子轩的是一个坏消息,老总要求子轩考虑一下,是不是可以到分公司的财务部工作。这个要求被子轩当场拒绝了。他相信自己的能力和才华绝对不会只屈居到一个小小的分公司,况且这样也太没面子了。

子轩和老总不欢而散。临出门的时候,老总还在后面诚恳地说:"你再考虑考虑,考虑好了告诉我。"

"不用了,肯定不行。"子轩头也不回地对老总说。他非常恼火老总的这种行为。这也未免太看低自己了,难道这就是自己这些年来兢兢业业努力工作的结果吗?

几天后,公司裁员的名单下来了,随着裁员名单一起下发的,还有公司内部机构调整的名单。虽然遭到了子轩的拒绝,不过老总还是把子轩的位置放在了分公司的财务部。

"能不能给我个理由?"子轩拿着调令找到了老总。

"这是董事会的决定,"老总站起来摊开双手对子轩说,"我想你还是先干一段时间,然后……"

没等老总说完,子轩对老总说:"不用再说了,我下午会把辞职信交上来的!"

子轩交辞职信的时候，老总神色有些黯然："你不能再考虑一下吗？一起合作这么多年，我其实是很欣赏你的，真的不希望失去你这么好的合作伙伴。"老总诚恳地说。子轩摇头，但心里还是小小地震动了一下：原来老总还是赏识自己的，只是形势所迫啊。

"那么好吧，"老总的语气里有些无奈，"晚上你到我家去，我为你饯行。"

老总为子轩准备了很丰盛的宴席。来之前子轩打定主意，辞职是一定的了。

奇怪的是，老总真的没有再规劝子轩的意思。吃完饭后，老总对子轩说："时间还早，跟我一起看一部片子吧，好久没有看电影了。"子轩不知道老总葫芦里卖的什么药，答应了下来。老总播放的电影是一部科学纪录片，描述的是在白垩纪、侏罗纪时代地球上的种种生物，包括恐龙、鳄鱼、蜥蜴、变色龙等爬行动物。

影片是随着恐龙的灭绝而结束的。子轩站起来要走的时候，老总忽然说了句奇怪的话："那么强大的恐龙灭绝了，而小小的变色龙却繁衍生息到现在。适者生存，而不是强者生存啊！"回家的路上，子轩在心里回味着老总的这句话。虽然这句话是对影片而发出的感叹，但对他却触动很大，难道自己就是职场上的那只恐龙？

后来，公司里有很多人都奇怪为什么子轩会改变自己的决定，而老总则好像从来没有收到过什么辞职信。拿到调令，子轩去分公司的财务部报到了，而且不带一点情绪，工作做得很认真。

半年之后，公司情况好转，同时恢复了子轩的职务。而子轩因为在分公司财务部期间发现了不少以前没有发现的问题，财务总监做得更加得心应手了。

子轩的"成功"暗合了中庸的意蕴：顺应自然，才能获得更好的发展机会；凭借着一时的冲动和盲目的自信，其实未必能取得成功。

第十章 问强

本章的核心还是讲『中庸』。孔子最看重的是中道，讲中道能达到和谐、和平，但又不同流俗，不人云亦云，能中立而不偏倚。不管在何种情况下，都能持守中道，这种人才能称得上强大。

强者的品质是在逆境中塑造的，人生的困窘向人们昭示的并不纯粹就是灾难。我们应该自信，不论我们处在何种位置，境况如何，在这个世界上无人能够代替我们。当你跌入人生的低谷时，可能就预示着命运的转机的来临。成为强者，或者沦为弱者，取决于我们自己。

【原文】

子路问强①。子曰:"南方之强与,北方之强与,抑而强与②? 宽柔以教,不报无道③,南方之强也。君子居之④。衽金革,死而不厌⑤,北方之强也。而强者居之。故君子和而不流,强哉矫⑥;中立而不倚,强哉矫;国有道,不变塞焉⑦,强哉矫;国无道,至死不变,强哉矫。"

【译文】

子路问什么是刚毅果敢的品质。孔子说:"你是指南方人的精明强干呢?还是指北方人的刚健强悍呢?或者是指你认为的强呢?用宽厚柔和的精神去教育人,人家对我蛮横无礼也不报复,这是南方的强,品德高尚的人具有这种强。枕着兵器铠甲睡觉,即使死也在所不惜,这是北方的强,勇武好斗的人就具有这种强。所以,品德高尚的人和顺而不随波逐流,这才是真强啊!保持中立而不偏不倚,这才是真强啊!国家政治清明,不改变志向,这才是真强啊!国家政治黑暗,能坚持操守至死不变,这才是真强啊!"

【注释】

①强:勇敢刚毅。

②抑:选择性连词,意为"还是"。而:代词,你。与:疑问语气词。

③报:报复。无道:指强暴无理的人。

④居:处。

⑤衽(rèn)金革:枕着武器、盔甲睡觉。衽:卧席。金:指铁制的兵器,武器。革:指皮革制成的甲胄、盾牌。死而不厌:死也在所不惜。

⑥和而不流:性情平和又不随波逐流。矫(jiǎo):勇武,坚强。

⑦不变塞:不改变志向。塞,不通,穷困的境遇。

【人物简介】

子路(公元前542—公元前480),姓仲,名由,字子路,又称季路。春秋末年鲁国卞邑(今山东省泗水县东)人。小孔子9岁,是孔门弟子中文武兼备的人才。子路出身寒微,性格刚毅果敢,直爽勇武,豪侠重义,重诺守信,有"子路无宿诺"之称。事亲至孝,百里负米,被列为历史上二十四孝子之一。师从孔子,随孔子周游列国。先后到卫、宋、陈、蔡、楚等国，历经十余年，备受艰辛。公元前485年，接受卫国委聘，任蒲邑(今长垣县)宰，勤政爱民，兴水利，重农耕，以粟馈众，治蒲3年深受蒲人爱戴。孔子过蒲，三称其善。鲁哀公十五年(公元前480年)，卫国发生"父子争国"的"辄之乱"，子路不顾安危挺身履难，受到围攻，身受多处刺伤，将死时说："君子死，冠不免。"乃整冠结缨而死。时年63岁。

▌【历代论引】

郑玄说：强，勇者所好也。又说：三者所以为强者异也。又说：南方以舒缓为强。又说：北方以刚猛为强。又说：此抑女之强也。国有道，不变以趋时。国无道，不变以辟害。

孔颖达说：夫子将答子路之问，且先反问子路，言强有多种，女今所问，问何者之强，为南方，为北方，为中国，女所能之强也。子路之强，行中国之强也。又说：反问既竟，夫子遂为历解之。南方，谓荆阳之南，其地多阳。阳气舒散，人情宽缓和柔，假令人有无道加己，己亦不报，和柔为君子之道。又说：北方沙漠之地，其地多阴。阴气坚急，故人生刚猛，恒好斗争，故以甲铠为席，寝宿于中，至死不厌，非君子所处，而强梁者居之。然唯云南北，不云东西者，郑冲云："是必南北互举，盖与东西俗同，故不言也。"又说：述中国之强也。不为南北之强，故性行和合而不流移，心行强哉，形貌矫然。若国有道，守直不变，德行充实，志意强哉，形貌矫然。若国之无道，守善至死，性不改变，志意强哉，形貌矫然。

朱子说：子路好勇，故问强。又说：宽柔以教，谓含容巽顺以诲人之不及也。不报无道，谓横逆之来，直受之而不报也。南方风气柔弱，故以含忍之力胜人为强，君子之道也。又说：宽柔以教，谓含容巽顺以诲人之不及也。不报无道，谓横逆之来，直受之而不报也。南方风气柔弱，故以含忍之力胜人为强，君子之道也。又说：北方风气刚劲，故以果敢之力胜人为强，强者之事也。又说：此四者，汝之所当强也。国有道，不变未达之所守；国无道，不变平生之所守也。此则所谓中庸之不可能者，非有以自胜其人欲之私，不能择而守也。君子之强，孰大于是。夫子以是告子路者，所以抑其血气之刚，而进之以德义之勇也。

《礼记正义》说：以其性和同，必流移随物，合和而不移，亦中庸之德也。国虽有道，不能随逐物以求荣利。今不改变己志，以趋会于时也。

智慧运用

子路问强。

【典句札记】

这一句是子路向孔子询问刚强。在孔子的学生当中,子路好勇、行善,向来以勇自负。

对于刚强的解说,可谓"仁者见仁,智者见智"。有人认为坚强不屈是刚强;有人认为明哲保身是刚强;又有人认为达观坦然是刚强……

但是有一点可以肯定,刚强往往在困境中凸显,困境能够诱发我们生命中坚韧的潜力,危险可以激发我们生命中勇敢的天性。

强者是从逆境中奋斗出来的精英,与困难奋斗,是强者必备的特质。在人类的历史上,凡是有所作为的人物,无不经历了不幸的挫折和痛苦的失败。也只有强者,才能走过坎坷,迎来光明的前途。

史例解读

忠孝不畏生死

彭修,字子阳,毗陵(今江苏省常州市)人。他的父亲在会稽郡做一个低微的小吏职务谋生。在他15岁那年,他的父亲带着彭修回老家休假,探望父老。路上遇到一群强盗打劫,彭修的父亲被强盗捆绑起来,掠去行装财物,强盗们还百般侮辱彭修的父亲。因为彭修年纪小,强盗丝毫不以为意。彭修趁强盗头目大意的时候,抢过他的佩刀,抵在他的脖子上,厉声喝道:"父辱子死,你也不顾命吗?"

强盗们大吃一惊,怔在当地,谁也不敢妄动。

强盗头子说:"这个孩子是真正的义士,不要为难他,放了他们吧!"

后来,彭修做了会稽郡的功曹。

不久,盗贼头目张子林率众暴乱,经郡守的推荐,彭修被任命为吴县县令。

率兵征讨贼乱。在决战中,彭修身先士卒,冒着箭雨冲杀,不幸被流矢射中,不治身亡。

柔顺之中的坚强

一对夫妇带着心爱的小儿子去意大利旅游,没想到途中遭到了劫匪的袭击,他们的小儿子死在了劫匪的枪口之下。这个突如其来的打击使夫妇二人陷入了极度悲痛之中。可是,就在儿子死去几个小时之后,父亲做出了这样的决定:把儿子的心脏移植给一个患先天性心脏病的孩子,一对肾脏分别捐献给两个肾病患者,眼角膜捐献给两个有失明危险的意大利人,而儿子的胰腺可以被取出来用于治疗糖尿病人。就这样,死去的儿子帮助了5个意大利人。这件事情发生后,全体意大利人都被深深地感动了。

这对夫妻是坚持人道主义与尊重生命这一人生理念的,在心爱的儿子被害后,他们以柔和平静、自然的态度体现了他们的人生理念,这种柔顺并非懦弱的退让,而是以平静的心态不去做任何违背自己理念的事情,这是何等寓刚强于柔顺之中,是何等的恰到好处、不偏不倚,给他人以最大的心灵震撼。

子曰:"南方之强与,北方之强与,抑而强与?"

【典句札记】

在孔子看来,刚强有三种。这三种刚强,前一种柔中有刚,行动时表现的平静柔顺,正如南方人虽然力不如人,但却玲珑轻捷,行为恰到好处,自己的意志却始终保持中立,这种和而不流的态度,恰恰体现出了中庸之道,无过无不及,反而是坚强的体现。就像老子所说的知雄守雌、知白守黑,知荣守辱,从字面上解释就是知道刚健而拥有柔顺;知道明亮而拥有黑暗;知道荣耀而拥有屈辱。以合乎自然的手段,达到刚强的目的。

正直无畏的人,是忠臣,但是其政治生命是短暂的。比如比干。

佞巧机变的人,是弄臣,虽然可以左右逢源,但是最终难逃清算。比如和珅。

明达睿智的人,是圣哲,用则兼济天下,退则独善其身。比如蘧伯玉。

同样他们都是有力量的,也同样面对着强大的力量。平庸者所面对的是庸常的生活压力,他已感无力承受;进取的人面对的是命运的砥砺,他必须披荆斩棘努力向前,以求成就事业;智谋高远之士面临的是更为严峻的考验,他必须应对更为严酷的历史的挤压,只有奋力展示其生命的潜在能量,才有出路。

力量就在于我们自身,在于我们的心灵。

史例解读

仁义相济

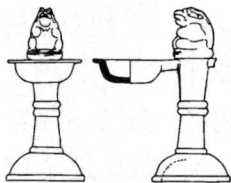

王慧龙,后魏晋阳(今山西省太原市西南)人。自称是司马德宗尚书仆射王愉之孙,散骑侍王郎缉的儿子。幼聪慧,其祖父以为是诸孙之龙,因此取名慧龙。当初,刘裕处身低微时,王愉傲慢不敬,后来刘裕称帝,王愉全家被借故诛杀。王慧龙当时14岁,被沙门寺和尚所隐藏而得救。后渡过长江,投奔他的叔祖。

泰常二年,王慧龙回到魏国,请求南征,陈请之中慷慨流涕,皇帝也为之感动,拜洛城镇将。后来刘义隆率军侵袭滑台,诏命王慧龙领兵征讨。双方数战,王慧龙多次挫败宋国的进攻,相持五十余日,诸将认为贼兵强大而畏怯不敢争先,王慧龙设计用奇兵击破敌军。世祖亲赐宝剑良马钱物,提升为龙骧将军,任命为荥阳太守。

王慧龙任荥阳太守十年,农战并举,政绩卓著,声闻朝野,震慑边远,百姓归附的超过万余户。

其后,刘义隆率领檀道济等大相侵掠,王慧龙力战,屡摧其锋。宋国就采用反间计,扬言说:王慧龙自认为战功无人可比却没有得到较高的爵位,密谋叛乱。世祖听到后说:"必然不是这样的,这是'齐人忌乐毅'所使出的诡计。"于是又亲赐王慧龙亲笔信说:"义隆畏将军如虎,想要从中加害,我早已识破这种奸计。传闻中的话,想必是不足介意的。"

刘义隆一计不成,又生一计,派遣刺客吕玄伯去暗杀王慧龙,以二百户的封赏、丝绸千匹,购买王慧龙的人头。玄伯伪装来投奔王慧龙,并说有机密相告,要求屏退警卫及其他人员。

王慧龙产生怀疑,命令搜查,发现他带着短刀。因事机败露,玄伯叩头求死。王慧龙说:"各为其主。这是可以理解的,我也不忍加害你。"下属们都说刘义隆野心勃勃,不杀玄伯,无从保证后面会发生什么更严重的意外事件。王慧龙说:"人的生死,是上天注定的命运,谁又能把我怎么样。况且,我以仁义之心对待他,还有什么必要担忧呢?"当即就把玄伯放了。当时人们很敬佩王慧龙为人宽厚仁恕。

后来王慧龙因为遭到诬陷,心怀忧惧,抑郁而死。吕玄伯感激他的不杀之恩,终生留在墓侧相守,不忍离去。

⊛ 现代运用

要拿得起,放得下

当一个人集荣耀富贵于一身时,他是否想到会有高处不胜寒的危机、有长江后浪逐前浪的窘迫呢?那么就接受位置的变化吧,不要过分贪恋巅峰时的荣耀和风光,趁着巅峰将过未过之时,从容地撤离高地,或许下得山来还有另一番风光呢!做人一定要拿得起,放得下。

有一个奥运会柔道金牌得主,在连续获得多场胜利之后却突然宣布退役,而他才28岁,因此引起很多人的猜测,以为他是不是出了什么问题。其实不然,他感觉到自己运动的巅峰状态已过,求胜的意志也在削弱,所以他做出了明智的选择:功成身退。应该说,这个运动员的选择虽然若有所失,甚至有些无奈,然而,从他个人心理来看,却是一种如释重负、坦然平和的选择,比起那种硬充好汉,最终连"好汉"也做不成的人来说,他是聪明的,因为他毕竟是在没有"吃败仗"的时候退下来,并且成功地换位当上了教练,给人以美好印象。

再来看有"体操王子"美誉的李宁,退出体坛后干起实业,不也取得了令人称羡的成功吗？如同一切时髦而浮华的东西都会过时一样，一切的荣耀或巅峰状态也都会被抛到身后或烟消云散的。因此，做一个明智的，拥有"南方之强"的人，既然"拿得起"那颇有分量的光环，也同样应当"放得下"它，虽然表面看似懦弱，实际上是另一种明智的刚强。从而使自己步入柳暗花明的新天地，做出另一种有意义的选择。这样，就不会有什么惆怅或遗憾的。

宽柔以教，不报无道，南方之强也。君子居之。

【典句札记】

这一句是孔子对第一种刚强——南方之强的论述。这一种刚强是柔中有刚，行动时表现得平静柔顺，正如南方人虽然力不如人，但却玲珑轻捷，行为恰到好处，自己的意志却始终保持中立，这种和而不流的态度，恰恰体现出了中庸之道，无过无不及，反而是坚强的体现。就像老子所说的知雄守雌、知白守黑、知荣守辱，从字面上解释就是知道刚健而拥有柔顺，知道明亮而拥有黑暗，知道荣耀而拥有屈辱。以合乎自然的手段，达到了刚强的目的。

同时，这种刚强也并非为了坚持自己的原则和立场，而对他人"以牙还牙，以眼还眼"。他强调的是自然而然地感化他人，也就是化人于无形之中。做任何事都要适度，不会因为正义掌握在自己的手中，就睚眦必报或是置对方于死地而后快。那些真正长于教化的人，对人对事的态度总是十分随和，正如老子所言的"上善若水"。那么，水有怎样的特点呢？老子说，"水善利万物，而不争，处众人之所恶，故几于道。居善地，心善渊，与善仁，言善信，政善治，事善能，动善时。夫唯不争，故九尤"。说的是，水有利于万物，却不和万物相争，处在众人都厌恶的低下的地方，所以最接近于"道"。居住在像水一样顺应自然的地方，心胸像深渊一样顺应自然，保持平静，待人真诚仁义，遵守信用，理政治国像水一样，善于净化污秽，处事像水一样，随物成形，行动像水一样涧溢随时，自然顺应天时。正是因为不与人争，所以不会招致怨恨。水有随物成形、不偏不倚、不分不别的境界，所以能以柔克刚，正是中庸之道那种自然而然、恰到好处、无过无不及的状态的体现。

相接与心

吕祖谦(1137—1181),字伯恭,学者称东莱先生,婺州(今浙江省金华县)人,隆兴元年进士,曾任著作郎兼国史院编修官。是南宋著名理学家,金华学派的主要代表。他治学严谨,学识渊博,著述宏富,与朱熹、张栻并称"东南三贤"。吕祖谦参与重修《徽宗实录》,编纂《皇朝文鉴》,著有《东莱集》《吕氏家塾读诗记》《东莱左传博议》等。卒后谥曰成,故后世尊称吕成公。

吕祖谦处世治学,"心平气和,不立崖异,一时英伟卓荦之士皆归心焉。"摒弃"道不同不相与谋"的偏见,"兼容并包""博采众长"与不同学派的学者广泛交往,"相接以心"。在治学上讲究务实、追求经世致用,"不主一门","兼总众说"而成"一家之言"。陆九渊说,吕祖谦"外朴如愚,中敏鲜丽。晦尝致侮,彰或招忌,纤芥不怀,唯以自治。侮者终敬,忌者终愧,远识宏量,英才伟器。"

孝宗淳熙二年(公元 1175 年)六月,吕祖谦组织并主持了著名的"鹅湖之会",意在通过学术交流,调解朱熹、陆九渊两家学术分歧。南宋前期,学者辈出,流派纷呈,诸派囿于一得之见,各守门户,党同伐异,尤其是在南宋前期和中期颇具影响的陆九龄与朱熹的争论,由于彼此在本体论、认识论和修养论等方面的认识差异,因学术分歧而影响到私人交往,几乎到了水火不相容的程度。吕祖谦组织这次交流会议,希望通过沟通交流,化解分歧,回归一体。在吕祖谦的努力调解下,倡导了宽松的学术气氛,形成了良好的研究氛围,促进了学术发展。

吕祖谦

吕祖谦说:"看史非欲闻见该博,正是要识前言往行,以畜其德。大抵事只有成己、成物两件。"吸取古代圣贤的优秀品质,"成己成物",以达到"以畜其德""以明其用"的目的。因此,"观史当如身在其中,见事之利害,时之祸患,必掩卷自思,使我遇此等事,当作何处之。"

朱熹说:"伯恭有耆龟之智而处之若愚,有河汉之辩而守之若讷,胸中有云梦之富而不以自多,辞章有黼黻之华而不易其出,此固今之所难……盖其德宇宽弘,识量宏廓。"

🔅 现代运用

南方之强——刚柔相济

好多年以前,一个运送丝绸的商队在荒漠中遭遇了沙尘暴,有两名商人与队伍失去了联系。这两名商人在荒漠中艰难跋涉,他们互相鼓励、互相安慰。三周过去了,他们仍未走出这无边无际的荒漠。他们仅剩下的一点干粮和水背在其中一个商人的身上。这一天,他们碰到了一队强盗,他们扭头就逃,并且成功逃脱了。当晚因为很累,两个商人很快就睡着了,半夜,那个负责背干粮的商人感觉头上被一个重物敲击了一下,就不省人事了。天亮的时候,他醒来发现伙伴抱着他的身体泪流不止,告诉他晚上被强盗袭击了。那个没有受伤的商人一整天都在念叨着他母亲,两眼直勾勾的。他们都以为他们熬不过这一关了,尽管饥饿难忍,可他们谁也没动身边最后的一点干粮和水。第二天,商队成功地找到了他们。

事隔 30 年,那位受伤的商人说:"其实我早就知道是他袭击的我。当时有强盗来,不可能什么东西也没抢,我们根本就不可能逃过一劫。但第二天我就宽容了他。我知道他想独吞我身上的干粮,我也知道他想为了他的母亲而活下来。此后 30 年,我假装根本不知道此事,也从不提及。直到他母亲逝世的时候,我和他一起祭奠了老人家。那一天,他跪下来,请求我原谅他,我没让他说下去。我宽容了他,我们又做了这么多年的朋友。"

宽容别人的错误,不去报复别人对你的伤害,这并不是懦弱无能的表现,相反,这是一种高尚的品质,是一种略带柔韧的刚强。

衽金革,死而不厌,北方之强也。而强者居之。

【典句札记】

这一句是孔子在论述北方之强。它更侧重于体力方面的强大,是一种宁死不屈、一往无前的力量。北方人的生存环境多为荒芜之地、穷山恶水,他们要想生存,就要与这样的自然环境抗争,所以体力的刚强在强悍的北方人的身上体现得比较明显。他们也因此而善于纵横疆场,敢于英勇赴死。然而,强悍勇武的刚强并不能解决所有的问题,也不能使人永远立于不败之地。

史例解读

孝心一片,不顾生死

杜审言(648—708),字必简,祖籍襄阳(今湖北襄樊),实为洛州巩县(今属河南)人。高宗咸亨元年进士。杜审言年轻时与李峤、崔融、苏味道一起被世人并称为"文章四友"。官隰城尉,累迁洛阳丞。自恃才高,与同僚不睦,以傲世见嫉,无意中得罪了两个小人——州司马周季重、司户郭若讷。于是他们暗中捏造罪状陷害杜审言,罗织罪名,把他关进牢狱,判处死刑。这两人看到阴谋即将得逞,得意之下就摆起酒席庆祝。

杜审言的儿子杜并当时才13岁,就在袖子里暗藏利刃,在宴席上刺杀了周季重,杜并也当场被周季重的家将杀死。周季重临死时说:"杜审言有孝子,我不知道,郭若讷欺骗了我。"武则天听到杜并为父报仇的义烈事迹,十分惊叹,于是召见杜审言,授著作佐郎,迁员外郎。苏颋被杜并刚烈孝勇行为深深感伤,亲笔为他作墓志,刘允济也撰写祭文对他进行旌表致祭。

现代运用

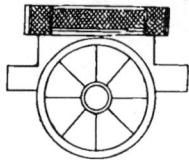

北方之强——一往无前

他只有头部还听使唤，颈椎以下的部位全部瘫痪，四肢已经变形、僵硬。他在木床上躺了近30年，但他还是坚强地面对生活中的厄运。

他叫林豪勋，我国台湾卑南族人。他25岁那年无意中从二楼摔下，结果颈椎以下全身瘫痪，他的生命以及他的前程顿时变得一片模糊，只是一瞬间，他便从人生的一个高度跌入了生命的低谷。

卧床的头两年，他几乎绝望。姐姐劝告他："自怨自艾只不过是一种践踏自己的方式。真正的男子汉应该拿出勇气来，对自己的未来负责。"这几句话使他的心灵受到很大的触动。

1990年底，朋友送他一台淘汰的286电脑。从此，林豪勋开始了"啄木鸟"的工作。他躺在床上，用嘴咬着加长的筷子敲击键盘。尽管门牙咬得缺了半截，牙床都出血了，舌头经常磨破，但他仍然顽强地在电脑上"啄"着生命的乐章。

他搜集了5000个单字，整理了当地卑南部落260户人家的族谱。接着又编写了《卑南字典》，以16个子音，4个元音，完成了5000个族语的记录。

从1993年接触到电脑音乐后，他又以无限的激情投入到创编卑南族古老歌谣之中，他多次成功举办怀乡歌谣演唱会，还在我国台湾各地巡回演出，甚至漂洋过海，远赴日本、加拿大等国演出。他的毅力和精神让很多人湿了眼眶，他也因此获得杰出残疾人士金毅奖。在有限的生命里，他为自己奏响了华丽的乐章！

命运有时候喜欢跟人开玩笑，也许只是一刹那，它就会摇身一变成为厄运。但是人绝对不能被它打倒，而是应该鼓足勇气，不卑不亢地去面对它，积极地去改变它。

故君子和而不流，强哉矫；中立而不倚，强哉矫；国有道，不变塞焉，强哉矫；国无道，至死不变，强哉矫。

【典句札记】

这几句是真正的君子所推崇的心理的刚强。心理的刚强看似柔弱,却有破壁透坚,摧枯拉朽的力量,这种发自内心的刚强,可以使人始终保持中立、不偏不倚,永远立于不败之地。这就像汉代的良相张良,手无缚鸡之力,却能帮助刘家安定天下。而项羽虽然勇力过人,"力拔山兮气盖世",结果却让自己的江山易姓他人。明代刘伯温所著的《郁离子》中记录了这样一个故事:在晋郑之间的地方,有一个性情十分"刚强"的人,他射箭时如果射不中靶心,就把靶子的中心捣碎;下围棋输了,就把棋子咬碎。人们都劝他认真想一想到底问题出在哪里,他听不进去,最后因为这样的刚强而暴病身亡。看来,真正的"强"确实不一定要体现在外表上,正如苏轼在《留侯论》中所说:"古之所谓豪杰之士,必有过人之节,人情有所不能忍者。匹夫见辱,拔剑而起,挺身而斗,此不足为勇也。天下有大勇者,卒然临之而不惊,无故加之而不怒,此其所挟持者甚大,而其志甚远也……"

心理的刚强还表现为坚持自己的信念不动摇,宁死不改变志向和操守。国家政治清明时,不改变志向;国家政治黑暗时,到死也不改变志向,这才是真正刚强啊!孔子曾经说,"国家政治清明,言语正直行为正直,国家政治昏暗,行为正直而言语谨慎"。君子可以做到在政治黑暗时言语谨慎、不怒不怨,但绝不会在荣华富贵面前骨软筋麻,改变自己的志向。知人者智,自知者明。老子说"胜人者有力,自胜者强"。所以说,能战胜自己的人,才真正刚强。每一个时代都有体现其精神的英雄,都有它的光荣,都有它的辉煌。

刚强的英雄拥有共同的特质:以天下为己任,淡然于个人的得失。因而,他们为了自己的国家和民族奋不顾身,不计个人的荣辱安危。因此,赢得后世永恒的敬仰。

命运就在自己的手里!但必须用其一生去努力、去争取。每个人都不能指望别人会为自己的人生买单,要想获得成功,就自己努力,不要指望别人,这就叫自强。而只有将个人的小我融入天地之大我,只有将个人融入集体之事业,为追求自由与捍卫尊严不惜一切,这样的精神必将长存。从而,使自己的人生走向辉煌。

君子当自强不息

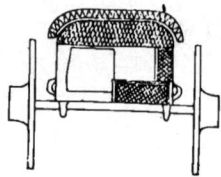

王隐,字处叔,陈郡(今河南省淮阳县)人。"以儒素自守,不交势援,博学多闻,受父遗业,西都旧事多所谙究"。东晋元帝建国之初,召为著作郎,令撰晋史。

其父王铨(253—295)为魏晋时人,"少好学,有著述之志,每私录晋事及功臣行状"。因社会动荡,王铨早逝,留给王隐的"遗业",即《晋书》和《蜀记》资料或部分稿本。

建兴年间,东晋丞相军谘祭酒涿郡祖纳对王隐非常器重,雅趣相投,友谊深厚。祖纳爱好围棋,沉迷其中,不问事务。王隐每次予以劝止。祖纳说:"聊以解忧。"王隐说:"古人生得其时,就借机施展抱负,建立宏图大业。如果生不逢时,就退居独处,修养心性,以立言著述成就自己。因此,无论是得志于仕途,或是失意于当世,对于事业的追求从不懈怠。现在,天下动荡,兴替忽急,晋朝的建立和巩固的历史过程中,还未及编写自己的史书,而在时代的每一个进程中,各种史料散失殆尽,无人有心预为设想。你的经历丰富,年轻时就进入政界,任职各地,对于中外政略得失成败尽皆耳闻目睹,为什么不把它记录下来,编撰裁夺留传后世呢?应仲远作《风俗通》,崔子真作《政论》,蔡伯喈作《劝学篇》,史游作《急就章》,至今犹留传于世,其名因此而不朽。与他们同时代的人中难道没有人才吗?然而却大多默默无闻,正是因为没有自己的著作啊。因此,古人说:'君子疾没世而无闻。'《易》说:'天行健,君子自强不息。'何况一部国史提供给人们的是国家命运的盛衰与政举的得失鉴戒呢,这才是一个有志之人应该从事的事业,何必每天借棋子来消磨岁月以排遣烦忧呢?"

祖纳喟然叹息说:"不是我不赞同你的见解,只是心有余而深感能力不足啊。"

于是祖纳向皇上推荐王隐撰写国史。

晋元帝认为东晋刚刚建立,百废待举,政权还不稳固,暂时不必组织编写《晋史》。

到太兴初年,东晋的政权得到巩固,各种制度基本建立完备,政治稳定,于是征聘王隐为著作郎,负责编写《晋史》。

其时,著作郎虞预也闭门自己撰写《晋书》,由于他生长在东南,对于中原政权变迁及政治事件了解很少,多次拜访王隐,并借阅王隐所写作的书稿,窃取其中的内容,内心十分嫉妒王隐。

虞预出身豪门势族,交结权贵,共为朋党,从而排挤诽谤王隐,致使王隐被谰言陷害,免职回家。

由于贫困潦倒,生计困难,纸笔无着,而难以继续写作。

于是,王隐不得不向征西将军庾亮求助,得到支持,使王隐最终编写完成了《晋史》。

现代运用

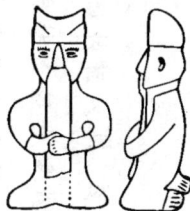

自尊自强方可安身立命

16岁那年,他是学校的小混混,骂人、打架、吸烟、逃学,连老师都不敢管他,他常常为此引以为傲。他喜欢上了一个女生,给人家写情书。谁知那女孩根本瞧不起他,转手就把情书贴到了公告栏,他第一次感觉到什么是羞辱。后来,他换了一所学校,开始努力学习,竟然考上了大学。

22岁那年,他大学毕业,进了一个机关单位,一杯茶,一张报纸,日子过得轻松惬意。那次,他去乡下看望朋友,惊奇地发现朋友竟然用一头狼来看家。从朋友那里了解到,狼自小跟狗一样训练,也就失去了野性。那一刻,他看着温驯的狼,就像看到了自己,心惊不已。不久,他离开了工作轻松的单位,独自去深圳闯荡。

24岁那年,他进入一家外资企业工作。刚开始到深圳的时候,他总是特意去找外资公司,想很多办法给外方经理递自荐信。那些经理很纳闷,自己并没有招人计划啊,可他说你们总会招人的,那他就有机会了。最后,他成功了。

27岁那年,他因为工作表现突出,被调到美国总部上班。第一天上班,他想请同事吃饭,好在公司里得到别人的帮助,但是同事们坚持自己付账。那一刻,他仿佛明白了什么,以后更加努力提高自己。

他就是王其善,美国丹佛市全球第四大电脑公司的技术总监。

他说:“16岁,我明白了只有自尊才能得到别人的尊重;22岁,我明白了只有学会自强自立,才能主宰自己的命运;24岁,我知道自信是成功的法宝;27岁,我知道了人只能自强,不要奢望别人来帮你。”

在人生的每个阶段,我们都会遭遇一些事情,唯有自尊自强自立才能使自己立于不败之地!

『第十一章 素隐』

者废其一，则无以造道而成德矣。

渊、子路之事明之。舜，知也；颜渊，仁也；子路，勇也……三

朱子说：以知、仁、勇三达德为入道之门。以大舜、颜

勃然而生。

灭，只是深深地保留着。在适当的条件下，它又恢复生机，

之差而使我们心中的『道』有所损伤，但是『道』永远不可磨

天性的汁液滋润下茁壮长大。当然也或者由于我们的一念

道，就像种子，深深根植在我们天性的血脉里，在我们

所困扰，这才是圣人所赞赏并身体力行的。

行为，也是圣人所不欣赏的。唯有持守中庸之道，不为名利

齿的。遵照正确的道路，走到一半又停止下来，这是不及的

盗名的做法，根本不合中庸之道的规范，自然是圣人所不

把道理讲得玄而又玄，做出各种怪诞行为，这些欺世

子曰:"素隐行怪①,后世有述焉,吾弗为之矣②。君子遵道而行,半涂而废,吾弗能已矣③。君子依乎中庸,遁世不见知而不悔④,唯圣者能之。"

【译文】

孔子说:"探寻隐僻的道理,做些怪诞的事情,后世也许会有人来记述他,称赞他,但我决不会这样做。君子按照中庸之道去做,但是中途改变,不能坚持下去,而我是决不会停止的。真正的君子遵循中庸之道,即使隐遁在世间一生不被人知道,也决不后悔,这只有圣人才能做得到。"

【注释】

①素:据《汉书》应为"索",探索、寻求之意。隐:隐僻。怪:怪异。

②弗为之矣:不屑于这样做,耻于这样做。

③涂:通"途"。废:停止。已:止,停止。

④遁世:避世隐居。见知:被知。见,被。

【历代论引】

郑玄说:隐者当如此也。唯舜为能如此。

孔颖达说:无道之世,身乡幽隐之处,应须静默。若行怪异之事,求立功名,使后世有所述焉。如此之事,我不能为之,以其身虽隐遁而名欲彰也。又说:君子之人,初既遵循道德而行,当须行之终竟。今不能终竟,犹如人行于道路,半涂而自休废。汲汲行道无休已也。又说:君子依行中庸之德,若值时无道隐遁于世,虽有才德,不为时人所知,而无悔恨之心,如此者非凡人所能,唯圣者能然。若不能依行中庸者,虽隐遁于世,不为人所知,则有悔恨之心也。

《礼记正义》说:身隐而行诡谲,以作后世之名,若许由洗耳之属是也。又说:君子以隐终始,行道不能止也。又说:知者,《史记》云:"舜耕于历山,渔于雷泽,陶于河滨。"是不见知而不悔。

朱子说:深求隐僻之理,而过为诡异之行也。然以其足以欺世而盗名,故后世或有称述之者。此知之过而不择乎善,行之过而不用其中,不当强而强者也,圣人岂为之哉!又说:遵道而行,则能择乎善矣;半涂而废,则力之不足也。此其知虽足以及之,而行有不逮,当强而不强者也。圣人于此,非勉焉而不敢废,盖至诚无息,自有所不能止也。又说:不为索隐行怪,则依乎中庸而已。不能半涂而废,是以遁世不见知而不悔也。此中庸之成德,知之尽、仁之至、不赖勇而裕如者,正吾夫子之事,而犹不自居也。故曰唯圣者能之而已。

智慧运用

子曰:"素隐行怪,后世有述焉,吾弗为之矣。"

【典句札记】

在这里,孔子指出了中庸的道理和行中庸之道绝不是什么隐僻荒诞的事情,而是真正的君子才能做到的事情。行为荒诞、好出风头、好走极端、欺世盗名、哗众取宠、大胆妄为……这些行为是为真正的君子所不齿的。正如《论语》中记载的那样:"子不语怪,力,乱,神。"孔子不谈怪异、勇力、悖乱、鬼神,他十分注重现实人生,专注于对"大道"的探索和追求。

其实,我们的古人是很不屑于为了一时的热闹而炒作,只是身体力行,以自己的苦行,传播天地的大道。道可兴,则乘势而济天下,道不可行,则独守其身。只有实实在在的努力才可长久。

然而,今人则不然。他们浮躁的心灵,耐不得寂寞,更向往虚浮的奢华。于是,为了扬名,人们竭尽智思奇巧,进行着千奇百怪的炒作。将他们的智巧不是用在悟道求知上,而是用在炒作上。因而,应运而生了新的职业:策划与包装。凡是经过了特定的制作,在一番精心的装扮之下,一夜之间麻雀变孔雀,糟粕成优秀。就像变魔术似的,化腐朽为神奇。然而在一阵的浮光热卖之后,泡沫破灭,什么也没有剩下,只有一堆思想的灰烬,一切的道义便被颠覆,不可收拾。

重义轻利行显明

许由,相传为我国上古(4000多年前)时期的一位隐士,大约生活在帝尧时代。皇甫谧《高士传》有记载:许由字武仲。尧听到他的贤德之名后,多次向他请教,后来在选择继任者时,想把天下禅让给他,许由不愿接受,于是逃到了中岳颍水南岸,在箕山隐居起来。帝尧又找到了他,请他任九州官长的职务。许由不想听这种世俗的名利诱惑,就到颍水之滨,以流注不息的河水清洗他被名禄之言玷污了的耳朵。这时,有位叫巢父的人牵着牛犊到河边饮水,看见许由在洗耳朵,就问因为什么。许由说:尧想让我做九州官长,我讨厌听到这种话,所以在这里清洗自己被名位之语污染了的耳朵。巢父说:你如果隐居于高岸深谷之中,人间的事端情性不相了解,那么谁能看见你呢?你却心性不定借故与世俗交游,想得到闻达而求得名誉,所以才有这种事的啊。这里的水也不能饮用了,免得脏污了我的牛犊的嘴。于是牵着他的牛犊去上游饮水。后来许由就埋葬在这座山上,此山从此就叫许由山。

许由

许由淡泊名利的崇高节操使自己赢得了后世的尊敬,被尊奉为隐士的鼻祖。战国时代的思想家荀子称赞说:"许由善卷,重义轻利行显明。"真名士与假名士具有天壤之别。

[中庸诠解]

现代运用

爱慕虚荣要不得

皇帝的御橱里有两只罐子:陶罐和铁罐。骄傲的铁罐瞧不起陶罐,常常奚落它。

"你不敢碰我吧,老兄?"铁罐傲慢地问。

"不敢,铁罐兄弟。"谦虚的陶罐回答说。

"我就知道你是个懦弱的东西,哈哈!……"铁罐说着,呈现出了更加轻蔑的神气。

"我确实不敢碰你,但不能叫作懦弱。"陶罐争辩说,"我们生来的任务就是盛东西,又不是比谁不容易碎的。在完成我们的本职任务方面,我不见得比你差。再说……"

"住嘴!"铁罐愤怒地说,"你怎么敢和我相提并论!你等着吧,要不了几天,你就会破成碎片,消失了,我却永远在这里,呵呵,哈哈……"

"我们还是和睦相处的好,没有必要非得拼个你死我活!"陶罐说。

"和你在一起我感到羞耻,你算什么东西!"铁罐说,"我们走着瞧吧,总有一天,我要把你碰成碎片!"

时间如手中的沙子,转眼间近千年过去了,世界上发生了许多事情,王朝覆灭了,府邸倒塌了,两只罐子被遗落在荒凉的场地上。历史在它们的上面积满了渣滓和尘土。

许多年以后的一天,人们来到这里,掘开厚厚的堆积,发现了那只陶罐。

"哟,这里头有一只罐子!"一个人惊讶地说。

"真的,一只陶罐!"其他的人说,都高兴地叫了起来。

大家把陶罐捧起,把它身上的泥土刷掉,擦洗干净,和当年在御橱的时候完全一样,朴素,美观,毫光可鉴。

"一只多美的陶罐!"一个人说,"小心点儿,千万别把它弄破了,这是古代的东西,很有价值的。"

"谢谢你们!"陶罐兴奋地说,"我的兄弟铁罐就在我的旁边,请你们把它掘出来吧,它一定闷得够受的了。"

人们立即动手,翻来覆去,把土都掘遍了,也没有看见铁罐的影子。那个骄傲的铁罐,不知道什么年代,已经完全氧化,早就无踪无影了。

很多人都有爱慕虚荣的毛病,总喜欢到处炫耀自己,拿自己的长处去和别人的短处比较。可是比来比去,除了能满足自己暂时的虚荣心之外,又有什么用呢? 还是学会正视现实吧!

君子遵道而行,半涂而废,吾弗能已矣。

【典句札记】

在这里,孔子指出君子行中庸之道,在于锲而不舍。中庸的道理,虽然本来也是易懂易行的,可是却要求我们有毅力,要以一以贯之的恒心来实行它,那些恒心不够、虎头蛇尾的人,是获得不了中庸正道的。俗话说:"行百里者半九十",意思是说很多人在距离成功最近的地方选择了放弃。有些有品德的君子认识到中庸之道是重要的人生哲理,并且愿意遵循中庸之道为人处世,然而却半途而废,这是十分令人遗憾的事情。我们这些普通人做事时有一些通病,比如惰性十足、急功近利、受不得半点打击等等,这些坏习惯使我们做事情常常前功尽弃。

我们这些普通人,自然不敢与君子、圣人相提并论,然而无论是行中庸之道也好,或者是做其他事情也好,"坚持"二字都是获得成功的必要条件。做到"坚持"二字,即使是行中庸之道这样的难事,也会获得成功。少了"坚持"二字,就算是日常小事也难以做成。

史例解读

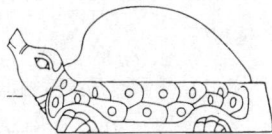

锲而不舍,终成正果

唐朝西北边疆,荒凉的戈壁滩上有两个中年和尚风尘仆仆地行进着,其中那位师兄就是玄奘,他与师弟两人长途跋涉,同往天竺取经。他们来到关卡前,请求守门将领准许过关。将领非但不答应,还将两人当成突厥的奸细,不由分说就将他们关押起来。将领经过严格的逼问,一无所获,一怒之下要将二人斩首示众。师弟一听,吓得浑身直哆嗦,语无伦次地要求退回长安。玄奘冷静地晓之以理,他说:目前国内佛学一片空白,令人深感遗憾,若能去天竺取回真经,解答众佛徒的困惑,当是一件功德无量的事情。况且,突厥屡次侵犯我边疆,杀我百姓,恶如豺狼,人人得而诛之,我们怎么会去给他们报信呢?最终,将领被玄奘的一片诚心所打动,破例放二人出关。临别时,将领提醒玄奘:从长安到天竺,漫漫征途几万里,这后面就是一望无际的茫茫大漠,而且还要爬雪山、过草地,恐怕你们还没走多远就已经葬身在沙海之中了。但玄奘为了取得真经,根本不惧怕恶劣的环境。

数月之后,两人来到高昌国,发现举国上下非常推崇佛教。国王听说来了两个从唐朝去天竺取经的和尚,非常高兴,将他们奉为上宾。国王开出了十分丰厚的条件:封两人为护国法师,建一座全国最大的寺院供养二人,且加赏黄金百两,骏马千匹。师弟有些动摇了,但玄奘断然拒绝。国王看出了师弟的心思,故意岔开话题,草草了事。然而到了夜里,国王偷偷来到师弟的房间,两人谈妥了所有的条件。

第二天一大早,玄奘找到师弟催促他启程,师弟故意拖延时间,含糊其词。玄奘看出其中必有内情,与师弟发生了争执,国王一怒之下将玄奘押入大牢。玄奘为了能西去取经,绝食三天三夜,且滴水不沾,国王听说这件事后,有些感动了。

一天深夜,玄奘趁机逃出大牢,一路跌跌撞撞,连滚带爬,没命地奔跑着。这时,背后传来忽高忽低的叫喊声,玄奘回头一看,知道一定是一群人追来了。他心里一急,脚步不禁加快了,不慎滑倒。眼看陷入绝境。但追兵跑过来却并没有

唐玄奘取经图

擒拿玄奘,原来他们是奉国王的命令,前来护送玄奘西天取经的,玄奘喜出望外,感激不尽,朝王宫的方向拜了又拜,骑马西去了。

他一路穿越雪山,历经艰难险阻,终于到达了天竺,拜摩揭陀国佛学造诣最深的戒贤法师为师,苦读经书。十几年后,他成为天竺学问最深的佛学大师,很多人都劝他留在天竺,但他拒绝了,他没有忘记自己的使命和祖国。终于,他带着大量的经书又回到了长安。

⚙ 现代运用

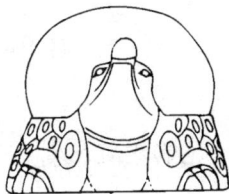

做事不可半途而废

成功往往是在最后一刻才蹒跚到来。因此,做任何事情我们都不应半途而废,而是一定要坚持到底,永不放弃。哪怕前行的道路再苦再难,也要坚持下去,这样才不会在自己的人生里留下太多的遗憾。

曾经,有两个探险者迷失在茫茫的大戈壁滩上,他们因为长时间缺水,嘴唇裂开了一道道的血口,如果继续缺水,两个人只能活活渴死。一个年长一些的探险者从同伴手中拿过空水壶,说:"我去找水,你在这里等着我。"接着,他给了同伴一支手枪,并对他说:"这里有六颗子弹,每隔两个时辰你就放一枪,这样当我找到水后就不会迷失方向,就可以循着枪声找到你,切记!"

看着同伴点了头,他才信心十足地蹒跚而去……

等待是漫长而痛苦的,尤其是对于这个还很年轻的人来说,因为他不知道自己的同伴能否找得到水,也不知道找到水的同伴能否找得到他。时间在悄悄地过去,每鸣放一枪,探险者心中的弦就好像断掉了一根,10个小时过去了,枪膛里已经仅剩下最后一颗子弹,还是不见同伴的踪影。

"他一定被风沙淹没了,或者找到水后撇下我一个人走了……"年轻的探险者绝望地想着,数着分,数着秒,焦灼地等待着。口渴和恐惧伴随着绝望潮水般充盈了他的脑海,他似乎嗅到了死亡的气息,他觉得实在是难以坚持了……

终于,他扣动扳机,将最后一颗子弹射出。只不过,这一次他不是射天空,而是他自己的脑袋。

结果，当他的同伴带着满满的两大壶水循声赶来的时候，看到的是同伴的尸首。

事情往往都是这样：就是在最接近成功的边缘的时候，我们的身体和精神也接近了极限，很多人在这最后的时刻没有经受住这种考验，跌倒在了成功的门前，从而让自己的人生变得遗憾重重。

君子依乎中庸，遁世不见知而不悔，唯圣者能之。

【典句札记】

这句话旨在强调只有圣人才能对中庸之道一以贯之，坚持到底。

沿着自己选择的方向，坚持不懈地走到底，这种一往无前的无畏精神是令人钦佩的，也是为圣人所赞赏的，不要左顾右盼，也不要被别人的成就或是所得迷了自己的双眼，要有"路漫漫其修远兮，吾将上下而求索"的独立精神；要有心无旁骛，只是自己努力的坚持精神；更要有淡泊名利，即使没世而无闻，终也不悔的牺牲精神。那种遭到挫折就张皇失措，遇到困难就改弦易辙的所谓明智的做法，是不值得称道的，最终也是不会有成就的。

倾其一生读好一本书，倾其一生走好一条路，倾其一生掘出一口井，倾其一生做好一个人。

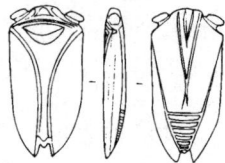

史例解读

舜耕历山，历山之人皆让畔

舜，字重华，也叫仲华、重明，因为他眼睛里生有三个瞳子。舜生来就性情宽厚，是中国古代圣明的君主。《孟子·离娄》记载："舜生于诸冯，迁于负夏，卒于鸣条。东夷之人也。"

《吕氏春秋·孝行览·慎人篇》说："舜耕于历山，陶于河滨，钓于雷泽。"是说舜曾在历山辛勤躬耕，种植庄稼，在雷泽捕渔狩猎，在黄河之滨烧制陶器……因品德高尚，在民间颇有威望，人们都愿意与他为邻居住。他在历山耕田，当地人不再因为田畔而起争执,互相谦让。

尧任命舜主管人伦教化,天下的人都奉行父义、母慈、兄友、弟恭、子孝的道德,风俗因此美化。于是政教大行,八方宾服,四海咸颂舜功。立为天子之后,巡狩四方,整顿礼制,"行厚德,远佞人",因而《史记·五帝本纪》称"天下明德皆自虞帝始"。舜以自己的言传身教和身体力行,影响和感化众生,始终与人民同甘苦共患难。

现代运用

成功需要一以贯之

有一个女孩对足球十分痴迷,在一次偶然的机会里,她被父亲送到了体校专学踢足球。在学校里,她并不出色,因为她没有受过正式的训练,踢球的动作、感觉都比不上先入校的队友。因此,她常常被队友嘲笑,说她是门外汉,女孩为此情绪一度很低落。

每个踢足球队员的目标都是进职业球队。而就在女孩求学期间,职业球队也经常去学校挑选后备球员,每次选人时,女孩都卖力地踢球,然而她始终没有被选中。她的队友已经有不少人陆续进了职业球队,没被选中的也有人悄悄办理了转学手续。

平时训练最刻苦认真的女孩,不明白自己为何屡屡落选,便去询问一直对她赞赏有加的教练,而教练总是很委婉地说:"名额不够,下一次吧。"天真的女孩似乎看到了希望,又树立了信心,接着努力地练了下去。

一年之后,女孩仍没有被选上,她实在没有信心再练下去了,她认为自己虽然在球场上的表现不错,但个子太矮,又是半路出家,再加上每次选人时,她都因上场后过度紧张,导致平时训练的水准无法发挥出来。她为自己在足球这条路上黯淡的前程感到迷茫,就有了离开学校的打算。

这天,她没有参加训练,而是告诉教练:"看来我真的不适合踢足球,我想读书,想考大学。"教练见女孩去意已决,默默地看着她,什么也没说。然而,第二天女孩竟收到了职业球队的录取通知书。她激动不已,马上就去球队报到。

事实证明,她最喜欢的还是足球。

　　女孩很高兴地跑去找教练,她发现教练跟她一样充满了喜悦:"以前我总说下一次就是你,其实那不是真的,我是不想说出你球艺还不精而打击你,我希望你一直努力下去!"女孩这时终于明白了教练的苦心,之后,女孩充满信心,她很快便脱颖而出。这个女孩就是获得中国最佳女子足球运动员称号的孙雯。她讲述自己的职业生涯时,感慨地说:"一个人在人生低谷中徘徊,感觉自己支撑不下去的时候,其实就是黎明前最黑暗的那一刻,只要心中充满希望,再坚持一下,前面肯定是一道亮丽的彩虹。"

第十二章 费隐

这一章首先提出费、隐两个概念。

费，指道的普遍性以及用途的广泛性。

隐，指道体的精微性与隐秘性。正因为人与道不可须臾离开，所以，道就应该有普遍的可适应性，连普通男女都可以知道，可以学习，也可以践行。但是，知道是一回事，一般性地践行是一回事，要彻底了解，进入其高深境界，则又另当别论了。所以，道又必须有精微奥妙的一面，供人们进行深造，进行创造性的实践。道是普遍的，无法用大小衡量它，因它其大无外，其小无内，这就是费。但道之理，则隐而无现。所以圣人也有所不知不能。所以道是从普通男女间最基本人伦开始的，直到弥贯天地。

▌【原文】▌

君子之道，费而隐①。夫妇之愚②，可以与知焉，及其至也③，虽圣人亦有所不知焉。夫妇之不肖，可以能行焉，及其至也，虽圣人亦有所不能焉。天地之大也，人犹有所憾。故君子语大④，天下莫能载焉，语小，天下莫能破焉⑤。《诗》云⑥："鸢飞戾天，鱼跃于渊⑦。"言其上下察也⑧。君子之道，造端乎夫妇⑨，及其至也，察乎天地。

▌【译文】▌

君子坚守的道，用途广大而又深微精妙。一般来说愚夫愚妇，也是可以知道的；但到了最精微的境界，即使是圣人也有弄不清的地方。普通男女虽然不贤明，也是可以实行君子之道的；但若是最精妙的境界，即使是圣人也有做不到的地方。天地如此之大，但人们对天地仍有不满足的地方。因此，君子论及"大"，整个天下都无法承载其广大；君子谈论"小"，其微小的程度就达到了不可再分解的程度。《诗经·大雅·旱麓》说："老鹰飞向天空，鱼儿跃入深渊。"这是说君子之道，和鹰飞鱼跃一样，由上到下，显明昭著。君子的道，是从普通的男女所能懂能行的地方开始；但到了最高深精妙的境界，却能够明察天地间的一切事物。

【注释】

①费而隐：广大无涯而又深微精妙。费：本作"拂"。隐：精微，奥妙。

②夫妇：匹夫匹妇，指普通男女。

③与：动词，参与。至：极致，最精妙处。

④语：说，论及。

⑤莫能破：不能再做出分解。

⑥《诗》云：此诗引自《诗经·大雅·旱麓》，意在赞美周文王。

⑦鸢(yuān)飞戾天，鱼跃于渊："鸢飞戾天"，比喻恶人远去。"鱼跃于渊"，比喻善人喜得，如鱼之得水。鸢，鸱类，老鹰。戾：到达。

⑧察：昭著，明显。

⑨造端：开始。

郑玄说：匹夫匹妇愚耳，亦可以其与有所知，可以其能有所行者。以其知行之极也，圣人有不能，如此舜好察迩言，由此故与。天地至大，无不覆载，人尚有所恨焉，况于圣人能尽备之乎。所说大事，谓先王之道也。所说小事，谓若愚、不肖夫妇之知行也。圣人尽兼行。又说：圣人之德至于天，则"鸢飞戾天"；至于地，则"鱼跃于渊"，是其着明于天地也。又说：夫妇，谓匹夫匹妇之所知、所行。

孔颖达说：君子之人，遭值乱世，道德违费则隐而不仕。若道之不费，则当仕也。又说：天下之事，千端万绪，或细小之事，虽夫妇之愚，偶然与知其善恶，若苍莽之言有可听用。道之至极，如造化之理，虽圣人不知其所由。天地至大，无物不养，无物不覆，载于冬寒夏暑，人犹有怨恨之，犹如圣人之德，无善不包，人犹怨之，是不可备也。中庸之道，于理为难，大小兼包，始可以备也。君子语说先王之道，其事既大，天下之人无能胜载之者。若说细碎小事，谓愚不肖，事既纤细，天下之人无能分破之者。言事似秋毫，不可分破也。又说：圣人之德上至于天，则"鸢飞戾天"，是翱翔得所。圣人之德下至于地，则"鱼跃于渊"，是游泳得所。言圣人之德，上下明察。又说：君子行道，初始造立端绪，起于匹夫匹妇之所知所行者。虽起于匹夫匹妇所知所行，及其至极之时，明察于上下天地也。

程子说：此一节，子思吃紧为人处，活泼泼地，读者其致思焉。

朱子说：君子之道，近自夫妇居室之间，远而至于圣人天地之所不能尽，其大无外，其小无内，可谓费矣。然其理之所以然，则隐而莫之见也。盖可知可能者，道中之一事，及其至而圣人不知不能。则举全体而言，圣人固有所不能尽也。又说：人所憾于天地，如覆载生成之偏，及寒暑灾祥之不得其正者。又说：子思引此诗以明化育流行，上下昭著，莫非此理之用，所谓费也。然其所以然者，则非见闻所及，所谓隐也。

侯氏说：圣人所不知，如孔子问礼问官之类；所不能，如孔子不得位、尧舜病博施之类。

智慧运用

君子之道,费而隐。

【典句札记】

这句话是说中庸之道虽然广大,可是本身却并不明显。它可以大到无穷,也可以小到无限。中庸之道即是一种大道,又是生活中的细枝末节。

在细微处养成我们的风格,于细微处成就我们的品牌。

体贴入微,体现的是我们心灵中的人性;纤毫毕现,暗示的是事物的本质特征;蚁穴之兆,昭示的是变化发展的规律。

细小之处不忽视,专注之处见精神。只有从细微之事做起,从最基本处入手,才能够取得大的成功。有人说:"把大事留给上帝吧,我们只注重细节。这世间所有伟大的壮举都不如生活的一个真实的细节更有意义。"

谁能将细节做得完美,谁就拥有了成就人生的钥匙。

史例解读

笃守节操,公正廉直

乐恢,字伯奇,京兆长陵(今陕西省咸阳市)人。他的父亲是县里的小吏,因为得罪了县令,于是被拘禁后要杀害他。乐恢当时仅 11 岁,俯伏在官署门前昼夜悲哭。县令因感动而同情他,就放出了他的父亲。

乐恢拜博士焦永为师,学习经术。焦永出任河东太守,乐恢跟随到官府,但他闭门精心读书,不与官场人士交往。后来,焦永因事牵连被弹劾审查,其他弟子都因为参与有关事体而被拘禁。只有乐恢保持清白没有做过一件违法的事。于是,因为他能够笃守节操志向而成为知名儒生。

后来在本郡任职,太守犯法被诛杀,那么多亲戚故人没有一个人前往奔丧,只有乐恢为他服丧。为太守送葬后,仍然担任功曹,推选、举荐坚持标准,从不阿附权势,请托之人没有市场。同郡杨政多次当众诋毁乐恢,后来乐恢秉公举荐杨政的儿子为孝廉。乡里人人称赞他公正廉直。

现代运用

成功需要注重细节

有位年轻人乘火车去某地旅游。火车行驶在一片荒无人烟的山野之中,人们一个个百无聊赖地望着窗外。

前面有一个拐弯处,火车减速,一座简陋的平房缓缓地进入他的视野。也就在这时,许多乘客都睁大眼睛"欣赏"起寂寞旅途中这特别的风景。有的乘客开始窃窃私语议论起这座房子。

年轻人的心为之一动,返回时,他中途下了车,不辞劳苦地找到了那座房子。主人告诉他,每天火车都要从门前"隆隆"驶过,噪音实在使他们受不了,房主很想以低价卖掉房屋,但多年来一直无人问津。

不久,年轻人用3万元的低价买下了那座平房,他觉得这座房子正好处在转弯处,火车经过这里时都会减速,疲惫的乘客一看到这座房子精神就会为之一振,用来做广告是再好不过的了。

很快,他开始和一些大公司联系,推荐房屋正面是一面极好的"广告墙"。后来,可口可乐公司看中了这个广告媒体,在3年租期内,支付年轻人20万元租金……

很多人在旅行过程中都发现过这座房子,可是他们却忘了从这座房子所隐藏的细节上挖掘成功的因素。

夫妇之愚,可以与知焉,及其至也,虽圣人亦有所不知焉。
夫妇之不肖,可以能行焉,及其至也,虽圣人亦有所不能焉。
天地之大也,人犹有所憾。
故君子语大,天下莫能载焉,语小,天下莫能破焉。

【典句札记】

这句话是说中庸之道的"大"与"小"。中庸之道是真实存在的必然性规律，然而它却是无言的，无边无际，孕育了天地万物，并使得天地万物感受到它的存在和力量。对于如此高深的中庸之道，普通人却并不一定就注定要望"道"兴叹。因为中庸之道不仅涵盖了圣哲们也难以把握的宏大哲理，也包括了普通男男女女所能理解的日常生活中的生存智慧。同时，中庸之道又常常高深得连圣人也把握不好。比如说，天地是最以正道行事的了，可是也不可避免地发生水旱灾害。那么从大的方面说，即使是有道德的人讲到中庸之道的高深境界时，也不可能全部精通。所以说，中庸的道理是"语大，天下莫能载焉；语小，天下莫能破焉"。

说得再具体一些，我们人类的活动可以大致分为"知"和"行"两部分。也就是认识与实践。认识指导着实践，实践产生认识，认识与实践相统一，就是知行合一。通常来说，没有正确的认识，就没有正确的行为实践。从认识的角度来看，有智慧的君子，因为有自觉主动地探索中庸之道的能力，所以可以认识中庸之道的精髓，并且在行动中体现中庸的智慧。然而，我们普通百姓虽然不具备自觉探索中庸之道的能力，但是由于中庸之道"不可须臾离也，可离非道也"，是在日常生活中无处不在的，所以我们可以在日常实践中模糊地感受到中庸之道的存在，然后根据这种实践中得到的关于中庸的经验，虽然不一定可以上升到哲理的高度，来指导我们的生活与工作。因此，中庸这一大智慧，连我们这些普通人都可以知道，可以学习，可以实践。

在通向中庸的道路上，我们所经过的正如我们去灵山朝拜的路途一样，有陡峭险峻绵延不断的高山，也有平缓坦荡一望无垠的平原，有大河奔涌的阻拦，也有肥沃美丽的田野……村落、田野、草地、果园，还有郁郁葱葱的树木，充满着美妙诱人的神韵。令我们的心灵跃跃欲飞，而忽视了脚踏实地的努力。我们生存的空间是无限广大的，谁也不可能一眼望到天涯。在人生的旅途上，唯有切切实实地行走，踏踏实实地迈步，扎扎实实地奋斗，来不得半点的虚伪与做作，或许才有收获。

离我们最近的邻居，不是别的，正是大自然给予我们的万物的气息，大门外的那棵大树和从远处飞来拜访我们的小鸟以及它们的歌声。还有风中吹送的花朵的芬芳。天地间那最远的精灵总是最先造访，而离我们最近的人，却总是隔着什么，有时很久也难以见面，更别说与我们同心。每天早晨，我们所接受的是太阳的光芒，而不是他人的祝福。

无论我们的目光投向哪个方向，总会看到太阳的照耀。

史例解读

以蒙养正，以明夷莅众

孔颖达(574—648)，字仲达，冀州衡水(今河北省衡水县)人。8岁就学，每天背诵经典千余言。及至长成，尤其深通《左氏传》《郑氏尚书》《王氏易》《毛诗》《礼记》等经典，并且擅长算术历法。是唐代著名经学家、教育家。

唐太宗曾问孔颖达：《论语》说"以能问于不能，以多问于寡，有若无，实若虚"是什么意思？孔颖达回答说："圣人施行教化，目的是使人们谦虚谨慎。就是说虽然自己很有能力，但也不应骄傲自满，仍然虚心向那些能力不如自己的人学习他们的长处。自己的才艺虽然很多，但是人们自己总嫌少，仍向才艺不多的人求教，以期有所进益。自己虽然'有'，但是表现在外的却给人以'无'的感觉；自己虽然很'充实'，但却表现出很'虚空'的状态。不仅平民百姓，帝王的品德，也同样应该如此。帝王内心蕴藏着神妙的玄机智慧，但是神态上却显得沉默平静，让人感到深不可测，度不可知的深沉。正如《易经》说的'以蒙养正，以明夷莅众'。如果所处地位尊贵至极，但却爱炫耀自己聪明，以自己的才华凌侮别人，又刻意掩饰自己的过失，听不进别人的劝告，那么，必然造成上下之间感情隔阂，情意乖离。这样君臣的情意不能相通，心意各不相同，不能同心同德，那么必将导致上下离心。古往今来，身死国灭的朝代无不因为这个原因啊。"

太宗深以孔颖达的回答为得体，非常赞赏。

做人要圆通

有这样一个寓言故事:有一个靠卖草帽为生的人,每一天都很努力地吆喝着四处卖草帽。有一天,他叫卖得十分疲惫,刚好路边有一棵大树,他就把帽子放下,坐在树下打起盹来。等他醒过来的时候,发现身旁的帽子都不见了。抬头一看,树上有很多猴子,而每只猴子头上都有一顶草帽,并且朝他做鬼脸。

他十分惊慌,如果帽子不见了,他就无法养家糊口。突然他想起来,猴子喜欢模仿人的动作,于是他就试着举起左手,果然猴子也跟着举起左手;他拍拍手,猴子也跟着拍手。他想,机会来了,于是赶紧把头上的帽子拿下来,丢在地上。猴子们也跟着将帽子纷纷扔在地上。卖帽子的人高高兴兴地捡起帽子,回家去了。回家之后,就将这件事告诉他的儿子。

20年以后,他的儿子继承了家业。有一天,在他卖帽子的途中,也跟他爸爸一样,在大树下睡着了,而帽子也同样被树上的猴子拿走了。儿子想到爸爸曾经告诉他的方法。于是他举起手,猴子也举起手;他拍手,猴子也照样跟着拍手。果然,爸爸说的话很管用。最后,他脱下帽子丢在地上。可是奇怪了,猴子们竟然没有跟着他去做。不久,猴王出现了,它把卖帽人扔在地上的帽子捡起来,还用力地对着他后脑勺拍了一巴掌,说:"开什么玩笑,你以为只有你有爸爸吗?"

当人们遇到困难的时候,要学会变通,要巧妙地化解"危机",这一点,卖帽子的爸爸就做到了。而大家再看他的儿子,不懂得变通,仍然延用他爸爸曾经用过的办法。

但是最后猴王的那番话,让人们知道了,为人处世应遵循中庸之道,懂得变通。不可因循守旧,不可古板。因为事物是不断变化的,只有根据情况的变化,做到"因时而动",否则,身处危机不知道如何应对、化解,那就可笑又可悲了。

《诗》云："鸢飞戾天;鱼跃于渊。"言其上下察也。

【典句札记】

这一句用形象的比喻来说明中庸之道存在的广泛性。

在这个星球上居住的不只是人类,还有各种动物和植物,以及那些基本的元素。

我们虽然有很多的邻居,但是我们却永远无法摆脱心灵的寂寞。

我们距离我们的邻居,就像我们的家距离南极一样遥远。

我们每一个人都拥有自己的太阳、月亮和星星。在这个完全属于我们自己的小天地里,我们应该朝气蓬勃,从容优雅地生活。努力理解生命的意义,努力实践它永恒的精神价值。

每个黎明都充满千姿百态,变幻无穷的美。从初升的旭日中,我们会发现每天的新的快乐。找到最甜蜜、最柔和、最纯真、最让人心灵震撼的伴侣。

史例解读

姜太公垂钓渭水边

当年,垂暮之年的姜子牙为了自己的理想而垂钓于渭水。他在耐心地等待命运中的那个时机的到来!

庄子垂钓于濮水,楚王请他去做官。他却说:我宁可做自由行走在污泥中的拖尾龟,也不愿意被人宰割而成为庙堂上的供品。作为哲人,他在垂钓生命的真谛!自由自在。

史料记载:《吕氏春秋》说"太公钓滋泉而遇文王"。

《括地志》说"姜太公钓渭,鱼腹有璜,文曰周受命,吕来佐"。

姜太公垂钓图

相传周文王飞熊入梦,预示将得帝王之师。于是他轻车寻访,遇姜太公直钩垂钓于渭水之滨。更为奇特的是,他垂钓的方式"背水肩竿,直钩短线,距水三尺而钓"。于是异而礼之,同载回宫,拜为帝师,成为千古佳话。

可见,垂钓是有层次的,对于真正的垂钓者来说,垂钓不仅仅是生活的意义,而是一种心情的传导,是一种修养的境界。

🏵 现代运用

爱情的中庸境界

中庸无处不在,甚至包括我们的爱情,不妨给它添加些中庸的味道!

每个人都是有自尊的,即使是无话不谈的恋人之间也是如此。在斗嘴中一定不要说那些能刺伤对方自尊的话。就拿我一个同事来说,他正准备和女朋友结婚,但很缺钱,同事就说:"你怎么了,愁眉苦脸的,好像人家欠你钱似的。"女朋友就回了一句:"还知道说啊,我怎么这么倒霉,找你这样的穷光蛋!"这样,两人之间的感情就会出现一个本不该出现的隔阂。在斗嘴的时候,话语中涉及对方的缺点或是父母,其实没有什么意义。

还有一个朋友,她和她的男友相恋了三年,她应该顺理成章地成为他的妻子,但在她的记忆中,男友从来没对她说过一句"我爱你",觉得他一点都不浪漫。直到有一天,男友对她说"我们该结婚了",她怎么也找不到拒绝他的理由,也找不到立即答应的理由。她说要再考虑一下,想让男友给她个理由。而他竟然点头同意了,没有表示任何疑义。两人之间永远隔着一个严峻的问题。其实真正的爱情体现在日常的细节当中,看似无心之举,也都包含着心与心的共鸣和爱的默契。

年轻的时候总是想追求个性,追求浪漫,如果你一味要求他(她)要有个性、要浪漫,你大可以放弃他(她),可你觉得又不忍心,既然不忍心,你又何必强求他(她)一切都照你的意愿去做呢?倒不如在爱情中中庸一点儿,懂得满足与珍惜。

君子之道，造端乎夫妇；及其至也，察乎天地。

这句话是说中庸之道既有供君子研究探讨的一面，又有供普通百姓实践的一面，因此是一个最博大的体系。

我们普通人可以从中汲取到我们所能理解的比较浅显的道理，那些智慧高人一等的人则可以从中获得广大的真理。比如，我们日常生活与工作已经离不开电脑，然而并不是我们每一个人都懂得软件的开发、程序的编写、电脑的原理，但是这并不影响我们去使用电脑进行工作，利用软件，我们一样可以打字、上网，而专业人士则可以从事计算机的软硬件开发工作。虽然我们并非君子和圣人，可是只要我们去认真理解、实践中庸之道，就一样可以有收获，可以使自己在立身处世之中处于不败之地，从而获得成功。

现实生活中，我们无论成就大小，重要的是生活得称心。生活能够称心如意，那么一切就会显得美好，面前就是坦途。否则，如果不懂得生活中的中庸之道，那么你面临种种危机时，就会觉得难以应付，焦头烂额。

◎ 史例解读

历尽沧桑，心不移

刘庭式，字得之。宋代齐州（今山东省济南市）人，举进士，通判密州，后监太平观，老于庐山。为人忠厚质朴，诚实守信。

刘庭式未考中进士之时，家人商议为他订娶同乡农家女为妻，双方家庭已经同意婚约，只是还未送纳聘礼。后来，刘庭式科试进士及第。不幸的是在这期间，姑娘因为罹患疾病而致失明。女方家世代躬耕，十分贫苦，现在自感门第不相配，不敢再提婚约，免受冷遇。这时，有人劝说刘庭式另娶他人之女。刘庭式说："我当初在心里已经同意了，现在怎能因为她失明就违背自己原来的心意呢。"最终与盲姑娘结为连理。婚后夫妻感情真挚，家庭和睦。生育几个子女后，妻子不幸病故。刘庭式内心伤痛，不愿续娶。当时，刘庭式任密州通判，苏轼为太守。苏轼对他说:"哀生于爱,爱生于色。现在你的爱缘于何处产生,哀痛又以什么为寄托呢?"刘庭式说:"我只是知道失去了爱妻。如果因为美色而滥情示爱,因为相爱而心怀伤感,那么人老色衰,爱就失去依据而消失,哀伤之情也就淡忘无迹。由此说来,那些忸怩卖俏、秋波暗送、轻佻风流、倚市相招的女子都可以娶为妻室吗?"苏东坡对他的为人十分敬重,于是据此为他写了一篇文章专门给予称颂。

现代运用

保持一颗平常心

有一个人曾经问禅师:"禅师,你可有什么与众不同的地方呀?"

禅师答道:"有!"

"那是什么?"这个人问道。

禅师回答:"我感觉饿的时候就吃饭,感觉疲倦的时候就睡觉。"

"这算什么与众不同的地方,每个人都是这样的呀,有什么区别呢?"这个人不屑地说。禅师答道:"当然是不一样的了!"

"这有什么不一样的?"那人问。

禅师说:"有些人吃饭的时候总是想着别的事情,不专心吃饭;他们睡觉的时候也总是做梦,睡不安稳。而我吃饭就是吃饭,什么也不想;我睡觉的时候从来不做梦,所以睡得安稳。这就是我与众不同的地方。"

禅师继续说道:"大部分人很难做到一心一用,他们总是在利害得失中穿梭,囿于浮华的宠辱,产生了千般妄想。他们在生命的表层停留不前,这成为他们最大的障碍,他们因此而迷失了自己,丧失了平常心。要知道,生命的意义并不是这样,只有将心融入世界,用平常心去感受生命,方可领会生命的真谛。"

在禅宗看来,一个人能明心见性,抛开杂念,看穿功利,将胜负成败看透,将毁誉得失看破,就能达到时时无碍、处处自在的境界。

拥有一颗平常心,就拥有了一种豁达,一种超然。其实,无论是比赛还是生活都如同弹琴,弦太紧会断,弦太松弹不出声音;保持平常心才是了悟之本。

拥有一颗平常心，才不会浮躁，不会焦灼，不会被欲望填满心灵，更不会让灵魂搁浅在无氧的空间里。拥有一颗平常心就拥有了一种正确的处世原则，一份自我解脱、自我肯定的信心与勇气，不会高估自己，也不会自甘堕落。拥有一颗平常心就不会只追求物质的奢华，而把自己的灵魂淹没在如潮的尘海中。

所以说，用中庸的态度面对生活，用一颗平常的心去对待、解析生活，才能领悟生活的真谛，才能体悟平平淡淡才是真！

第十三章 不远

缩，不极端，言行一致，这就是一个很笃实的人啊。

大人伦方面反省自己，从日常的言行做起，符合中道，不萎

先严格要求自己，像孔子那样从君臣、父子、兄弟、朋友四

地，将心比心地为他人着想，己所不欲，勿施于人。为人要

那么人道是什么呢？如『忠恕』就是。它要求设身处

史的走向发生着质的变化，成为无法更改的必然选择。

不已，而试图做出假设。其实正是这些具体的细节，使历

史在转折之机的微妙，对那些决定时刻的微妙变化扼腕

何轰轰烈烈的事业都是从隐微处着手。我们总是慨叹历

从大处着眼，从小事着手，是我们处世的基本姿态。任

身具有的本性出发，教化人，能改正错误就可以了。

把道弄得离奇高远，道则无法实践了。所以君子只是从人

有的人都可以行走。相反，如果不从自己脚下走起，而是

照自己本性行事，人人皆能知能行。就好比一条大道，所

道不可须臾离的基本条件是『道不远人』。因为人人按

【原文】

子曰："道不远人。人之为道而远人,不可以为道。《诗》云^①：
'伐柯伐柯,其则不远^②。'执柯以伐柯,睨而视之^③,犹以为远。故
君子以人治人,改而止^④。忠恕违道不远^⑤,施诸己而不愿^⑥,亦勿
施于人。君子之道四^⑦,丘未能一焉：所求乎子,以事父,未能也；
所求乎臣,以事君,未能也；所求乎弟,以事兄,未能也；所求乎
朋友,先施之,未能也。庸德之行,庸言之谨^⑧；有所不足,不敢不
勉,有余不敢尽^⑨。言顾行,行顾言。君子胡不慥慥尔^⑩。"

【译文】

孔子说："道是不能离开人的。如果有人实行道却离开人,那就不可能实行
道了。《诗经·豳风·伐柯》说：'砍削斧柄,砍削斧柄,斧柄的式样就在眼前。'握
着斧柄砍削树木来做斧柄,应该说不会有什么差异,但如果你斜眼去看,还会
以为差异很大。所以君子根据为人的道理来治理人,只要他能改正错误实行道
就行。一个人做到忠恕,离道也就不远了。什么叫忠恕呢？自己不愿意的事,也
不要施加给别人。君子的道有四项,我孔丘连其中的一项也没有能够做到：用
我所要求儿子侍奉父亲的标准来孝顺父亲,我没有能够做到；用我所要求臣下
侍奉君王的标准来竭尽忠诚,我没有能够做到；用我所要求的弟弟对哥哥做到
的敬重恭顺,我没有能够做到；用我所要求朋友应该先做到的,我没有能够做
到。实践平常的道德,谨慎平常的言论,还有不足的地方,不敢不再努力；言谈
要留有余地,不说过头话。言论要符合自己的行为,行为要符合自己的言论,这
样的君子怎么会不忠厚诚实呢！"

【注释】

①《诗》云：此诗引自《诗经·豳风·伐柯》,是赞美周公的诗。

②伐柯伐柯,其则不远：伐柯,砍伐木料,制作斧柄。柯,斧柄。《周礼》云："柯长三尺,博
三寸。"则,样式,标准,规定,法则。指斧柄的形式样板。

③睨(nì)：斜视。

④以人治人：以人固有之道来治理人。改而止：改正错误就行。

⑤忠恕违道不远：能够以忠恕处世,那么距离中庸之道就不远了。忠,尽己之心。恕,推

己及人。违,离开。违背。

⑥施诸己而不愿:别人施加给自己而不愿承受的行为。

⑦君子之道四:指孝,忠,悌,信四个方面的行为。

⑧庸德:平常的道德。庸言:平常的言语。

⑨有余不敢尽:有能力做到的方面也不敢随便夸耀。

⑩慥慥(zào):忠厚诚实的样子。

【历代论引】

郑玄说:道即不远于人,人不能行也。又说:持柯以伐木,将以为柯近,以柯为尺寸之法,此法不远人,人尚远之,明为道不可以远。人有罪过,君子以人道治之,其人改则止赦之,不责以人所不能。又说:圣人而曰我未能,明人当勉之无己。

孔颖达说:中庸之道不远离于人身,但人能行之于己,则中庸也。人为中庸之道,当附近于人,谓人所能行,则己所行可以为道。若违理离远,则不可施于己,又不可行于人,则非道也。又说:欲行其道于人,其法亦不远,但近取法于身,何异持柯以伐柯?人犹以为远,明为道之法亦不可以远。即所不原于上,无以交于下;所不原于下,无以事上。况是在身外,于他人之处,欲以为道,何可得乎?明行道在于身而求道也。又说:忠者,内尽于心。恕者,外不欺物。身行忠恕,则去道不远也。他人有一不善之事施之于己,己所不愿,亦勿施于人,人亦不愿故也。

孔颖达说:此四者,欲明求之于他人,必先行之于己,欲求其子以孝道事己,己须以孝道事父母。恐人未能行之。夫子,圣人,圣人犹曰我未能行,凡人当勉之无己。譬如己是诸侯,欲求于臣以忠事己,己当先行忠于天子及庙中事尸,是全臣道。欲求朋友以恩惠施己,则己当先施恩惠于朋友也。自修己身,常以德而行,常以言而谨也。己之才行有所不足之处,不敢不勉而行之。己之才行有余,于人常持谦退,不敢尽其才行以过于人。使言不过行,恒顾视于行。使行副于言,谓恒顾视于言也。既顾言行相副,君子何得不慥慥然守实言行相应之道也。

朱子说:道者,率性而已,固众人之所能知能行者也,故常不远于人。若为道者,厌其卑近以为不足为,而反务为高远难行之事,则非所以为道矣。又说:人执柯伐木以为柯者,彼柯长短之法,在此柯耳。然犹有彼此之别,故伐者视之犹以为远也。若以人治人,则所以为人之道,各在当人之身,初无彼此之别。故君子之治人也，即以其人之道，还治其人之身。其人能改，即止不治。盖责之以其所能知能行，非欲其远人以为道也。又说：尽己之心为忠，推己及人为恕。自此至彼，相去不远，非背而去之之谓也。道，即其不远人者是也。施诸己而不愿亦勿施于人，忠恕之事也。以己之心度人之心，未尝不同，则道之不远于人者可见。故己之所不欲，则勿以施之于人，亦不远人以为道之事。又说：子、臣、弟、友，四字绝句。道不远人，凡己之所以责人者，皆道之所当然也，故反之以自责而自修焉。行者，践其实。谨者，择其可。德不足而勉，则行益力；言有余而讱，则谨益至。谨之至则言顾行矣；行之力则行顾言矣。君子之言行如此，岂不慥慥乎，赞美之也。凡此皆不远人以为道之事。

张子说：以众人望人则易从。又说：以爱己之心爱人则尽仁。又说：以责人之心责己则尽道。

智慧运用

子曰："道不远人。人之为道而远人，不可以为道。"

【典句札记】

人们常说："道不远人人自远。"中庸之中的大道就在我们身边，是我们周围事物的反映，是从我们身边的事物中总结出来的规律性的东西，具有"放之四海而皆准"的普遍性。暑去寒来、潮涨潮落、饥来吃饭、困来睡眠……

这些都是我们身边的大道。因此，大道来源于人们的生活，却又高于人们的生活，推行大道的实质就是从实际出发。可以说，我们乃至世间万物，都是大道的一部分，如果抛开我们，大道就无所存在了，所以大道是须臾不会离开我们的。

大道既具有普遍性，也与我们每一个具体的人、每一件具体的事情相适应，这具体的人，具体的事情就是人事，没有与人事完全背离的大道，也没有不合大道束缚的人事。抛开了真实存在的生活，大道就不能算作可以指导我们生活的东西了。

其实，大道就在于我们的内心。从自己的心里开始，使自己的家人和睦快乐开始,从爱我们的人开始……每天从这样的具体细小的事情开始,修养我们的心性,使我们的德行辐射向遥远。就如阳光,从燃烧自己开始而温暖了大地。不能让自己周围亲近的人悦服,又如何能够使自己的德行服远呢。

本杰明·富兰克林说:"诚实和勤勉,应该成为你永久的伴侣。"忠实于自己,但也不要欺骗别人。我们对每天的生活的感受总是这样:"没什么特别的东西。"居然忘记了我们自己的早餐,以及深含在早餐中的意义。

大道就在我们的眼前,就在我们的身边。道与我们须臾不离。

⊕ 史例解读

以德感人

三国时北海人王烈,只是一个普通的读书人,并没有做官,但在老百姓当中,却具有很高的威望。有一个人偷了别人的一头牛,被失主捉住了。盗牛的说:"我一时鬼迷心窍,偷了你的牛,今后绝不再干这种事。现在,随便你怎样处罚都行,只求你不要让王烈知道了。"

有人把这件事告诉了王烈,王烈立即托人赠给盗牛人一匹布。

有人问王烈:"一个做贼的人,很怕你知道,你反而送布给他,这是什么道理?"

王烈说:"做了贼而不愿意让我知道,这说明他有羞耻之心。我送布给他,就是为了激励他改过从善。"

一年以后,有一天,一位老人挑着重担,正在艰难地赶路,忽然遇见一个人,这个人帮助老人挑着担子走了数十里,到了老人家门口,把担子放下,不告诉姓名就走了。后来,还是这位老人,在赶路时丢失了一把宝剑,被一位过路人发现了。

为了避免让人任意取走,过路人便留下来看守,等待失主。待老人去寻剑时,发现那位守剑的人,正好又是上次替他挑担子的人。

这次老人得知了他的姓名,便去告诉王烈。王烈听后,很受感动。他说:"惭愧啊!世上有这样好的人,我却没和他见过面。"随即设法打听,原来竟是从前的那位盗牛人。王烈不禁大吃一惊,十分激动地说:"一个人受了感化以后,改过从善的程度真是不可限量啊!"

现代运用

吃亏是福

比尔·盖茨在清华大学演讲时曾说,虽然自己并不是每天都快乐,但他不愿与别人交换这个工作。他觉得自己能够与一群充满智能与激情的人一起工作、交流,是一件十分幸福的事情。松下公司始创人松下幸之助在用人上自有其一套独特的标准:即70分的人才已足够。他认为,人才的雇用以适用公司的程度为好,程度过高,不一定好。水准过高的人,会认为在这种地方工作很浪费;而如果换成一个普通程度的人,他却会很感激,所以招聘过高水准的人是不适宜的。"适当"两字最重要,适当的公司,招聘适当的人才,70分的人才,有时会更好。这是对人的充分理解,是对人的"软件"——爱心的看重。

懂得付出才能得到,如果只要对方付出,而自己没有动静,这样的友情是不会长久的。在现实生活中,有的人却错误地认为友情是建立在利益互惠的基础上,这样的人,与他人交往,目的是在于对方有什么利用价值,天天盘算着与人交往会带来什么好处。当对方能满足自己的要求,为自己提供便利时,便心里乐呵呵,与他形影不离,仿佛情深义重;可是一旦对方没有了利用价值,或者遇到麻烦,便推诿责任,退避三舍,甚至落井下石。这实在是一种自以为聪明的愚蠢表现。这样做的结果,无疑向别人表明:自己是多么的无情无义,又是多么的无耻。以后当别人与他交往时,必然会小心提防,以免被其利用。

在人际交往中,很多事情都是互相依存的。人与人之间不免有些明争暗夺,有些摩擦,这一切都来源于是吃亏还是占便宜的心理,一切又都结束于吃亏与占便宜的行为。吃亏怎么样?占便宜又怎么样?吃亏了,既获得心灵的平静,又可以获得道义上的支持。一旦对方醒悟过来,你的我的自然一清二楚。相反,占便宜的人心理上是得不到安宁的。他因为不明白中庸的道理而处处碰壁。

诗云:"伐柯伐柯,其则不远。"执柯以伐柯,睨而视之。犹以为远。故君子以人治人,改而止。

【典句札记】

大智慧者孔子引用《诗经》中的一段《伐柯》来说明这个道理。要做一把斧柄,就得用斧子去砍伐木头,要把木头砍成什么样子呢?正好手中握着斧子,这就是斧柄的样本,只要斜着眼一看就看得见,照着它的样子砍就可以了。行中庸之道也是如此:中庸之道就在我们的身边,只要我们放下自己的固执,也就可以立即看到那个大道了。

然而,即使是这样做,还会发现与榜样相差太远。所以讲中庸的人,是以自身受自上天的道理去管理他人,使他人改好就可以了。这里向我们揭示了一个管理的学问:那些圣明的管理者总是让百姓自己去管理自己,让他们自己发现生活与工作的大道,这样他们一定会有所觉悟,并且自觉自愿地遵从实践这一规律。如果管理者发现百姓们做得不对,就引导他们认识到正确的道理,他们就会弃恶从善,改正错误。真正的管理,并不是强迫性的干预,也不是严加管教,而是要帮助被管理者得到对大道的领悟。

"大事"是由很多具体的"小节"在不知不觉的积累中铸成。"千里之行,始于足下。"每个人的人生之路,每一步所留下的脚印,都"记录"着一个个"细节"的艰辛与奋斗,是不可抹去的历程。只有一步一步地迈进,才会使自己走向远方的目标。

这世界是由各种声音的喧嚣组成。不论赞成还是反对,都有理由。真理并不只是一个,任何一个方向都有其必然的结论。《礼记·正义》说:"中庸之道去人不远,但行于己则外能及物。"每一座山都有顶峰,每一条路都有终点,重要的是我们必须付诸切实的努力,扎扎实实地从"小事和小节"做起,向着既定的目标义无反顾地奔赴,不事功利,方可成就人生极致。

不仅如此,人生还需要一个很好的规划,没有方向的人生是盲目的,也就不会有什么成就。人生的规划必须是立足于每天切实的奋斗与积累:知识、关系、金钱或者阅历。空想没有市场。

任何人都有自己的生存方式,都会找到最适当的方向。无论做什么事,必须首先确定自己的方向,寻找一个可资参照的坐标,并在自己的方向上努力不懈。

属于我们自己做的事情,就脚踏实地地从开始做起,并力求使每一个细节精美。

史例解读

志节与财宥

王符(约 85—约 163),字节信。安定临泾(今甘肃省镇原县)人。东汉文学家。与马融、窦章、张衡、崔瑗等友善。年少好学,有节操,性耿介,因为出身微末,又不苟同于世俗,因此饱受歧视和压制,不获升迁。愤而隐居,终生不仕。著《潜夫论》三十余篇,以讥当世得失。

王符耕读隐居,不随世俗俯仰,不攀附引荐,不欲彰显其名。据说度辽将军皇甫规退休后,回归乡里,安度晚年。同乡父老前来看望欢叙,这时有位曾经用钱财行贿而得到雁门太守职务的同乡,也离职回家,他来到皇甫规家拜见,递进名片,皇甫规躺着并不让座,太守受到冷遇,很感局促。这时皇甫规突然开口说:"你在雁门当太守时,日子过得很滋润吧?"太守讷讷无所答。

这时,家童进来通报说,有个叫王符的人来拜访将军。皇甫规早慕王符的大名,深深佩服王符的志操品节。听到他现在来访,立即从床上坐起,外衣来不及系扣衣带,穿着拖鞋就急切出外迎接。见面拉着王符的手回到屋里,两人同坐,语意投契,引为知己。太守尴尬地站在一边,手足无措,似被忘记,无人理睬。

于是,一时坊间传言:"徒见二千

王符读经图

石,不如一缝掖。"

现代运用

细节成就人生

萧楠大学毕业后去了广州,想靠打工闯出一番事业来。但是他很不走运,一下火车,他的钱包被偷,钱和身份证都没有了。在受冻挨饿两天后,他决定为了生存,暂时以捡垃圾为生——虽然受白眼,但至少能够解决目前的温饱问题。一天,他正低头拾垃圾,忽然觉得背后有人注视自己。回头一看,是个中年人。中年人拿出一张名片:"这家公司正有招聘,你可以去试试,当轮到你时,拿出这张名片。"

那是一个很热闹的场面,二百多个人挤在一个大厅里,其中很多人都西装革履。相形之下,他有点儿自惭形秽,想退下来,但最终还是没走。

当他一递上名片,人力资源部的经理就伸出手来:"恭喜你,你已经被录取了。这是我们董事长的名片,他曾吩咐,有个青年会拿着名片来应聘,只要他来了,就会成为我们公司的员工。"就这样,没有经过任何面试,他进入了这家公司。后来,他成了公司副总。

一次闲聊时,他问董事长:"您为什么会选择我?""因为我会看相,知道你是栋梁之材。"说着,董事长不禁神秘兮兮地一笑。

又过了两三年,公司业务越做越大,董事长要去新城市进行新投资,临走时,将这个城市的所有业务都委托给了他。送行那天,他和董事长在候机室里坐着。"你肯定还在纳闷儿,我为什么会选择你。那次我偶然看见你在拾垃圾,就观察了你很久。我发现你和别的拾荒者不同,你每次都把有用的东西拣出来,将剩余的垃圾归好再放回垃圾箱。当时我想,如果一个人在这样的环境下还能够注意到这种细节,那么无论他学历如何、背景如何,我都应该给他一个机会。而且,连这种小事都可以做到一丝不苟的人,不可能不成功。"

忠恕违道不远。施诸己而不愿，亦勿施于人。

此处，孔子说能够做到"忠恕"二字就离中庸之道不远了。什么是"忠恕"呢？可以说，尽了自己的心就是"忠"，推己及人就是"恕"。做任何事情，都尽心尽力，真诚地去做，要做就做好，合乎规律，恰到好处，这就是合乎大道了。

人非圣贤，孰能无过，做到将心比心，处心公平，无狭无私，多给别人一些机会，这也是合乎大道的。

谁也无权给予别人什么生活，硬塞在我们手中的，并不是我们所需要的。我们所需要的，同样没有人愿意给予我们。我们所唯一能做的就是修养自己而不是苛刻要求他人。

我们无权将自己的意图强加给别人，同样也不要把自己的幸福建立在对他人的依赖上，更不能把自己的欢乐建立在他人的痛苦上，尤其不能将自己的痛苦转嫁到别人的身上。

谁也不能代替我们的生活。实在没有必要抱怨命运的不公平，也不要嫉妒他人，人生幸福与否取决于自己的努力。不必奢求得到什么报答，只要诚心去做就行。为了得到回报，而去做事，那是一种交易，根本就不具备诚的本义。只有心地透明，只是因为应该做而去做，无所妄求，才是诚的体现，才是德行。

史例解读

官无正法，其道远矣

顾雍，字元叹。三国时吴郡吴县（今江苏省苏州市）人。年少时，曾向蔡伯喈学习弹琴和书法。"专一清静，敏而易教。"经州郡举荐，20岁时就被任命为合肥县令，治绩卓著。孙权被委任为会稽太守时，未赴任，以顾雍为郡丞，代行太守职责，处理政治、经济、军事等要务，任事期间，郡内大治，边界安定，百姓乐业。孙权自立为吴王，顾雍升迁为大理奉常、领尚书令，封阳遂乡侯。

吕壹、秦博为中书，掌管各地官府及州郡报送来的文书，位高权重。因此，

顾雍

他们利用手中的权力渐渐妄为起来，作威作福，从中渔利。他们利用手中所掌握的机密文书，举报罪犯，纠察奸佞，以至于肆意罗织罪名，使那些耿介忠直之人也被牵连，并且深究牵附，生造隐私，诬陷、诋毁大臣，陷害无辜。以至于丞相顾雍也被他们诬陷，其他大臣更是受到严厉责罚。后来，吕壹罪行被揭发而败露，关押在廷尉。由顾雍亲自审理断决此案，吕壹以罪犯的身份被带到审判席上，顾雍态度平和，以事实为依据对他进行审问。审理结束时，顾雍又问吕壹："你的心里难道没有什么想要说的吗？"吕壹只是叩头，无话可说。当时尚书郎怀叙当庭厉声辱骂吕壹。顾雍责备他说："官有正法，何至于此！"

现代运用

己所不欲，勿施于人

曾经有人做过这样的一个实验：先将 50 只羊放入一间屋子，并在里面放上一些青草，将门锁好；再将 50 条狗放入另一间屋子里，并在屋里放上许多肉饼，然后将门锁好。

再一次观看两间屋子。第一间屋子里的羊群，个个肚子鼓鼓的，安然地睡着，那几捆青草早已被吃光了；当打开第二间屋子时，里面血腥扑鼻，许多狗已经奄奄一息，而那些肉饼却仍然完好如初。

为什么会这样呢？因为羊在利益面前善于协作，而狗则为了争夺利益相互残杀，自己得不到的别人也休想占到半分，可能这就是为什么世界上只有成群的羊而没有成群的狗的原因吧！

螃蟹和狗有些相像，听捕鱼的人说，如果把抓来的螃蟹都放进一个篓子里，不必盖上盖子，螃蟹也不会爬出去，因为只要有一只想往上爬，其他螃蟹便会纷纷攀附在它的身上,把它拉下来,最后没有一只能出去。

动物的这种想法正好和人类的某种想法不谋而合:我得不到的东西,别人也休想得到!我升不了官,你也老老实实地原地踏步吧。我死了,也得拉一个垫背的!我发不了财,你就更别做梦了!

古语云:"己所不欲,勿施于人!"毁了别人的好事,对我们自己到底有什么好处呢?我们的处境依然没有得到什么改变,我们没有的东西依然没有,仅仅是为了看到别人因此伤心而内心幸灾乐祸,取得一种内心的平衡,这种病态心理发展到最后,受害的还是自己。

在今天这个社会里,很多人如同螃蟹和恶狗一样,不想和别人分享利益,只懂得拆别人的台,为别人设置重重障碍,然后幸灾乐祸。可是,仔细想想,这为你带来了什么好处吗?事实上,只要大家相互扶持、相互帮助,谁都可以爬出生活的"篓子"的。

**君子之道四,丘未能一焉:所求乎子,以事父,未能也;
所求乎臣,以事君,未能也;所求乎弟,以事兄,未能也;
所求乎朋友,先施之,未能也。庸德之行,庸言之谨;
有所不足,不敢不勉;有余不敢尽。
言顾行,行顾言。君子胡不慥慥尔。**

【典句札记】

孔子谦虚地说讲求中庸之道的君子要做到的四项内容,他一项也没有做到,那就是孝以事父,忠以事君,悌以事兄,施以事友,尽心尽力地报答生养我们的父母双亲,这就是孝;忠心耿耿、尽职尽责地对待事业工作,这就是忠;用亲情与尊敬对待自己的兄弟姐妹,这就是悌;对待朋友先付出真情,这就是施。

孔子是依照社会伦理的分法把朋友排到了第四位,排除儒家的君主至上,在生活中,朋友是仅次于父母、兄弟之后,最为亲近的人。

人在社会中生存,总是处在各种关系的罗网之下。你在社会中是否顺利,实质上是所罗织的关系之网的密度和广度的反映。而在这种关系网中的人,我们互相称之为朋友。因此,在一定意义上可以说,人的命运,是由朋友决定的。

换句话说,人活在朋友之中。

朋友,就是陪着你走过或长或短一段路的人。可以是与我们一起共事的人,也可能是与我们有一面之交的人,还可能是我们道义相知的人……

在生活中,朋友从某种程度上甚至可以说是体现我们个人价值的重要依据。没有朋友,我们的人生之路将会寸步难行,艰难许多。没有朋友的人,其人生是失败的。因而,在我们的身边,就不断地有朋友来,也有朋友不停地离去。有新的朋友结识,也有原来的朋友告别。无论是怎样的朋友,毕竟我们相识了。无论我们原本的观点如何,但只要采取合作的态度,互相支持、互相帮助、互相关照,就是真朋友,就是值得深交并可信赖的。在我们短暂的一生中,我们更多的时光是与朋友一块度过的。因此,应当彼此珍惜。

此外,孔子在此还给了我们一个关系到每一个人一生成败的提醒,那就是"言顾行,行顾言",意思是言谈要顾及行动,行动要顾及言谈,言行要一致。孔子一贯反对巧言令色、夸夸其谈、言行不一。言行是否一致,也是孔子判断一个人是否是合格人才的标准之一,他告诫我们,要"听其言而观其行",在看待一个人时,只有这个人言行一致了,才能相信他。一个讲信用的人,能够言行一致,我们可以根据他的言与行的关系,判断他的为人,判断他是否值得交往。

史例解读

愤世嫉俗的阮籍

阮籍(210—263),字嗣宗。三国魏陈留尉氏(今属河南省开封市)人。魏晋名士、诗人,与嵇康、刘伶等人为友,为竹林七贤之一。史载阮籍"容貌瑰杰,志气宏放,傲然独立,任性不羁,喜怒不形于色。或闭户读书,累月不出;或登临山水,经日忘归。博览群籍,尤好《庄》《老》。嗜酒能啸,善弹琴。"曾任散骑常侍、步兵校尉,世称阮步兵。率意而为,常常是独自驾着车子,不由径路,漫无方向,直到车子行不通的尽头,于

阮籍

是恸哭而返。当他登临广武楼,瞭望楚、汉战场遗迹时,喟然叹道:"世无英雄,遂使竖子成名！"

曾听执法的人说有人弑杀自己的母亲。阮籍说:嗨,杀父还可以说得过去,何至于杀母呢。在一块坐着的人们都奇怪他怎么能如此失言而说出这样有违人伦大道的话来。有人说:弑杀父亲,这是大逆不道,是天下极端不容的恶行,你怎么认为是可以说得通的呢？阮籍说:禽兽只知认母而不知道有父,杀父,正如禽兽同类啊。杀母,实在是连禽兽都不如。众人于是觉得他的话有道理。

现代运用

一言一行要谨慎

一言一行都要谨慎,就是要求你在说话和做事前要进行周密思考,进而促使说话和事情做得尽善尽美。这是一个人应该做到的准则。

大学时,张明念的是大众传播系,他不仅有着扎实的理论基础,而且个人的实践能力也很强。大学毕业后,张明在某报社文艺部担任副刊编辑。参加工作的几年里,由他编辑发表的很多作品被国内多家文摘类报刊转载,他自己也先后在各大报刊发表了大量作品。这引起了一些业内人士的关注。而且,在他的努力、组织下,文艺部开展了不少群众性的工作,也都取得了成功。由于张明在同事中的威信越来越高,部门主管有了疑虑,觉得他对自己的地位产生了威胁,于是他逐渐排斥张明,对他的合理建议也不予采纳。张明心里当然不服气,甚至和部门经理说话的时候也不再客气。时间一长,张明和部门主管俩人中间出现了一条沟壑。

由于和部门主管关系的"恶化",张明有一些好的想法无法实施,于是,他干脆越过部门主管直接去和总编谈,希望能得到总编的支持。结果事与愿违,张明的计划不但没能得到支持,还引起了部门主管的反感。而对于总编来说,在张明和部门主管之间,他不能不考虑中层干部的威信、情绪等因素,不能不维护管理阶层的威信。

越级报告的失败,使得张明和部门主管的关系更加恶化了,致使他的一切工作都处于极端被动的状态。无奈之下,他只得提出申请,要求调离文艺部,转去其他部门。

公司的组织机构是逐级上报的,绝大多数员工都有直属上司。在工作中,越级报告意味着要越过直属上司,直接与顶头上司说明你的看法或争取权益。

所以,你在说话和做事之前要谨慎思考,思考每件事值不值得你去冒险,永远要记住稳扎稳打,言行谨慎才是成功必胜的秘诀。

第十四章 素位

这里讲的是儒家为己之学。「为己」就是要不断提升自己的道德品质，这是君子依靠自身的力量就能做到的。

一个人生下来，会碰到许多先天条件，诸如富贵、贫贱、患难等等。无论条件怎么样，都要做自己该做的事。处富贵者，不欺负人，处贫贱者，不攀附人，这样就不会遭到嫉妒和怨恨。不抱怨别人，也不抱怨客观环境，一如既往地做事，达不到目的反身求己，这样才是君子。

儒家的命定论，凸显道德、道义的至上性，使人适应环境，不那么患得患失，但忽略了社会环境的改造。实际上人的社会地位也是可以改变的，关键在于能否把握机遇和具有才智。但一切都要从自己现状出发，不能不切实际，好高骛远，自己折磨自己。

生活的一切烦恼，尽皆根源于心存奢望。不要存有非分之想，也不要到处伸手，但决不能无原则地退缩。

让繁星缀满夜空，让灵魂回归心灵，愿德行使我们得以永生。

▓▓▓【原文】▓▓▓

君子素其位而行,不愿乎其外①。素富贵,行乎富贵;素贫贱,行乎贫贱;素夷狄②,行乎夷狄;素患难,行乎患难。君子无入而不自得焉③。在上位,不陵下④;在下位,不援上⑤。正己而不求于人,则无怨。上不怨天,下不尤人⑥。故君子居易以俟命,小人行险以激幸⑦。子曰:"射有似乎君子,失诸正鹄⑧,反求诸其身。"

▓▓▓【译文】▓▓▓

君子安于现在所处的地位去做应做的事,不羡慕这以外的事情。处于富贵的地位,就做富贵人应做的事;处于贫贱的状况,就做贫贱人应做的事;处于夷狄的地位,就做夷狄应做的事;处于患难之中,就做在患难之中应做的事。君子无论处于什么情况下都是安然自得的。处于上位,不欺侮在下位的人;处于下位,不攀附在上位的人。端正自己而不苛求别人,这样就不会有什么抱怨了。上不抱怨天,下不抱怨人。所以,君子安居现状来等待天命,小人却铤而走险妄图获得非分的东西。孔子说:"君子立身处世就像射箭一样,射不中靶子,要回过头来寻找自身技艺的问题。"

【注释】

①素:平素,现在的意思。这里作动词用。愿:倾慕,羡慕。其外:指本位之外的东西。

②夷:指东方的部族。狄:指西方的部族。泛指当时的少数民族。

③无入:无论处于什么情况下。

④陵:通"凌",欺侮。

⑤援:攀附,巴结。本指抓着东西往上爬,引申为投靠有势力的人。

⑥尤:抱怨。

⑦居易:居于平易安全的境地,也就是安居现状的意思。俟(sì)命:等待天命。行险:冒险。徼幸:企图依靠偶然因素获得成功或意外地免除不幸。徼,谋求。幸,指所得不当。

⑧射:指射箭。正鹄(gǔ):指箭靶子中心的圆圈。画在布上的叫正,画在皮上的叫鹄。

郑玄说:反求于其身,不以怨人。

孔颖达说:乡其所居之位,而行其所行之事,不愿行在位外之事。《论语》云:"君子思不出其位也。"

孔颖达说:乡富贵之中,行道于富贵,谓不骄、不淫也。乡贫贱之中,则行道于贫贱,谓不谄、不慑也。乡夷狄之中,行道于夷狄,夷狄虽陋,虽随其俗而守道不改。乡难患之中,行道于患难,而临危不倾,守死于善道也。又说:若身处富贵,依我常正之性,不使富贵以陵人。若以富贵陵人,是不行富贵之道。若身处贫贱则安之,宜令自乐,不得援牵富贵。若以援牵富贵,是不行贫贱之道。若身入夷狄,夷狄无礼义,当自正己而行,不得求于彼人,则被人无怨己者。《论语》云:"言忠信,行笃敬,虽之夷狄,不可弃。"苟皆应之患难,则亦甘为,不得上怨天下尤人,故《论语》云"不怨天,不尤人"是也。

孔颖达说:君子以道自处,恒居平安之中,以听待天命也。小人以恶自居,恒行险难倾危之事以徼求荣幸之道,《论语》曰"不仁者,不可以久处约"是也。又说:凡人之射,有似乎君子之道。射者失于正鹄,谓矢不中正鹄。不责他人,反乡自责其身,言君子之人,失道于外,亦反自责于己。

朱子说:君子但因见在所居之位而为其所当为,无慕乎其外之心也。又说:素其位而行也。又说:不愿乎其外也。又说:画布曰正,栖皮曰鹄,皆侯之中,射之的也。

《礼记·正义》说:以上虽行道在于己身,故此覆明行道在身之事,以射譬之。

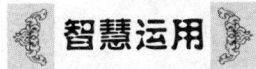

智慧运用

君子素其位而行,不愿乎其外。

【典句札记】

孔子说过一句有名的话——"不在其位,不谋其政。"说的是不居于那个职位上,就不考虑它的政务,这与本章的"素其位而行"意思相似,孔子的这句话如今已是广为流传,其中的道理就是,无论做什么事情,都要找准自己的位置。然而许多人却在实践当中忽略了这一为人处世的深刻哲理,往往做出超出自己本位的事情。俗话说"隔行如隔山",不在其位就不可能准确地了解情况,谈论及解决起问题来也就抓不住重点,妄为反而添乱,弄不好还要闹出纠纷。

事实上,我们在生活中的许多痛苦,源自不停地去幻想做成超出自己能力的事情。因此人会陷入无尽的贪欲和狂妄自大。而贪欲会带来本不该有的争夺,小到人与人之间的为了一己私利的尔虞我诈,大到国家之间的战争与掠夺,这些都起于贪欲。狂妄自大则导致人们恣意妄为,我行我素、刚愎自用,不按照事物的规律办事,这使得我们的世界失去了本应有的宁静与和谐。

生活是建立在自己的奋斗之上,谁也不能替代我们自己生活。凡事在于自己的努力,既不要擅自越权,又不要推诿自己应当承担的责任,更不要幻想着天上掉下馅饼的美事,也不必苛责他人该当如何。安分守己就是对现状的积极适应,是自信,是自重,是对自己命运的积极承担。

史例解读

庄子不相楚

庄子淡泊名利,超脱世俗,不为欲望所羁绊,心念与天地万物为一体。楚威王想拜庄子为相,就派遣使者带着丰厚的礼物和很多的金钱迎接庄子。庄子笑着对楚国使者说:"千金之礼,这是厚重的礼物啊;卿相,是尊贵的地位啊。只是你难道看不见郊庙仪式上所献祭的牺牲吗?养育多年,给它披着精美的饰物,送到太庙。这时,虽然想做一只普通的自由生活的小猪,又怎么可能呢?你还是赶紧返回吧,不要污辱我的人格!我宁愿自由地在这尘世的平庸艰辛中生活,也不愿意被国家的权势所驱使,我终身不愿做官,以保持自己的天性。"

庄子

现代运用

素其位而行

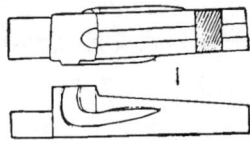

想必大家对《贫嘴张大民的幸福生活》这部电视剧并不陌生吧，张大民一家的生活条件比较困难，全家人挤住在十几平方米大的小屋内，然而张大民却始终保持着乐观开朗的心态，在有限的条件下，努力改善生存条件，真正端正自己行为与思想而不去苛求别人，这样就没有可抱怨的了，向上不抱怨天，向下不抱怨人。

张大民的生活理念给了很多人不小的震动。相比之下，有些人身处贫贱，只知嫉妒眼红别人的好生活，从来不去改变自己的生活境况，心理永远不平衡，只想着如何一夜暴富。于是"人穷志短"到甘愿丧失人格与尊严，或者坑蒙拐骗偷，采取的都是不正当的手段，等待他们的只有法律的制裁。所以孔子说："君子贫穷还坚持着，小人受穷便无所不为了。"君子能安处自己的地位而等待天命，小人则行为冒险而心存侥幸。

素富贵，行乎富贵；素贫贱，行乎贫贱；素夷狄，行乎夷狄；

素患难，行乎患难。君子无入而不自得焉。

【典句札记】

此句是说身处什么样的环境、地位，就做与之相符的力所能及的事情。

不要强求自己去做力所不及或职责之外的事情，只注重自己该做什么，并努力做好。是什么角色，就做好什么事情。不该得到的就不要强求。一切烦恼与痛苦都来自于我们自己内心的虚妄之想。而修养就是滤出我们心中的私念与杂质，使我们内心回归透明纯净。

通过自己的正当的劳动，获得自己应该得到的正当的报酬，从而养育自己的生命，心安而理得，安适而惬意。不要羡慕别人，别人的长处可以借鉴，但决不可无端攫取。从自己的实际出发，把自己该做的做好。

现实中的人往往不能正确认识自己，迷失了方向，却又不甘于寂寞，"这山望到那山高",不愿忍受平凡,不愿安于现状,也不想做踏踏实实的努力,一味地想象着改变自己的命运。于是经不得诱惑,轻率冒险,结果不但没有得到预期的幸福,反而使一切变得更糟。任何巧取或是强夺,都是没有用的。任何事业的成功都是在对现状的顺应并运用恰如其分的努力而取得。

史例解读

惠子的患得患失

惠施任梁国宰相。

庄子想到梁国去拜访他的朋友惠施。惠施自认为自己的学识与才能都不及庄子,深恐庄子来了,自己所处的地位会出现动摇,担心相位会被庄子抢去,心中十分焦急忧虑。惠施就派人在京城里寻找庄子。

庄子听到惠施这样的心态后,便主动去见他。

庄子说:"你知道南方有一种大鸟叫鹓鶵吗?它从南海起飞,到达北海,中途如果没有遇到梧桐树,决不栖息,如果看不见甘泉,决不饮水,如果找不到竹子的果实,决不肯啄食。然而,当它飞行经过一株古树上空时,树上的一只老鸱口里衔着一只死老鼠,看见鹓鶵远远飞来,以为鹓鶵要抢它的死老鼠,紧张得张牙舞爪,大声啊斥:'去!'试图阻止鹓鶵不要接近;但是鹓鶵哪有兴致去抢它的死老鼠呢?只是沿着它的路途飞过。而可笑的是老鸱却把这只死鼠当作唯一的宝贝!以为谁都想抢呢。"

无论我们得到多少,拥有什么,都不必存有患得患失的心理,更不要臆度别人。安于自己的所守,得也正当,失也平常。得到是暂时的寄放,失去是永远的解脱。只有心灵的平静才是永远的美好向往。

現代运用

素患难,行乎患难

有一个旅行者,干粮吃光了,水也喝完了,他已经饥渴难忍,筋疲力尽。他拖着沉重的脚步艰难地前进着,终于来到一个破烂不堪的为旅行者设置的饮水驿站。他支持着身子走进驿站,发现了一个抽水井,可是无论怎样使劲也抽不出一滴水来。绝望之中他环视四周,发现地上还有一个水壶,这个水壶的盖子拧得相当紧,还贴着一张字条,上面写着:"你要先把水壶里的水灌到抽水井中,然后就可以将井水抽上来。记住:在你走之前要把水壶装满水,拧紧盖子。"他小心翼翼地拧开盖子,里面真的有一壶水。这个人心里矛盾极了,因为万一把水灌到抽水井中却仍然抽不出水来,不就失去了已经到手的一点水了吗?他多么想一口气把这壶水喝掉啊,但是他心里也明白,这一小壶水也只能解一时之急,他仍然无法完成旅行。最后,他决心按照字条上的说明去做,果然从抽水井中抽出了甘凉的井水。他痛痛快快地喝足了水,又将自己随身带着的所有水壶装满水。最后,他把那个救了他一命的水壶也装满水,拧紧盖子,留给后来人。从这个故事中我们可以了解到"身处患难之中,就做在患难之中应该做的事"的重要性。

在上位,不陵下;在下位,不援上;正己而不求于人,则无怨。

【典句札记】

此句强调处在较高位置上的人,不应该依仗着自己的权力压迫处在下位的人;处在较低位置上的人不应该巴结讨好处在上位的人,否则都会受到现实的惩罚。

人生在世,所处的位置很重要,所站立的角度决定着你行为的原则。

工作是快乐的,因而我们应当快乐地工作。每个人的能力都是有限的,谁也不是天下第一。能够尽心、尽力、尽责,就已经不错,就是很好的同事,就能够

第十四章 素位 127

合作。不论你所处的位置如何，只要心怀坦诚，将自己同他人放在同等重要的位置上，以爱己之心爱人，以恕己之心恕人，那么，还有什么事情办不好？

多一些淡泊，少一点世俗。不管你的人生多么卑微，都应当坦然面对，并应当有勇气把生活进行下去。不必逃避，也无须羞愧，更不能报以恶言。

给别人一架梯子，也让自己脚下有个台阶，使我们的人生旅程有个同行的伴。

🔖 史例解读

鱼乐之辩

惠施在家接待他的老朋友庄子，一同到花园散步，曲径通幽，小桥流水，回廊亭榭，极尽奢华。他们漫步桥上，庄子看见桥下流水潺潺，水中鱼儿自在地游来游去，心里怡然而乐，由衷地说："这里的鱼儿真快乐啊，自由自在地畅游，是真正的美景呀！"

惠施反问说："你又不是这水里的鱼儿，怎样知道鱼儿们是快乐的呢？"

庄子说："你也不是我，你怎么会知道我不知道鱼儿们的快乐？"

大自然给一切生命以自由生息的环境，不偏好，也不刻意扼杀。人类作为万物之一，更当善体天道，让一切生物都能和谐生存。不论我们处在何种位置，都给他人留一步台阶。

面对无垠的宇宙，我们总会发出由衷的感叹："我们是无限渺小的，个人的生命与业绩较之于宇宙的浩渺永远是无足轻重的。"那么我们有什么理由不以快乐的心境，与万物自在相处呢？

惠子有诘图

做事要脚踏实地

马是世界上比较善跑的动物,它跑得又快又稳,它奔跑时很少会摔倒。

我们一般在形容一个人跑得快时,常常和马联系在一起,"如同脱缰的野马",我们还总爱用"飞奔"来形容像马一样跑得飞快,但马即使跑得再快,也没有"飞"起来,因为它始终保持有一条腿不离开大地。

有人用高速摄像机摄录马儿奔跑时的步态,发现马与其他四足动物的步态一点都不一样。一般四足动物奔跑起来,前面两足大多同时落地,而马儿不是,它的前面两足落地总会存在一个时间差,同时,它的后面两足与前面两足也存在着延迟的时间差。也就是说,马儿在奔跑时,它的四个足落地的时间是不同的,并始终保持有一个足踏在大地上。

马这种动物,不管跑得多快,也不把自己悬空起来,在这方面,我们很多人都不如马。不是吗?一些人一旦成功了,飞黄腾达了,就飘飘然,就趾高气扬,就把自己悬空起来,高高在上,目中无人,甚至连以前的自己都不认得了。结果,不少人因此而栽了跟头。

马儿善跑,而且在奔跑时很少见它摔倒,就是因为马儿懂得这样一个道理:只有脚踏实地,才能步态稳健,才能从大地上不断获取前进的力量。

想必我们在马的奔跑姿态中会得到启示吧!在我们的工作、学习中,我们真应该像马一样脚踏实地地飞奔,这样才不会栽跟头啊!

有这样一个例子:女孩从医科大学毕业以后,被一家药材加工厂聘用,试用期为三个月。两个月后公司决定要裁掉一个人,因为她的资历较浅,被选中了,再有两天,她就要走人。本来,她完全可以在公司把工资结清就走,但她认为,她在公司一天,就还是公司的员工,就有义务把工作做好。最后那天,同事们让她下午不必来了,活由他们包了。但女孩没有同意,仍然和平时一样认真地工作。她把工作台洗刷得一尘不染,把用过的烧杯和试管摆放得整整齐齐。第二天,主管告诉她,因为她良好的工作态度,她被留下来了。

一个对人生抱持积极态度的人，他必然热爱生活，必然能以只争朝夕的精神，专注而又热情地对待工作和学习；如果一个人对生活抱持消极态度，他就会觉得生活索然无味，对工作得过且过，稍不如意，就怨天尤人，一蹶不振。

一个技术精湛的建筑工人准备退休，他告诉老板，说要离开建筑行业，回家与妻子儿女享受天伦之乐。

老板舍不得他走，问他是否能再帮忙建造一座房子，他说可以。但是，在后来建造房子的过程中，建筑工人的心思已不在工作上，他用的是次料，出的是粗活。房子建好后，老板把房门的钥匙递给了他。

"这是给你的房子！"老板爽快地说，"我送给你的退休礼物。"

建筑工人震惊得目瞪口呆，羞愧得无地自容。

上不怨天，下不尤人。故君子居易以俟命，小人行险以徼幸。

【典句礼记】

这句话指出了君子遵循中庸之道，能够在任何情况下安然自得，遵循天命，不会怨天尤人；而小人却与之相反。

人生之路也就是命运之道，该如何举步，这是每个人都必须回答的课题，也是必须以毕生的实践所求证的。不同的人生，会选择不同的道路，从而将自己引入不同的人群：君子或小人。

任何人都祈求一个完美的生活，谁也不愿困守贫穷困顿、流离失所的生活，但是如何获取却体现的是人品。孔子说：富与贵是人们都想得到的。但是，如果是不择手段而获得的，那么心里是不能安然而处的；贫与贱同样是人们都不愿承受的，但是，如果采取不正当的途径摆脱，那么这也是不可接受的。

面对富贵与贫贱所做出的取舍，是君子和小人的分界点。君子处穷仍然固守道义，"居易以养其德，穷通不变其志。"小人则不择手段，为所欲为。通过自己诚实的劳动，所取得的酬报，是合乎道义的。"不义而富且贵，于我如浮云。"

君子居易以俟命

韦贯之,名纯。唐代京兆(今陕西省西安市)人。少举进士。贞元初,登贤良科,授校书郎。后调任礼部侍郎。升任同中书门下平章事,迁中书侍郎。穆宗立,拜河南尹。

韦贯之曾与户部侍郎杨於陵、左司郎中郑敬、都官郎中李益同为考策官。韦贯之相中了其中三个人的文章,认为其文辞所论,恳切深刻,切中时弊,无所顾忌。其他几位考策的官员一致以文辞激切介直,有失温婉敦厚,所以都不认同。韦贯之坚持自己的意见,独自署名呈报皇上。因此,触动了朝廷的特权阶层,不久就被借故贬斥出朝廷,任为巴州刺史。史书说:"贯之为相,严身律下,以清流品为先,故门无杂宾……贯之自布衣至贵位,居室无改易。历重位二十年,苞苴宝玉,不敢到门。性沉厚寡言,与人交,终岁无款曲,未曾伪词以悦人。身殁之后,家无羡财。有文集三十卷。"

◉ 现代运用

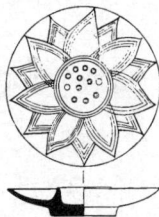

与其抱怨,不如改变

有一个人在公司待了好几年了,他已经厌倦了现在的工作。他总是喜欢抱怨,比如:工资低、工作量大、环境沉闷等等。有一次他对朋友抱怨说:"我在公司里一点也不受重用,我已经决定马上辞职了。"

"你对你的老总提过这样的请求吗?就是要求公司让你担当更重要的职责。"他的朋友反问。

"没有!"

"你可以试探着向你的老总提出你的要求,如果不这样,你就不会受到重视。但是我建议你好好地把公司里的一切贸易技巧、商业文化和公司组织完全搞通,甚至连怎么修理影印机的小故障都学会,然后再提出来。"他的朋友建议:"你把现在的公司当成免费学习的地方,什么东西都通了之后,再提出自己的要求,如果老总还不重用你,你再辞职也不迟,不是既出了气,又有许多收获吗?"

那人听从了朋友的建议,从此便默记偷学,甚至下班之后,还留在办公室研究写商业文书的方法。

一年之后,那位朋友偶然遇到他:

"你现在感觉怎么样,学的差不多了吧?"

"可是我发现近半年来,老总对我刮目相看,最近更是委以重任,我现在升职了,薪水也翻了好几倍,我已经成为公司的人了!"

"这是我早就料到的!"他的朋友笑着说,"当初你的老总不重视你,是因为你的能力不足,并且自己也不努力为自己充电,而后你痛下苦功,当你懂得很多时,老总当然会对你刮目相看。只知一味地抱怨,却不知道静下心来,努力做好自己的工作,心平气和地等待时机。这是人们常犯的毛病啊!"

子曰:"射有似乎君子,失诸正鹄,反求诸其身。"

||||【典句礼记】|||

《射义》说,"射之为言者绎也,或曰舍也。绎者,各绎己之志也。"意思是:射的意思就是绎,也有人说是舍的意思。绎,就是根据自己的志向,瞄准目标,不断校正自己的方向,努力取得成功。因此,孔子说:"发而不失正鹄者,其唯贤者乎!"

《礼记·射义》记载,在一个阳光明媚的日子里,孔子和他的学生在矍相的园圃中举行射礼,当时,前来围观的人层层密集如墙,盛况空前。确定裁判时,让子路手执弓矢邀请围观的人参加,说:"败军之将,对国家灭亡负有责任的大夫,以及为了某种利益而卖身成为别人后嗣的人不能入内,其他人请进。"于是,大概有一半人惭愧地退开。比赛结束,进行旅酬仪式。就让公罔之裘和序点邀请人入席就座。公罔之裘举起酒杯说:"凡是青壮年中有孝悌之行的人,六七十岁崇尚奉行礼仪的人,不受世俗影响,静心修身不懈的人,请就座。"只有一半人留下。接着，序点又举杯说："好学不倦，守礼不变，八九十岁甚至一百岁仍然言行合于道义的，请就座。"于是，只有很少的几位留下。由此可见，只有德行超群的人，才配参加射礼，才有资格担任评判之职。儒家提倡修身、齐家、治国、平天下的道德境界。强调修身是根本。射礼作为正心修身、反躬自省的一种方式，在于陶冶情操，培养品格。《穀梁传·昭公八年》范宁注说："射以不争为仁，揖让为义。"这是乡射礼的妙义的深刻注解。

人生不可能一帆风顺，有得意之日，也就会有逆境之时。有竞争，就必有胜败。如何正确面对，是成就人生的必备素质。《射义》说："射求正诸己，己正然后发，发而不中，则不怨胜己者，反求诸己而已矣。"关键在于确立自己良好的心态。发而不中，其根本原因在于自身，应当"反而求诸己"，寻找自身的不足，努力修正自己。古人的优雅大度，令人仰慕。而今天的国人多了些浮躁，少了自信与大度。任何一项体育竞技，胜则洋洋自喧，大国自大；败则悻悻，更有当场谩骂动粗，令人不堪。实该多加倡导射礼的精神。

史例解读

修身正己，成就功业

李法，字伯度。汉中南郑（今陕西省汉中市东）人。博览群书，精通经史。性情刚直有节操。汉和帝永元九年，参加贤良方正对策考试，被任命为博士，很快又升任侍中、光禄大夫。大约一年多时间，李法上疏，议论政略得失，认为政令苛刻烦杂琐细，不便百姓执行，有的也违背了永平、建初时期所确立的制度；直言宦官权力太重，势力炽盛，干预朝政，后妃们太受宠爱，影响到社会风俗。并且指责史官失职，记载不能尊重事实真相，将致后世有识之士在考证历史时，据此寻功计德不能得到确实的依据。

汉和帝十分生气，定名以言论失据的失言之罪，诏令官府治罪，并因此而免去他的一切职务，贬为平民。李法默然承受，回到家乡，谢绝一切交游，闭门读书，固守节操。从前交情深厚的老朋友和学生来看望。言谈之间，很关心他拂逆皇帝心意的原因，李法总是避而不谈。朋友们坚持询问，他才说："我这个见识短浅的老百姓,哪里有资格侍奉君主呢,敬事职守,忧虑有所失误,因而行为失措不当。孟子曾经说过:'仁德的人处世就像射箭,首先站正自己的身体,然后再发射,如果射击没有射中箭靶,那么也决不抱怨那些胜过自己的人,只是反省自己罢了。'"

在家八年后,又征拜为议郎、谏议大夫。李法仍然正言无隐,不改往日风格。后来出任汝南太守。政绩卓著,深为百姓称颂。

🔘 现代运用

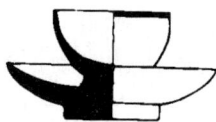

失诸正鹄,反求诸其身

一位忧心忡忡的年轻人去看医生,抱怨生活像一潭死水,并且充满了永无休止的工作压力,心灵好像已经麻木了,活着没有任何意义。

诊断后,医生证明他身体毫无问题,却觉察到他内心深处有问题。医生问年轻人:"你最喜欢去什么地方?""不知道!""小时候你最喜欢做的事情是什么?"医生接着问。"我喜欢海边。"年轻人回答。医生于是说:"我给你三个处方,你拿着它到海边去,你必须在早上9点,中午12点和下午3点分别打开这三个处方。你必须遵照这个时间去打开,然后按照处方的要求做。"

这位身心俱疲的年轻人拿着处方来到了海边。

他抵达时刚好将近9点,独自一人,只带着这个处方。他赶紧打开处方,上面写道:

"专心倾听。"他开始用耳朵去注意听,不久就听到以往从未听见的声音。他听到波浪声,听到不同的海鸟动听的叫声,听到沙蟹的爬动,甚至听到海风低沉地歌声。一个崭新、令人迷恋的世界向他张开双手,让他整个安静下来,他开始沉思、放松。

他已陶醉其中,中午12点,他很不情愿地打开第二个处方,上面写道:"回想。"于是他回想起儿时在海边嬉戏,与伙伴一起拾贝壳的情景……那些令人怀念的岁月。

近下午3点时,他正沉醉在尘封的往事中,那种温暖的感受,使他不愿去打开最后一张处方。但他还是拆开了。"回顾你的动机。"这是最困难的部分，亦是整个"治疗"的重心。他开始自省，回想生活工作中的每件事，每一个人。他很痛苦地发现他太自私了，他从未超越自我，从未认同更纯正的动机。他发现了造成自己厌倦、无聊、空虚、压力的原因。

第十五章 行远

丰美的收获。

干和做就是务实，就是过程，只有经历了过程，才会有所最终形成的必然结果。

一切的成功，都离不开经过，都是脚踏实地地干和做收获，不只是空想，更是强迫。必然什么也得不到。

不经历过程而只注重结果，不经历播种与长成而只要近处用力，使自己顺应天地的规律，适应自然，顺其自然。

改变。我们所能做到的就是改变自己，从自己做起，从最切《上文丞相书》万物发展的过程都是天意，并非人力所能们所认同。

『天下之事，制之在始；始不可制，制之在末。』（苏洵的学习和岁月的砥砺，是一个循序渐进的历程，最终为人道德的修养不是一朝一夕就可达成，必须经过长时间君子之道,辟如行远必自迩,辟如登高必自卑①。诗曰②:"妻子好合,如鼓瑟琴③。兄弟既翕,和乐且耽④。宜尔室家,乐尔妻帑⑤。"子曰:"父母其顺矣乎⑥!"

【译文】

君子实行中庸之道,就像走远路一样,必定要从近处开始;就像登高山一样,必定要从低处起步。《诗经·小雅·常棣》说:"家庭和睦,就像弹奏琴瑟一样和谐。兄弟关系融洽,和顺又快乐。使你的家庭美满,使你的妻儿幸福。"孔子赞叹说:"这样,父母也就称心如意了啊!"

【注释】

①辟:通"譬"。迩:近。卑:低处。

②《诗》曰:此诗引自《诗经·小雅·常棣》,本意赞美文王。

③妻子:妻子与儿女。好合:和睦。瑟:弹拨乐器。共有二十五根弦,每弦一柱,形状与琴相似,春秋时流行的乐器。琴:共有七弦,又称"七弦琴"或"古琴",始于周代,至汉代定型。

④翕(xī):和顺,融洽。耽:《诗经》原作"湛",安乐。

⑤宜:安。帑(nú):通"孥",儿子。

⑥顺:安乐舒畅。

【历代论引】

郑玄说:行之以近者、卑者,始以渐致之高远。又说:此《诗》言和室家之道,自近者始。又说:谓其教令行,使室家顺。

孔颖达说:行之以远者近之始,升之以高者卑之始,言以渐至高远。不云近者远始,卑者高始,但勤行其道于身,然后能被于物,而可谓之高远耳。又说:行道之法自近始,犹如诗人之所云,欲和远人,先和其妻子兄弟,故云妻子好合,情意相得,如似鼓弹瑟与琴,音声相和也。兄弟尽皆翕合,情意和乐且复耽之。耽之者,是相好之甚也。宜善尔之室家,爱尔之妻帑。又说:父母能以教令行乎室家,其和顺矣乎。言中庸之道,先使室家和顺,乃能和顺于外,即上云道不远、施诸己。

《礼记正义》说:因上和于远人,先和室家。

朱子说：夫子诵此诗而赞之曰：人能和于妻子，宜于兄弟如此，则父母其安乐之矣。子思引诗及此语，以明行远自迩、登高自卑之意。

智慧运用

君子之道，辟如行远必自迩，辟如登高必自卑。

【典句札记】

这一章是孔子的学生子夏向孔子询问政事，孔子的作答。当时子夏担任了莒父县的县令。莒父县由于长期管理不善，正处于百废待举之际，子夏上任后急于有所作为。孔子并没有告诉他具体怎样做，而是提醒他说："不要想着快速，不要只看见微小的利益。想着快速，反而不能达到，只看见微小的利益，就办不成大事。"目的是告诫子夏，不要急功近利、好高骛远、拔苗助长，要懂得"欲速则不达"的道理。对于我们每一个人来说，这一点尤其重要，要想工作有成效，就要分出轻重缓急，以及看清眼前小利与长远大利之间的关系。这就是我们熟知的成语"欲速则不达"的出处。

中庸的智慧告诉我们，要遵循大道规律生活办事。大道规律告诉我们，万事万物的发展变化总是循序渐进的，所以我们做事切不可操之过急，否则就会"欲速则不达"，效果适得其反。老子说过："合抱之木，生于毫末，九层之台，起于累土，千里之行，始于足下。"荀子说过："不积跬步，无以至千里；不积小流，无以成江海。"说的都是"君子之道，辟如行远，必自迩；辟如登高，必自卑"的道理。

事要一件一件地办，路需一步一步地走。

中庸，就是我们努力想抵达的境界。

从细微处见修养

费祎,字文伟。江夏鄳(今河南省罗山县)人。少孤,依族父伯仁。刘备定立蜀国,费祎留守益川,与汝南许叔龙、南郡董允齐名。与董允俱为太子舍人,后官至黄门侍郎、侍中、尚书令等,为三国时蜀国名臣。

许靖不幸丧子,董允与费祎准备同赴许靖家吊唁。董允禀告父亲董和并请求派车。董和就派了一辆又窄又小的车子给他们。董允觉得难堪,心里很不舒服。费祎并不在意车子的新旧,自己先从前面上车。到了吊唁的葬所,诸葛亮等高级官员都前来吊唁慰问,他们所乘坐的车子都十分豪华漂亮。董允的神色更加显得不自然,感到很失体面。然而费祎却泰然自若,礼仪得当。回到家后,董和就向驾车人询问董允和费祎的表现,知道了他们各自的神情心态后,就对董允说:"你和费祎哪个更优秀过去我难以确定,从今以后,我心里有数了。"

从卑微处做起

许多年前,一个少女到东京帝国酒店当服务员。这是她刚刚进入社会的第一份工作,因此她很激动,暗下决心:一定要好好干!但她没想到,上司竟安排她洗厕所!

没人爱干洗厕所这种工作,何况她从未干过这种活儿。当她用自己白皙细嫩的手拿着抹布慢慢地伸向马桶时,胃里立刻"造反",想要呕吐的感觉一次次地袭击着她。而上司对她的工作质量却并不因此而降低:必须把马桶擦洗得光洁如新!

她当然明白"光洁如新"到底是什么意思,她当然更知道自己不适合洗厕所这一工作,难以实现"光洁如新"这一高标准的质量要求。因此,她陷入困惑、苦恼,甚至偷偷地哭过很多次。这时,她面临着这人生第一步怎样走下去的抉择:是继续干下去,还是另谋职业？回想刚入社会时的雄心壮志,她犹豫了。

正在这时,单位的一位领导来视察她的工作。这位领导看她无精打采的样子便默默地替她洗开了马桶。他一遍遍地擦洗着马桶,连最难洗净的地方也不放过,直到擦洗得光洁如新,确信足够干净为止。然后,他从马桶里盛了一杯水,一饮而尽,竟然毫不勉强。

那一次的经历让她的心灵受到极大的震撼,也正是从那一次起,她不再对洗马桶的工作感到难以接受。相反,她能以最平和、最热情的心去对待经她之手的每一份工作。几十年之后,她成了一家著名商社的董事长,而且成为董事长之后,她也依然保持着那份认真和热情。可见,一个人若甘于从卑微处做起,足可以提高自己的修养,培养做大事的能力。

诗曰:"妻子好合,如鼓瑟琴。兄弟既翕,和乐且耽。宜尔室家,乐尔妻帑。"

【典句札记】

《中庸》一书中引用了《诗经·小雅·常棣》的句子,"与妻子和儿女感情和睦,就好像弹奏琴瑟和谐美妙。兄弟之间关系融洽,和谐快乐。使你的家庭美满和谐,使你的妻子儿女快乐。"这也顺和了孝道,孔子因此说:"父母这样也就顺心如意了吧！"

家庭和睦,一家人共享天伦之乐,我们自己也获得了心灵的安宁和欢悦,心里没有了后顾之忧,才能一门心思干事业,事业还有不成功的可能吗？如果没有做到先修身、齐家,那么,自身缺乏修养,不具备干事业的能力,或者即使有能力却常常"后院起火",也同样干不好事业。可见君子的大道,也存在于日常生活的孝道之中。这与中庸之道"造端乎夫妇,及其至也,察乎天地"的说法是一致的。

我们处在各种关系之中,这是与生俱来的,我们不是孤立的。但是,真挚的友谊来自于分享,来自于诚实,来自于宽容。帮助别人,而不是支配别人。

在人生的旅程上,有着无数的坎坷和艰辛,但也同样有着看不尽的春花秋月。每一朵小花,都给大地带来芳馨,也给我以美感和启迪。

世间最好和最美的东西只能被我们的心灵感知。

爱我们的亲人,爱我们的朋友,爱一切美好的东西,使我们的生活更美好。

贫贱之交不可忘,糟糠之妻不下堂

宋弘,字仲子,东汉京兆长安(今陕西省西安市)人。历任侍中、太中大夫、大司空。家无资产,以清行著称。宋弘性情温顺,善于识人。举荐桓谭、冯翊等贤能之士三十多人,后多为朝廷重臣,有的官至相位。光武帝刘秀对他十分信任和器重,封宣平侯。

光武帝建武二年,宋弘升任大司空。当时,光武帝的姐姐湖阳公主丧夫新寡。光武帝同姐姐谈论群臣事迹德能,意在观察她的心意。湖阳公主说:"宋弘持重威严,仪容俶傥,品德高尚,器度弘达,其他大臣远远不及他。"光武帝说:"那么,就由我设法去办吧。"稍后,光武帝召见宋弘,让湖阳公主坐在屏风后。光武帝对宋弘说:"民间谚语中有句话说,'贵易交,富易妻。'这是人之常情吧?"宋弘说:"我也听到句话说:贫贱之交不可忘,糟糠之妻不下堂。"光武帝回头对屏风后的湖阳公主说:"看来这件事不好办了。"

🏵 现代运用

如何与妻好合

一对夫妻一起上街,并肩走着。到了一个拐角处,街道忽然变窄,本来在丈夫右边的妻子轻巧地向前一跳,跑到了他的前面,走在他的左边。丈夫忽然慌了,急忙跑步赶上,将妻子拉到右边,说了声"危险"!一辆大卡车就在此时呼啸而过。

并没有发生危险的事情,只是卡车将地上的泥水溅了丈夫一身。他仍在嗔怪妻子:"不是告诉过你,走路要在我的右边,为什么不听?"这只是一刹那,妻子却感到超过一生的感动和幸福。丈夫一直对她呵护有加,即使走路时也要将她放在马路的内侧,他用他的身体为她遮挡左边外侧的人流及一切。

真正地爱一个人时,其实不需要用什么特殊的招式,你只需在一旁默默地注视着,用心去体会对方的快乐和痛苦,并在对方感到失意时及时伸出温暖的双手。在生活上给予对方帮助,在事业上给予对方支持。共同承担家庭中的许多责任,共同渡过人生的风风雨雨。

你要真诚地赞美爱人!发自内心的爱,最有力量,也最容易引发彼此的共鸣。在对方需要帮助的时候,伸出援助的双手;在自己遭受挫折的时候,对方也会鼓励你鼓起勇气,不断拼搏;在你寂寞的时候,爱人带给你心灵的安慰;在你快乐的时候,爱人和你一起分享;爱人带来了生活的甘泉,给了你工作的激情。所以要真诚地爱自己的妻子或丈夫!

明白这一点,你就知道爱情中有些东西远远比浪漫更重要。

男女相识相爱,走进婚姻的殿堂,彼此之间要互存感恩的心态,感谢对方来到自己身边,无怨无悔地陪伴自己;感谢对方付出了真情;一心一意和对方共同构建一个小家庭。

"我是幸福的,因为我有爱;因为我有爱,所以我幸福。"记住勃朗宁的这句话。夫妻相处久了,相互的缺点要能彼此包容,要看到对方的优点,并经常赞扬对方,让对方在家庭里永远觉得自己是不可缺少的一个,感觉自己在家庭里的分量无可比拟。

虽然婚姻生活琐碎而平淡,但是只要用心去经营,努力去适应,同样我们也能够从中体会到无穷的乐趣!

子曰:"父母其顺矣乎!"

【典句札记】

这一句话是对前面实行中庸之道所最终达到的修身、齐家、治国、平天下结果的感慨。

不论我们的生活是贫穷还是富裕,也不论我们是平庸还是显赫,更无所谓我们是耕种着祖传的土地,还是我们手握着权柄或占据着高位,这都不是生活的本来意义。只有爱,才是一切。只有我们生活幸福,只要我们兄弟和睦友爱,那么就是对我们父母的最大安慰。

这世间任何东西都是易逝的,只有亲情流淌在我们的血液之中,融汇在我们生命的每一个空间,陪伴我们走向永远。

史例解读

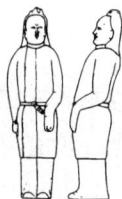

孝廉郎官鲍宣

鲍宣,字子都,西汉渤海高城(今河北省盐山县)人。好学,明经,举孝廉为郎,大司空何武聘任鲍宣为西曹掾,不久又举荐鲍宣为谏议大夫,迁豫州牧。鲍宣直言敢谏,指出百姓有七亡七死而无一生,忧国忧民之心昭然。后任司隶。王莽执政,被迫自杀。

鲍宣娶富豪桓氏的女儿少君为妻。当初,鲍宣曾经拜少君的父亲为师,少君父亲惊异鲍宣在贫苦的条件下刻苦学习的精神,非常感动,认为鲍宣是一个有志有为的人,所以同意把女儿嫁给他。少君出嫁时嫁妆十分丰厚。但是鲍宣的心里很不安,他对妻子说:"少君啊,你从出生就生活在富裕骄奢的环境中,习惯了用精美的妆饰打扮,可是我出身贫寒,地位低下,没有能力拿出相当的彩礼,也不敢收下这样的厚礼。"少君说:"我的父亲就是因为您品德高尚,遵守法度礼仪,才把我嫁过来侍奉您。现在我是您的妻子,自当听从您的意愿。"鲍宣高兴地说:"能够得到你这样的理解,这实在是我的心愿啊。"于是少君把娘家陪送物品、首饰等全部送还,自己换穿上平民穿的短布衣裳,同鲍宣坐着鹿车回到家里。拜见婆母家人之后,就提着水桶出门挑水。从此,她改变了自己的生活习惯,恪守作为妻子应该具备的品德,被乡邻宗族称赞。

鲍宣

关爱父母

尊重长者、孝敬父母是中华民族的传统美德。但是，这种美德在现在的孩子身上并没有得到充分体现，常常可以看到这样的家庭生活镜头：吃过饭后孩子扭头看电视或出去玩耍了，父母却在那里忙碌着收拾碗筷；家里有好吃的东西，父母总是先让孩子品尝；孩子一旦生病，父母便忙前忙后，百般关照，而父母身体不适，孩子却很少问候。凡此种种，值得忧虑。

有无关心父母的习惯，不单单是子女对父母的关心，其实质是一个能否关心他人的大问题。在家里能养成孝敬父母的好习惯，在社会中，才有可能做到关心他人。

那么，我们应该怎样去关爱我们的父母呢？

首先，我们要铭记父母的恩情。现在不少人不知道父母的工作情况，不知道父母的钱是怎样得来的，只知道向父母要钱买这买那，认为父母给自己吃好、穿好、用好是理所当然的事。这样的人怎么会从心底里关心父母呢？为此，我们应当有意识地了解父母的工作和收入情况，问得越具体越好，从而明白父母的钱来得不易。自然，自己也会逐渐珍惜现在的生活，从而从心底里产生对父母的感激敬重。

其次，要常与父母沟通。如果你想负起为人子女的这份责任，想让父母知道你是在用心爱着他们、关心他们，不妨找个周末，与父母静下心来谈谈，相互沟通一下。谈谈生活，谈谈兴趣爱好，谈谈相互之间的矛盾和冲突，谈谈相互的感受和体验。这样你更容易了解父母，父母也更容易了解你。

最后，用实际行动关心自己的父母。我们要从小事入手培养自己关心父母的行为习惯，听从父母教导，关心父母健康，分担父母忧虑，参与家务劳动，不给父母添乱。要把这些要求变为自己的实际行动，就应当从日常小事抓起。如关心父母健康，每天要问候下班回家的父母亲；当父母劳累时，自己应主动帮助或请父母休息一下；当父母外出时，应提醒父母是否遗忘东西或注意天气变化；当父母有病时，应主动照护，多说宽慰话，替他们接待客人等。

总之，孝敬父母，要体现在言行上，要体现在日常生活的点点滴滴中。

第十六章 鬼神

这一章借鬼神来说明道，道是无所不在的，道是真实无妄的，道是『不可须臾离』的，人们必须用诚心对待它。

站在十字路口，各种彩灯发出迷幻的光芒，就像那种来自天国的神圣的指引，指示着我们要去的和该去的方向。

站在人生的十字路口，我们胸怀着走向远方的向往，我们合十祈愿冥冥之中的先知与主宰，保佑我们道路通畅。

站在心灵与天地的交汇处，在这可以向各个方向举步的微妙时刻，在这静谧的等待之中，我们面对诸神，谛听从生命源头传来的经久不息的回声。

天地有知，为了走得更远，我们祈祷，愿上天的灵光，照耀到我们迷途的无助的祈祷者的心灵上。使我们从人生的第一步开始，就走在通往至善的大道之上。

《礼记·正义》说：明鬼神之道无形，而能显著诚信。中庸之道与鬼神之道相似，亦从微至著，不言而自诚也。

【原文】

　　子曰:"鬼神之为德①,其盛矣乎!"视之而弗见,听之而弗闻,体物而不可遗②。使天下之人,齐明盛服,以承祭祀③。洋洋乎④,如在其上,如在其左右。《诗》曰⑤:"神之格思,不可度思,矧可射思⑥?"夫微之显,诚之不可掩如此夫⑦!

【译文】

　　孔子说:"鬼神所做的功德那可真是大得很啊!"虽然看它也看不见,听它也听不到,但它的功德却体现在万物上无所遗漏。使天下的人都斋戒净心,穿着庄重整齐的服装来祭祀它。这时鬼神的形象流动充满其间,好像就在你的头上,好像就在你的左右。《诗经·大雅·抑》说:"神的降临,不可测度,怎么能够怠慢不敬呢?"鬼神从隐微到功德显著,是这样的真实无妄而不可掩盖啊!

【注释】

　　①鬼神:指已故祖先的魂灵,具有一定神通能力,可在一定程度上干预世间事件发展进程、影响人的命运的神灵。鬼就是归,归属,回归的意思。古代迷信的说法认为人死后魂灵不灭,称为鬼。神,就是神祇。古代神话及宗教中所传说的超乎自然、主宰物质世界的精灵。

　　②体物:体察、生养万物。

　　③齐明盛服:祭祀之前沐浴斋戒,穿上礼仪规定的制服。齐:通"斋",斋戒。明:洁净。盛服:穿上参加隆重仪式的服装。以承祭祀:承担祭祀的仪式。

　　④洋洋乎:流动充满之意。

　　⑤《诗》曰:此诗引自《诗经·大雅·抑》。

　　⑥格思:来临。思,语气词。度:揣度。矧(shěn):况且。射(yì):《诗》作"斁",厌,指厌怠不敬。

　　⑦微之显:指鬼神之事即隐微又明显。掩:掩盖,遮掩。

【历代论引】

　　郑玄说:万物无不以鬼神之气生也。又说:神之来,其形象不可亿度而知,事之尽敬而已,况可厌倦乎。又说:神无形而着,不言而诚。

　　孔颖达说:万物生而有形体,鬼神之道,生养万物,无不周遍而不有所遗,言万物无不以鬼神之气生也。又说:鬼神能生养万物,故天下之人齐戒明絜,盛饰馀服以承祭祀。鬼神之形状，人想象之，如在人之上，如在人之左右，想见其形也。又说：诗人刺时人祭祀懈倦，故云神之来至，以其无形不可度知，恒须恭敬，况于祭祀之末可厌倦之乎？言不可厌倦也。引《诗》，明鬼神之所尊敬也。又说：鬼神之状微昧不见，而精灵与人为吉凶。鬼神诚信，不可揜蔽。善者必降之以福，恶者必降之以祸。

程子说："鬼神，天地之功用，而造化之迹也。"

张子说："鬼神者，二气之良能也。"

朱子说：以二气言，则鬼者阴之灵也，神者阳之灵也。以一气言，则至而伸者为神，反而归者为鬼，其实一物而已。为德，犹言性情功效。又说：鬼神无形与声，然物之终始，莫非阴阳合散之所为，是其为物之体，而物所不能遗也。其言体物，犹易所谓干事。又说：能使人畏敬奉承，而发见昭著如此，乃其体物而不可遗之验也。孔子曰："其气发扬于上，为昭明焄蒿凄怆。此百物之精也，神之着也"，正谓此尔。又说：阴阳合散，无非实者。故其发见之不可揜如此。

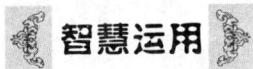

智慧运用

子曰："鬼神之为德，其盛矣乎！"

【典句札记】

此句表面是在感叹鬼神的特点，实际上暗含对中庸之道的感慨。

在浩瀚的宇宙中，人类的心灵是孤独的，无所皈依。因而我们祭天祀地，信仰鬼神，创立宗教，建立宗庙和教堂，意在使我们的孤寂的心灵有所归属。

《周易》说："君子洗心，退藏于密。"在我们的心中，那些看不见、听不到、摸不着的神秘存在，总是令我们感到忧惧。因为其无所不在的魔力，使我们无处着落的灵魂感到它们无处不在，我们不知道他们会何时降临，我们更感到处处受到注视，因而我们的行为有所顾忌而不至于为所欲为。它们是我们良知的忠实看守，是我们灵魂的守护者。

我们现在通常认为"鬼"是不吉利的东西，是很可怕、可恨的，然而在古代，我们的先人却并不这么认为。古代人认为，鬼是祖先死后的神灵形式，不但并不可怕、可恶,还可以保佑他的后代,免遭磨难。古代人经常祭祀鬼神,以获得它们的佑护。鬼神处于天地之中,可谓盛大,虽然它是人们所看不到、听不到的,然而人们却不能不对它们敬畏、谨慎。中庸之道也是如此。

🔅 史例解读

孝可感天地

王荐,字希贤。元代福建福宁(今福建省霞浦县)人,性孝而好义。

王荐的父亲曾经病得很严重,王荐在夜间向天祷告,愿减少自己的生命以增加父亲的寿限。父亲咽气后却又苏醒过来,告诉围在身边的亲戚邻友说:"刚才有个神仙,穿着黄衣服戴着红头帕,恍恍惚惚中他告诉我说'你的儿子很孝顺,上帝命令再赐给你12年寿命'。"醒来,病就好了。果然又活了12年。王荐的母亲沈氏得了一种口渴病,她告诉王荐说:"我口渴想吃瓜,哪里能找到?"当时,正是寒冬,王荐求告乡邻,谁家都没有。买不到瓜,王荐心里很苦。他便到深山荒岭中去找野生的瓜果,当他走到奥岭上时,天空大雪纷飞,道路被雪覆盖,无法前行。他依着大树躲避风雪,想起母亲所遭受的病苦,不禁心中忧悲痛苦,于是面对青天痛哭呼告。忽然他看见山岩上,一株绿色的瓜秧缓缓垂挂下来,藤蔓上长着两只鲜瓜。他愕然感悟,于是摘下这两只瓜,回家敬奉给母亲。他母亲吃了这两只瓜之后,口渴病当即消止。

🔅 现代运用

教你看准"生命线"

曾经看过这样一篇短文:

我有过一次有趣的占卜经历,影响了我的一生。

一次,我去拜会一位事业上颇有成就的老前辈,闲聊中谈起了命运。我问:"这个世界上到底有没有命运?"

他说:"有。"

我再问:"命运究竟是怎么回事?既然命中注定,那人们的艰苦奋斗岂不是白搭?"

他没有回答我的问题,但笑着抓起我的左手,说我不妨先给你看看手相,算算命。他给我讲了一通生命线、爱情线、事业线等诸如此类的话,突然,对我说:"把手伸好,照我的样子做一个动作。"他的动作就是:将左手举起,越来越紧地慢慢地握起拳头。

他问:"你握紧了没有?"

我有些迷惑,答道:"当然握紧啦。"

他又问:"那些命运线在哪里?"

我机械地回答:"就在我的手里。"

他再追问:"请问,命运在哪里?"

这句话如同当头棒喝,使我恍然大悟:命运在自己的手里!

他很平静地继续说道:"不管别人怎么评论你的命运,不管算命先生们如何给你算,都不要在意,你只需要记住:命运在自己的手里,而不是在别人的嘴里!这就是命运"。

"当然,你再看看拳头,你还会发现你的生命线有一部分还留在外面,没有被你抓住。它说明命运虽然大部分掌握在自己手里,但还是有一部分被'上天'所操纵。其实,'奋斗'的意义就在用其一生的努力,去换取在'上天'手里的那一部分'命运'"。

我静静地坐着,半晌,只觉得这些话如同醍醐灌顶……

命运不是在别人或算命先生的口中说出,而是藏在了你的手心中,你掌握着大部分的命运,它们是你需要通过努力去争取的。

视之而弗见,听之而弗闻,体物而不可遗。

【典句札记】

这句是借说鬼神的特点来阐述中庸大道的特点。从另一个角度看,这种看不见、听不到,反而又无处不在的鬼神,也像极了我们难以捉摸的命运。

命运许诺给我们的是什么?我们从命运中能够得到什么?命运能够施舍给我们的有多少?我们无从知道等待着我们的命运是什么,无从预知,不可捉摸。

不论成功还是失败,不论沉浮坎坷还是顺遂通达,都是命运,都是命运的深刻。

人们总是自以为改变命运,其实最终是命运改变我们自己的人生。它以其固有的方式迫使我们做出选择,沿着它固有的轨迹,引导着我们走去,风一程雨一程。人的一生谁也逃不脱命运的注定。

命运是我们的依靠。人生的成就如何,取决于你走过多长的路,经历过哪些地方,都有哪些朋友。

凭着我们的智慧和善行,走过我们的路。

✿ 史例解读

离地三尺有神明

汤霖,字伯雨。元代龙兴新建(今江西省南昌市)人。幼年丧父,事母至孝。

汤霖的母亲突患急病,浑身发热,远近闻名的医生都请来诊治,都没有见效,病情不见好转。他母亲于是拒绝服药,对汤霖说:"只有找到冰凌外敷内服,才能治好。"当时,正值盛夏,天气热得像火炉在烘烤一样,汤霖到处寻找也无法得到一小块冰凌。急切惨淡,愁苦无处可诉,哭倒在池边,泪流不止。忽然听见池中嘎嘎有声,用衣袖擦干眼泪观看,发现有冰块在水中漂浮游动。他急忙捞出冰块敬献给母亲,母亲很快康复。

✿ 现代运用

置之死地而后生

一位原籍北京的中国留学生刚到澳大利亚的时候,为了寻找一份能够糊口的工作,他骑着一辆非常破旧的自行车沿着环澳公路走了数日,替人放羊、割草、收庄稼、洗碗……

一天，在唐人街一家餐馆打工的他，看见报纸上刊出了澳洲电讯公司的招聘启事。他担心自己英语不好，专业不对口，于是他就选择了线路监控员的职位去应聘。经过好几轮筛选后，眼看他就要得到那年薪三万五的职位了，不想招聘主管却出人意料地问他："你有车吗？你会开车吗？我们这份工作时常外出，没有车寸步难行。"

澳大利亚公民普遍拥有私家车，无车者寥寥可数，可他初来乍到，还属无车族。为了争取这个极具诱惑力的工作，他不假思索地回答："我有，我会！"

"4天后，开着你的车来上班。"主管微笑着说。

4天之内要买车、学车谈何容易，但为了生存，他豁出去了。他在朋友那里借了500澳元，从旧车市场买了一辆外表丑陋的"甲壳虫"。第一天他跟华人朋友学简单的驾驶技术；第二天在朋友屋后的那块大草坪上模拟练习；第三天歪歪斜斜地开着车上了公路；第四天他居然驾车去公司报到了。时至今日，他已是"澳洲电讯"的业务主管了。

如果他当初畏首畏尾地不敢向自己挑战，绝不会有今天的辉煌。那一刻，他毅然决然地斩断了自己的退路，让自己置身于命运的悬崖绝壁之上。

我们也曾有过这样的经历，命运偶发善心，给了我们一个极好的机会，可因为一些客观条件的限制，可能要面临选择，在这个时候我们要想得到这个自我发展的好机会，必须要给自己"一片悬崖"，将自己置之死地而后生！

使天下之人，齐明盛服，以承祭祀。洋洋乎，如在其上，如在其左右。

【典句札记】

这一句是讲人们祭祀鬼神的仪式。

天地之间，自然的神灵主宰着我们的命运和庄稼的收成。我们必须祭祀它们，祈求它们给我们以福荫。从远处地平线上传来晨祷的钟声，美妙动听，震彻心灵。如同空气一样清新，滤去了尘世的杂质，令人心底透明。

上天把通向中庸的美德的道路暗示给了我们，只是要我们去努力躬行而已，它所能帮助我们的，就是坦诚地将这美好展示给我们，一切由我们自己选择,能否抵达,在于我们内心存有多少虔诚,在于我们的心灵对于中庸向往的程度,并不强求,只是默默地期待着,祝愿着我们能够早日颖悟。

中庸深含在我们的日常生活之中,并没有什么特别鲜明的色彩,但是却深刻地影响着我们的一切。

🐾 史例解读

孝道、礼仪不可丢

许衡(1209—1281),字仲平,号鲁斋,是著名的理学家、政治家、教育家,世称"鲁斋先生"。官至集贤大学士。

许衡一生重视礼义,提倡孝道,为人至孝。晚年在生命垂危的时候,家族人到家庙祭祀祖先。他说:"只要我活一天,就不能不参加祭祀祖先的大礼。"让家人搀扶着他,恭恭敬敬地按照礼仪的规范祭奠,祭祀的礼仪结束,撤去供品,家人按照祭礼的规定分食祭肉等食物,看到家族和睦,他心里十分高兴,怡然自得,泰然瞑目而逝。

许衡

🐾 现代运用

相信自己,而不是相信命运

《管子》"宙合"篇里所谓:"中正者,治之本也。""白心"篇里也说:"和以反中,形性相葆。"这些都是与"中庸"思想相通的。孔子认为,为人处世,如果用"折中"的办法而不进行整体权衡区别的话,那就等于片面、偏激。只有从整体上对事情进行权衡,才有可能"一以贯之",才能消除个人对事物判断的偏颇。

洪应明说："人之际遇,有齐有不齐,而能使己独齐乎?己之情理,有顺与不顺,而能使之皆顺乎?以此相观对治,亦是一方便法门。"意思就是说,人的一生,各自的际遇各不相同,机运好的时候可以施展平生的抱负;机运不好的话,虽满腹才华却一事无成。假如,我们可以改变自己的命运,那不就可以事事顺心,人人快活了吗?但只是假如。因为人生下来就是要尝遍人间百味、人生百态的,所以,不要违抗命运,也不要顺从命运为你安排的一切。

当一个人身处困境的时候,他常常会相信命运,他也相信自己之所以身处困境,都是命运的安排;当一个人身处顺境的时候,他只会相信一切都是人为的结果。命运真的存在吗?那命运到底是什么样的呢?没有人知道。

但是只有相信自己的人,常常会把命运当作自己的对手,他需要一个强大的对手来证明自己的力量;而相信命运的人,则常常会把命运当成菩萨,甚至是一根救命稻草,因为他觉得他自己可怜,他需要一个菩萨怜悯他,他需要菩萨救他。而结果呢?两种人,两种不同的结局。

相信自己而不相信命运的人,他定然会奋发图强,兢兢业业,会大有作为;反过来,相信一切都是命运的安排而不相信自己的人,他必然会固步自封,悲天悯人,将会一无所获。

《中庸》说:"天命之谓性。"人只有真正地认识自我,只有相信自我,才能在这一生中懂得"享受",享受成功,享受失败;享受快乐,享受痛苦;享受命运对你的恩赐,也享受命运对你的残忍。懂得了享受这些,那么,还会有谁在乎是不是一切都是命运的安排呢?

诗曰:"神之格思,不可度思,矧可射思?"夫微之显,诚之不可掩如此夫!

【典句札记】

这里引用《诗经·大雅·抑》中的话,意在说明中庸之道的伟大。虽然我们看不见它,它却可以通过无所不在来使我们每一个人心悦诚服。我们常常以为,看不到的东西就是不存在的,所以在违反法则做事时自以为神不知、鬼不觉。殊不知,法则会在暗中考察我们的行为,然后做出相应的奖励或惩罚。对此,古人称为"头上三尺有神明",我们为人处世只有真诚地遵循大道,才能不招致灾祸。

日中则西斜，月圆则必缺，物盛而即衰，这是天地不易之道。即使在人生最为辉煌显要的时刻，也要清醒地意识到那终究要来到的没落和屈辱就在前方等待。

溪水，花草，山谷……大自然为我们提供了生存所需要的一切芬芳，也暗示我们万物的变化都不可违逆限量。任何一朵山野的玫瑰，都蕴含着大自然的意志与思想。

天地的一切变故，事先必有征兆。人世间的一切事变，也必有先兆。关键在于，我们的心灵能否及时注意发现，并采取可行的应对措施。聪明者顺应天地的警告，采取相应的应对之策，从而避开灾祸；愚昧者固执而不变，终受祸端。因此，尽最大努力把自己的旧伞撑开，不要让那流言飞语落到自己头上。

寂静和沉稳是大自然的本性。让我们的心灵深深地融入她的怀抱，同步律动。望着温暖而宁静的天空，感知自己脉搏的跳动，倾听自己心灵的呓语。

让那遥远星座的光芒照耀在我们的身上。

在静夜之中，打开我们的心灵，倾听来自天籁的声音，那种肃穆与神秘，昭示着天地间永恒不息的呼吸。那种来自于冥冥中的昭示，警示着我们，即使在天地沉睡的时候，神明的眼睛仍在炯炯注视。而自然界中的万物，也在蓬勃地活动着，一刻也没有停歇。那么，就让冥冥中的絮语，将万物的秘密告诉我们。

🌀 史例解读

至诚孝心感天地

王庸，字伯常。元代雄州归信(今河北省雄县)人。有孝行，远近知名。他的母亲患病，王庸每夜面向北斗星祈求祷告，以求保佑，以至于叩头出血，他的至诚孝心终得验效，母亲的疾病渐渐痊愈。后来母亲去世，王庸哀痛欲绝，露宿墓前，为母守孝，每天晨夕哀哭凄切。一天，雷雨骤至，邻居急忙抱着寝席前来，为他遮蔽风雨，令他惊异的是，他看见王庸所坐的地方干燥，无雨水浸湿。邻人感叹不已。

王庸家贫，祭献供品匮乏，后来就有数十窝蜜蜂来到他家落户，每年可得很多蜂蜜和蜂蜡,用以换得供品,祭献母亲灵前。

胡光远,太平(今陕西宜川县)人。事母至孝,为世所称。

母亲死后,胡光远就在母亲的墓旁搭建了一间草庐守墓。

一天夜里,他梦见母亲说:想吃鲜鱼。清早醒来,想起梦中的情境,不禁心中悲痛自责,作为儿子,却无力满足母亲的心愿。到哪里能找得到几尾鲜鱼祭奠母亲呢?他歉疚愧痛,对着苍天怆然痛哭。突然,胡光远看到坟墓前面摆着五尾鲜鱼,鱼背上留有牙齿啮咬的痕迹。邻居觉得十分奇怪,都来观看。这时,有只水獭跳出草丛,迅速钻到河中浮水而去。大家才知道这是水獭送来的。

🌀 **现代运用**

信誉无价

现在已经是千万身价的富翁,讲了一个故事:

那是 20 年前,我的事业刚刚起步,每天只能骑着自行车上下班。有一天傍晚,我急匆匆地往家赶,可没走多远就扎了胎。推着车子走了很远,才看到一个修车铺。当时正要下暴雨,我恳求那位年迈的师傅赶紧帮忙修车子。

当我声明口袋里没带钱时,那个师傅说:行啊,留下点什么作抵押,明天来取。我说行,就把工作证递给了他。车子修好以后,他很抱歉地对我说:孩子,我没有文化,做得可能不对。不是我俗气,我是迫不得已啊! 按说,谁没有个需人帮忙的时候,谁能万事不求人啊? 留下您的证,您多担待着点吧。我说:没您的帮忙我可怎么回家啊。心里想,付出劳动得到报酬是天经地义的事。而他要的仅仅是两元钱。第二天下班的时候,我来到车摊,想把钱给他。可他却一脸惶恐,说昨天下雨走的匆忙,把工作证丢了。今天尽管自己还在发烧,但为了等我,坚持强撑着到此摆摊。我立刻火冒三丈,说了他一通。而他只是一个劲儿地道歉。后来,我也渐渐忘了这件事。

一个月后,老人却找到我公司里来,送来 150 块钱,说是给我重新办证用的。我知道,那几乎是老人这一个月的劳动所得。尽管我一再说明情况,但老人执意要把钱留下,还很歉意地说:"真对不住啊,收下吧。做人总该讲信用的,那是老天教人做人的本分。"

从那一天起，我一直感谢老人给我上了关于信用的最好的一课。事实上，这件事给了我很大的震动，老人的言行让我重新思考公司的立足之本。公司得到发展之后，在我的恳求下，老人来到公司，成为一名极出色的仓库管理员。

当人们开始进入这个充满竞争的经济社会时，有许多人已经丧失了"信誉"这一为人本性，取而代之的是耍小聪明，使用阴谋诡计，弄虚作假。实际上，经济有经济的规则，做人有做人的规则，处世有处世的方和圆。

今天的我们就能将中庸精神之一的"信誉"抛之脑后吗？如果没有了"信誉"，这个社会将是个什么样子啊？人际交往又会是什么样子啊？

第十七章 大德

《诗经》里早就说过，那些有美好德行的人，会为民众做好事，所以也会得到天的保佑。因此有大德的人必然获得至高无上的权位。

在本章，作者突出道德的至上性，但并不排除权利、名位、财富、福禄、长寿等世俗人们所倾慕的东西，只不过和德行连在了一块。

对于平庸的我们来说，谁的德行都不足以服天下，只有通力合作，在帮助别人成就事业的同时，使自己的人格趋于完美。

无论处在何种位置，都是上天的意旨，是命运不可抗拒的注定。那种自以为老子天下第一的想法是可笑的，最终失败的是自己。在给他人设置障碍的同时，也给自己种植了荆棘和羁绊，必将使自己寸步难行。

生命的质量取决于自己的奋斗。《礼记·正义》说：『明中庸之德，故能富有天下，受天之命也。』

▓▓【原文】▓▓

　　子曰:"舜其大孝也与!德为圣人,尊为天子,富有四海之内,宗庙飨之,子孙保之①。故大德必得其位②,必得其禄,必得其名,必得其寿。故天之生物,必因其材而笃焉③。故栽者培之,倾者覆之④。《诗》曰⑤:'嘉乐君子,宪宪令德⑥。宜民宜人⑦,受禄于天。保佑命之,自天申之⑧。'故大德者必受命。"

▓▓【译文】▓▓

　　孔子说:"舜可以说是个大孝之人了吧!论德行他是圣人,论地位他是尊贵的天子,论财富他拥有整个天下,后世在宗庙里祭祀他,子子孙孙都保持他的功业。所以,有大德的人必定得到他应得的地位,必定得到他应得的财富,必定得到他应得的名声,必定得到他应得的寿数。所以,上天生养万物,必定根据它们的资质而厚待它们。能成才的得到培育,不能成才的就遭到淘汰。《诗经·大雅·假乐》说:'高尚优雅的君子,有光明美好的德行。让人民安居乐业,享受上天赐予的福禄。上天保佑他,任用他,给他以重大的使命。'所以,有大德的人必会承受天命。"

【注释】

　　①宗庙:古代天子、诸侯祭祀先王的地方。《古今注》曰:"宗谓祖宗,庙号以祖有功而宗有德,故统称之曰宗庙。周制天子七庙,诸侯五,大夫三,士一。"《礼记·王制》说:"自大夫以下皆称家庙,无庙号之可称也。"飨(xiǎng):一种祭祀形式。之:代词,指舜。子孙:指舜的后代虞思、陈胡公等。

　　②大德:伟大而卓越的品德。

　　③材:资质,本质。笃:厚。

　　④培:培育。覆:倾覆,摧败。

　　⑤《诗》曰:此诗引自《诗经·大雅·假乐》。

　　⑥嘉乐:今本《诗经》作"假乐"。假(xiá),意为美善。宪宪:今本《诗经》作"显显"。显显,显明兴盛的样子。令德:美好的德行。

　　⑦宜民宜人:既被民众爱戴,又受到诸侯的拥戴。民:平民。人:士大夫以上阶层的人。

　　⑧申:重申。

郑玄说:以其德大能覆养天下,故"必得其位"。如孔子有大德而无其位,以不应王录,虽有大德,而无其位也。《援神契》云:"丘为制法,上黑绿,不代苍黄。"言孔子黑龙之精,不合代周家木德之苍也。《孔演图》又云"圣人不空生,必有所制以显天心,丘为木铎制天下法"是也。又说:善者天厚其福,恶者天厚其毒,皆由其本而为之。

孔颖达说:天之所生,随物质性而厚之。善者因厚其福,舜、禹是也;恶者因厚其毒,桀、纣是也。故四凶黜而舜受禅也。道德自能丰殖,则天因而培益之。若无德自取倾危者,天亦因而覆败之也。又说:诗人言善乐君子,此应王宪宪然,有令善之德。

朱子说:至而滋息为培。气反而游散则覆。又说:受命者,受天命为天子也。

智慧运用

子曰:"舜其大孝也与! 德为圣人,尊为天子,富有四海之内,宗庙飨之,子孙保之。故大德必得其位,必得其禄,必得其名,必得其寿。

孔子借说舜帝的"孝",意在指出"万德孝为先",即好的品德是以孝顺自己的父母为基础的,这是我们中华民族的传统美德。换句话说,只有爱自己的亲人,才可能爱别人;相反,一个人连自己的亲人都不能敬爱,也就谈不上能敬爱别人了。父母生养了我们,我们报答他们,这就是"孝",兄弟姐妹是我们的手足,我们与他们相亲相爱、相互照顾,这就是"悌"。同样,对待父母与同辈的态度也会影响到对待上级与同事、朋友的态度:对待上级忠诚、尊敬;对待同事、朋友友爱。这些其实是和"孝"和"悌"相通的。这实际上体现的就是儒家思想中的"齐家治国平天下"的道理,说孝是一个人的基本品德是很有道理的。一个人若是能够孝顺父母,尊敬长者,那么他的本性自然而然就不可能是真正凶暴的。

就像"亚圣"孟子去见梁惠王时所说的那样,尊敬自己的老人,并由此推广到尊敬别人的老人;爱护自己的儿女,并由此推广到爱护别人的儿女。做到了这一点，整个天下就像在自己的手掌中运转一样了。在孝的基础上做到"老吾老以及人之老，幼吾幼以及人之幼"，那么整个社会的风气就将是良好的。有了大孝这一德行，就会得到广大人民的支持，有什么主张也会得到响应。因此，孝已经不是一个简单的个人为人的问题了，而是关系到家庭稳定、人生成败，甚至是社会安定的大问题。

舜遇到了可怕的家庭环境，父亲不喜欢他，弟弟要害他，但舜没有放弃孝德和友爱。由于道德高尚被看成圣人，不仅如此，还获得了至高的地位和与四海相当的财富，本人的生命也得到了延长，传说活到一百一十岁，位、禄、名、寿都得到了。

所以，孔子充分地赞扬舜帝具有大孝的德行，有了大孝这一德行，事业也就有了支柱，天下的百姓都乐意做他的臣子。得到天下人的拥护，就拥有了权威，这样就会自然而然地拥有天下的财富。受之于民，用之于民，为天下人操劳，带给老百姓安定美满的生活，老百姓就会感恩戴德，于是就会使有德的圣人享受宗庙的祭祀，并且子孙后代保持着祭祀。正因如此，孔子说："有大仁大德的人一定会得到他应该得到地位，一定会得到他应该得到的俸禄，一定会得到他应该得到的声誉。一定会健康长寿。"

大度无私的人最受人们的欢迎和拥戴。有什么样的德性，就会有什么样的位置，就会得到上天的助力，就会得到相应的报偿。德位相辅相依，没有无德之位，也没有无位之德。德行最终会令我们处在适当的位置。

🌀 史例解读

汉文帝为母尝汤药

公元前 202 年，刘邦建立了西汉政权。刘邦的三儿子刘恒，即后来的汉文帝是一个有名的大孝子。刘恒对他的母亲非常孝顺，从来也不怠慢。

有一次，他的母亲患了重病，这可急坏了刘恒。他母亲一病就是三年，卧床不起。刘恒亲自为母亲煎药汤，并且日夜守护在母亲的床前。每次看到母亲睡了，他才趴在母亲床边睡一会儿。他每天为母亲煎完汤药，自己总先尝一尝，看看汤药苦不苦，烫不烫，自己觉得差不多了，才给母亲喝。

刘恒孝顺母亲的事，在朝野广为流传。人们都称赞他是一个仁孝之子。有诗颂曰：

仁孝闻天下，巍巍冠百王。

母后三载病，汤药必先尝。

己亥日，刘恒病死于长安未央宫。死后的庙号为太宗，谥号为文帝。后世之人为了纪念他的伟业和仁政以及他的孝道，将其列为二十四孝之第二孝。

汉文帝为母尝汤药图

现代运用

孝心比一切都重要

孝心之爱，是每一个做小辈的对长辈的一种特别的爱。但真正的孝心，并不是可以用金钱来衡量的，它在于子女的用心程度。

有一个打工青年，同在省城打工的老乡得知他要回老家过年，委托他给自己捎点儿东西，青年痛快地答应了。

老乡要他带回去的，全是乡下很容易买到的，比如一袋速冻饺子、汤圆、豆包，还有几袋酱油、味精、洗衣粉，装了满满两大纸箱。

"怎么往家带这些东西？还不如捎点儿钱呢。"青年一脸的困惑不解。要知道，从省城到老家，要坐整整六个小时的火车，还要换乘公共汽车在崎岖的山路上颠簸4个小时呢。为此，他每次回家都带极少的东西，常常是塞点儿钱给父母，要他们随便买点儿自己喜欢的东西。

老乡有些不好意思地告诉他："你也知道，一个女孩子在外面打工非常不容易。这半年我没挣到多少钱，最近好容易找到一份工作，春节就不回去了，便把这些东西给我妈带上，就说都是我单位分的，吃不完的。"

青年只得一路小心地呵护着老乡两箱并不珍贵的新年礼物，生怕它们化冻了，挤坏、碰碎了，一路上受了不少累。

一下车，青年就扛着纸箱直奔老乡家。老乡的母亲高兴地打开纸箱，把那些东西摆了一炕。她边摆边兴奋地告诉青年："女儿好几次写信回来，说她找了一个好单位上班,什么东西都分,吃都吃不了,让我们别惦记着她。起初我还不大相信,以为她怕我挂念她,看到她拿回来的这些东西,我就放心啦。"

看到老人家满脸的喜悦,青年的心倏然一动——真是难得老乡的一番孝心了。

随后的几天里,在老乡母亲慷慨的分赠和充满自豪的讲述中,青年看到了左邻右舍那羡慕的目光,看到了老乡母亲那无法形容的幸福。

青年要回城上班了,老人家依然满怀欣喜地让青年转告老乡,其实,家里什么都不缺,要她好好工作,别对不住单位领导对她那么细心的关照。

归途上,青年的心里有些失落,他的眼前一再浮现出那两只纸箱,浮现出老乡母亲脸上那整天挂着的笑容,心中不禁一颤——除夕之夜,青年塞给母亲2000元钱,母亲也只是淡淡一笑,青年带给她的快乐,远远不如老乡带给她母亲的快乐。

故天之生物,必因其材而笃焉。故栽者培之,倾者覆之。

【典句札记】

孔子所说的这番话还讲出了有一分耕耘,就有一分收获,有怎样的努力,就有怎样的收获的道理。换句话说,要想拥有成功的人生,就必须从最基本的修身养性做起,循序渐进地提高自己的德行与才能,这样才能得到上天的赐福和机会的眷顾,会水到渠成地获得成功。

正所谓"皇天不负有心人",做到了那个程度,就自然会得到那样的结果。这就好比许多人在工作中往往迷信技巧和战术的效力,更渴望获得成功的捷径。然而工作经验的积累,工作技能的提高都需要花费时间与精力。只有注意量的积累,等到量变到一定程度,质变就是水到渠成的事了。

这其实正是中庸思想的体现,不安分守己、做事情急功近利,结果就是难有所成。也就是"故天之生物,必因其材而笃焉。故栽者培之,倾者覆之"的意思所在。

孟子曰:"天将降大任于斯人也,必先苦其心志,劳其筋骨,饿其体肤,空乏其身,行拂乱其所为,所以动心忍性,增益其所不能。"意思是说,人一定要经过艰苦的修养与磨炼,才能意志刚强,增长才干,从而能够担负起重任。生活中的麻烦与障碍只是暂时的,是对我们能力的考验。大仁大德是修炼出来的,有大仁大德的人一定会承受重大的天命。

罗素说:我们的生命是大地生命的一部分,像所有动物一样,我们也从大地上吸取营养。

当你走进大自然,投入它宽广无垠的怀抱,大自然以它独特的温情抚慰你充满忧伤而又疲惫的心灵。站在这季节的交汇处,望着山中经历沧桑的松柏,以及那经历了千百年风吹雨打的岩石,顿生一种天地苍茫的失落,顿感茫然无措,前行或后退,都不情愿,只想在这一刻静止成为永远。物竞天择,适者生存,这是自然界永恒的法则。

🔖 史例解读

精诚所至,金石为开

吴明彻,字通昭。秦郡(今江苏六合县北)人。幼孤,性至孝。梁武帝即位,授安南将军。以军功迁江州刺史,领豫章太守,迁吴兴太守,进封南平郡公,位司空。

吴明彻幼年父母双亡,成了孤儿,但他天性至孝,缅怀深笃。年仅14岁,就常常感念双亲的坟茔未能得到修葺而内疚,然而由于家里贫穷,无力办理。于是,他下决心勤力耕种,寄希望于土地的收获,使他达成心愿。但是正值那年天气大旱,庄稼得不到雨露的滋养,被晒得焦枯,他感到绝望。吴明彻内心伤痛,深感天道不平,每天都去到田里看护着庄稼苗,向天倾诉心中的苦衷与不平。几天后,有人从田里回来说"庄稼苗返青复活了"。明彻不相信,以为是那人有意安慰他,半信半疑中,来到田地里,看到禾苗果然绿意葱茏,心里感到欣喜不已,从此更加勤恳地劳作。秋天到来,获得大丰收,他用自己的劳动所得修缮了父母的坟墓,达成了自己的心愿。

现代运用

一分耕耘,一分收获

冬无秋这个只有 25 岁的苏北小伙子,只有中专学历,没有受过任何正规的计算机教育,他却在六年时间内撰写了数百篇 IT 稿件,出版了十多本专业图书。俗话说:"一分耕耘,一分收获。"他的成就是日积月累,不断努力的结果。

1997 年,冬无秋在苏北农村一所乡村初中参加中考,在全乡 2000 多名考生中脱颖而出,综合成绩列全乡第 8 名,被当地一所中等师范学校录取。

作为农村里的孩子,冬无秋没有丝毫特长,而在中师三年级时,择业的严峻势扑迫面而来。于是,他开始自学计算机,而学习的最初,只能是最基本的输入法练习。没有钱到机房计算机上操作,更没有钱买属于自己的计算机,但冬无秋却凭着一股毅力和不服输的精神,硬是啃下了五笔输入法这块硬骨头。

在学习五笔输入法的时候,有一次冬无秋琢磨出来了两个非常实用的技巧,于是就将其撰写成文,投向了南京的一家报纸,没承想竟然被录用,还赚了 56 元稿费。这对那时的冬无秋是多大的鼓励啊!也正在此时,他更加意识到计算机的重要性,于是尽一切可能学习计算机知识。

2000 年的夏天,冬无秋开始走出校门。他不想服从分配,回到那个闭塞的农村,于是他开始应聘民办学校。但单薄的应聘资料,令他一次次地被拒绝,毕竟学历太低。但不服输的他将被招聘部门拒绝的材料直接递给了校长。或许是没有这样的先例,竟然有中专生直接向校长应聘,校长认真地翻阅了资料,并把目光定在了他最初发表的那篇文章上……

成功应聘后,冬无秋负责学校小学部 1~6 年级所有班级计算机课程的教学。其间钻研编写教案成为冬无秋生活中除上课之外最重要的事情。也正因为这样,才养成了冬无秋后来在撰稿中习惯用最通俗、最形象的语言来介绍电脑使用的过程。同时,冬无秋仍坚持把自己所学的经验、体会撰写成文,并向媒体投稿,虽然采用的比例不高,但每一次被采用的喜悦完全可以冲淡退稿的郁闷,更何况投稿带来的不仅是荣誉,还有可观的稿费收入。

在工作一段时间后,冬无秋意识到自己专业知识的不足,单纯靠自己摸索,进展较慢。2001 年,冬无秋参加了微软认证 MCSE 培训。谁想也正因为这段专业培训的经历,才使他真正开始走上 IT 撰稿之路。

后来,冬无秋经过长期努力,成为专业撰稿人,还被多家杂志聘为特约作者、专栏作者。他平均每天的工作时间都在 14 小时以上,而每天撰写、编辑的各类稿件基本在 3000~5000 字,更没有星期天的概念。

从一个名不见经传的中专生到现在有些名气的 IT 撰稿人,冬无秋的成功之道充分阐释了"一分耕耘,一分收获"这个至理。

《诗》曰:"嘉乐君子,宪宪令德。宜民宜人,受禄于天。
保佑命之,自天申之。"故大德者必受命。

【典句札记】

孔子引用《诗经》中的句子是想说明"大仁大德"即"诚"是足以成就一个人的。大仁大德是修炼出来的,有大仁大德的人一定会承受重大的天命。

做人必须要诚,必须具有坚持正义的勇气和担当。诚使我们心灵明澈,不必背负虚伪造作的重负,以我们的坦诚抵挡诱惑和蓄意欺诈的侵袭。坚持正义,就是替天行道,因而不必向恶行屈膝逢迎。从而使我们的人格挺起笔直的脊梁,承担起自己的责任。

史例解读

上天庇佑孝子

阮孝绪,字士宗,陈留尉氏人。天性沉静,以孝行著称。

阮孝绪在钟山讲论经学,母亲忽患疾病,家中兄弟商量后准备派人去告诉他,让他回家看望母亲。母亲说:"不用去,孝绪至性通灵,心里自然会有感应,他一定会很快回来的。"

这天,孝绪突然感到心惊忧急,立即启程赶回家,乡亲邻居都十分感叹惊异。

大夫所开药方中,主药是野生人参,像这样贵重的药材,当地的药铺中没有存货。而人们都说,从前这种药生长在钟山。于是,阮孝绪就又亲自进入钟山之中无人涉足的险要处寻找。几天之中,他踏遍了高峰深谷,都没有找到。他的心里忧急悲伤,更加急切地搜寻,这时忽然看见一只小鹿在前面奔跑,又回过头看着他,阮孝绪心有所感,就跟随在小鹿后面,来到一个险峻的地方后,小鹿忽然不见了。孝绪抬头环望,突然发现人参就在前面的山崖间。得到人参,合药服用,母亲的病很快痊愈了。人们感叹说:这是孝绪的孝心感动天地啊。

🌀 现代运用

诚实更要讲策略

有两个人同时去一家公司应聘。人力部的主管问:"你对电脑懂得多少?""懂得一点,我戴过电子表,玩过任天堂,房间里有一台电视机,还有,我看过同学用 Dos 开机。"人力部的主管说:"好了,你可以出去了,下一位。"主管问的也是同一个问题。第二个应聘者说:"那就要看是哪一种电脑了。一般的超薄掌上型的单晶片脉冲输入电脑(电子表)比较简单,我小学时候常常使用它的解译编码作业流程(闹铃功能)。至于多功能虚拟实境模拟器(任天堂)就复杂得多,不过我曾经测试过许多静态资料储存单元(就是玩卡带游戏)。长大后我对于复频道超高频无线多媒体接受仪器(电视)开始感兴趣,至于传统的电脑,我手下的一位工作伙伴(同学)经常在我的监控之下进行主储存的单晶体与磁化资料存取之间的信号交换(指 Dos 开机)。"人力资源部的主管就对他说:"你明天就可以来上班了。"

人们往往对那些简单的事实不屑一顾,反而欢天喜地地被那些华而不实的语言蒙蔽。在这里并不是要读者抛弃诚实,去讲那些不切实际的话,而是要大家注意的是第二个应聘者推销自己的方法。所以,就像第一个应聘者那样,不讲方法只能被淘汰。一个人在社会交际中口才的重要性也可见一斑。

当今社会的竞争已经白热化,如果不能很好推销自己,不能为他人接受,那这个人就不可能在社会中站稳脚跟,同样道理,也就不可能有良好的人际关系网,做起事来就很困难了。

第十八章 无忧

本章有三个层次。由舜讲到周代，作者认为周代先王积德累仁，特别是文王更为突出。这是第一个层次。

至武王，虽说以武力获得天下，但名望并没有丧失，获得了尊荣、权位、财富，以及子孙长久的祭祀。这是第二个层次。

周公是第三个层次。周公成就了文王、武王的事业，制礼作乐，从天子推及到普通百姓。通篇都是讲德，和上文『大德必得其位』相通，核心还是同孝相连。

任何人都处在时间链环的中间，肩负着自己的使命，必须对历史承担义务，必须对未来负起责任。追缅先祖，开辟未来，我们责无旁贷。

无论我们境遇如何，都不可忘记祖宗的功德，是他们给我们传承了姓氏这一荣耀，使我们自出生就有了与他人不同的名号。

【原文】

子曰:"无忧者其唯文王乎!以王季为父,以武王为子。父作之,子述之①。武王缵大王、王季、文王之绪②,壹戎衣而有天下③。身不失天下之显名,尊为天子。富有四海之内,宗庙飨之,子孙保之。武王末受命④,周公成文武之德,追王大王、王季⑤,上祀先公以天子之礼。斯礼也,达乎诸侯大夫,及士庶人⑥。父为大夫,子为士,葬以大夫,祭以士;父为士,子为大夫,葬以士,祭以大夫。期之丧⑦,达乎大夫。三年之丧,达乎天子。父母之丧,无贵贱,一也。"

【译文】

孔子说:"没有忧愁的人,大概只有周文王了吧!他有王季这样的父亲,有武王这样的儿子。父亲开创了帝王的基业,儿子继承了他的事业。武王继承了太王古公亶父、王季、周文王的功业,身着战袍讨伐商纣王,一举夺取了天下。他本身没有失掉显扬天下的美名,成为尊贵的天子,拥有四海之内的疆土,社稷宗庙祭祀他,子子孙孙永保周朝王业。武王晚年才承受天命,及至周公才成就了文王、武王的德业,追尊太王、王季为王,又用天子之礼祭祀历代祖先。而且将这种礼制,推行到诸侯、大夫、士和庶人。按照这种礼制,如果父亲身为大夫,儿子身为士,父亲死后,用大夫礼安葬,用士礼祭祀;如果父亲身为士,儿子身为大夫,父亲死后,就用士礼安葬,用大夫礼祭祀。服丧一周年的丧制,从平民通行到大夫为止。服丧三年的丧制,从庶民一直通行到天子。为父母服丧,不论身份贵贱,服期都是一样的。"

【注释】

①父作之:父亲开创基业。作,开创。子述之:儿子继承父王的遗志,完成先王未竟大业。述,继承。

②缵(zuǎn):继续。大王:太王,即王季的父亲古公亶父。绪:事业。

③壹戎衣而有天下:一战而统一天下。戎衣,军服。指军队,引申为战争。是说一旦穿起征战的甲胄,就一战而歼灭殷商。壹,通"殪",歼灭。

④末:晚年。受命:授命。

⑤追王(wàng):追尊……为王。

⑥大夫:古代贵族等级的一级,其地位在国君之下低于卿,高于士。士:是等级最低的贵族阶层。在古代商、周、春秋时期,"士"多为卿、大夫的家臣。以食田或俸禄为生。《国语·晋语四》:"大夫食邑,士食田。"庶人:即平民。具有自由身份的农业生产者。其地位低于"士"。

⑦期(jī)之丧:一周年的守丧期。期,指一整年。丧,丧礼,对亡故的人殓殡奠馔和拜跪哭泣的礼节,为古代"四礼"之一。

【人物简介】

王季,一作公季,又名季历,是周太王古公亶父的小儿子。古公长子太伯,次子虞仲,幼子季历。季历的儿子姬昌出生时,"赤爵衔丹书入于鄷,止于昌户"。古公预言:"我世当有兴者,其在昌乎?"意欲传位给姬昌,于是太伯、虞仲逃到南蛮之地,披发文身,让位给弟季历。"季历贤",继承父王古公遗业,修明政治,"为殷牧师"(《后汉书·西羌传》),征伐西戎,开疆拓土,日渐强盛,成为西方诸侯之长。

文王,即周文王姬昌,周王朝的实际奠基者,在位50年。古公亶父之孙,季历之子。商纣时为西伯,建国于岐山之下,"遵后稷、公刘之业,则古公亶父、公季之法,笃仁敬老慈少,礼下贤者,日中不暇食以待士,士以此多归之"。得太颠、闳夭、散宜生、鬻熊、辛甲等贤臣,国势日强。因崇侯虎的谗毁,被纣王囚禁于羑里(今河南汤阴北),困于忧思,"益《易》之八卦为六十四卦"。闳夭以有莘氏美女及奇物宝马献给殷纣,纣"乃赦西伯,赐之弓矢斧钺,使西伯得征伐"。释归后,姬昌献出洛西的土地,请求废除炮烙的酷刑。积善行仁,政化大行。晚年拜姜尚为军师,先后征伐犬戎、密须、耆国、邘、崇等国,"三分天下有其二"。迁都于丰(今陕西长安县),取得了有利的战略出击地,为讨伐商纣奠定了基础。他死后,武王完成了其父讨伐商纣的遗愿,取得天下,建立了周朝,并追尊他为文王。

武王,即周武王姬发(公元前? —公元前1044),西周的创建者。周文王次子。公元前1056年文王死,周武王继承父志,重用姜尚、周公、召公等人治理国家,周朝日益强盛。商朝统治却日益腐朽,残酷暴虐,民不聊生。武王九年(公元前1048年)举行了历史上著名的盟津(孟津)观兵,大会诸侯,前来会盟的诸侯达800个,订立盟约,检阅军队。武王十一年(公元前1046年),联合庸、蜀、羌、髳、卢、彭、濮等西方及西南方的部落、方国,集众誓师,再次渡过盟津,向商纣进攻。甲子日双方在牧野(今河南新乡牧野村)会战。纣王的军队一触即溃,纷纷倒戈,临阵反叛。周军攻入商都朝歌。纣王自焚而死,商朝灭亡。武王夺取了全国政权,建立了西周王朝。在位13年,谥号武王。

太王,即古公亶父。周文王的祖父。据史载他是周族始祖后稷的第12代传人。"复修后稷、公刘之业,积德行义,国人皆戴之。"由于戎、狄侵扰,古公曰:"有民立君,将以利之。今戎狄所为攻战,以吾地与民。民之在我,与其在彼,何异。民欲以我故战,杀人父子而君之,予不忍为。"于是率族人迁居岐山(在今陕西)下的周原。国号为周。《诗经·大雅·绵》云:"古公亶父,来朝走马。率西水浒,至于岐下。""周原膴膴,芹荼如饴"。《禹贡》记述:"既载壶口,冶梁及岐。既修太原,至于岳阳。"古公卒,少子季历继位。周武王灭商,建立周朝政权后,追尊其为周太王。

周公,姬旦(公元前?—公元前1105),亦称叔旦。周文王的儿子,周武王的弟弟。因其采邑在周(今陕西岐山北),封爵上公,故称为周公或周公旦。他多才多艺,是西周初杰出的政治家和军事家。协助周武王灭商,建立西周政权。武王死后,成王年幼,周公摄政,辅佐周成王,率师东征,平定"三监"叛乱。建立典章制度,制礼作乐,还政成王。一生经历了文王、武王、成王三代,为国呕心沥血,相传"一沐三握发,一饭三吐哺。"为周朝的社会安定,政权巩固做出了重大贡献。其言论见载于《尚书》中。孔子十分推崇,终生倡导的是周公的礼乐制度。他的人格精神被后世作为效仿的最高典范。

【历代论引】

郑玄说:圣人以立法度为大事,子能述成之,则何忧乎?尧、舜之父子则有凶顽,禹、汤之父子则寡令闻。父子相成,唯有文王。又说:以王迹起焉,先公组绀以上至后稷也。葬之从死者之爵,祭之用生者之禄也。

孔颖达说:文王以王季为父,则王季能制作礼乐,文王奉而行之。文王以武王为子,武王又能述成文王之道,故"无忧"也。又说:武王能缵继父祖之业,以王天下也。周公尊崇先公之礼,非直天子所行,乃下达于诸侯、大夫、士、庶人等,无问尊卑,皆得上尊祖父,以己之禄祭其先人,犹若周公以成王天子之礼祀其先公也。父既为大夫,祭以士礼,贬其先人而云尊之者,欲明以已之禄祀其先人也。欲见大夫之尊,犹有期丧,谓旁亲所降在大功者,得为期丧,还着大功之服,故云"达乎大夫"。若天子、诸侯旁期之丧,则不为服也。正统在三年之丧,父母及适子并妻也。唯父母之丧,无问天子及士、庶人,其服并同。

朱子说:此言文王之事。书言"王季其勤王家",盖其所作,亦积功累仁之事也。又说:上祀先公以天子之礼,又推大王、王季之意,以及于无穷也。制为礼法,以及天下,使葬用死者之爵,祭用生者之禄。丧服自期以下,诸侯绝;大夫降;而父母之丧,上下同之,推己以及人也。

🌸 智慧运用 🌸

无忧者其唯文王乎! 以王季为父,以武王为子。父作之,子述之。

【典句札记】

此句是孔子对周文王好境遇的感慨。这里孔子所说的"无忧",并非是指什么忧愁也没有,什么事情都不用操心,坐享其成,有享不尽的清福,而是说因为上下前后的事情都已经安排得恰到好处,妥妥当当,每件事情都处于"中庸"的境界,所以自己只需要为情理之中的家、国、天下事操劳奋斗,没有那些无谓的烦恼的困扰,只要依事情的本来面目行事就可以了。

但我们从另一个角度来看,也可以得知大凡成就事业者,在于坚持不懈。无所成名者,由于懒惰而已。

如果你不能全身心地投入到自己的目标或继承前人的事业中去,那么你无论怎样扑腾,都将是盲目的,不可能取得什么成就,也必将沦为平庸之辈而无法在人类历史上留下任何印记。那么,怎样的人生才是理想的美好人生呢?不要空想世界会为你而改变,也不要自以为自己就是个人物。人生的大智慧就是学会适应,让自己融入社会,真正成为其中不容忽视的一分子,然后尽自己的力量,使这个世界有所改变,并使自己的人生因此而精彩。

在我们所有的人生经历中,一切的荣辱成败,都与这样的几个名字有关:我们的祖先和我们的后辈。因此,无论处在何种境遇中,都不应忘记自己的责任。

史例解读

使命成就人生

司马迁,字子长,夏阳(今陕西省韩城市)人。10岁诵读古文,20岁遍游各地名山大川。初仕郎中,后官至太史令。为李陵辩冤,受腐刑。发奋著成《史记》。

司马谈任太史,向唐都学习天文历法方面的知识,向杨何学习《易》理知识,向黄子学习自然科学知识……任职时间约在建元、元封期间。其子司马迁当时任郎中。

这年,天子赴泰山封禅,他则留滞不得随行,感到耻辱,忧愤而死。正巧儿子司马迁返回述职,拜见父亲于黄河、洛水之间。他握着司马迁的手流着眼泪说:我们的祖先,任周朝的太史官。祖祖辈辈都显赫于世,闻名于虞舜、夏禹时期,亲自掌管天官的职责。后世渐渐衰落,传承到现在,难道就断送在我的手里吗?你如果再任太史,就要继承我们祖先的事业。当今天子封禅泰山,我却不得参与,这是命运所致啊!这是命啊!我死之后,你必定为太史。任太史之后,你千万不要忘记我想写的而没有来得及完成的论著呀。况且,孝道就是由事奉亲人开始,努力侍奉君主以成就事业为中道,最终得以立身,显名后世,从而告慰父母,这是最大的孝行啊。天下人之所以都称颂周公,是因为他能够光大文王、武王的功德,弘扬周南、召南所建立的淳厚风俗,致达太王、王季的愿望,缅怀追远以至于公刘,而尊崇后稷。而从幽王、厉王之后,王道渐失,礼乐废衰,孔子修订重振,删订《诗》《书》,编纂《春秋》,至今为天下人奉行的准则。自鲁哀公十四年所记西狩获麟事到现在四百多年了。在这四百年间诸侯相互争战兼并,历史记载几近散失殆尽。现在汉朝建立,国家统一,君主英明,忠臣义士协力辅佐,我作为太史官而不著书记载,废弃天下

司马迁

的珍贵史料文稿，内心十分不安，你当深为顾念不忘啊！

司马迁俯首在父亲的怀中哭着说："儿子我虽然不是很聪明杰出，请您详述祖先的功烈德泽，我当谨记在心不敢致令缺失。"司马谈死后三年，司马迁任太史令，查阅了大量史料，摘引了珍藏在皇宫中各种秘籍所记载的史实，开始着手写作《史记》，上溯陶唐，下至鲁哀公十四年为止。从而为中国历史留下了一部辉煌巨著，被鲁迅先生称之为："史家之绝唱，无韵之离骚。"

🏵 现代运用

成就事业在于坚持不懈

十几年前，原本在兰州电视台工作的他，在杨澜不经意的一个提议下，毅然辞去那份体面的工作，到北京成为"北漂"一族。

初来乍到，他住在北京菜户营一间阴暗潮湿的地下室里。酷爱电视事业的他每天只能面对着一台17英寸黑白电视机，那个电视相当破旧，连开关的旋钮都没有，他用一根竹竿代替开关旋钮。那时候，赵忠祥是他心目中的偶像，他经常饥肠辘辘地在雪花飞舞的电视中跟赵忠祥神会，在饿得头晕眼花的时候走出地下室买一包方便面充饥。

为了进中央电视台找熟人帮忙，他在有警卫把守的大门外整整站了三天。

他刚进电视台时，到的是孟欣的"东西南北中"栏目，他的第一份固定工作就是早上打开水，中午买盒饭。当时全办公室的人中午吃什么都是由他决定。他去得早，同事就可以吃上红烧肉一类的好菜。所以还没到中午，他就开始惦记这件事情。打回饭，帮他们送到桌上，看着他们吃得开心，自己也很有满足感。

打了半个月杂工后，他开始担任剧务，也是做一些很琐碎的事。不过，正是在这段时间里，他的能力得到了孟欣的赏识，并最终提拔他做了"东西南北中"栏目的主持，从此，他的艺术人生翻开了新的篇章。他就是中央电视台著名节目主持人朱军。

如果你是一个有梦想的人，那么切记：坚持不懈是走向成功的不二法门。

武王缵大王、王季、文王之绪，壹戎衣而有天下。

身不失天下之显名，尊为天子。富有四海之内，宗庙飨之，子孙保之。

武王末受命，周公成文武之德，追王大王、王季，上祀先公以天子之礼。

斯礼也，达乎诸侯大夫，及士庶人。父为大夫，子为士，葬以大夫，祭以士；

父为士，子为大夫，葬以士，祭以大夫。期之丧，达乎大夫。

三年之丧，达乎天子。父母之丧，无贵贱，一也。

【典句札记】

在这里，孔子分析了周文王前后三代，得出的结论是，周文王的境遇是最好的——上边有祖父、父亲创业，下边有儿子继承事业，并且使大业兴旺发达，自己则在中间守业，起到了承前启后的作用。

再看古今中外无数想成大业而未成者，或者是没有前人为他打下良好的基础，自己辛苦创业，到死还没有看到大业实现。比如真正有帝王之才的曹操，或者是身怀才能却得不到重用，甚至遭奸人陷害。比如秦始皇的长子扶苏，本该继承王位，却遭胡亥与赵高的陷害而自杀。跟这些人比起来，周文王是何等的"幸运"，孔子的赞叹说的正是这个意思。

我们经常会听到人们感叹"不如意事常八九"，许多人根本就不知道如何让自己如愿以偿。中庸之道提示我们，只有每行一步都尽可能到位，每一步都走的合情合理，遇事依照平衡、和谐的智慧行事，这样才能最终获得"好运"的降临。所以，事情只有做到适可而止、恰到好处的中庸境界，才有最圆满的结果。

史例解读

宁贬谪，亦不违仁

裴潾，唐代河东闻喜（今山西省闻喜县）人。笃学，善隶书。以荫仕。初为左补阙，后任为起居舍人。贬江陵令。累官兵部侍郎。

宪宗皇帝惑于方术之士的游说，让柳泌炼治丹药，以求长寿。他进献给皇上所用的方剂是温中理气的药物，导致出现心绪烦躁口渴的症状。裴潾进谏说：消除天下弊害的人，就能永远享受到天下的利益。愿与天下人共乐的人，就能长久享受到天下安乐的福祉。因此，上自黄帝、颛顼、尧、舜、禹、汤、文、武，全都以自己的盖世功勋德泽，拯救天下苍生，因而上天就回报他们享有长寿之福，并且使他们的声名永远流传不朽。陛下倡导以孝道敬祭宗庙，以仁德抚养百姓，除凶平暴，而致太平，敬贤重士，礼遇终始。神圣的功烈和至圣的美德，前无古人。陛下诚能躬行不辍，那么天地祖宗都会庇佑您，使陛下受到亿万百姓永远的拥戴。而今方术之士如韦山甫、柳泌之流借丹术自命为神奇，并相互吹捧引荐，诡称为陛下延长寿命。我认为凡是真正有道行的人，都隐姓埋名，不求为世所知，哪里肯主动巴结权贵，出卖自己的技艺呢？现在这些人之所以围在你身边，并非胸有道术，而是为了谋求利益。他们自我吹捧所炼丹药具有神奇效验，其目的就是贪求权力、财贿。一旦骗局败露，则立即逃跑。这种人的医术，陛下难道能相信吗？这种人炼制的药物，陛下难道可以服用吗？况且他们炼制的所谓丹药，多由性质酷烈的金石等物，经过长时间的烧炼而成，所含的致毒成分谁也不清楚有多少，所引发的后遗症并不是容易控制化解的。秦汉之君也都相信方术之人，如卢生、徐福、栾大、李少君之流，都是行诈使骗之徒，什么事也干不成的。其事记载在史书中，可做佐证。

《礼仪》中规定："君之药，臣先尝之；父之药，子先尝之。"因此，陛下今后要服用的药，就让一大臣先尝试，以一年时间为限，就可见出真假。

皇上听了，十分生气，就把裴潾贬为江陵县令。

⊛ 现代运用

做事要适可而止、恰到好处

夜里有一个人驾车在一条没有路灯的小路上行驶，突然车的一只轮胎爆了，他立刻下车查看，发现必须换上备用的轮胎，但是他没带千斤顶，根本没有办法换车胎。他心里焦急万分。

他向远处望去，看到不太远的地方有灯光，心想前面一定有人家，于是他兴奋不已。他决定去寻求别人的帮助。他一边朝着灯光走过去，一边在心里嘀咕："也许我敲门时不会有人给我开门,即使开了门,那家人也许没有千斤顶,即使有千斤顶,主人不认识我,也可能不愿意借给我用……我究竟应该怎样办呢？"他越想越不安,越想越生气。

就这样一路想下来,当他敲开主人的门时,他已经气愤到了顶点,还未等主人说话,他一拳向开门的人打去,嘴里大声叫道："留着你那该死的千斤顶自己用吧！"

看到这个故事,或许我们会有这样的感慨:做什么事都要适可而止、恰到好处、合情合理,要做合理的预想安排与恰当的准备,这样做事才能取得成功。否则适得其反。这也就是中庸之道的真意所在。

《第十九章 达孝》

这里仍接上章，说文王、武王是大孝。

孝的最重要特点是能继承先人遗志，把先人事业发展下去。《论语·学而》：『子曰：「父在，观其志；父没，观其行；三年无改于父之道，可谓孝矣。」』《论语·子张》：『曾子曰：「吾闻诸夫子，孟庄子之孝也，其他可能也；其不改父之臣与父之政，是难能也。」』都是讲继承遗志。

这里所不同的是突出祭祀礼乐，『慎终追远，民德归厚』(《论语·学而》)，以孝治天下，治国就像看自己手掌那么容易。《论语·八佾》：『或问禘之说。子曰：「不知也。知其说者之于天下也，其如示诸斯乎！」指其掌。』这里正好借用了这一思想。

【原文】

子曰："武王、周公,其达孝矣乎①!"夫孝者,善继人之志,善述人之事者也。春秋修其祖庙,陈其宗器②,设其裳衣,荐其时食③。宗庙之礼,所以序昭穆也④;序爵⑤,所以辨贵贱也;序事⑥,所以辨贤也;旅酬下为上,所以逮贱也⑦;燕毛,所以序齿也⑧。践其位⑨,行其礼,奏其乐,敬其所尊,爱其所亲,事死如事生,事亡如事存,孝之至也。郊社之礼⑩,所以事上帝也;宗庙之礼,所以祀乎其先也。明乎郊社之礼、禘尝之义,治国其如示诸掌乎⑪!

【译文】

孔子说:"周武王和周公,是真正做到大孝道的人了吧!这样的孝,指的是善于继承先人的遗志,善于继承先人未竟的事业。每逢春秋举行祭祀之时,修整祖庙,陈列祖先遗留的重器,摆设先人的衣裳,供奉时令食品。宗庙中的祭礼,是用以序列左昭右穆各个辈分的;序列爵位,是用以辨别身份贵贱的;安排祭祀中各种职事,是用以判断子孙才能的;祭后众人轮流举杯劝酒时,晚辈向长辈敬酒,是用以显示先祖的恩惠下达到地位低贱者的身上的;祭毕宴饮时,依照头发的黑白来排列座次,是用以区分长幼次序的。供奉好先王的牌位,举行先王留下的祭礼,演奏先王时代的音乐,敬重先王所尊敬的人,爱护先王所爱的子孙臣民,侍奉死者如同他在世时一样,侍奉亡故的如同他活着时一样,这就是孝道的极致了。祭祀天地的礼节,是用来侍奉上帝的;祭祀宗庙的礼节,是用来祭祀自己祖先的。明白了祭天祭地的礼节和四时举行禘尝诸祭的意义,那么治理国家就如同观看手掌上的东西一样清楚简易了。"

【注释】

①达:通"大"。

②春秋:本指季节,此指祭祀祖先的时节。陈其宗器:陈列先世所藏之重器,如赤刀、大训、天球、河图之属。一说祖宗传下来的礼乐器具。

③裳衣:祖宗生前穿过的衣服。裳是下衣,衣是上装。荐其时食:进献时令食品。

④昭穆:宗庙中神主排列的次序,一般始祖居中,以下父子按左昭右穆顺序排列,此指祭祀的时候,排列出父子、长幼、亲疏的次序。《周礼·春官·小宗伯》:"辨庙祧之昭穆。"排列昭

穆的位次，是古代一种宗法制度，左为昭，右为穆。宗庙的次序规定：以始祖庙的牌位居中，左方依次是二世、四世、六世，称为昭；右方依次是三世、五世、七世，称为穆。

⑤序爵：祭祀时，参加祭奠的人员按官爵大小，以公、侯、卿、大夫四等排列先后。

⑥序事：按在祭祀礼仪仪程中担任的职务排列先后次序。事，职事，职务。

⑦旅酬：众人举杯劝酒。旅，众。酬，以酒相劝。逮贱：祖先的恩惠下达到卑贱者。

⑧燕毛：宴饮时，依照毛发的颜色区分长幼的次序。燕，同"宴"。

⑨践其位：站在与自己身份相应的位置上。践，践踏，引申为站在。其，指自己。

⑩郊社之礼：祭祀天地的礼仪。冬至这天，在南郊举行祀天仪式，称为"郊"；夏至这天，在北郊举行祭地仪式，称为"社"。

⑪禘（dì）尝：此代指四时祭祀。禘，天子宗庙举行的隆重祭礼。尝，秋祭。示诸掌：看视放置在手掌上的东西，指容易看见。示，通"视"。

【历代论引】

郑玄说：物而在掌中，易为知力者也。序爵、辨贤、尊尊、亲亲，治国之要。

孔颖达说：若文王有志伐纣，武王能继而承之。《尚书·武成》曰："予小子，其承厥志。"文王有文德为王基，而周公制礼以赞述之。故《洛诰》云"考朕昭子刑，乃单文祖德"，是善述人之事也。此是武王、周公继孝之事。又说：若昭与昭齿，穆与穆齿是也。祭祀之时，公、卿、大夫各以其爵位齿列而助祭祀，是"辨贵贱"也。又说：孝子升其先祖之位，行祭祀之礼也。又说：若能明此序爵辨贤尊亲，则治理其国，其事为易，犹如置物于掌中也。

朱子说：承上章而言武王、周公之孝，乃天下之人通谓之孝，犹孟子之言达尊也。武王缵大王、王季、文王之绪以有天下，而周公成文武之德以追崇其先祖，此继志述事之大者也。下文又以其所制祭祀之礼，通于上下者言之。又说："祖庙：天子七，诸侯五，大夫三，适士二，官师一。宗器，先世所藏之重器；若周之赤刀、大训、天球、河图之属也。裳衣，先祖之遗衣服，祭则设之以授尸也。时食，四时之食，各有其物，如春行羔、豚、膳、膏、香之类是也。"又说：有事于太庙，则子姓、兄弟、群昭、群穆咸在而不失其伦焉。爵，公、侯、卿、大夫也。事，宗祝有司之职事也。盖宗庙之中以有事为荣，故逮及贱者，使亦得以申其敬也。又说：所尊所亲，先王之祖考、子孙、臣庶也。始死谓之死，既葬则曰反而亡焉，皆指先王也。此结上文两节，皆继志述事之意也。又说：四时皆祭，举其一耳。礼必有义，对举之，互文也。

智慧运用

子曰:"武王、周公,其达孝矣乎!"夫孝者,善继人之志,善述人之事者也。

【典句札记】

儒家提出孝的概念,在一定程度上是与维护封建宗法社会的秩序相适应的。为了维护社会秩序,社会强调尊敬父母,敬宗法祖等等。从奴隶社会一直到封建社会,"孝"字的作用是逐渐被强化的。因为家庭是社会的基本细胞,细胞稳定、和谐了,社会当然也就稳定和谐了,也就可以向前发展了。到了汉代,"孝"的文化被进一步强调,我们可以看到许多皇帝的名号都加上了一个"孝"字,什么孝文帝、孝景帝等等,就是要强调以孝治天下。

儒家的大思想家孔子认为,"孝"是"仁"的根本,也就是说,做不到"孝"就不可以做到"仁",这其实是很有道理的。儿女应当孝敬父母,孝心出于人性的本然。然而,在封建社会,人们宣扬的孝道却是极端化了的。比如《孝经》中说:"人之行莫大于孝。"《礼记·祭义》中记述了孔子的学生曾参的话说:"身也者,父母之遗体也。"对这句话,胡适先生有过诠释,说它的意思是不承认个人的存在,即"我并不是我,不过是我的父母的儿子"而已,这样的孝道其实就走到了反人性的极端层面了,照这样的说法,每一个人都只是他父母的延续和附属品,结果是使"父要子死,子不得不死"这样的事情成为"天经地义"的了。帝王们是臣子的"祖",所以又标榜什么"君要臣死,臣不得不死"。这样的"孝"当然要为现代社会的人们所摈弃。

时至今日,"孝"仍然是我们的一个传家宝。父母辛劳半辈子把我们养育长大,那么,我们就应该赡养年老的父母;父母把我们教育成人,我们自然就应当尊敬他们;父母身上有好的品质、好的传统,我们就应该把它们继承下来,还要发扬光大;如果父母先辈还有没有完成且值得完成的事业,我们就应当在前人的基础上,完成前人未竟的事业。这就是现代社会应当讲的"孝道"。

孝,就是继承先祖未竟的美好志向,使他们高尚的德行通过后代的传承发扬光大,使他们伟大的事业在后世的努力下能够玉成。当然,对于我们平凡的一生来说,我们可以没有轰轰烈烈的事业或成就,但是我们却可以做出我们切实的努力，平安度过一生。能够让祖先欣慰，不让祖先背负恶名，就是我们的孝心。

史例解读

以心成就祖上未竟之业

裴子野(469—530)，字几原。河东闻喜(山西闻喜县)人。南朝梁史学家、文学家。与兄黎，弟楷、绰，并有盛名，世称"四裴"。少好学，善属文，梁武帝时为著作郎，掌国史及起居注，又兼中书通事舍人，朝廷诏令符檄皆由子野起草发出。官至中书侍郎，鸿胪卿。有《宋略》《丧服集注》《众僧传》等书传世。

子野生性固执孤僻，出生后由祖母抚养。子野九岁那年，祖母亡故，泣血哀恸，家人十分惊异他对祖母的感情。长大后，任右军江夏王参军，因父亲去世辞职。依礼守孝居丧三年，每至父亲的墓地，思念哭泣，泪洒处绿草即枯，并有白兔围绕在旁边。

裴子野的曾祖父裴松之当初为宋太中大夫，宋元嘉年间诏命续修何承天编纂的《宋史》，没有完成就弃世而去，以为憾事。因而子野经常想着继续完成曾祖父的事业。齐朝永明末年，沈约撰写的《宋书》问世。子野于是据以修订删改，编成《宋略》二十卷。叙述刘宋兴亡历史，简洁得当，明畅易晓。文风质朴，笔力遒劲，有秦汉遗风。自述"人皆成于手，我独成于心"，以自己的努力成就了祖上未竟的事业。

裴子野

孝心无价

有一位猎手,他每天都带着枪出入丛林,倒在他枪下的猎物不计其数。每次,猎手看着自己的猎物,总是很开心。为此,猎手发誓要活到老,打到老,他的生命中不能没有这种成就感。但是,后来的一次打猎却使他放下猎枪,成为一名动物保护者了,这其中的原因是因为他被一头小象的孝心感动了。

那一次,沙尘滚滚之中,一大一小两只象拼命地奔跑。他的枪瞄准了大象,当猎手的枪声响起,大象山崩般轰然倾斜。

但令他惊讶的是,那只本来可以逃命的小象却在那一片飞扬的尘土中掉过头来回到母象的身边。母象终于倒下了,尘土落处,它的身躯恰恰压在小象的身上。猎手放下自己的猎枪,他流泪了。后来,那只母象被做成一具美丽的标本,而对于那只不堪造就的小象,他只割下了它的一只脚做成了一只象脚花瓶。

猎手因大象标本而出了名,但那时,他已看不到名利了。恍惚中,他仿佛看到那只小象正奔回母亲身边的情形。

最后,猎手在临死之前散尽了一切收藏,但唯独留下了那只象脚花瓶,在遗嘱中,他指定把它捐赠给博物馆,因为他认为,那只象脚花瓶是我们尘世中最珍贵的宝藏,它更能让我们懂得那份无价的孝心。

春秋修其祖庙,陈其宗器,设其裳衣,荐其时食。
宗庙之礼,所以序昭穆也;序爵,所以辨贵贱也;序事,所以辨贤也;
旅酬下为上,所以逮贱也;燕毛,所以序齿也。

【典句札记】

此句所述为祭祀之礼。儒家历来注重此礼。

荀子曰:"人无礼,则不生;事无礼,则不成;国家无礼,则不宁。"意思是说,做人如果不讲究礼仪,就不能受到尊重,那么自己的生存环境就会很受局限;做事如果不遵循礼仪规范,就会令人感到反感,也就不可能取得成就;国家如果不能建立礼法制度,那么就会陷入混乱,不能得到安宁。由此可见,礼仪之于人生、国家的重要。人而无礼,就将寸步难行;国而无礼,必起祸乱。

孔子说:"不学礼,无以立。"礼仪是一切美德的基础,一个人之所以被人尊重,就在于奉行礼仪,尊重他人。行为粗俗意味着放弃了自己做人的尊严。

"治定之化,以礼为首。"齐家治国以推广孝德为先务,以合乎礼义为可贵。礼的根本在于诚敬,设立宗庙的实质在于尊严。

建立和谐融洽的社会关系,是成就事业的关键。古今神圣的功业,崇高的事迹,都是建立在礼仪的基础之上,因此,"礼义之立,治国之先务也。"

史例解读

礼仪威严,不可轻辱

申屠嘉,汉代梁(今河南省临汝县)人。累官都尉。历淮阳太守,文帝时晋升御史大夫。封故安侯。为人廉直,不受私谒。景帝时,晁错用事,穿宗庙墙垣,将奏诛之。晁错恐惧,先向帝请,及嘉奏,景帝说:"我让他这样做的,晁错没有罪责。"申屠嘉深以为恨,回家后吐血而死。

申屠嘉初任丞相,当时大中大夫邓通受皇帝宠信,赏赐丰厚。文帝经常在邓通家饮酒欢宴。一次,丞相申屠嘉上朝奏事,而邓通坐在皇上旁边,举止轻慢无礼。申丞相报告完重要事务后,接着说:"陛下宠信大臣,可以让他富贵。但是必须遵守朝廷的礼仪法纪,因此不能不予以整肃。"皇帝说:"你不要说了,我亲自处理。"申屠嘉回到丞相府,签发文书,命令邓通来见,如果拒绝不来,就立即杀掉他。邓通心里害怕,先去见文帝。文帝说:"不要害怕,你去见丞相,然后我派人接你。"邓通到丞相府,摘下帽子,光着脚,叩头谢罪。申屠嘉泰然自若地坐着,故意不予理睬。然后大声斥责说:"朝廷是高祖皇帝奠立的,是有礼仪法度的。你只是一名小小的侍臣,胆敢在大殿之上轻慢无礼,这是大不敬之罪,按律当处死。"命令卫士推出斩首。邓通吓得魂不附体,磕头求告,流血满面,申屠嘉仍然不放过。文帝估计丞相已经教训到一定程度了,就派人带着手书去召邓通。并向丞相致谢说:"他是平时陪我娱乐游戏的侍臣,请丞相放过他吧!"邓通见到文帝后，放声大哭说："丞相几乎杀掉我。"

践其位，行其礼，奏其乐，敬其所尊，爱其所亲，事死如事生，
事亡如事存，孝之至也。

在这里，我们可以看出"礼"在儒者心中至高无上的地位，孔子认为，孝顺的极致便是祭祀之礼。虽然在今天看来，这未免显得迂腐，但随着社会进步及进化了的礼，带给人们更多的还是它的积极意义。

礼，是约束人的行为规范的标准，是品格修养的体现。从自己的位置出发，遵循相应的礼法制度的约束，不做出僭越的行为，也不逃避自己的责任。

"凡人之所以贵于禽兽者，以有礼也。"（《晏子春秋》）礼义是人区别于动物的重要标志。侍尊以礼，事亲以孝。无礼不尊，非礼不孝。

史例解读

陈力就列，各司其职

丙吉，字少卿，西汉鲁国（今山东省曲阜市）人。为人深厚，不伐善。治律令，任廷尉右监。赐爵关内侯。迁御史大夫，封博阳侯。任职期间，关心百姓疾苦，崇尚宽大，谦让好礼，世称贤臣。

对于官属掾史，务求掩盖他们的过错，传扬他们的好处。丙吉的车夫嗜酒，曾跟丙吉外出视察，醉酒呕吐在车上。随从的官员请示丙吉，建议辞退这个车夫。丙吉说："因为酒醉的小失误而赶走可用之士，这让他以后如何立身处世呢？就宽容他这次吧，只不过是玷污了丞相车上的垫褥罢了。"这个车夫的原籍是边境之郡人，熟知边塞突发紧急事务时的呈报方式。这个车夫有次外出，恰巧遇见边郡递送紧急公文的人乘公车急驰来到。于是，他就紧跟着来到公车探听消息，得知敌人侵入云中、代郡。他急速赶回相府，向丙吉报告了这一紧急情况。稍后，皇上召见丞相、御史，询问边境敌人入侵情况及应对之策。丙吉从容答对。

御史大夫因仓促间不明情况,而受到皇帝的责备;而丙吉被皇上嘉勉说:"忧边思职。"这是得力于车夫的机敏啊。丙吉于是感叹说:"士无不可容,能各有所长。假使丞相事先没有听到车夫说知这件事,哪里还能受到什么褒奖呢?"

丙吉在视察的路上,遇到人们群殴事件,多人死伤,横尸路边,丙吉经过这里时,不闻不问。前行不远,看见有人在赶着耕牛疾走,牛已气喘急促,吐出舌头。丙吉命令停住车子,让随行人员去问:"耕牛奔跑几里路了?"掾史觉得丞相处事失当,也有人因此而出语讥讽。丙吉说:"群聚斗殴,致相死伤,这是长安令、京兆尹的职责,应当由他们负责禁止、防备、追捕和审理,到年终奏请实行赏罚就行了。宰相的职责并不在于亲自过问处理打架斗殴这类小事。而现在正值春天,气温还不很热,我害怕如果牛行走不远就如此喘息,那么,这就意味着气候失调,不合节令,担心将会影响到百姓的生产和生活,因此我必须查问清楚这件事,这才是我视察的真正目的。"掾史心悦诚服。

现代运用

澳总理的道歉

贝克尔是澳大利亚的一位普通的老人,有一次,他在商场内和当时任总理的霍克为养老金问题争论起来,双方争得面红耳赤,互不相让。霍克一时冲动,骂了一句:"你这个愚蠢的老家伙!"

事后,贝克尔越想越不服气:你作为一个国家的总理就可以随便骂人吗?于是,一张状纸把霍克告到了昆士兰一家地方法院。

地方法院把传票送到总理府,一时舆论为之哗然。霍克也认识到骂人家"愚蠢的老家伙"是不文明之举,决定举行记者招待会,就自己的这一句粗野的语言向贝克尔公开道歉。

他说:"对不起,那天,我非常烦恼,但这不能成为我使用那种不文明措词的理由。如果我确实伤害了这位老人家,我愿意就此向他道歉,并诚恳地请求他原谅我的不逊。"

虽然总理犯错在先,但是他用他完美的礼仪和尊重取得了别人的原谅和尊重,也向别人展示了他敢于认错的勇气。可见,讲究文明礼仪可以拉近人与人之间的距离;相反,恶语相向则是对人最大的伤害。

郊社之礼,所以事上帝也;宗庙之礼,所以祀乎其先也。
明乎郊社之礼、禘尝之义,治国其如示诸掌乎!

【典句札记】

这句话意在说明统治者要想治理好天下,必须要重视礼,并且要做到以礼治国。

在古代,祭祀是一种非常重要的礼节,它在人们的生活中占有重要位置,小到老百姓的祭祖活动,大到天子祭天祭地,都各有其重要意义。周朝在冬至的时候,会在南郊举行祭天的仪式,称为郊天。在夏至的时候,在北郊举行祭地的仪式,称为郊社。祭天与祭地都事奉自然界的神灵,取得神灵的护佑,起到了和谐人与自然的关系的作用。而在宗庙里的祭祀,则是为了事奉自己的祖先,求得祖先的庇护。起到了团结活着的人以及和谐人与人、人与社会关系的作用。

所以综合起来看,祭祀活动涵盖了古人社会生活的各个方面。所以说,真正了解了祭祀的意义,治理起国家来就好像看自己手掌上的东西那样清楚和容易了。引申来说,适当的制度、规范,有利于和谐人际关系,提高工作效率。并且,恰如其分地了解制度、规范的真正目的与意义所在也至关重要。比如说,一个公司的例会制度如果被视为搞形式主义,那么开例会就会真正变成可有可无的,甚至有不如无的东西。如果我们像古代人了解祭祀的意义那样,看到了例会的真正价值所在,比如总结工作经验,探讨工作中的问题,相互交流感情等等,那么开例会自然就会有效果,人们自然能从中受益。

自尊者必尊人以礼

陆慧晓,字叔明,南齐吴郡吴县(今上海市松江)人。清介正立,不随意交游。举秀才,因为母亲年高而回家奉养十多年。太祖辅政,除为尚书殿中郎。累官南兖州刺史。

陆慧晓为晋熙王冠军长史、江夏内史,行郢州事。陆慧晓历辅五政,治身清肃,即使是与部下相见议事,临别他都起身以礼送行。有人对他说:"长史的职务是很高贵威严的,不应该过分自谦。"陆慧晓回答说:"我生性讨厌那些不遵守礼仪规范的人,所以,我也不允许自己不以礼待人。"

"礼"是重要的,是对他人的尊重,也是自尊自信。

现代运用

以礼维持和谐局面

讲礼是中庸的体现,也是维持人际和谐的重要手段。礼尚往来至少包括两方面的意思:一是要敬重人,二是不要苛责人。

《呻吟语》中说:"责人要含蓄。"意即在指责他人过失时,最好不要一次把心中想要说的话完全表达出来。这是从政治生涯中总结出来的名训。

此外,《呻吟语》还具体地指出:"指责他人之过,需要稍作保留。不要直接地攻讦,最好采用委婉暗示的譬喻,使对方自然地领悟,切忌露骨直言。"还接着说:"即使是父子关系,有时挨了父亲的骂,也会无法忍受而顶嘴,更何况是别人呢?"父子有血缘关系,无论如何不能割舍,但朋友或其他熟人关系就不是这样了,过激的言辞很可能会断送友谊。

与人争辩时也一样,以严密的辩论将对方驳倒固然令人高兴,但也未必非将对方批驳得体无完肤才行。因为只要略想就可知道,这样做其实是很愚蠢的,不但对自己毫无好处,甚至有时还会适得其反。

当我们和他人发生摩擦时,首先要了解他的想法,然后在顾及对方颜面的前提下,陈述自己的意见,给对方留有余地。这一点在处理人际关系时必须记住。

中国人在识人方面一向有独到的眼光,尤其是那些正人君子。所谓"君子交绝不出恶声",即在这个世界上,与人亲密地交往时,需诚意待人,纵使交恶断绝往来,也不可口出恶言,说对方的不是。这是因为:第一,倘若说了绝交者的坏话,等于承认自己识人不清。第二,说坏话诽谤他人,对方终究会有所耳闻,他也会将自己的怨恨一股脑儿发泄。须知,道人之短者,除了于自己名声不利外,是捞不到任何好处的。

礼就是敬重人。天逸子说:"以礼敬于人,人们就服从你;以礼敬于神,神就保佑你;以礼敬于天,天就会相助你。"这是不可改变的道理。

荀子认为,不仅对贤能的人应当有礼,而且对不肖的人也应当有礼。人生活在现实社会中,不能独处、孤立,孤立就危险,不孤立就是有交往。君臣之间,父子之间,夫妇之间,长幼之间,四海之内的朋友之间,都有交往,要交往就必须依靠礼来维持,礼既是一种规矩,又是一种态度。态度主要表现在脸上,换上一副面孔,一种好的态度,在面上有礼有度,人与人之间才会有情有面,一派祥和。

请记住:你要别人怎样待你,你就先怎样待别人。依据这一法则,我们有必要不断地调整和完善我们的处世准则和方法。要学会给人尊重,给人赞美,以礼待人。

第二十章 问政

这一章是《中庸》全篇的重点，接续前章，分几个层次：

首先借孔子的回答提出了为政准则——文武之道。讨论了政事与人的关系，

认为人的关键是道德修养，提出了德的内涵：仁、义、礼、智。并认为四者来源于

天，是自然的道德法则。从而推导出天下人共有的君臣、父子、夫妇、兄弟、朋友

五达道，突出了实践此达道的智、仁、勇三达德。

其次，接上文提出了治理天下国家的九条原则，并讨论了这九条原则的重要

性，以及如何实现这些原则。认为关键在于一个『诚』字。这和《大学》修齐治平有

共通之处。

再次，由诚引出天道和人道，圣人和凡人的问题。认为天道就是诚，即真实无

妄。圣人和天道同一，是自然之诚。圣人不用勉力，不用思考，就可以从容达

到中道。而人道往往不诚，必须经过自反，关键在于『择善而固执』，即紧紧抓住

一个『善』字。善当然包括仁、义、礼、智四德。一般人，也就是学知、困知、利行、勉

行之人，在学习时，要注意学、问、思、辨、行这些学习方法和原则。

《论语·子张》中也有类似思想，如子夏说：『博学而笃志，切问而近思，仁在

其中矣。』与之相比，《中庸》增加了力行的内容，而且内容更加丰富全面。

【原文】

哀公问政。子曰:"文武之政,布在方策①。其人存②,则其政举;其人亡,则其政息③。人道敏政,地道敏树④。夫政也者,蒲卢也⑤。故为政在人,取人以身,修身以道,修道以仁。仁者,人也,亲亲为大⑥。义者,宜也,尊贤为大。亲亲之杀⑦,尊贤之等,礼所生也⑧。(在下位,不获乎上,民不可得而治矣⑨。)故君子不可以不修身。思修身,不可以不事亲;思事亲,不可以不知人;思知人,不可以不知天。"

【译文】

鲁哀公向孔子询问政治。孔子说:"周文王、周武王的政治措施,都记载在典籍上了。这样的贤人在世,这些政事就能实施;他们去世,这些政事也就废弛了。贤人治理国家,政事就能迅速推行;沃土植树,树木就能快速生长。政事就像芦苇生长一样快速容易。所以处理好政事完全取决于用什么人,要得到适用的人在于修养自身,修养自身在于遵循道德,遵循道德要以仁为本。仁,就是人自身具有爱人之心,亲爱亲人是最大的仁。义,就是事事做得适宜,尊重贤人是最大的义。亲爱亲人要分亲疏,尊重贤人要有等级,这就产生了礼。所以,君子不可以不修身。想要修身,不能不侍奉父母亲人;要侍奉父母亲人,不能不了解人;想要了解人,不能不知道天理。"

【注释】

①布在方策:记载在书中。布,陈述。策,通"册"。书写用的竹简。

②其人存:倡导某项政策的人处在相应的位置。人,指处于一定位置的执政者。

③息:停止,消失。

④人道敏政:人对于政令的反应是敏锐的。人道,人的天性。是与"天道"相对应的古代哲学概念。敏,迅速,敏锐。地道敏树:土地对于种子的反应是及时的。地道,即地利,土地的本质。也是与"天道"相对应的古代哲学概念。树,栽培树木,种植五谷。

⑤蒲卢:沈括以为蒲卢就是蒲苇。即芦苇。水生植物,生长迅速,柔韧顺变。这里用以说明为政之道。比喻君子从政得到贤臣辅佐就会很快取得成功。又《尔雅》云"蜾蠃,蒲卢",即今之细腰蜂。即土蜂。《诗》曰:"螟蛉有子,蜾蠃负之。"蒲卢,取桑虫之子以为己子。

⑥亲亲:前者为动词,作亲爱解;后者是名词,指亲人,如父母等。

⑦杀(shài):等差,区别。亲亲之杀:指亲爱亲族是根据关系远近有所分别。《礼记·文王世子》曰:"其族食世降一等,亲亲之杀也。"

⑧礼所生也:是礼仪的规定。礼,等级制度下的社会规范和道德标准。

⑨在下位不获乎上,民不可得而治矣:郑玄说:"此句在下,误重在此。"郑说有道理,当删。

【人物简介】

鲁哀公(公元前? —公元前 468),姓姬,名蒋,鲁定公的儿子。公元前 495 年继立为鲁君,在位 27 年。谥号哀。

‖【历代论引】‖

郑玄说:人之无政,若地无草木矣。蒲卢取桑虫之子,去而变化之,以成为己子。政之于百姓,若蒲卢之于桑虫然。又说:在于得贤人也。明君乃能得人。

孔颖达说:文王、武王为政之道,皆布列在于方牍简策。虽在方策,其事久远,此广陈为政之道。若得其人,道德存在,则能兴行政教,故云"举"也。其人若亡,道德灭亡,不能兴举于政教。若位无贤臣,政所以灭绝也。又说:为人君当勉力行政。为地之道,亦勉力生殖也。人之无政,若地无草木。地既无心,云勉力者,以地之生物无卷,似若人勉力行政然也。善为政者,化养他民以为己民,若蒲卢然也。又说:君行善政,则民从之,故欲为善政者,在于得贤人也。君欲取贤人,先以修正己身,则贤人至也。欲修正其身,先须行于道德也。欲修道德,必须先修仁义。

孔颖达说:行仁之法,在于亲偶。欲亲偶疏人,先亲己亲,然后比亲及疏。若欲于事得宜,莫过尊贤。五服之节,降杀不同,是亲亲之衰杀。公卿大夫,其爵各异,是"尊贤之等"。礼者所以辨明此上诸事。又说:思念修身之道,必先以孝为本。既思事亲,不可不先择友取人也。欲思择人,必先知天时所佑助也。谓人作善,降之百祥;作不善,降之百殃,当舍恶修善也。

朱子说:有是君,有是臣,则有是政矣。又说:以人立政,犹以地种树,其成速矣,而蒲苇又易生之物,其成尤速也。言人存政举,其易如此。又说:此承上文人道敏政而言也。为政在人,家语作"为政在于得人",语意尤备。人,谓贤臣。身,指君身。道者,天下之达道。仁者,天地生物之心,而人得以生者,所谓元者善之长也。言人君为政在于得人,而取人之则又在修身。能修其身,则有君有臣,而政无不举矣。又说:人,指人身而言。具此生理,自然便有恻怛慈爱之意,深体味之可见。宜者,分别事理,各有所宜也。礼,则节文斯二者而已。又说:为政在人,取人以身,故不可以不修身。修身以道,修道以仁,故思修身不可以不事亲。欲尽亲亲之仁,必由尊贤之义,故又当知人。亲亲之杀,尊贤之等,皆天理也,故又当知天。

##【原文】

　　天下之达道五①,所以行之者三。曰:君臣也,父子也,夫妇也,昆弟也②,朋友之交也;五者,天下之达道也。知、仁、勇三者,天下之达德也,所以行之者一也③。或生而知之④,或学而知之⑤,或困而知之⑥,及其知之一也。或安而行之⑦,或利而行之⑧,或勉强而行之⑨,及其成功一也。子曰:“好学近乎知,力行近乎仁,知耻近乎勇。知斯三者,则知所以修身;知所以修身,则知所以治人;知所以治人,则知所以治天下国家矣。”

##【译文】

　　天下共通的人伦大道有五条,用来实行这五条人伦大道的德行有三种。君臣之道、父子之道、夫妇之道、兄弟之道、朋友之道,这五项是天下共通的大道。智、仁、勇三种是天下共通的品德,用来履行这五条人道,这三种品德的实施效果都是一致的。对这些道理,有的人生来就知晓,有的人通过学习才知晓,有的人经历了困苦才知晓,但只要他们最终都知道了,也就是一样的了。对于这些道理的实行,有的人心安理得地去做,有的人因为名利去做,有的人被迫勉强去做。孔子说:“爱好学习就接近智了,努力行善就接近仁了,知道羞耻就接近勇了。知道这三点,就知道怎样修养自己;知道怎样修养自己,就知道怎样治理他人;知道怎样治理他人,就知道怎样治理天下和国家了。”

##【注释】

①达道:天下古今共同遵循的道理。

②昆弟:兄和弟,也包括堂兄堂弟。

③达德:天下古今共同具备的德性。一:指诚。

④生而知之:天赋超常,天生自知,具有天成的高贵品质。

⑤学而知之:通过自己的学习实践而求得知识和学问,提高自己的修养。

⑥困而知之：因为身处困境，迫于情势，因而刻苦求学，乃有所知所成。

⑦安而行之：无欲无求，顺天应人，无为而为，安然处之。

⑧利而行之：因为对于自己有利，于是在利益的引导下欣然而行之。

⑨勉强而行之：勉力自强，奉行不懈。

【历代论引】

郑玄说：达者，常行，百王所不变也。又说：长而见礼义之事，己临之而有不足，乃始学而知之，此"达道"也。又说：有知、有仁、有勇，乃知修身，则修身以此三者为基。

孔颖达说：五者，谓君臣、父子、夫妇、昆弟、朋友之交，皆是人间常行道理，事得开通。知、仁、勇，人所常行，在身为德。百王用此三德以行五道。五事为本，故云"道"；三者为末，故云"德"。若行五道，必须三德。无知不能识其理，无仁不能安其事，无勇不能果其行，故必须三德也。百王以来，行此五道三德，其义一也，古今不变也。

程子曰：所谓诚者，止是诚实此三者。三者之外，更别无诚。

朱子说：达道者，天下古今所共由之路，即书所谓五典，孟子所谓"父子有亲、君臣有义、夫妇有别、长幼有序、朋友有信"是也。知，所以知此也；仁，所以体此也；勇，所以强此也；谓之达德者，天下古今所同得之理也。一则诚而已矣。达道虽人所共由，然无是三德，则无以行之；达德虽人所同得，然一有不诚，则人欲间之，而德非其德矣。又说：知之者之所知，行之者之所行，谓达道也。以其分而言：则所以知者知也，所以行者仁也，所以至于知之成功而一者勇也。以其等而言：则生知安行者知也，学知利行者仁也，困知勉行者勇也。盖人性虽无不善，而气禀有不同者，故闻道有蚤莫，行道有难易，然能自强不息，则其至一也。

吕氏曰：所入之涂虽异，而所至之域则同，此所以为中庸。若乃企生知安行之资为不可几及，轻困知勉行谓不能有成，此道之所以不明不行也。

《礼记正义》曰：明修身在于至诚，若能至诚，所以赞天地、动蓍龟也。博厚配地，高明配天。

【原文】

凡为天下国家有九经①。曰：修身也，尊贤也，亲亲也，敬大臣也，体群臣也，子庶民也②，来百工也，柔远人也，怀诸侯也③。修身则道立，尊贤则不惑，亲亲则诸父昆弟不怨，敬大臣则不眩④，体群臣则士之报礼重，子庶民则百姓劝⑤，来百工则财用足，柔远人则四方归之，怀诸侯则天下畏之。

【译文】

凡治理天下国家有九条原则。那就是：修养自身，尊重贤人，亲爱亲人，敬重大臣，体恤群臣，爱民如子，招纳工匠，优待远客，安抚诸侯。修养自身，就能确立正道；尊重贤人，就不会思想困惑；亲爱亲族，就不会惹得叔伯兄弟怨恨；敬重大臣，就不会遇事迷惑；体恤群臣，士人们的回报就会更加厚重；爱民如子，老百姓就会努力工作；招纳工匠，财物就会充足；优待远客，四方之人就会归顺；安抚诸侯，天下的人就会敬畏了。

【注释】

①九经：九条基本准则。经，经纬。常规，准则，纲要。

②体：体察，体恤。子庶民：以庶民为子，如父母爱其子。

③来：招来。百工：各种工匠。柔远人：优待边远地方来的人。怀诸侯：朝廷对所分封的各诸侯给予安抚和保护。怀：安抚。

④不眩：没有疑虑。眩，目眩眼花。引申为迷惑，失去方向。喻指政事紊乱。

⑤报：回报。劝：劝化。勉力：努力。

【历代论引】

孔颖达说：修正其身，不为邪恶，则道德兴立也。以贤人辅弼，故临事不惑，所谋者善也。又说：以恭敬大臣，任使分明，故于事不惑。前文不惑，谋国家大事，此云"不眩"，谓谋国家众事，但所谋之事，大小有殊，所以异其文。群臣虽贱，而君厚接纳之，则臣感君恩，故为君死于患难，是"报礼重"也。爱民如子，则百姓劝勉以事上也。百工兴财用也，君若赏赉招来之，则百工皆自至，故国家财用丰足。怀诸侯则天下畏之。君若安抚怀之，则诸侯服从，兵强土广，故"天下畏之"。

吕氏曰："天下国家之本在身，故修身为九经之本。然必亲师取友，然后修身之道进，故尊贤次之。道之所进，莫先其家，故亲亲次之。由家以及朝廷，故敬大臣、体群臣次之。由朝廷以及其国，故子庶民、来百工次之。由其国以及天下，故柔远人、怀诸侯次之。此九经之序也。"

朱子说:视群臣犹吾四体,视百姓犹吾子,此视臣视民之别也。又说:此言九经之效也。道立,谓道成于己而可为民表,所谓皇建其有极是也。不惑,谓不疑于理。不眩,谓不迷于事。敬大臣则信任专,而小臣不得以间之,故临事而不眩也。来百工则通功易事,农末相资,故财用足。柔远人,则天下之旅皆悦而愿出于其涂,故四方归。怀诸侯,则德之所施者博,而威之所制者广矣,故曰天下畏之。

【原文】

齐明盛服①,非礼不动,所以修身也。去谗远色②,贱货而贵德,所以劝贤也。尊其位,重其禄,同其好恶,所以劝亲亲也。官盛任使③,所以劝大臣也。忠信重禄,所以劝士也。时使薄敛④,所以劝百姓也。日省月试,既禀称事⑤,所以劝百工也。送往迎来,嘉善而矜不能⑥,所以柔远人也。继绝世,举废国⑦,治乱持危,朝聘以时⑧,厚往而薄来,所以怀诸侯也。

【译文】

像斋戒那样净心虔诚,穿着庄重整齐的服装,不符合礼仪的事坚决不做,这就是修养自身的原则。驱除小人,疏远女色,看轻财物而重视德行,这就是尊崇贤人的原则。提高亲族的爵位,给他们以丰厚的俸禄,与他们爱憎相一致,这就是亲爱亲族的原则。官员众多足供任使,这就是劝勉大臣的原则。真心诚意地任用他们,并给他们丰厚的俸禄,这就是奖劝士人的原则。使民服役不误农时,少收赋税,这就是勉励百姓的原则。每天省察,每月考核,付给他们的薪水粮米与他们的业绩相称,这就是奖劝工匠的原则。来时欢迎,去时欢送,嘉奖有善行的人,怜恤能力差的人,这就是优待远客的原则。延续绝嗣的家族,复兴废亡的小国,治理祸乱,扶持危弱,按时接受诸侯朝见聘问,赠送丰厚,纳贡菲薄,这就是安抚诸侯的原则。

【注释】

①齐明盛服:斋戒沐浴,使身心洁净,身穿盛装。齐,通"斋"。

②谗:说别人的坏话。这里指说坏话的人。

③官盛任使:官员众多,足够听任差遣使用。

④时使:指役使百姓不误农时。薄敛:赋税轻。

⑤省(xǐng):省察。试:考核。既廪(xì lǐn)称事:发给的薪水粮米与工作业绩相称。既廪,即"饩廪",指薪水粮食。称,符合。

⑥嘉善而矜不能:勉励嘉奖善举,体谅宽容失误。矜,怜悯,谅解。

⑦继绝世:延续已经中断的家庭世系。举废国:复兴已经没落的邦国。

⑧持:扶持。朝聘:诸侯定期朝见天子。每年一见叫小聘,三年一见叫大聘,五年一见叫朝聘。

【原文】

凡为天下国家有九经,所以行之者一也。凡事豫则立①,不豫则废。言前定则不跲②,事前定则不困,行前定则不疚③,道前定则不穷。

【译文】

总而言之,治理天下和国家有九条原则,但实行这些原则的方法却只有一个。任何事情,事先有准备就会成功,没有准备就会失败。说话先有准备,就不会语言不畅;做事先有准备,就不会出现困窘;行动先有准备,就不会后悔;道路预先选定,就不会走投无路。

【注释】

①豫:通"预",预谋。计划。

②跲(jiá):绊倒。此处指说话不顺畅。

③疚:惭愧。

【历代论引】

孔颖达说:将欲发言,能豫前思定,然后出口,则言得流行,不有踬蹶也。欲为事之时,先须豫前思定,则临事不困。欲为行之时,豫前思定,则行不疚病。欲行道之时,豫前谋定,则道无穷也。

朱子说:一者,诚也。一有不诚,则是九者皆为虚文矣,此九经之实也。又说:凡事,指达道达德九经之属。凡事皆欲先立乎诚。

《礼记正义》曰:人若行不豫前先定,人或不信病害之。既前定而后行,故人不能病害也。

在下位不获乎上,民不可得而治矣。获乎上有道:不信乎朋友,不获乎上矣。信乎朋友有道:不顺乎亲①,不信乎朋友矣。顺乎亲有道:反诸身不诚,不顺乎亲矣。诚身有道:不明乎善,不诚乎身矣。

【译文】

在下位的人,如果得不到在上位者的信任,就不可能治理好民众。得到在上位者的信任是有规则的:得不到朋友的信任,就得不到在上位者的信任。得到朋友的信任是有规则的:不能让父母顺心,就得不到朋友的信任。让父母顺心是有规则的:反省自己不真诚,就不能让父母顺心。使自己真诚是有规则的:不明白什么是善,就不能够使自己真诚。

【注释】

①顺乎亲:顺从亲人的心意,使父母心情快乐。亲,指父母亲。

【历代论引】

郑玄说:臣不得于君,则不得居位治民。知善之为善,乃能行诚。

《礼记正义》曰:此明为臣为人,皆须诚信于身,然后可得之事。

孔颖达说:人臣处在下位,不得于君上之意,则不得居位以治民。臣欲得君上之意,先须有道德信着朋友。若道德无信着乎朋友,则不得君上之意矣。欲得上意,先须信乎朋友也。欲行信着于朋友,先须有道顺乎其亲。若不顺乎其亲,则不信乎朋友矣。欲顺乎亲,必须有道,反于己身,使有至诚。若身不能至诚,则不能"顺乎亲矣"。欲行至诚于身,先须有道明乎善行。若不明乎善行,则不能至诚乎身矣。言明乎善行,始能至诚乎身。能至诚乎身,始能顺乎亲。顺乎亲,始能信乎朋友。信乎朋友,始能得君上之意。得乎君上之意,始得居位治民也。

朱子说:以在下位者,推言素定之意。反诸身不诚,谓反求诸身而所存所发,未能真实而无妄也。不明乎善,谓未能察于人心天命之本然,而真知至善之所在也。

【原文】

诚者,天之道也;诚之者①,人之道也。诚者,不勉而中,不思而浥，从容中道②，圣人也。诚之者，择善而固执之者也③。博学之，审问之，慎思之，明辨之，笃行之④。有弗学，学之弗能，弗措也⑤；有弗问，问之弗知，弗措也；有弗思，思之弗浥，弗措也；有弗辨，辨之弗明，弗措也；有弗行，行之弗笃，弗措也。人一能之，己百之；人十能之，己千之。果能此道矣，虽愚必明，虽柔必强。

【译文】

真诚，是上天的原则；追求真诚，是做人的原则。天生真诚的人，不用勉强就能做到，不用思考就能拥有，从从容容就能符合中庸之道，这是圣人啊。努力做到真诚的人，就是选择好善的目标执着追求的人。广泛学习，详细询问，周密思考，明确辨别，切实实行。要么不学，学了没有学会绝不罢休；要么不问，问了没有明白绝不罢休；要么不想，想了没有所得绝不罢休；要么不分辨，分辨了没有明确绝不罢休；要么不实行，实行了没有笃实绝不罢休。别人用一分的努力就能做到的，我用一百分的努力去做；别人用十分的努力做到的，我用一千分的努力去做。如果真能够做到这样，虽然愚笨也一定可以聪明起来，虽然柔弱也一定可以刚强起来。

【注释】

①诚之：使之诚，自己努力做到诚。诚，是人生来就有的天性，也是人应该遵循的原则。

②从容中道：行为自然，合乎规范。从容，举止行动自然，不慌不忙。中道，合乎规范。

③固执：坚定执着。

④审问：审慎地探问。明辨：明晰地分辨。笃行：笃实地履行。

⑤弗措也：不停止，不放弃，不罢休，不中断，不半途而废。弗，不。措，置。废置，搁置。

【历代论引】

郑玄说："诚者"，天性也。"诚之者"，学而诚之者也。因诚身说有大至诚。

《礼记正义》曰：前经欲明事君，先须身有至诚。此经明至诚之道，天之性也。则人当学其至诚之性，是上天之道不为而诚，不思而得。若天之性有杀，信着四时，是天之道。

孔颖达说：人能勉力学此至诚，是人之道也。不学则不得。唯圣人能然，谓不勉励而自中当于善，不思虑而自得于善，从容间暇而自中乎道，以圣人性合于天道自然，故云"圣人也"。由学而致此至诚，谓贤人也。言选择善事，而坚固执之，行之不已，遂致至诚也。又说：身有事，不能常学习，当须勤力学之。学不至于能，不措置休废，必待能之乃已也。以下诸事皆然。他人性识聪敏，一学则能知之，己当百倍用功而学，使能知之，言己加心精勤之多，恒百倍于他人也。又说：若决能为此百倍用功之道，识虑虽复愚弱，而必至明强。此劝人学诚其身也。

朱子说：承上文诚身而言。诚者，真实无妄之谓，天理之本然也。诚之者，未能真实无妄，而欲其真实无妄之谓，人事之当然也。圣人之德，浑然天理，真实无妄，不待思勉而从容中道，则亦天之道也。未至于圣，则不能无人欲之私，而其为德不能皆实。故未能不思而得，则必择善，然后可以明善；未能不勉而中，则必固执，然后可以诚身，此则所谓人之道也。不思而得，生知也。不勉而中，安行也。择善，学知以下之事。固执，利行以下之事也。又说：此诚之之目也。学、问、思、辨，所以择善而为知，学而知也。笃行，所以固执而为仁，利而行也。又说：五者废其一，非学也。又说：君子之学，不为则已，为则必要其成，故常百倍其功。此困而知，勉而行者也，勇之事也。又说：明者择善之功，强者固执之效。

吕氏曰：君子所以学者，为能变化气质而已。德胜气质，则愚者可进于明，柔者可进于强。不能胜之，则虽有志于学，亦愚不能明，柔不能立而已矣。盖均善而无恶者，性也，人所同也；昏明强弱之禀不齐者，才也，人所异也。诚之者所以反其同而变其异也。夫以不美之质，求变而美，非百倍其功，不足以致之。今以卤莽灭裂之学，或作或辍，以变其不美之质，及不能变，则曰天质不美，非学所能变。是果于自弃，其为不仁甚矣！

智慧运用

　　哀公问政。子曰："文武之政，布在方策。其人存，则其政举；
　　　　　　其人亡，则其政息。"

典句札记

　　这一章在《中庸》中相当重要，可以说是全书的枢纽，起着承前启后的作用。此句为本章开端，指出了本章的论述中心点：为政。
　　中国一直是一个政治型的社会，政治在社会生活中具有头等重要的地位，也是儒学探讨的头等话题。孔子提出"为政在人"、人存政举、人亡政息的问题，的确，政治往往随执政者不同而改变。强调执政者的修养，执政者修养不仅关乎政治成败，还关乎人民祸福。

政略得以推行实施的关键是人为政体的设计，无论多么完美，但都是人为的产物，都是靠人最终付诸实施。人是一切社会行为的本质。

历史和政治其实离百姓很近，百姓是政治的直接承受者，也是政治的终极目的。即使居住偏远，仍然不能游离于历史和政治影响力的辐射之外。

政治依靠强权，强制人们遵守它的法令与统治。宗教以其神秘与诱惑，恫吓和引诱人们去信仰它。而中庸则以其坦诚，吸引人们自觉自愿地奉行。

法律如果没有道德的配合，必将使一切变得更糟。政治如果没有良知的守护，必然更加腐败和黑暗，不可能清明。孔子的话语清楚地告诉我们，人在其位，则政举；其人不处其位，则政息。政治的清明与民主程度，完全取决于当政者的修养。

无论处在什么样的地位，重要的是端正自己。当你能够站立起来之后，你就可以随时选择方向，自由地举步了。

史例解读

失于自任，而不在于任人

陈元，字长孙。东汉苍梧广信（今广西区梧州市）人。少传父业，专攻《左氏春秋》，为之训诂，锐精覃思，以才高称名。与桓谭、杜林、郑兴俱为学者所宗。后拜为郎，迁司空，以病归乡里。

大司农江冯上书朝廷，认为应当让司隶校尉督察三公。陈元上书说："据我所知，自古以来，以大臣为师，必定称帝；以大臣为友，必定称霸。因此，周武王以姜子牙为师，齐桓公称管夷吾为仲父。近世如高皇帝优待礼遇相国，太宗给予宰辅以专权。只是到了王莽，汉家宗室衰落，以致于王莽独揽大权，窃取国柄。正因为如此，他以自己的行为得出结论：不信任大臣。从而剥夺公辅的职责，损害宰相的权力和威望，把全部权力都集中到自己手里，以刺探检举百官为明察，以诬陷攻讦为忠直。以至于仆从揭发君长，子弟检举父兄。网密法峻，大臣手足无措。纵使如此提防自专，却仍然不能禁止董忠之谋，最终没能逃避被杀的命运。因此，作为统治人民的君王，其祸患在于自我骄矜，而不在于大臣专断。失于自任，而不在于任人。所以，文王日夜劳心，周公吐哺礼贤，却根本没有听说过用刺探、检举、督察的方法来治理国家的先例。现在，天下动荡，国家未能统一，百姓们徘徊顾盼，民心未定。陛下应该努力实行文王、武王所创制的典章法度，继承祖先的德泽，劳心下士，屈节待贤，而不应当让官府督察三公。"他的意见为皇上所采纳。

现代运用

人生意义在于不断进取

大凡在事业上有所建树的人都同贝利一样，有着永不满足、不断进取的精神。

贝利在足坛上初露锋芒时，有个记者曾问他："你觉得，自己哪个球踢得最好？"他回答说："下一个！"

当贝利在世界足坛上大红大紫后，记者又问他同样的问题，而他仍然回答："下一个！"是的，人生最精彩的部分永远是在下一次。永远对未来充满憧憬，才能以更好的心态去面对希望，然后用这种满怀希望的心态做事，才能取得更大的成就。

在艺术界也有一个像贝利一样伟大的人，他就是西班牙著名画家毕加索。毕加索是91岁去世的，而当他90岁高龄时，拿起画笔开始创作一幅新画时，对眼前的事物仍然好像是第一次看到一样。年轻人总喜欢探索新鲜事物，探索解决新问题的方法。他们朝气蓬勃，热衷于试验，从不安于现状。老年人总是怕变化，他们知道自己什么最拿手，宁愿把过去的成功之道如法炮制，也不愿冒失败的风险。可毕加索不是普通人，当他90岁时，仍然像年轻人一样生活着，不安于现状，不断寻求新思路来突破自我，所以他成了20世纪最负盛名的画家之一。毕加索生前体验了从穷困潦倒到荣华富贵的转变，其艺术作品也经历了从无人问津到被人高度赞赏两种境遇。

这正是他永远把现在的成就看作是成功的一小步,满怀希望地憧憬着下一次成功的原因。

人生的意义在于不断进取。在面对工作、事业时,我们也应该以这样一种心态来面对,只有这样才能在下一次的竞争与挑战中取得更为辉煌的成就。

人道敏政,地道敏树。夫政也者,蒲卢也。

【典句札记】

孔子在此指出了只有贤能的人治理国家,国家才会尽快繁荣富强。

权威与财势不足凭恃,只有我们的德行能够令人心悦诚服,并能够为人所乐于接受。对于一个国家或一个地方的治理,并不在于制定了多少法令或制度,关键在于执政者的良知与德行。"民为邦本,本固邦宁。"百姓安定,国家就必然稳定发展,国力也就强大。

中就是包容,是是与非两个方面共存共生的和谐状态。庸就是依时依事所做出的取舍。

无论做什么事,不论我们的初衷如何,只有诚能够取得最终的成就。也只有诚,才有可能得到永恒的友谊,获得长久的合作。才有可能使我们所推行的事业取得成功。

史例解读

县令灌瓜

春秋时代,梁国和楚国邻界。梁国任命宋就去任县令。

当地的气候适宜种植瓜果,两国的种植习惯也相同,都在自己的土地上种了瓜。

这年天气干旱,瓜苗正在成长时受到灾害,梁国人管理精心,勤于灌溉,于是,瓜苗长势明显好转。

楚国人管理粗疏,只是一味靠天,不主动地进行抗灾自救,对瓜田既不灌溉也不勤加管理,所以幼弱的瓜苗已趋枯萎。看到这种状况,楚国人心里很不是滋味,于是产生嫉恨心理。他们就在夜间去毁坏梁国人的瓜田。

梁国人很愤怒,打算报复,一场村民间的争斗即将发生,可能酿成大的动荡,影响边界的安定。

这时,县令宋就召集村民,他说:作为邻居,不应当睚眦必报,使积怨加深,应当和睦相处,互相照应,只有双方和谐相处,保持安定,大家才都能安居乐业,才能共同有一个丰硕的收获。

梁国人接受了他的意见,于是他让梁国人在浇灌自己的土地的同时,也灌溉楚国人的瓜田。当楚国人从戒备中回过神来,看到梁国人不但没有报复,反而毫无怨言地暗中帮助他们浇灌瓜田,楚国人很受感动,双方便解除了旧怨,不再对立,友好相处。从此,梁、楚两国建立起了友好关系。

为政其实就像耕种一样,只要栽上秧苗,撒上种子,都会生根发芽,开花结果。

现代运用

推己及人,将心比心

黄跃是一位留学生,曾经在美国的一家快餐店打工。有一天,他不小心把一小包糖当作咖啡伴侣给了一个女顾客。女顾客非常气愤,因为她正在减肥,必须禁食糖和一切甜点心。她大声嚷嚷,简直把那包糖当成了毒药,"哼,你想害我吗!难道你还嫌我不够胖吗?"当时黄跃完全不知道减肥对美国人有多么重要,他一下子不知所措。

这时,黑人女经理闻声而来,她在黄跃耳边轻轻地说:"如果我是你,马上道歉,把她要的快给她,并且把钱退还给她。"黄跃照着经理的话做了,再三道歉,那女顾客就不出声了。这件事是快餐店的一次小事故,黄跃等着经理来批评或辞退自己。可是,经理只是过来对黄跃说:"如果我是你,下班后我大概会把这些东西认认真真熟悉一下,以后就不会再犯这样的错误了。"不知为什么,这一句"如果我是你",竟令黄跃感动不已。后来,他无论在学校上课,还是在其他地方打工,才发现老师也好,老板也好,明明是对你提出不同意见,明明是批评你,但他们很少有人会直截了当地说:"你怎么做成这样?你以后不能这么干!"而是常常委婉地说:"如果我是你,我大概会这样做……"这句话不但没有使人感到沮丧,反而让人感到有那么点温暖,那么点鼓励。

仔细分析,这些人说的话只是多了那么几个字,就一下子站到了自己的立场。大家一平等,情绪自然不会对立,沟通也就更容易进行。

自己希望怎样生活,就要想到别人也会希望这样生活;自己不愿意别人怎样对待自己,就不要那样对待别人;自己希望在社会上能站得住,能通达,就也帮助别人站得住,帮助别人通达。总之,从自己的内心出发,推及他人,理解他人,对待他人,这才是最好的处世手段。

故为政在人,取人以身,修身以道,修道以仁。

【典句札记】

本句话层层深入,由重用人才推到修养自身,再到修身正道的根本,即做人的根本——仁德。

获得人才是实现良好领导、管理的关键,关于这一点我们当然很容易理解,我们也常常说现代社会的竞争在很大程度上是对人才的争夺。然而,怎样才能获得贤德的人才呢?孔子给我们的答案是,统治者首先要修养自身,只有统治者自己在各方面的修养提高了,真正明白了人生的大道和政治统治的核心,认识到了自然、社会的规律与兴衰现象,才可能具有广阔的胸怀、深邃的思想、卓越的领导能力,这样贤才才会慕名而来,这就是所谓的"得人心者得天下"。

那么,怎么才能修养自身呢?孔子告诉我们,修养自身的关键在于修养正道,也就是要把心摆正,以正道行事。修养正道最根本的就是修仁德之心,仁德既是我们做人的根本,也是当好统治者的根本。管理者有无仁德之心更是管理能否成功的关键。尧、舜、禹、汤、文、武有仁德之心,所以施行的就是仁政,以人道治天下,独夫民贼商纣王,隋炀帝没有仁德之心,自然就上演了酒池肉林的闹剧和对人民施行暴政的惨剧。

孔子曾经说过,君子要有渊博的知识,这样才能通达事理,然而如果有很多知识却没有道德原则的约束的话，那么就容易偏离正道。这其实就是一种既重智又重德的理念。在现实生活中，我们也时常听到，某IT精英用所掌握的计算机技术为自己窃取利益或是报私仇，也有人常常议论某某人学历升高了，道德水准却下降了，更有人因为熟悉法律法规而轻车熟路地钻起法律的空子来了……所有这些都说明修养正道对于普通人尚且十分重要，对于一个统治者来说其重要性更是可想而知了。

家事国事天下事，事事都得重视。只有处理好家事，才有可能办理好国家的事，也才有能力承担天下的大事。而修身则是终身的根本大事。"邦之兴，由得人也；邦之亡，由失人也。"(唐代白居易《辩兴亡之由策》)意思是说：国家的兴盛，在于得到了有才能的人的扶持；国家的灭亡，是由于失去了贤德的人的辅佐。

国家的兴旺发达，取决于政务是否得当。"为政在人，取人以身，修身以道，修道以仁"；仁，深植于我们的内心。政事的得失，关键在于执政者的德行。正心，就是端正我们的良心。以天地之心为心。仁德就像一粒种子，施予就如同播种了德行。

史例解读

举仁德者为官

盖苗，字耘夫，大名元城人。幼聪敏好学，善记诵，及弱冠，游学四方，登进士第，授济宁路单州判官。辟御史台掾，除山东廉访司经历，历礼部主事，擢江南行台监察御史。户部侍郎。升侍御史，寻拜中书参知政事、同知经筵事。史评："盖苗学术淳正，性孝友，喜施与，置义田以赡宗族。平居恂恂谦谨，及至遇事，张目敢言，虽经挫折，无少回挠，有古遗直之风焉。"

盖苗任参知政事，同知经筵事。执政大臣提议派出侍卫人员去任郡、县长官，使他们的生活境况得以改变。盖苗当即提出不同见解，他说："郡、县长官的职责是管理抚养民众，怎么能作为滋养官员改变他们生活的地方呢？如果有人的生活真正清贫不能维持，吃、穿无以为继，妻儿饥寒冻馁，那么给予他们补助一些钱财也是可以的。但是如果选择任命郡、县长官，就必须选拔有才能且品德高尚的人才行,绝不能因为他们贫穷就让他们任郡、县长官。"从此这种说法不再有人提起。

🌀 现代运用

做人就要当仁不让

他是一家电视台的主持人,在这家公司干了五年多,他的新闻节目最近被评为当地第一流的节目,可是三年前,当他与电视台谈判签订劳动合同时,遇到了严重的阻力。电视台经理向他暗示,没有辞退他已经是很幸运的事情了。

当他要求修改合同时,电视台经理大发雷霆,但他坚信自己有能力做好,也有他本身的价值,坚决不让步。为此,每天新闻部主任都把他叫进办公室,对他横加指责,而且每次训斥结束时总是说:"你就签了这合同吧。"几个月过后,他依然不动摇,最后,电视台经理答应了他提出的每一项要求。但是,在他签合同之前,他把那份合同拿给律师看,想征求一下律师的意见。这位律师建议在措辞上要改动几处。他回到公司跟经理提起这件事,经理又一次责骂他,说他自私、不讲道德,但他就是不让步。最终,根据双方意愿,对合同的措辞进行了修改。

最近,他与同一家电视台又签了一份为期三年的合同,这一回容易多了。他说:现在,他们都知道我是一个什么样的人,我说到就一定会做到。跟我在一块工作的人都对我说,我应该要求比我真正想要的更多,然后再让步,这样使主管们有胜利感。可是我不以为然,我要求他们给我提供必要的条件,而其他锦上添花的条件我不会奢求。

这个故事的意义不在于他强硬的态度,而是说明一个道理:没有任何条条框框可以左右你应该得到的东西。只要自己对这份工作有足够的能力,也能在工作中真正发挥自己的价值,你就有能力坚持得到自己想要的。

中庸思想要求做人处世不偏不倚,但是,当遇到对自己利益不利的情况,就应该据理力争,只要是自己的言行举止都能符合"恭、宽、信、敏、惠"这五种品德,那么就合乎"仁道",也就不违背中庸处世原则,也就不会与

"仁道"相背离。

"当仁不让",首先要先修养自身,而且要有明辨是非的洞察力,是"仁"则为之而不需让,不"仁"则拒而不沾。其次,还需要保持旺盛的进取心,是"仁"则孜孜以求,锲而不舍。"当仁不让",表现在工作上就是要不分分内分外,分内的工作就一定要竭尽全力地把它做好,分外之事也不作非分之想。

仁者,人也,亲亲为大。义者,宜也,尊贤为大。

【典句札记】

此句论述的是仁德的体现。孔子说,爱自己的亲人是最大的仁德。我们常说,一个连自己的父母亲人都不爱的人,更不可能去爱他人。只有能够爱自己的亲人,行"孝悌"之义,才可能进一步去爱其他人,正如孟子所言的,"老吾老,以及人之老,幼吾幼,以及人之幼"。所以说"仁"是做人的根本。

对与自己有血缘、亲缘关系的人,我们要孝或者悌,由此推而广之;对于那些与我们非亲非故、没有血缘关系的人,我们要怎样对待呢?孔子给出了我们答案:做人要有"义"。什么是"义"呢?孔子说,"义"就是"适宜"也就是接人待物要适宜,要合乎情与理,有中庸的智慧,最大的"义"就是尊敬贤德的人。只有看重贤德的人,远离奸佞无能的人,才是站在了正义、道德、伦理、正确的一方,做起事情来自然而然就会合乎"义"。如果对待贤德的人与对待奸佞小人一个样子,那怎么谈得上是"义"呢?所以,我们百姓为人处世也好,统治者治理天下也好,要想凡事合乎道义,首先就要尊敬、亲近、重用那些有能力的贤德之人。

史例解读

亲亲为大

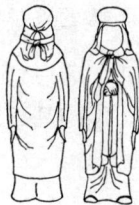

老莱子是春秋时期楚国人,道家的代表人物。

老莱子一生未做官,家境贫苦,生活艰难。他同妻子每天日出而作,日落而归,靠耕种过活。当时,诸侯争霸,战争频仍,为避兵荒马乱之苦,他与妻子扶二

老莱子戏彩娱亲图

老逃奔到蒙山南麓而居，开荒种地。他凭着一颗孝心和一双大手，砍些树木树枝，割些芦苇山草，搭起两间小屋。为父母做了床，编了张席子，尽力让父母亲舒适些。他和妻子精打细算，省吃俭用，把米面留给父母吃。他和妻子经常吃野菜充饥。

当老莱子七旬时，他的父母还健在，只是行动不便了。老莱子凭着一腔赤诚、一片孝心对父母体贴入微，关心备至，让二老颐养晚年。他认为儿子在父母跟前永远是孩子。为让父母生活得快乐，他想方设法引逗二老发笑，唤起老人对往事的回忆。

他经常想方设法哄二老高兴。一次，他脸上涂些油彩，穿了件五颜六色的花衣服，像小孩子一样在地上爬，翻跟头，学狗叫，直到把父母逗笑了为止。

又有一次，他弄了个鼓，边敲边唱。唱词是父母曾经给自己讲的那些故事，如大禹治水、武王伐纣之类。他用怪腔怪调演唱，怎么让父母高兴就怎么唱！

另有一次，他挑水进屋，故意跌倒，躺在地上学婴儿啼哭，他父母起身去扶他。他一下子跳起来说："我跟二老闹着玩呢。"父母乐得捧腹大笑说："你这孩子，越老越顽皮。"

老莱子避世躬耕，孝敬父母的事，远近传播，天下闻名。孔子对此曾感慨道："对于父母双亲来说，儿子年迈并不算老；而让父母双亲伤心，才算真正的老。像老莱子，这可以说是不失孺子之心啊！

🌀 现代运用

行"仁义"之道

两个女中学生是邻居，她们都觉得附近的一个孤独的盲人挺可怜的，于是

两个人在一起商量，决定为他做点好事。这天中午，她们发现盲人走出了家门，就小声商量帮盲人把衣服洗了。可是盲人已经听到了有人说话。他发现自己的衣服不在盆里了，就觉得一定是她们把衣服藏了起来，他顿时感到自己受了她们的欺负和羞辱，就破口大骂起来。

不久，邻居们也知道了这件事，都以为是她们欺负了盲人。两个女生的父母也听说了，就批评了她们，两个女生感到很委屈，她们并没有欺负那个盲人，而是真心地想帮助他。两个女生本来是出自好心，结果弄得双方都不痛快。关键就在于她们没有掌握好方法，如果直接对盲人说"我们来帮你晾衣服吧"，结果就不会这样了。

每个人都有自尊心，即使是在需要别人帮助时，也会不卑不亢，如果你把握不好其中的分寸，在他看来，你就是在同情他而不是在帮助他。

他当然不愿意接受他认为的"有损尊严"的帮助。所以，在给人以无私的帮助时，一定要注意给对方留点面子，与陌生人交往更应该如此。

你耕种什么，就收获什么。帮助一个素不相识的陌生人，不要觉得自己只是在付出，而当你有一天遇到困难的时候，这个陌生人或许就会伸出援助之手，帮助你渡过难关。

在下位不获乎上，民不可得而治矣。
故君子不可以不修身。
思修身，不可以不事亲；思事亲，不可以不知人；思知人，不可以不知天。

【典句札记】

作者在此由修身推及事奉亲人、了解他人，再到懂得中庸之道。他是想告诉我们中庸之道的必要性与重要性。人们接人待物总有亲疏主次之分，即使是对自己的亲人也因为血缘的远近、日常走动是否频繁等等，而有了远近亲疏的差别。比如通常来说，我们对自己的亲生父母的感情就要重于叔伯姑姨，所以我们不可能对每一个人、每一件事都搞平均主义，中庸之道不包括平均主义，对人对事恰到好处，适可而止才是中庸的智慧。就算是想重用那些有贤德有能力的人，也要根据他们的能力与工作性质的不同把官职分为不同的等级。比如任用最有才能的人担任最高的职位，重要的工作就交给他去做，任用才能差一点的人担任重要性低一点的职位，因此就有了等级，于是相应的礼制和秩序也就产生了。这样我们就要按照规矩、原则为人处世，接人待物，以保持我们生存其中的社会的安定祥和。孔子总结说：君子不可以不修养自身。要想修身，就不可以不侍奉好亲人；要想侍奉亲人，就不可以不了解他人；要想了解他人，就不可以不懂得天理。这个"天理"，就是指天下的规律以及做事的道理，中庸之道便包含于其中。

🏛 史例解读

不因私恩而废公德

崔洪，字良伯。晋代博陵安平(今河北省安平县)人。少以清厉显名，骨鲠不同于物，人之有过，辄面折之，而退无后言。武帝时为治书御史，后为尚书左丞。时人为之语曰："丛生棘荆，来自博陵。在南为鹞，在北为鹰。"举用贤士，门无私谒。官至大司农。

崔洪举荐雍州刺史郤诜代替自己任左丞。后来，因事连坐，郤诜领旨审查崔洪的问题。崔洪对人说："我推荐郤诜任左丞，他却参奏我，这是我拿起弓箭射向自己的一箭啊。"郤诜听到后，说："从前，赵宣子任用韩厥为司马，韩厥依据军法，杀掉了赵宣子的仆从。赵宣子对各位大夫说：'你们应该向我祝贺啊，我推荐的韩厥完全能够担当重任。'崔洪前辈为国家荐举人才，没有私心，我也是因为略有微才幸而被举荐任用。所以，更应该尽心竭力恪尽职守，不敢有负重望啊，各自出于至公而无任何杂念，先生在私下哪能说出这样的话语呢？"崔洪听到这番话以后，更加器重郤诜。

感恩之心

感恩也是一种"仁"，也是一种靠修养得来的"仁"。

一个为人处世具有中庸思想的人，不管是对自己的父母亲人还是每天与你擦肩而过的人，都要抱有一颗感恩的心，一颗对人平等、感激、火热的心。

湖南有一对姐妹，小的时候因为不小心而落水，被一个过路的好心人救了上来，而那个人没有留下姓名就走了。两姐妹和她们的父母都觉得，生命是人家救的，却连一声谢谢的话都没有对人家说，一家人决定要找到这个恩人，一定要当面对他说声"谢谢"。这一找，就是十几年，父亲去世了，两姐妹和母亲接着千方百计地继续找，终于找到了这位恩人，为的就是感恩。两姐妹跪拜在地上向恩人感恩的时候，她们两人和那位恩人以及过路的人都禁不住落下了眼泪。

作家肖复兴讲过一个他亲身经历的故事：那天，我在崇文门地铁站等地铁，一个四五岁的小男孩，从站台的另一边跑了过来。他问我到雍和宫坐地铁哪边近，我告诉他就在他那边。他高兴地又跑了回去，我看见他妈妈在那边等他。等了半天，地铁也没有来，我走了，准备去打的。当我走到地铁出口时，就听见小男孩在后面叫："叔叔，叔叔。"我不知道他要干什么，便站在那等他。我问他有事吗？他气喘吁吁地说：我刚才忘了跟您说声谢谢了。妈妈问我说谢谢了吗？我说忘了，妈妈让我追你。

一个四五岁的小男孩，一位母亲，一个最平凡的故事，一句最简单的"谢谢"，给人震撼却是那么大，都是因为有一颗感恩的心，一句"谢谢"也可以触动人的心弦。我们也永远都要学会说"谢谢"，也都要学会感恩，对世界上不管是什么人给予自己的哪怕是再微不足道的帮助和关怀，也都不要忘记了感恩。

我有这样一个朋友，他家境不是很好，大学毕业以后，在上海找到了一份不错的工作，家境也渐渐好起来。有一次朋友说：每次看到父亲和母亲他们忙碌的时候，我总是想对他们说声"谢谢"或是其他感激他们的话，但总是说不出口，为此，每到夜里，躺在床上想想以前困苦的日子，只能一个人用被子蒙着头大哭一场。我很了解这位朋友，也知道他说的都真的。其实，那些感激的话真的不难开口，不要不愿意开口。

不管是对自己的家人还是对他人，能说一句"谢谢"之类感激的话，就说明你已经接近了"仁"，因为你有一颗"仁爱"的心，有一颗"感恩"的心。

天下之达道五，所以行之者三，曰：君臣也，父子也，夫妇也，昆弟也，朋友之交也；五者，天下之达道也。知、仁、勇三者，天下之达德也，所以行之者一也。

【典句札记】

此处指出普天之下的人总体上说都要遵循五项伦理关系。在家庭中是父子关系，也就是儿女与双亲的关系。简单地说，没有父母双亲就不会有我们的存在；其次还有兄弟关系，也就是我们和兄弟姐妹的关系；在我们长大成人后又有了夫妻关系，夫妻之间的良好关系促进家庭的和睦、家族的延续；由家庭走入社会后，我们有了朋友关系，又在工作中建立起同事关系；在封建社会中存在君臣关系，在封建社会解体之后，我们不再为君臣关系所束缚，但是同样在工作中存在着上下级关系，等等。总之，人是社会的人，我们谁都不可能完全脱离这些关系而生存，所以，这些关系是否能处理得恰到好处，直接影响着我们的人生是否能够成功。

我们每个人都想处理好个人与家庭的关系以及个人与社会的关系。如何做到这一点呢？在这里，孔子告诉我们，要用三种天下通行的品德来为人处世。哪三种品德呢？就是智慧，仁德、勇敢。孔子说过："知者不惑，仁者不忧，勇者不惧。"意思是说："聪明的人不会疑惑，仁德的人不会忧愁，英勇的人不会畏惧。"这里所说的"知者""仁者""勇者"当然不是指那些耍小聪明者，而是指大智慧者、大仁德者和大勇气者。大智慧者觉悟了大道，认识了真理，他把所有的事情都看得通通透透，所以对什么事都不会有疑惑；大仁德者有仁爱之心，少私寡欲，与世无争，不计较个人得失，处处能顾全大局，所以就不会忧愁烦恼；大勇气者坚持正义，见义勇为，不畏强暴，没有什么困难能够真正吓得倒他，所以不会有所畏惧。

尊贵的君主,也需要大臣的辅佐;子依父荫,父靠子显;夫荣则妻贵,妻贤夫祸少,正如我们常说的:所取得的功勋"有你的一半,也有我的一半";兄友弟恭,相互照应;朋友相交,互为依附。而天下之大,人与人的关系,归结起来也无非就此五种。善处则可给自己以扶持,从而使自己的人生得到充分的张扬。

关于五伦关系,今天除无君臣关系外,其他几项关系依然都是不能或缺的,有的还血肉相连,不可分割,这都提醒我们要正确处理而不可忽视。至于处理这几项关系的三种德行,智、仁、勇当然是不言而喻的,而"知耻近乎勇"一点,值得多说几句。孟子说:"羞耻之心,人皆有之。"有了知耻心,才能有所不为,才能改正错误;弥补自己不足,才能迎头赶上他人,所以说"知耻近乎勇"。一个人如此,一个民族、一个国家,只有知道羞耻,才能够发愤图强,富民兴邦,自立于世界民族之林。

✿ 史例解读

同心协力,方可无往不胜

《孙子兵法·谋攻》:"知可以战与不可以战者胜,识众寡之用者胜,上下同欲者胜,以虞待不虞者胜,将能而君不御者胜。"意思是说上下同心一意,必然战无不胜。

战国时,燕昭王任用乐毅为上将军,联合赵、魏、韩等六国军队进攻齐国,以报家国之仇。燕昭王十分信任和倚重乐毅,与乐毅意见统一,方略一致。乐毅放手在前线作战,不受掣肘。五年时间,连夺齐国七十余城。置为郡县以属燕国,唯独莒、即墨二城未下,还在坚守。当乐毅即将取得最后胜利时,燕昭王死去,燕惠王即位。因惠王在太子时就对乐毅不满,这时,齐国间谍散布谣言说:"齐城还没有攻取的只剩两座了。之所以不早日攻占,据说是因为乐毅与新任燕王有隔阂,准备让军队长期留在齐国,他南面王齐。齐军忧虑的是唯恐其他将军统帅军队。"听到齐国的反间谣言,燕惠王果然中计,于是任命骑劫取代乐毅,燕军将士由此军心涣散。齐田单与骑劫战,破骑劫于即墨城下,齐国转败为胜,而转战驱逐燕军。全部收复了齐国的土地和城池,迎接齐襄王于莒,回到都城临淄。

乐毅惧怕被害，于是逃往赵国。

人们总是愿意相信敌人的话，而怀疑自己人的诚意。殊不知，只有同心协力，方可无往而不胜！

现代运用

重用比自己有才能的人

一个人是否有实力不要紧，只要他善于交际，利用别人的智慧，照样能干成一番大事业。姜华原先是一个代客运送货物的小商人。后来他开起一家杂货店，专门做邮购业务，即顾客通过邮件订货，他通过邮寄的方式发货。由于资本太少，只能提供有限的几种商品，他做了 5 年，生意上一直是惨淡经营，每年只能赚得五六万元。他想，必须与人合作，借助他人的力量，才能把生意做大。

说来凑巧，当他萌发出合作的念头后，不久就遇到了一个理想的合伙人。他们谈得很投机，并最终成立了一家以他们两人的名字命名的公司——华辰。姜华有五年经验，章丙辰实力雄厚。两人联手，可谓相得益彰。合作第一年，公司的营业额达到 90 万元，比姜华搞单干时增长了十几倍。

姜华和章丙辰都不懂经营管理，做点小生意还能凑合，生意大了就招架不住，两人都有了力不从心的感觉。他们决定寻找一个总经理，代替他们进行管理。

他们费心搜寻人才，终于找到了一个合格的总经理人选。此人名叫陆伟博，在经营管理方面很有一套。他们把公司大权全部授予陆伟博，自己则退居幕后。陆伟博接受任命后，果然不负重托，兢兢业业地为公司效劳。他发现，做邮购业务与传统生意不同，一旦顾客对购买的商品不满意，调换很困难。如果不解决这个问题，很多顾客就会放弃邮购这种方式，公司的发展因此受到限制。为此，陆伟博严把进货质量关，决不让劣质产品混进公司的仓库，以保证卖给顾客的每一件商品都"货真价实"。

那些厂商认为，陆伟博对质量的要求过于苛刻，竟联合起来，拒绝向华辰公司供货。

这是一件决定公司前途的大事,陆伟博拿不定主意,赶紧去找两位老板商量。姜华从内心深处赞赏陆伟博的做法,给他打气说:"你这些日子太辛苦了,如果能少卖几样东西,不是可以轻松一下吗？"

陆伟博受到鼓舞,更加坚定了严把质量关的决心。那些厂商见抵制无效,担心生意被别的供货商抢走,最终不得不接受陆伟博的质量标准。

陆伟博刻意追求质量的经营策略,使华辰公司因此声誉日隆,10 年之中,它的营业额增长 600 多倍,高达数亿元人民币。

姜华作为一个外行,能够在短短十几年间,从一个微不足道的小商人,变成一个大富豪,得益于他恰到好处的处世方法:找到一个值得信赖的人,然后授予全权。

或生而知之,或学而知之,或困而知之,及其知之一也。
或安而行之,或利而行之,或勉强而行之,及其成功一也。

【典句札记】

一些大道理是很容易理解的,可是做到"智""仁""勇"并不是什么容易的事情。在这里,孔子对此鼓励我们说,施行这三种品格不分先后、愚贤,无论我们是天才一般地生而知之的,还是天资一般而通过勤勉的学习而知道的,甚至是比较愚笨,在碰壁之后才学会的,都没有关系。就像佛教禅宗那样,顿悟也好,渐悟也罢,只要悟到了就可以了。无论是自动自发地实践它们,还是为了个人利益实践它们,或者勉勉强强地实践它们,只要是实践了,取得的成功就是一样的。换句话说,只要尽力向"智""仁""勇"的方向努力,虽然最终不同的人会取得不同的成就,但却是殊途同归。

史例解读

勤学不怠

窦章,字伯向。东汉扶风平陵(今陕西省咸阳市西北)人。少好学,有文章。

永初年间,避羌寇之乱,迁家于关外。窦章生性沉静,潜心学问,与马融、崔瑗为友。太仆邓康推荐入东观为校书郎。顺帝初擢为羽林郎将,迁屯骑校尉。为人谦谨,礼贤下士,为时人称道。

永初年间,三辅遭受羌兵叛乱的骚扰,迁往关外避难。住着茅草房,吃的是粗糙的食物,生活十分贫困。他勤劳耕作,以自己劳动的成果孝养老人,同时刻苦读书,从不懈怠。太仆邓康听说他的名声后,内心敬慕,愿与他结交为友,数次相邀,窦章却都不肯前往,邓康因此对他更加敬重。在汉代,东观是读书人向往的圣地,被称作老子修身得道的灵室,就如道家所传说的蓬莱山。邓康于是推荐窦章进入东观为校书郎。

子曰:"好学近乎知,力行近乎仁,知耻近乎勇。"知斯三者,则知所以修身;知所以修身,则知所以治人;知所以治人,则知所以治天下国家矣。

【典句札记】

这句话是孔子针对我们的发问——怎样做才能尽量接近"仁、智、勇",所给出的答案。意在指出无论我们天赋如何,如果喜好求学,虽然不一定有大智慧,但也是逐渐接近智慧了;尽力同情别人、爱别人、帮助别人,虽然不一定就是仁德,也离仁德不远了;知道什么是羞耻,虽然不一定就是勇敢,但由此而发奋有为,也就是英勇了。

吕氏曰:"愚者自是而不求,自私者殉人欲而忘反,懦者甘为人下而不辞。故好学非知,然足以破愚;力行非仁,然足以忘私;知耻非勇,然足以起懦。"

孔颖达说:能好学,无事不知。以其勉力行善,故"近乎仁"也。以其知自羞耻,勤行善事,不避危难,故"近乎勇"也。

人是通过学习与实践而提高学识的。真理不可能像每天的日出那样自动到来,需要我们付出艰辛的努力求索,方可悟解。甘地说:"我们的所有活动应该围绕真理展开。真理是我们生命的真正力量。一旦追求真理达到了这一境界,所有正确的生活原则就会自动到来。那时,服从原则就会成为本能。但如果没有真理,就不可能遵守生活中任何原则或规则。"

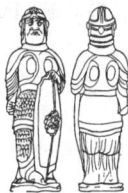

活出尊严

范滂,字孟博。东汉汝南征羌(今河南省郾城县)人。少厉清节,为州里所服。举孝廉,光禄四行。当时冀州饥荒,盗贼群起,以范滂为清诏使,范滂登车揽辔,慨然有澄清天下之志。巡行到冀州境内,太守与郡令自知赃污,闻风即解印绶逃去。因反对宦官专权,罹党锢之祸,被捕下狱,死于狱中。

范滂升任光禄勋主事。当时,陈蕃为光禄勋。范滂因公务去见陈蕃,陈蕃倨傲不礼,范滂愤而扔掉公文,弃官离去。郭林宗听说这件事以后,责备陈蕃说:"像范滂这样的人,怎么能用一般的礼仪规格对待呢?现在他弃官而去,成就了他不向权贵屈就的清名,我们自己反而落下不尊重仁人志士的不光彩的讥讽,这哪里值得啊?"

建宁二年,朝廷大规模诛杀党人,诏令各地立即逮捕范滂等人。督邮吴导抱着诏书,把自己关闭在驿馆内伏床哭泣。范滂听到后说:"必定是因为我啊。"当即自己到监狱投案。县令郭揖十分震惊,解下印绶,拉着范滂共同逃亡。他说:"天下很大,你何必要去受害呢?"范滂说:"我以此而死,那么灾祸就将平息,怎么敢连累你犯罪呢,又让老母亲流离失所呢?"范滂的母亲来与儿子诀别。范滂禀告母亲说:"仲博孝敬,能够承担敬养您的责任,我就去黄泉陪伴龙舒君,活着的和亡故的各得其所。只是愿您割断不忍之恩,不要过度悲伤。"母亲说:"你如今能够与李膺、杜密齐名,死有何恨!既然拥有了美好的名声,又想求得长寿,哪里能够同时兼得呢?"范滂跪着接受母亲的教诲,再拜然后向母亲辞行。范滂又对自己的儿子说:"我想让你做坏事,但是坏事一定不能做;我想让你做好事,然而我从来就没有做过坏事。"过路的人听到后,无不流下同情的眼泪。

学无止境

平庸之辈和杰出人士的根本差别并不是天赋、机遇，而在于有无学习精神。我们身边有很多人，经常会因为薪水的问题与老板争得面红耳赤，结果不仅没争到什么，还失掉了工作。不过，也有一些人，他们开始并不在乎薪水的高低，只看重学习和发展的空间。最后，他们往往会取得一定的成就。

纽约一家公司因经营不善被一家法国公司兼并了。签订合同那天，新任公司总裁宣布："我们不会随意裁员，但如果谁的法语太差，无法跟新员工交流，那么公司不得不请他离开。这个周末我们将进行一次法语考试，及格的人就能继续留在这里工作。"

新总裁宣布消息后，这家公司的许多员工都奔向图书馆，只有汤姆像平常一样直接回家了；同事们认为他一定是准备放弃了。毕竟汤姆快40岁了，要重新学一门语言也不是一件容易的事。但结果出来后，所有人都感到意外，汤姆不仅没有被解雇，还被任命为公司的销售主管。

原来，汤姆大学毕业来到这家公司后，就意识到自身有很多不足，所以他坚持每天提高自己。看到公司的法国客户很多，自己却不会法语，与客户交流起来非常不方便，他就有意识地自学法语。他坚持每天记10个法语单词，这样下来，一年就能掌握3600多个法语单词，然后再慢慢学习运用，掌握法语就不是难事了。在此后的工作中，汤姆从没间断过法语的学习。10多年过去了，汤姆的法语已经达到了一定的水准，甚至可以用地道来形容，跟客户交流甚至不需要翻译。这次考试也就成了汤姆晋升的机遇。

世界上没有一蹴而就的事情，任何成功都是通过不断学习和努力去争取的。一个真正成功的人，即使每天工作再多再累，他也绝不埋怨，并且还能腾出时间进修。亨利·布莱斯顿曾说："人类拥有头脑如此神奇的东西，如果用来浪费在一些无聊事上，岂不太可惜了！"如果你想创造美好的明天，就应将自己能自由使用的时间投注在增加今天的工作效率的、有实际价值的事上。记住：学习永远是现在进行时，知识永不嫌多，你具备的知识越多，你便离成功越近。

凡为天下国家有九经,曰:修身也,尊贤也,亲亲也,敬大臣也,体群臣也,子庶民也,来百工也,柔远人也,怀诸侯也。

【典句札记】

知道了修身、齐家、平天下,就知道怎样修养自身,知道了怎样修养自身,就知道了怎样处理与别人的关系,知道了怎样管理别人,推而广之就知道怎样治理天下了。治理天下共有九个具体的准则,具体来说:

第一,对于统治管理者而言,修养了自身,自己的行为规范就建立起来了,那么,大的规矩也就树立起来了,被统治者自然会瞻其马首、听其指挥。

第二,俗话说得好,"一个人浑身是铁又能打几颗钉呢。"所以尊敬贤人,得到智慧贤人的帮助,遇事就不会有困惑。

第三,如果爱亲人,亲人之间没有怨恨,家庭和睦,就不会祸起萧墙。家会成为一个坚强的后盾。

第四,大臣如同君王的手足,所以敬重自己能干的手下,有左臂右膀可以依靠,遇事就不至于茫然无措。

第五,体恤下属,下属自然会以忠诚和努力报效。

第六,爱民如子,老百姓就会拥护统治者,会更加勤勉地工作,而不去触犯刑法,自然基业永固。

第七,工匠是优质劳动力,他们的才艺又如同我们现代的科技力量一般,所以招雇到工匠,就等于有了科技生产力,财富自然就会充足够用。

第八,优抚在远处的人们,天下四方的百姓和英才就会慕名而来,归附自己麾下,自己的力量就得以壮大。

第九,懂得唇亡齿寒的道理,安抚近处的诸侯、近邻与自己唇齿相依,与诸侯和睦,得其拥护,那么天下人就会敬畏了,敌人也不敢轻易来犯了。

史例解读

不求为民请命，但求为民代言

张晋亨，字进卿，元代冀州南宫(今河北省南宫县)人。张晋亨广泛涉猎经书历史，为人小心谨慎，临事思虑周密。累官怀远大将军、淄莱路总管军事。有战功，以镇静为务。

宪宗即位，各地长官朝见，朝议改革赋税，实行包银制，每户交纳赋银六两。当时，张晋亨代理东平府事，跟随长官入朝觐见。东平府每年的贡赋高于其他地方数倍，往来输送数量极大，各类事务争讼繁多，吏民畏苦不堪。当朝廷征求各地意见时，有些省、道的长官请求在自己辖区内先行试点。张晋亨当面斥责说："各位大人的基本职责在于亲抚百姓。而怎样对百姓有利，怎样对百姓有害，你们难道心里不清楚吗？现在有幸面见皇上，你们不顾事实，知而不言，却争相附和权势，这是犯罪呀！如果承担了试行的任务，回到地方，百姓不便，无法圆满完成，那么该承担什么罪责？况且，各地所出的土特产各不相同，以产品实物缴纳赋税，百姓便利也易于足量缴纳。如果必须让百姓缴纳赋银，必将致使百姓倾家荡产。"执政大臣将张晋亨的话奏报皇上，第二天，皇上召见张晋亨，张晋亨就把自己的意见据实奏闻，皇上听后觉得他的意见是正确的。于是，减免百姓每户赋税总额的三分之一，仍然允许老百姓以实物缴纳赋税。于是这种做法便成为定制而沿用了。

不求为民请命，但能为民代言，就是好官。

现代运用

仕途不是唯一的出路

儒家一直强调"仕而优则学，学而优则仕"，认为当官、治理天下是君子最大的出路。在官为贵、官为尊、官为师的"官本位"社会，荀子却提出了"学者非必为仕，而仕者必如学"，这又何尝不是对中庸处世思想的一种完善，人人都去求官,必然走向极端。

现代社会,价值观发生了巨大的变化,但当官还是许多人的追求与向往。

老张已经当了六七年办公室主任,还是"原地踏步"。和他一起出道的,几乎都升迁了。一天,他偶然听到了一个消息,县长的儿媳妇想调到机关来。碰巧本局里正缺一个秘书,局长叫张主任物色人选。他眼前一亮:何不将县长的儿媳妇调到局里来?事情很快办成了,县长答应给他升官。可过了一个月,突然传来县长因贪污受贿被市检察院查处的消息,这无疑给了张主任当头一棒:这怎么可能,我的事情就这样完了吗?接着,局长在大会上,狠狠批评了张主任,说他弄虚作假欺骗组织、欺骗领导,决定撤消他办公室主任的职务,而那个县长儿媳因不胜任办公室工作,调到后勤搞清洁卫生。这下子,老张痛苦极了,好不容易找到一棵"树",刹那间说倒就倒了,而且还砸倒了自己……

受几千年封建传统的影响,"官本位"思想在许多中国人的头脑里根深蒂固,长期以来"学而优则仕"成了人唯一的价值观。在改革开放后市场经济大潮的冲击下,这种意识在发达地区有所削弱,更准确地说,是不再成为人们的唯一追求;而在中西部地区,这种意识依然浓重。实践证明,凡是"官本位"思想严重的地方,商品意识就比较淡漠,经济发展就比较缓慢。对于个人来说,如果读书的目的,即最好的前途是当官,那么人生的选择就会受到很大的局限。

**修身则道立,尊贤则不惑,亲亲则诸父昆弟不怨,敬大臣则不眩,
体群臣则士之报礼重,子庶民则百姓劝,来百工则财用足,
柔远人则四方归之,怀诸侯则天下畏之。**

▌【典句札记】

这句话讲的是自身应具备的一些品质。诚实、能干、友善、尽职——所有这些特征,对于人生来说,都是必备的素质。即使一份低微的工作,也应当在自己的手上做成精品,从而使自己有尊严地活着。

职业是我们生活的依靠,是为我们提供一日三餐的谋生之道。对于所承担的工作,应当心怀感恩,同时也要树立自信,我们各有所长,我们的长处独一无二,在这个世界上我们都是不可或缺的。因此,我们必须尊重彼此的技艺

和才能。

　　然而,待人处世无疑是复杂的,有些问题因为种种原因,总是公说公有理,婆说婆有理,根本就是争论不清的。所以,遇到这种情况,要尽量做到适可而止,能退让就退让,不可与对方发生正面冲突。

史例解读

仁德者,无敌也

　　羊祜(221—278),字叔子,泰山南城(今山东省费县)人。出身于名门士族之家。祖父羊续汉末曾任南阳太守,父亲羊衜在曹魏时期任上党太守,母亲蔡氏是汉代名儒、左中郎将蔡邕的女儿。羊祜12岁时父亲弃世,孝行哀思超过常礼。长大后,博学多才,长于论辩,在当时很有盛名。为官后,羊祜持身正直,从不拉拢攀附,也不搞亲亲疏疏,因此,有识之士对他特别敬重。任相国从事中郎,加散骑常侍、卫将军、迁尚书左仆射,都督荆州诸军事。

　　羊祜任平南将军时,借鉴春秋时孟献子经营武牢而郑人畏惧、晏弱筑城东

羊祜

阳而莱子降服的历史经验,采取军事蚕食和增修德信以怀柔民众相结合的策略。首先,羊祜挥兵占据了荆州以东的五大战略要地,建立城池,驻军固防,威胁吴国。每次交战,总是事先约定时间,不使用突然袭击的诡谋奇计。有部下俘虏了吴军两位将领的孩子,羊祜立即命令将孩子送回。后来,吴将夏详、邵用及那两位少年的父亲也率部属一起来前来归降。吴将陈尚、潘景进犯,兵败被杀,但羊祜褒嘉他们的节操,厚礼殡殓。两家子弟前来迎丧,羊祜以礼送还。羊祜的军队收割吴国田里的稻谷以充军粮,每次都如数偿付相应的丝绢。因此,吴国百姓心悦诚服。平时尊称他

"羊公"，而不称他的名字。

羊祜与陆抗两军相持，使者往来，陆抗佩服羊祜的品德，认为即使乐毅、诸葛孔明也不过如此。陆抗生病，羊祜给他送去药物，陆抗坦然服用，不存一点疑心。左右人员劝陆抗不要吃，陆抗说："羊公难道是用毒药杀人的人吗？"当时人们都以为是华元、子反再生。

吴主孙皓听到边境的情况后，派人责问。陆抗说："一乡一邑，都不可没有信义，何况是大国呢！我如果不这样做，反而是彰显了他的品德啊，对于羊祜能有什么损害呢？"

🌀 现代运用

培养起高度责任感

今日，日本的索尼已成为全球电子电器领域一颗耀眼的明星。其实，早在20世纪70年代中期，索尼彩电在日本已经很有名气了，然而索尼在美国却惨淡经营。为了改变这种不利局面、打开美国市场，索尼总部派出了一位又一位负责人前往美国芝加哥。但被委派到美国的负责人一个又一个空手而归，并且都为自己推脱责任。

后来，卯木肇被委任为索尼公司的国外部部长。上任后不久，他便被派往芝加哥。卯木肇到达芝加哥后惊讶地发现，畅销日本的索尼彩电在当地寄卖商店里无人问津。

经过一番调查之后，卯木肇逐步了解到，以前来的负责人不仅没有努力，还糟蹋了索尼公司的形象。在一些人看来，掌握了这些信息之后，卯木肇完全可以放心地回国了，并且还能找到一个很好的借口：前任负责人把市场都破坏了，这不是我的责任！但卯木肇没有那么做，他想到的是如何改变局面，使索尼可以在国外的市场热销。他决定从美国最大的电器零售商马歇尔公司入手，先后两次主动登门拜访这家公司的经理，都被以经理不在为借口拒绝。卯木肇没有放弃，他第三次登门，经理终于接见了他，但还是拒绝销售索尼的产品，因为索尼彩电的形象太差，售后服务又不到位。认真地听取了经理的意见之后，卯木肇在当地报纸上重新大面积地刊登广告，塑造索尼的全新形象。为了搞好售后服务,卯木肇还专门成立了索尼特约维修部,24小时为顾客服务。

在卯木肇做出种种努力之后,马歇尔公司终于同意试销索尼彩电。为了打好第一仗,为索尼打开美国市场开个好头,卯木肇亲自挑选了两名非常有能力的销售干将,将100万美金订货的重任交到了他们手里,并给他们立了"军令状",如果一周之内连两台索尼彩电都卖不出去,将被解雇。

当天下午4点钟,两人就向卯木肇传来了捷报。原有的两台已经售出,马歇尔公司又追加了两台。在随后短短的一个月内,索尼彩电卖出700多台。之后,芝加哥市的100多家商店都销售索尼彩电。三年之内,索尼彩电在芝加哥的市场占有率达到了30%。索尼彩电终于打开了美国市场的大门。

卯木肇的成功得益于其强烈的责任感和荣誉感,这是他屡败屡战、力挽败局的强大动力。可以说,正是这种始终以公司利益为重的责任感,使卯木肇没有为自己寻找借口,而是迎难而上,凭借自己的洞察力和毅力打开了局面。

责任感是我们在工作中战胜种种压力和困难的强大精神动力,它使我们有勇气排除万难,甚至可以把不可能完成的任务完成得相当出色。一旦失去责任感,即使是做自己最擅长的工作,也会做得一塌糊涂。

齐明盛服,非礼不动,所以修身也。去谗远色,贱货而贵德,所以劝贤也。尊其位,重其禄,同其好恶,所以劝亲亲也。官盛任使,所以劝大臣也。忠信重禄,所以劝士也。时使薄敛,所以劝百姓也。日省月试,既禀称事,所以劝百工也。送往迎来,嘉善而矜不能,所以柔远人也。继绝世,举废国,治乱持危,朝聘以时,厚往而薄来,所以怀诸侯也。

【典句札记】

这一大段意在说明治理天下的九个具体准则及实施方法。主要体现为以礼待人,以礼处世。

促使人与人之间相处融洽的最好的方法,就是"礼仪"。它代表着交往双方的尊重、亲切、体谅等等,同时也表现出一个人的修养。社交礼仪与每个人的生活、工作都是密切相关的,谦而有礼的人生是成功的;彬彬有礼的生活是幸福的;合乎礼仪的交际是和谐的。所以孔子说:"恭而无礼则劳,慎而无礼则葸,勇而无礼则乱,直而无礼则绞。"

中国是历史悠久、具有深厚的文化积淀的文明古国。在这文化积淀中,"礼仪"占有重要的地位,《中庸》说:"优优大哉,礼仪三百,威仪三千。"所以中国人较西方人含蓄,也更加讲究礼节。但是,由于中国几千年的封建文化传统,致使很多人太重视繁文缛节,使得人们对"礼"的认识发生偏差,这无疑就违背了"中庸"思想中的"礼"。现实生活中缺礼、少礼,是最轻率的交际态度;而过于注重礼节,则有可能适得其反。只有适当的、正确地运用社交礼仪,才符合现代人与人交往的基本要求,才能给自己的人生提供宝贵的发展机遇。

史例解读

以心为本,一心合天

张浚,字德远,南宋汉州绵竹(今四川省绵竹县)人。四岁时父母亡故,沦为孤儿。但他行直视端,无诳言,识者知为大器。后入太学,中进士第。靖康初,为太常簿。高宗即位,除枢密院编修官。靖康事变后,南宋朝廷被迫南迁,局势混乱不堪,这时,发生了一件恶性事件,后军统制韩世忠的部下逼迫朝廷谏臣坠水而死,张浚坚决奏请将手握军权、立有大功的韩世忠查办,结果朝廷罢免了韩世忠观察使的职务。史书说:从此"上下始知有国法在"。擢殿中侍御史,拜右相,兼枢密使。

建炎三年,护卫亲军发生兵变,形势严重,恰巧韩世忠率军队抵达常熟。张浚说:"世忠来,大事可定。"急以书信相招。韩世忠到来,相对感动而流泪。韩世忠说:"世忠愿与张公以身家性命担当。"于是,张浚召集韩世忠手下将士,厉声问道:"今日之举,孰顺孰逆?"一致回答说:"贼逆我顺。"张浚说:"叛贼悬示重赏,要我的脑袋。如果我今天的行为违背天意人心,你们觉得我该杀,现在就可杀了我去领赏;否则,就跟着我去杀贼,任何人胆敢退缩,就以军法从事,严惩不贷。"众皆感愤,愿服从节制,建功杀贼。于是,张浚命令韩世忠率军赴阙救驾,平息了亲军叛乱。

孝宗即位,召见张浚。当时,张浚任职建康府,兼行宫留守,节制建康、镇江府、江州、池州、江阴军军马。皇上说:"很早就听说你的名字,现在,朝廷所能依靠的只有你啊。"礼请张浚入座,咨询国家要务。张浚从容回答说:"帝王之学,以心为本，一心合天，还有什么事情办不成呢，所谓'天'，就是指天下的公理、人心。必须兢兢业业，克服私心杂念，坚持修养品德，保持清醒，躬行公正，使赏罚举措，没有失当之处，那么，天下人心就会自动归顺，诚心拥戴，敌人也会从内心臣服。"孝宗悚然警醒说："我当谨记不忘。"

现代运用

得礼还让人

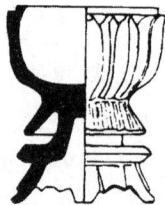

有一个青年男士抱着孩子上了公共汽车，没人给他让座，一位老先生于心不忍，站起来给这个青年让座，慌忙之中男青年踩了老者的脚，疼得这个老人哎呀叫起来，男青年一屁股坐下，连句"谢谢"都没有说。乘客中一位中年人看不过去了，指责男青年不懂礼貌，男青年理直气壮地说："给抱小孩的人让座是应该的。"乘客们对这个不懂礼貌的人纷纷指责：老先生岁数这么大，给你让座，你踩人家既不道歉，又不说声谢谢，这人怎么这么没有素质？男青年不服气，大声与众争吵，让座的老人出面劝架，让双方都少说两句，为这件事吵没意思。

最后，男青年在老人面前觉得无地自容，汗颜地抱着小孩下车了。

这位老先生年岁大，却为抱小孩的年轻人让座，脚又被踩，应该说是这个老先生有理，但老者得理还让人，品质可贵，值得学习与提倡。

当你接受别人的帮助后要说"谢谢"，对别人造成不便要说"对不起"，这是做人的最基本的礼貌。如果连这最基本的礼貌都不懂，那么恐怕这种人很难和别人和睦相处了。

凡为天下国家有九经，所以行之者一也。凡事豫则立，不豫则废。
言前定则不跲，事前定则不困，行前定则不疚，道前定则不穷。

典句礼记

孔子说："凡事豫则立，不豫则废。"这句话如今已为我们大多数人所熟知并作为自己的警言。这句话也就是说"任何事情预先有准备就会成功，没有预先准备就会失败；即使是对不可预知的突发事情的成功应对，也少不了应变能力的长期积累，所以说，由于知道任何事情都可能有突发事件出现，从而培养对意外、危机的应变能力，应该说也是一种"豫"的行为。

我们都知道的"宜未雨而绸缪，毋临渴而掘井"，也同样是在说这样一个道理。不论做任何事情，在顺遂的时候，要想到遇到困难后如何处置，只有事先对事物的方方面面有所谋划和准备，才可能防止各种意外情况的发生。庄子说："安危相易，祸福相生，缓急相摩，聚散以成"，这种朴素的辩证法告诉我们，事情会由于矛盾双方的相互作用而产生变化，所以我们不得不在事前预先做好准备，以避免一些坏的可能性。举一个现实例子来说，成功的商人即使在舒适的环境中，也会保持一颗积极进取的心，能够预测到变化，从而提早推陈出新，平常的人却常常有小富即安的心理，结果变化使得他束手无策。

孔子举例子说，说话前先要想好自己想说的中心思想，打好腹稿。这样就会说得连贯清楚，否则便可能说得结结巴巴、辞不达意；做事前先想定要达到的目的或效果，做好准备，这样就不会在行动时受到大的困阻，否则便可能在实践中栽跟头，行路前先想定目的地和路线，这样就不会遭遇穷途末路，否则便没有成功的可能性。总而言之，就是对自己为人处世中的一言一行都要做好谋划。

孙子说："上兵伐谋"，"其下攻城"。只有战略上立于不败之地，才能有战役的胜利。

取得成功的时刻，只是一瞬，而走向成功的过程是漫长的、曲折的，充满着艰辛。

无论做什么事，重要或是琐屑，都应当高度重视，全力以赴，认真做好准备。只有做好细致的准备工作，才能够在出现突发情况时，应对裕如，不致手足无措。

事业的成功存在于细节之中。任何微不足道的细节都不应忽视，都具有决定的意义。机会总是青睐有准备的头脑。任何成就，都取决于周密的计划与切实的准备。

关于预见性问题。"凡事豫则立，不豫则废。言前定则不跲，事前定则不困，行前定则不疚，道前定则不穷"。这实在是太重要了。未雨绸缪，防患于未然，是做任何事都必须考虑的，事后诸葛亮并不高明，有前瞻性谋划，才是智者。

🔖 史例解读

凡事豫则立

郑桓公谋取邻地，于是他预先制订了一套战略计划。首先了解邻国有才能、勇猛果敢的智慧之士，把他们的名字写下来；然后，又选择邻国贤德能干的大臣，也把他们的官职爵位及姓名书写下来；并且分别给他们任命相应的官职与爵位。在城门外设立祭坛向天盟誓，然后将这份名单埋在下面，做好这一切准备后，郑桓公派出使者送达战书。邻国君主因此怀疑将发生内乱，于是全部捕杀了这些贤良的大臣和可用的智谋之士。

这时，郑桓公率军袭击邻国，很快就占领了邻国，将邻国的土地并入郑国的版图。

在下位不获乎上，民不可得而治矣。获乎上有道：不信乎朋友，不获乎上矣。

信乎朋友有道：不顺乎亲，不信乎朋友矣。顺乎亲有道：反诸身不诚，

不顺乎亲矣。诚身有道：不明乎善，不诚乎身矣。

【典句札记】

在工作中，我们深有体会：下级要想办好事情，就离不开上级的支持与信任，否则工作根本没有办法进行。不过，怎样才能得到上级的信任呢？孔子说，办法其实很简单，那就是得到朋友的信任。一个人如果没有朋友，或者说得不到朋友这类与他走得最近的人的信任，那么就说明这个人的为人实在是有问题，他在社会上的交际生存能力极差，甚至人品都有问题，既不诚实又无信誉可言。连朋友都不信任他，他的为人就可想而知了，而且每个人的为人处世态度其实是一以贯之的，所以他的工作状况也可以预料到好不到哪去。比如，人们对于朋友介绍来的下属常常格外器重，除了有重人情的原因以外，另一个原因恐怕就在于下属是自己朋友的朋友，想必一定错不了。所以说，看一个人能否得到上级的信任，只需看他能否得到朋友的信任，这是不无道理的。

那么，怎样能得到朋友的信任呢？方法也很简单，我们在前面已经懂得了

"万德孝为先"的道理,因此,对父母孝顺的人,他的为人也就会得到朋友们的信任,原因是对父母的"孝"与对朋友的"信",这两者是相通的品质。要做到孝顺父母,就要真诚笃实,不可薄情寡义。而要做到真诚笃实,就要明白什么是"善"。如果一个人连善恶都分不清,就不会有正确的价值评判,也谈不上他内心真诚还是不真诚了。

诚是一种美。"诚者,君子之所守也,而政事之本也。"(《荀子·不苟》)诚,是君子的操守,诚信是处理国家大事的根本准则。

诚就是成,即成就别人。孔子说:"己欲立而立人,己欲达而达人。"又说:"君子成人之美。"其实,并不需要太多的理由,有诚就已经足够。

诚,就是去除思想的杂质。古代的圣贤还教导我们:做人胸怀磊落、光明正大。这就是为人"方"的本质,做得正、行得直,就是一种高尚的品质,是一种伟岸的气度,是一种不流俗的精神。一个人想做出一番事业,就要真正懂得为人处世中"方"的重要性,就得首先具备这种优秀的品质。

中庸思想要求人们"居中而行""不偏不倚",就是人的一言一行都应该由"中"而发。人的外在表现是内在品质的反映,内心没有的东西,外表就无法显露;内心有了,外表就自然而然地表现出来。所以,一个人要想在社会上有所成就,或取得良好的人际关系,就得修养自己的内在品德、气质、威望等等。

史例解读

诚者,君子之所守也

一个具备优秀品质的人,无论在什么环境、在什么条件下,都能坚守内心的"方",为人堂堂正正,不趋同世俗,不随波逐流,制约他们的因素必然会很少,也就无法阻止他们的成功。

李仲略,字简之。金代高平(今山西省高平西北)人。聪敏力学,大定十九年以词赋登进士第,累官户部郎中,山东东西路按察使。秉性豪迈,不阿权贵,刚介特立,临事明敏,所任以干练能干著称。

大兴府知府纥石烈执中因贪污罪而受到惩治。皇上命令李仲略负责审讯,依据刑律,纥石烈执中的罪行应该撤职判决充军。当权的大臣显贵们都竞相说情,认为处罚太重。皇上于是也被影响而觉得处分太严。李仲略于是上书说:"教化的施行,应当从亲近的人开始。整肃风纪,清除贪官污吏,更不能心存姑息。京师是全国注目的中心,是天下效法的模式,关系天下治化风教。郡、县长官不下数百名之多,象纥石烈执中这样的贪鄙之徒如果不予严惩,我们用什么勉励儆戒他人?更何况纥石烈执中为人凶狠残暴,刚愎自用,瞒上欺下,对朝廷骄慢无礼,对黎民百姓苛暴酷虐,民愤极大,怎么可以宽恕呢?"皇上说:"你说得对。"

现代运用

不要越位行事

在一个单位,上司就是上司,老板就是老板。你和老板的地位的确是不同的,不要因为老板和你好,就随便替老板做决定,越俎代庖。这样的结果,只会让老板反感,从而对你失去信任。

在生活中,每个人都扮演着属于自己的角色。在一个团体之中,每一个人都有属于自己的位置。得意时也不可忘形,不小心把手伸到人家的地盘上,难免会受到上司的戒备、同事的排挤。知道什么事情该做,什么事情不该做,可以说是一种中庸的智慧。找准位置,把本职工作做好。对于超出自己工作范围的事情,即使能力足够,也不要插手,如此才能走出一条平坦的发展之路。

张小姐经过几年的奋斗,成为一家外企的公关部经理。在公司的一次宴会上,张小姐依仗自己的业绩,很是出风头,她周旋于宾客间,每当轮到公司的高层致辞时,她就站在旁边一一介绍他们出场。轮到她的直属上司时,她竟先说了一番感谢词,虽然说的不多,但足以使公司的主管反感,因为她当时只负责介绍上司出场,并无独立发言的权力。

而且在整个宴会过程中,公司主管发现她在提及公司的事务时,常以个人观点发表看法,完全不提经理的旨意,让人觉得她才是这个公司的总经理。宴会过后,张小姐因越俎代庖,被上司找个借口辞退了。

每一个人在一个团体中都有属于自己的位置。我们要根据实际情况找准自己的位置避免越位,也避免让别人占据自己的位置。只有这样,才能够确保团体成员间的协调合作，共同把事业向前推进。如果大家都找不准自己的位置，那么团体工作将无法顺利进行。

当然，从为人处世的角度而言，一个人要想达到升迁的目的，就必须脚踏实地地干好自己的本职工作。若非自己权限范围内的事务，最好不要随便掺和插手。这样，才不会给人一种不尊重上司、或者想要霸占上司位置的感觉。否则，锋芒毕露，野心勃勃，将会受到同事的攻击、上司的防备和打击，会严重影响个人工作的顺利开展和事业的成功。

职场如战场，伴君如伴虎。如果你是下属，又时不时犯越位的毛病，领导就会视你为"危险角色"，对你保持一定的警戒，甚至设法"制裁"你。

诚者，天之道也。诚之者，人之道也。诚者，不勉而中，不思而得。从容中道，圣人也。诚之者，择善而固执之者也。

【典句札记】

自然天道的法则是大公无私，真实无妄的。比如说，春夏秋冬四季总是不迟不早地如期而至，这就是自然不欺骗我们的一种表现。而人类受命于天道自然，因而"真诚"也就是我们人类做人的法则，是人的天"性"，违背"诚"的法则，人们就会受到自然的惩罚。而了解了"诚"的道理，就是了解了自然天道的法则，做一切事情便都要顺乎自然的规律，不会勉强行事，任何做法都合乎法度，甚至用不着殚精竭虑地思考就能轻而易举获得成功，就能够从容不迫地依中庸之道来行事了。能做到这些的人就是"圣人"。只有了解了"诚"的法则，然后坚定不移，始终一贯，才会成为真诚的人，这就是"择善而固执"。

人生就是一个不断进取和蜕变的过程。生命的意义，就在于不息地向我们未知的领域探求。活着，就是要努力做出成绩。而在生活的斗争中，很多时候，我们面临着命运的打击，使我们的道路脱出既定的轨道，将我们的人格强行扭曲。但是，我们必须坚守住自己的道德底线，让自己有尊严地活着，绝不应当放弃。

诚是成就一切的基础。万物以天地之诚为诚，依据各自的天性而自由地生长发育，从而使世界充满生机。

诚，根源于我们内心的天性。中庸深藏在我们内心，是我们一切情绪的天然表达。是诚的体现。任何的过度，都显得伪诈而损害诚，所以令人感到不堪；任何的不及,又显得做作而令人觉得不可置信。过度与不及,都是诚意不足,都是伪装。仁德是建立在诚之上的行为准则。内心没有诚,就没有仁德,中庸就无处寄居。

人无诚不立,事无诚不行。诚是使我们的心灵洁净的试剂。

诚致中庸,中庸就是诚的体现。只要心灵诚实,自然受到上天的佑护。

史例解读

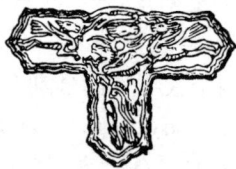

博采众长,切忌自以为是

所谓"事出有因","无风不起浪"。当有人站出来反对你的时候,就应该冷静地观察一下自己,看看自己是不是真的有地方做错了,如果真的有,就要虚心听取别人的意见,更要善待这些反对你的人,如果一个人在社会上都到了没人反对的份上,那后果就不堪设想了。

刘备听说二弟关羽死于麦城,当下大怒,发誓要为关羽报仇。于是率领大军要来攻打东吴。东吴这边,孙权听取阚泽的意见,起用陆逊为主将,统率三军对抗西蜀大军。

刘备就问这个陆逊是什么人?手下的谋士马良说是东吴的一名书生,年轻有为,偷袭荆州便是他用的计。刘备一听,这还了得,非要擒杀陆逊为关羽报仇。马良深知主公的脾气,只能劝道:"陆逊有周瑜之才,万万不能轻敌。"刘备犯了和关羽同样的错误,不听劝告,嗤之以鼻地说:"朕用兵老矣,难道还不如一个黄毛小子吗?"刘备看不起陆逊,讥讽他是毛头小孩。结果,陆逊用计火烧连营八百里,令刘备吃了败仗。

刘备这个故事启示人们,不管自己对某个方面有多老练,特别是在领导军队上,用兵之道,在于把握时机,运用谋略,而不是简

关羽擒将图

单地靠经验。刘备不听马良的劝说，一意孤行，最终证明了刘备是错的，而谋士马良是正确的，这个反差警告那些自以为是的人，要多听听不同意见，并能够采纳他人正确的意见或建议。

🈷 现代运用

信守承诺

他出生在香港一个穷苦的家庭，为了给家里减轻负担，他很小就被家人送到戏班，并且父亲同戏班签了生死状。他在戏班里苦练功夫。但是终因吃不了那戏班的苦，偷偷跑回了家。父亲勃然大怒，坚决叫他回去："做人应当信守承诺，已经签了合同，就不能不守信用。咱人穷，志不能短啊！"他重回戏班，刻苦练功，这一练就是十几年。

等到他学有所成的时候，喜欢听戏的人越来越少，他空有一身本事，却无用武之地。当时香港电影业正在迅速发展，但是男影星一般都是相貌出众的人。个子不高、大鼻子、小眼睛的他，怎么在电影界混呢？

经人介绍，他进了香港邵氏片场，从一个跑龙套的做起，几年下来，他逐渐担当主角，小有名气了。

有一天，行业内的何先生请他出演一个新剧本的男主角，"除了应得的报酬，由此产生的 10 万元违约金，我们也替你支付。"何先生说完，强行塞给他一张支票，匆匆离去。

他仔细一看，支票上竟然签着 100 万，好大一笔巨款！他从小尝遍艰辛，不就是盼望能有今天吗？可转念一想，如果自己毁约，公司必将遭受重大损失。这时，他想起父亲那天教训他的话："咱人穷，志不能短啊！"

第二天，他找到何先生，送还了支票。何先生很是意外，他则淡淡地说："我也非常爱钱，但是我不能失信于人，大丈夫当一诺千金。"

何先生非常欣赏这位年轻人，他的事情也很快传开了。公司得知非常感动，主动买下了何先生的新剧本，交给他自导自演。就这样，他凭借电影《笑拳怪招》，创造了当年票房纪录，大获成功。那年他才 22 岁，他就是闻名世界的影星——成龙。

诚实显示着一个人的高度尊严感,只有诚实的人才会得到他人的信任。当有一天,一个人失去诚信时,恐怕他将会因此失去所有的东西。

博学之,审问之,慎思之,明辨之,笃行之。

【典句札记】

在这里,孔子告诉我们要做到"诚"需经过五个阶段的学习和思考过程,即:博学,审问,慎思,明辨,笃行。

学习是毕生的事业,实践是永恒的主题。学问之道在于坚持不懈地日积月累,别无捷径。

一切的成就都是建立在长期的坚实的积累之上,不要抱有幻想,只是脚踏实地的努力,没有相当的积累功夫,幻想着在某一方面做出惊人的成果或取得突破都是不可能的。

人的一生不可能一帆风顺,总会遇到或大或小的困难,如果人们不能承受这一时的挫折,或者不能重整旗鼓的话,那一个人的一生就在悔恨和痛苦中度过了。人生就是一个学习、学习、再学习的过程,在学习中要有信心和勇气怀疑前人的经验,遇到什么疑问就要努力地去求证、学习,也只有在不断地怀疑、考证中才能学到真正的学问。当一个人懂得了如何去学习,也就真正懂得了人生的真谛。

人生的磨炼也是一个长久而艰巨的学习的过程,需要每个人都能正视每一次的挫折或失败,从而从中找到失败的原因,进而思考下一步该怎么走。孔子说:"学而不思则罔,思而不学则殆。"只有在人生的经验中学习、思考,然后在人际交往中才不会走上极端,也就能很好地面对和处理其中的"过"与"不及"了。

史例解读

士别三日,当刮目相看

吕蒙,字子明,汝南富陂人。为横野中郎将,历职庐江太守,汉昌太守,南郡太守,封孱陵侯。吕蒙勇而有谋,断识军计,有国士之量。

当初,孙权对吕蒙及蒋钦说:"你们现在并肩担当大事,应当重视学问,以提高自己的才智。"吕蒙说:"职在军中,常常苦于军务繁多,没有时间用来读书啊。"孙权说:"我难道是让你研究经术去当博士吗?只是让你多阅读历史事件的经验教训而已。你自称军政事务太多,难道比我的事务还多吗?我年轻时遍读《诗》《书》《礼记》《左传》《国语》,唯独不读《易》。到统理国事以来,体悟三史、诸家兵书,自认为对于处理好军国大事有大助益。如你们二人,胸襟开朗,天性颖悟,学必有所心得,为什么不抓紧学习史籍呢?就急读《孙子》《六韬》《左传》《国语》及三史。"

鲁肃代周瑜任大都督,驻防陆口,经过吕蒙驻军之地。鲁肃本有轻视吕蒙之意,有人劝告鲁肃说:"吕将军功名日益显耀,不可以故意慢待他,将军应当去看望他。"于是往见吕蒙。宴饮欢畅,吕蒙问鲁肃说:"君受重任,与关羽为邻,将用何计略以备不虞?"鲁肃随意地敷衍说:"临时制宜,随机应变。"吕蒙说:"现在虽然东吴与西蜀名为结盟,然而关羽实则虎视眈眈,怎么能不预为设定计策呢?"于是代为鲁肃筹划五项计策。鲁肃立即越席致谢,抚着吕蒙的肩膀说:"吕子明,我不知你才略所及至于如此深远啊。"于是,鲁肃拜见吕蒙母亲,与吕蒙结拜为兄友。

现代运用

成功之道在于日积月累

有一位画家,举办过好多次个人展,参加过无数次画展。无论参观者是多是少,自己的画作有没有获奖,他的脸上总是挂着开心的微笑,并且坚持不懈地去提高自己的水平。因此他越来越有名气。

在一次朋友聚会上,一位朋友问他:"你是怎么做到不受外界评论的影响,日复一日地专注于作画的呢?"

他给大家讲了他曾经的一件经历:我小的时候,兴趣非常广泛,也很要强。画画、唱歌、游泳、踢足球,样样都学,我还要求自己必须在每一方面都拿第一。

这当然是不可能的。于是,我闷闷不乐,心灰意冷,学习成绩一落千丈。有一次我的期中考试成绩竟排到全班的倒数第三名。

父亲知道后,并没有训斥我。而是找来一个小漏斗和一捧玉米种子,放在桌子上。告诉我说:"咱们一起来做一个试验。"父亲让我双手放在漏斗下面接着,然后捡起一粒种子投到漏斗里面,种子便顺着漏斗漏到了我的手里。父亲投了几十次,我的手中也就有了几十粒玉米种子。之后,父亲让我放下手中的玉米,再接一次漏斗中的玉米。父亲一次抓起满满一把玉米粒放到漏斗里面,竟一粒也没有掉下来。

父亲意味深长地对我说:"这个漏斗代表你,假如你每天都能做好一件事情,你就进步一点点,日积月累,你就会做好更多的事情,有更大的进步。可是,当你想把所有的事情都挤到一起来做,反而连一件事情也做不好。"很多年过去了,我一直铭记着父亲的教诲,懂得成功需要日积月累的进步。

> 有弗学,学之弗能,弗措也。有弗问,问之弗知,弗措也。
> 有弗思,思之弗得,弗措也。有弗辨,辨之弗明,弗措也。
> 有弗行,行之弗笃,弗措也。人一能之,己百之;人十能之,己千之。
> 果能此道矣,虽愚必明,虽柔必强。

【典句札记】

学习的过程难免会遇到这样或那样的困难,关键是要有坚定的恒心,不达目的绝不罢休。人人都有掌握大道的可能,也有成就人生的可能,关键看是否愿意付出努力和代价。这正如荀子所言:"锲而舍之,朽木不折;锲而不舍,金石可镂。"学习的真正意义便在于此吧!同样,也只有如此,愚笨者才可变聪明,柔弱者才可变坚强。人离成功的距离才会越来越近。

我们之所以惊讶于别人的成功,就在于我们盲目地自大,盲目地沉溺于自我感觉良好之中,自欺着。而别人正是在这种时刻埋头奋斗着。于是,在我们自以为比别人高明的自我陶醉中不知不觉地落在了后面,却还对别人的成就不服气,进而嫉妒。这是大多数人共同的心态。

人生注定是要奋斗的。奋斗是人生价值的求证过程,是对希望和辉煌的注解。古人说:"人生至乐,无如读书。"

世上没有任何东西可以取代学习。唯独具有持之以恒的毅力和决心才有成功的可能。求知的路永无止境。

⊛ 史例解读

持盈守成,当艰于创业之君

苏易简(958—996),字太简。宋代铜山(今四川省中江县东南)人。少颖悟好学,风度奇秀,才思敏捷。以文章知名,登进士第一。历官翰林学士、知制诰、给事中、参知政事,出知陈州。

苏易简升任中书舍人,兼翰林学士承旨。有一次,他在宫中值班,闲暇中观赏欹器被皇上暗中得知,晚朝时,询问他说:"您在水中试验着玩的,大概是欹器吧!"苏易简回答说:"是的。它是江南人徐邈制作的。"说完,皇上让苏易简拿出欹器来,放在水中试验。苏易简乘机进谏说:"我听说太阳升得最高,比如到了中午,就要开始回落;月亮长到最圆的时候,比如每月十五日,就开始亏缺;欹器中的水一旦盛满,就会翻倒;事物发展到最繁盛的阶段,就会开始走向衰败。陛下持盈守成,时时警惕,谦虚谨慎,有始有终,巩固先帝创立的基业,开拓崭新的业绩,永葆国运久长,太平安定,则是天下百姓的幸运。"

⊛ 现代运用

学无止境

作为万物之灵长的人,具有从实践、研究、阅读中获得知识和技能的能力。这种能力便是"学习"。学习其实并非一件轻而易举的事情,因为知识与学问没有尽头,学不尽。所以为了学习,我们只能"活到老,学到老"。

美国东部一所规模很大的大学毕业考试的最后一天。在一座教学楼前的阶梯上,有一群机械系大四学生聚集在一起,正在讨论几分钟后就要开始的考试。他们的脸上显示出很有自信,这是最后一场考试,接着就可以毕业找工作了。

有几个说他们已经找到工作了。其他的人则在讨论他们想得到的工作。怀着对四年大学教育的肯定,他们对于征服外面的世界胸有成竹。

即将进行的考试他们知道只是轻而易举的事情。教授说,他们可以带需要的教科书、参考书和笔记,只要求考试时他们不能彼此交头接耳。

他们一身轻松地走进教室。教授把考卷发下去,学生都喜形于色,因为学生们注意到只有 5 个论述题。

3 个小时过去了,教授开始收集考卷。学生们似乎不再有信心,他们脸上有难以描述的表情。没有一个人说话,教授手里拿着考卷,面对着全班同学。

教授端详着面前学生们忧郁的脸,问道:"有几个人把 5 个问题全答完了?"没有人举手。

"有几个答完了 4 个?"仍旧没有任何动静。

"3 个?2 个?"学生们在座位上不安起来。

"那么 1 个呢?一定有人做完了 1 个吧?"全班学生仍保持沉默。

教授放下手中的考卷说:"这正是我预期的。我只是要加深你们的印象,即使你们已完成四年工程教育,但仍旧有许多有关工程的问题你们一无所知。这些你们不能回答的问题,在日常操作中是非常普遍的。"

于是,教授带着微笑说下去:"这个科目你们都会及格,但要记住,虽然你们是大学毕业生,但是在以后的日子里,你们仍然要不停地学习,不断为自己充电。"

教授对他们是负责任的,这堂特殊的课其实只有四个字"学无止境",但这个道理既浅显又深刻,它很容易为人所理解接受,然而它也容易为人所忽视。知识是无穷无尽的,如果我们不想被这个时代淘汰,那么我们必须要学无止境。

第二十一章 诚明

诚，就是心地坦荡，不怀功利，没有杂念，怀有美好的愿望。

「诚」就是真实无妄。真诚与伪善是两种不同的处世态度。

在诚实的人眼中，世界是美好的，因为他觉得自己真心待人，无欲无求，是可以信赖的，也就认为，别人也同样是可以信任的，所以他不必怀有顾虑，也就没有必要背负歉疚。

信守诚笃的人，说出的都是真话，因为这是他的天性，他不会说谎，也不知道如何说谎。而伪善的人，也会说出真话，但是他说出的真话是有条件的，是怀有算计的，是为了达到某种目的。虽然可能得到他想要的，但这只是暂时的寄存，不可能长久拥有。

【原文】

自诚明①,谓之性;自明诚②,谓之教。诚则明矣③,明则诚矣。

【译文】

由真诚而自然明白道理,这作天性;由明白道理后做到真诚,这叫作人为的教育。真诚也就会自然明白道理,明白道理后,也就会做到真诚。

【注释】

①自:从,由。明:明白。

②自:因为,由于。

③明:洞察。

【历代论引】

郑玄说:由至诚而有明德,是圣人之性者也。由明德而有至诚,是贤人学以知之也。有至诚则必有明德,有明德则必有至诚。

《礼记正义》曰:天性至诚,或学而能。两者虽异,功用则相通。

孔颖达说:圣人天性至诚,则能有明德,由至诚而致明也。贤人由身聪明习学,乃致至诚。是诚则能明,明则能诚,优劣虽异,二者皆通有至诚也。

朱子说:德无不实而明无不照者,圣人之德。所性而有者也,天道也。先明乎善,而后能实其善者,贤人之学。由教而入者也,人道也。诚则无不明矣,明则可以至于诚矣。

🦋 智慧运用 🦋

自诚明,谓之性;自明诚,谓之教。诚则明矣,明则诚矣。

【典句札记】

早在两千多年前,我们的哲学家们就注意到了真诚的重要性,他们认为真诚是一切道德的基础,也是一切事业成功的保障。

在我们生活的现代社会中,真诚的缺失似乎一直困扰着人们,我们生活的方方面面都在呼唤"真诚"与"诚信"。在我们的身边,学生考试作弊,一些人借贷后不还,有些人花钱办假证,不法食品生产加工者在食品中添加工业原料……这些不"诚"的现象给社会和他人造成了极其严重的后果。其实我国是一个诚信资源极其丰富的国家,我们的祖先告诉我们,真诚诚实、诚信是最根本的道德原则,心怀真诚的人,必然赢得人们永远的尊重与称道。诚是德行的基础,是品德的内在特质。有高尚道德的人,必然是一个诚实的人。诚是达到中庸境界的基础,而中庸之道又是人们成功的途径。

我们自我修养、齐家、交友、经商、为政,要想有所成功就离不开"诚"这一美德。因为"诚"是上天赋予我们的自然法则,真诚、诚信的人的心灵、情感与理性、行为是合一的,是一种和谐的统一。不真诚的人却常常在自我的利益索取与社会规律之间的矛盾中"痛苦挣扎",结果总是事与愿违。有智慧的人,并不一定就是一个诚实的人。虽然可以通过智巧达到目的,但是不一定能够赢得人们的诚服。而诚实给予人的智慧是无可战胜的。

明达天地万物化育的大道理,就会觉得所有的聪明与智巧,是多么地微不足道。而这时自然就会认识到,唯有诚才是唯一的坦途。

无论从诚而明还是从明而诚,其效验并没有什么区别。只要坚持此道,身体力行,必然会成就美好人生。

史例解读

君子以"诚"立身

诚,就是不欺,不欺天,不欺人,不欺心。

黄洽,字德润,福州人。隆兴元年,以太学生试春官第二,诏循故事,未临轩,赐第二人及第。授绍兴府观察判官。官至资政殿大学士。赠金紫光禄大夫。黄洽质直端重,有大臣体,两朝推为名臣。有文集、奏议留传后世。

黄洽曾在经筵之时进言:"宰相代天理物,以为国得人为要务。作为人主,任命宰相,就不应心存疑忌。宰相权重则朝廷尊荣,朝廷权尊威重则宗庙社稷安定。宰相论才任职,当尽公心。君子进用则百职尽责,官员同心,政事振举则天下大治。"皇帝首肯再三,说:"卿就如良金美玉,浑厚无瑕,这是上天以卿作为我的辅弼啊。"

后黄洽升任资政殿大学士、知隆兴府。黄洽常说:"居家不欺骗亲友,为官不欺骗君上,仰不欺天,俯不欺人,于幽冥不欺骗鬼神,那么有什么必要向神灵求助,以图厚福呢!"

🔷 现代运用

忠诚可以成就你

有一个在企业里兢兢业业工作了 10 年的老技术员意外地被要求待岗。在最初的日子里,他心情异常烦躁,他觉得自己真的好委屈。并且这些天,他一连接到好几个奇怪的电话。电话里的人自称是他原来上班的那家企业的竞争对手,希望他能提供一些原企业的机密,作为回报,可以给他提供一份薪水很高的工作或是给他 100 万元。

第一次接到电话时,他就断然拒绝了。第二天,那个电话将报酬提高到 200 万元,他还是拒绝了。

"那家公司已经让你待岗了,下一步很可能就是辞退你,你辛苦工作 10 年,得到的却是这样的回报,你有必要还为对你忘恩负义的企业死守机密吗?你这样做对自己没有任何好处!"电话里的那个人气愤地说。

"很抱歉,无论如何我都不会那么做!这是我的做人原则,即使我已经离开了这家企业。"他坚定地说。

当第三个电话打来时,他正在为找工作四处奔波,因为一家老小全靠他来养活,他工作没了,家庭开支就成问题了。而这时,电话里的那个人开的价已高达 500 万元。但他还是毫不犹豫地拒绝了。

第二天,他很意外地被通知去上班,老总把代表企业最高荣誉的奖章——忠诚奖章发给了他,同时,老总还给他一份聘书,聘任他为技术开发部经理。

原来这三个电话不过是一次干部聘任前的考察而已。

你在面对这样的事情的时候,会怎么做?你在工作中是否做到了忠诚?忠诚是一种很重要的品质。一般忠诚的人会得到重用,即使这个人能力差点儿,用人单位也不会去选择重用一个有能力而朝三暮四的员工。这一点,你一定要明白。

第二十二章 尽性

诚是自然界中万物的本然状态，是万物天性的自然呈现。

诚又是内心认识的自然流露，是万物发展变化过程的主观反映。

真诚者能把自己善性发挥到极处，以这样的态度关怀人，也会使别人的善性发挥到极处。万物也会得到关照，也会得其所，遂其生。

至诚之人天性坦荡，心灵透明，对于事物不虚美，不巧饰，自然自在。就像花蕾的盛开，对着太阳绽放。就像种子，无论受到什么挤压，都向着太阳生长。

天地以其至诚，令一切的诈伪无处躲藏。

▌【原文】▐

唯天下至诚,为能尽其性;能尽其性^①,则能尽人之性;能尽人之性,则能尽物之性;能尽物之性,则可以赞天地之化育^②;可以赞天地之化育,则可以与天地参矣^③。

▌【译文】▐

只有修养达到天下至诚的人才能彻悟天地万物运行的至理。通达天地至德万物至理,就能够极大地发挥人的天性。充分地发挥人的天性,就能够完全合理地发挥和利用万物的天性而达到物得其育、物尽其用。能够使天地万物的天性得其所成,那么这种修养是可以得到与天地化育万物的至德同样崇高的赞美;能够得到与天地至德相媲美的赞扬称颂,这种修养的大德是完全可以称之为与日月同辉、与天地并列为三了。

【注释】

①尽其性:充分发挥本性。尽,最,达到极致。

②赞:赞助。化育:化生和养育。

③与天地参:与天地并立为三。朱熹注:"谓与天地并立为三也。"参,古通"三"。

▌【历代论引】▐

郑玄说:尽性者,谓顺理之使不失其所也。助天地之化生,谓圣人受命在王位致大平。

《礼记正义》曰:天性至诚,圣人之道也。

孔颖达说:天下之内,至极诚信为圣人也。以其至极诚信,与天地合,故能"尽其性"。既尽其性,则能尽其人与万物之性,是以下云"能尽人之性"。既能尽人性,则能尽万物之性,故能赞助天地之化育,功与天地相参。

朱子说:天下至诚,谓圣人之德之实,天下莫能加也。尽其性者德无不实,故无人欲之私,而天命之在我者,察之由之,巨细精粗,无毫发之不尽也。人物之性,亦我之性,但以所赋形气不同而有异耳。能尽之者,谓知之无不明而处之无不当也。

智慧运用

唯天下至诚,为能尽其性;能尽其性,则能尽人之性;能尽人之性,
则能尽物之性;能尽物之性,则可以赞天地之化育;可以赞天地之化育,
则可以与天地参矣。

【典句札记】

　　此章论述了"诚"是一个人走向成功的至关重要的因素。"诚"是自然万物的秉性,人们要想主宰自己的命运,就得合乎自然规律,那么顺应了诚的秉性自然就是顺应了天意。在这个前提下,才能够尽量让自己的行动顺乎自然而无所不能。否则,即使挣扎苦斗其结果也是枉然。至诚的人首先对自己是真诚的,这种真诚表现在不自欺上。

　　我们每个人身上都有优点与缺点,有着自己与众不同的个性,这是大自然赋予我们的。至诚的人敢于坦诚地接受上天赋予他的一切,对待自己是"中庸"的,既不会自以为"老子天下第一",也不会认为自己处处不如他人,自视低人一等,差人许多。对于优点他会发扬,并且把优点的益处传递给他人;对于缺点,他不会躲躲藏藏,而是勇于克服,然后把克服缺点后的益处与他人分享。所以,至诚的人使自己本性中的优势部分发挥到了极致,使劣势部分被抑制到了极致,因此获得成功便是自然而然的事。

　　真诚是一种极好的品质,真诚的人因为对自己真诚,发挥了自己的天性,从而对他人真诚,发挥了他人的天性,然后对天下万事万物真诚,发挥了自然万物的天性,最后的结果就是达到了人与万事万物和谐、协调、一致,没有过分也没有不及。那么,这样人就等于是替天地自然行造化之权了。做了自然要做的事情,帮助大自然造化养育万物,因此就可以与天地并列为三,可谓功不可没。人是天地灵秀之气的凝聚,与天、地鼎足而三,这便是行中庸之道的人的伟大之处。

　　反过来说,我们人类怎样才能与天、地并立呢?那就是要以真诚的心态对待事物和他人,发挥自己的天性与潜能,也使他人尽其天性,推而广之使万物按照他们自身的规律发展。也许我们无法做到"至诚",但是为人处世却一定

第二十二章 尽性

245

能忘掉一个"诚"字。

史例解读

诚乃至爱天性

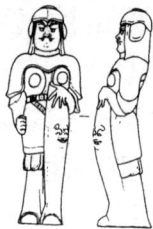

曾在《罗摩衍那》中读到过这样一则故事：一只蝎子掉进了水中，它团团打转，却怎么也无法逃出困境。一个婆罗门看到了，他伸手想把它捉上来，帮他脱离险境。可就在他的手指将要接近蝎子的时候，蝎子本能地蜇了婆罗门一下。但是，他还是想救助那只蝎子。于是，他固执地再次伸出手，想把蝎子搭救上来。然而，蝎子再一次蜇了他。

旁边的一个人说："它根本就不接受你的好意，总是这么蜇你，你何必还执迷不悟，为什么要救它呢？"

胤稹行乐图

婆罗门说："蜇人是蝎子的天性，博爱是我的天性，我怎么能因为它蜇人而放弃我爱的天性呢？"

现代运用

至诚方能尽其性

日本著名的音乐指挥家小泽征尔年轻时去欧洲参加过一次音乐指挥家大赛。在进入决赛的时候，评委安排小泽征尔最后一个演出，当他拿起评委交给的乐谱后，稍做准备，便全神贯注地指挥起来。突然他发现乐谱中出现了一点不和谐。他仔细看过，又经过考虑，他报告说乐谱有问题。可是，在场的所有作曲家和评委会的权威人士都口气一致地说,乐谱没有问题。面对几百名国际音乐界的权威人士,小泽征尔不禁对自己的判断产生了怀疑,然而他考虑再三,仍然确信自己的判断是正确的,他坚信自己的立场。于是斩钉截铁地大声说,一定是乐谱错了。结果评委席上的评委们站了起来,向小泽征尔报以热烈的掌声,祝贺他获得了第一名。原来这一切都是评委们精心设下的一个考题,用来测试指挥家们在发现错误而在权威人士不承认的情况下,是否可以一直坚信自己的正确判断。小泽征尔的做法应该说是"至诚"了,既不欺人也不自欺,可谓发挥了自己的天性,所以最终获得了成功。

《第二十三章 致曲》

上章谈的是圣人，这章说的是一般的人。

无论什么人，无论做什么事，只要心无旁骛地专心一意去做，那么通过至诚努力，就会达到一定的境界而使自己不朽。

『曲』为一偏，也就是指贤人以下的人某一方面的善性，如对此能真诚发挥，就会充分表露，而且越来越光明显著，从而进一步凝聚感动他人的力量，感化他人向善，这样也就可以和圣人一样了。

其次致曲①,曲能有诚。诚则形,形则著②。著则明③,明则动。动则变,变则化④。唯天下至诚为能化。

一般的人致力于某一个善端,致力于某一个善端,也就能做到真诚。做到了真诚就会表现出来,表现出来就会逐渐显著。显著了就会发扬光大,发扬光大就会感动他人。感动他人就会引起转变,引起转变就能化育万物。只有天下最真诚的人才能化育万物。

【注释】

①其次:次一等的人,即次于"自诚明"的圣人的人,也就是贤人以下之人。致曲:致力于某一方面的善端。曲,偏,一个方面。

②形:这里指显露、表现。著:昭著,显著。

③明:光明,阐扬。

④变:变革。化:即化育。

郑玄说:不能尽性而有至诚,于有义焉而已,形谓人见其功也。尽性之诚,人不能见也。

《礼记正义》曰:由明而致诚,是贤人,次于圣人。贤人习学而致至诚,贤人致行细小之事不能尽性,于细小之事能有至诚也。

孔颖达说:不能自然至诚,由学而来,故诚则人见其功。初有小形,后乃大而明。若天性至诚之人不能见,则不形不著也。由著故显明,由明能感动于众。既感动人心,渐变恶为善,变而既久,遂至于化。言恶人全化为善,人无复为恶也。唯天下学致至诚之人,为能化恶为善,改移旧俗。不如前经天生至诚,能尽其性,与天地参矣。

朱子说:盖人之性无不同,而气则有异,故唯圣人能举其性之全体而尽之。其次则必自其善端发见之偏,而悉推致之,以各造其极也。曲无不致,则德无不实,而形、著、动、变之功自不能已。积而至于能化,则其至诚之妙,亦不异于圣人矣。

智慧运用

其次致曲,曲能有诚。诚则形,形则著。著则明,明则动。
动则变,变则化。唯天下至诚为能化。

【典句札记】

在这一章中,作者提出了一个"致曲"的概念。所谓"致曲",是指通过致力于某一特定方面的善,进而达到"至诚"的效果。但这种人仍然可以通过后天的努力,达到至诚的效果。

"人之初,性本善。"人生之初,天性率真,只有爱而没有怀恨。只是随着年龄的增长,对于外界渐渐产生了畏惧,形成了独立的意识,拘泥于各种经验,而忽视了善的天性,于是忽视了诚,经营于智巧,通过巧术,以求达成个人的目的。致使离开诚的天性越来越远,以至于陷于各种诱惑的陷阱,而找不到出口。从而导致人生的道路坎坷曲折。然而却不从自身寻找原因,总是抱怨上天不公,自己命运多舛。

我们都想交到真诚的朋友,但是在交往中少却了真诚,而多了功利。我们总是怀着提防的心理,我们自己就没有向朋友敞开心扉,我们就这样使自己陷入孤独,却慨叹人心不古。

我们都知道这样的道理:语言可以欺骗人们的眼睛,但行为却总能暴露出一个人的真实的想法。所以,一个人如果真正从心底里有真诚的态度,就一定会反映到行动当中来。我们很难想象一个内心真诚无欺的人,却在行为中做欺世盗名的勾当。并且,在某一次的行动中表现出真诚的态度和诚实、诚信的品格,就一定会在做其他事情时有所表现,结果这种品质就会逐渐发扬光大,逐渐显著。一个人的真诚可以感染其他人的情绪,就好像我们一直提倡的雷锋精神一样,可以说是光芒四射的,所以就会逐渐感动身边的每一个人,在感动了身边的每一个人之后,人们就会继续相互感染,都报以真诚的心态,直到影响到我们生活中的万事万物。

也就是说，先从小事做起，改造自己，完善自己，然后感染他人，完善他人，直至化育天下万物。以一个形象的比喻来说明，把我们自己能以"诚"入手所做的事情看作一个小小的圆点，通过对诚的境界的不断追求，这个圆点的外围就会像靶子的圆环一样，不断地扩大。

史例解读

至诚而致精微

《庄子·外篇·天道》中讲了这样一则故事：

齐桓公坐在厅堂读书。

轮扁这时正在院子里制作车轮，看到桓公读书的专注神态，他放下手中的锤子和凿子，走到桓公面前说："对不起，请问您读的是什么书啊？"

桓公说："是圣贤的经典之语啊。"

轮扁又问："那么，圣贤现在何处？"

桓公说："圣贤很久以前就死了。"

于是轮扁就说："这么说，您所读的只是古人的垃圾呀。"

桓公勃然大怒，斥责道："我正在读圣贤之书，区区一个木匠有什么资格乱发议论，何敢口出狂言？如果你能够说出一个理由，那么还可免去责罚；否则，如果没有一个合理的说法，那么，为了你刚才对于圣贤不敬的话，你就得付出生命的代价。"

轮扁说："我也只是用我工作的经验而言的。就如制作车轮，用力过大，就会导致间隙太大而松脱；用力不够，则不能安装使用。只有使力量用得恰到好处，才能做到配合精确。这种精微的技巧只能是得之于手而应之于心，是无法通过语言传授的，是一种奇妙的技术。我无法把这一技术传承给我的儿子，我的儿子也无法从我这儿学到这种技术。所以我现在已经年过七十还得自己动手制作车轮。所以说，古人肯定也没能把自己领悟到的精髓原封不动地传给后人就死去了。如此说来，您所读的书难道不是古人留下的垃圾吗？"

⊛ 现代运用

经商之道——诚信

以真诚的态度与人交往可以赢得人心，以真诚的态度经商会获得更多的财富。当今社会中，有些人对真诚缺乏认识，凡事总以自我为中心，只注重经商的技巧、权谋，甚至诡计，总是想方设法击倒对手。然而，如果失去了真诚无欺的心，那么就无法在商场上立于不败之地。

李嘉诚是一个成功的企业家，然而他在创业初期也曾年少气盛、急于求成，结果是忽略了产品的"诚"——质量。所以，使得长江塑胶厂遭到了重大挫折，许多家客户纷纷拒收长江塑胶厂的产品，甚至要求长江厂赔偿损失。李嘉诚的仓库里堆满了因为质量问题而无法销售的塑胶成品。一时间，工厂里闹得人心惶惶，工人们人人自危。工厂更处于遭银行清盘的生死存亡的关头。这时，母亲告诉李嘉诚，真诚是做人处世之本，是战胜一切的不二法门。于是，李嘉诚痛定思痛。他首先向员工坦诚地承认了自己的经营失误，真诚地希望大家与他同舟共济，共渡难关。接着，他对于银行、客户、原料供应商一一拜访，向他们道歉，请求原谅和帮助；第三，仓库中的积压产品被他彻底清除，选出质量过关的来销售；淘汰质量不过关的，全部销毁。就这样，李嘉诚终于转危为安，他也在实践中体会到：诚是做人之本，也是经商之本。以诚经商则信立，于是朋友云集，成功自然会来到。

事实上，无论是经商，还是为人处世，诚信始终是使人立于不败之地的不二法门。

第二十四章　前知

心诚则灵。灵到能预知未来吉凶祸福的程度，这似乎有些夸大。『国家将兴，必有祯祥；国家将亡，必有妖孽』的现象，虽然历代的正史野史记载很多，但毕竟有点神秘。其实，拨开神秘的迷雾，这里的意思不外乎是说，由于心灵达到了至诚的境界，不被私心杂念所迷惑，就能洞悉世间万物的根本规律，因此而能够预知未来的吉凶祸福、兴亡盛衰。一言以蔽之，无非是强调真诚的出神入化的功用罢了。

人生的幸福首先取决于自己的勤奋。只要播种的是麦子而不是莠草，必定会有收获。人生成就的大小，唯在于奉行至诚的理念，正如『执玉高卑，其容俯仰』。只有自己首先真诚，真诚人做真诚事，才能感天动地，成就自己。然后才能对人诚实，从而成就别人。

可以说，心诚则灵，至诚与天地同辉。

【原文】

至诚之道,可以前知①。国家将兴,必有祯祥②;国家将亡,必有妖孽③。见乎蓍龟,动乎四体④。祸福将至:善,必先知之;不善,必先知之。故至诚如神⑤。

【译文】

最高的真诚,可以预知未来。国家将要兴旺,必然有吉祥的征兆;国家将要衰亡,必然有不祥的反常现象。呈现在蓍草龟甲上,表现在手脚动作上。祸福将要来临时:是福,可以预先知道;是祸,也可以预先知道。所以最高的真诚就像神灵一样微妙。

【注释】

①前知:预先知道。

②祯(zhēn)祥:预先萌发的吉祥的征兆。《说文》:"祯祥者,言人有至诚,天地不能隐,如文王有至诚,招赤雀之瑞也。"国境内原本就有,如今出现奇异的品种,叫作祯。本来没有,今却新生,叫作祥。何胤说:"国本有雀,今有赤雀来,是祯也。国本无凤,今有凤来,是祥也。"

③妖孽:物类反常的事物。草木之类称妖,虫豸之类称孽。是凶恶灾祸将要发生的预兆,这里是指凶恶的物种侵入成为妖伤的征象。

④见(xiàn):同"现",呈现。蓍(shī)龟:蓍草和龟甲,用来占卜。《易·系辞上》:"探赜索隐,钩深致远,以定天下之吉凶,成天下之亹亹者,莫大乎蓍龟。"四体:四肢。即龟的四足,指动作仪态。

⑤如神:像鬼神一样微妙,不可言说。

【历代论引】

郑玄说:天不欺至诚者也。祯祥、妖孽,蓍龟之占,虽其时有小人、愚主,皆为至诚能知者出也。

《礼记正义》曰:圣人、贤人俱有至诚之行,天所不欺,可知前事。又曰:圣人君子将兴之时,或圣人有至诚,或贤人有至诚,则国之将兴,祯祥可知。而小人、愚主之世无至诚,又时无贤人,亦无至诚,所以得知国家之将亡而有妖孽者,虽小人、愚主,由至诚之人生在乱世,犹有至诚之德,此妖孽为有至诚能知者出也。

孔颖达说：国家之将兴，必先有嘉庆善祥也。至诚之道，先知前事，如神之微妙。

朱子说：凡此皆理之先见者也。然唯诚之至极，而无一毫私伪留于心目之间者，乃能有以察其几焉。

智慧运用

至诚之道，可以前知。国家将兴，必有祯祥；国家将亡，必有妖孽。见乎蓍龟，动乎四体。祸福将至：善，必先知之；不善，必先知之。故至诚如神。

【典句札记】

本章旨在论述至诚的境界。天地万物不是孤立的，而是相互联系，相互依存，互相影响，互相感应，相比较而存在，相竞争而发展的。任何事件的发生和发展，都有其因果轮回。任何变故都有先兆。比如地震、海啸……各种天灾人祸、气候变化，都可以预测警报，也都有各种相联系的物候变化预为警示。只有以天地之心为心，心怀至诚，才能感知。体天行道，感知变化运行的征兆，感应变故于既萌，从而达到全知全能，唯诚而已。

古时候的人们由于对自然，社会现象的理解把握程度不高，常常无法左右事物的发展，因而要借助占卜与筮蓍来判断事物的吉凶祸福，帮助自己安排生产和生活。占卜的人首先要心地真诚、无私无虑，所谓"心诚则灵"，这样才能得到正确的预测推算结果，自然是成败、得失、荣辱可知。而"诚"字在起源时，最初强调的就是祭祀者对于祖先、神灵的诚信不欺、虔敬，只是到后来才发展成为人们的内心状态的专指说法。如果占卜时三心二意，心存杂念，只是走过场，那么算出来的结果就不灵验，当然也一定不能给人们以正确的行动指导。古代人的说法和做法还带有一定的神秘色彩。

抛开不符合科学的思想来说，天下最真诚的人能够帮助天与地化育万事万物，就是真正与自然融为一体了，那么自然界中所发生的一切，就好像他的亲身经历一样，来龙去脉线索清晰明白，因为他知道，宇宙自然中所发生的一切都有它们自身的"规律"来控制。把握了这个规律，那么前前后后所发生的事情，以及事物的来龙去脉就无所不知了。

这样的说法似乎又有些玄妙了，很不好理解。那么说得具体一些，一个人一旦有了真诚的心灵，是真实无妄、去伪存真的，那么他的双眼就不会被眼前的小利小益、事物的表面现象、人们所作的表面文章等等的东西所迷惑。他可以冷静地观察、分析、判断，洞悉世间万物的根本规律，看问题时往往能直指主旨、一针见血，没有什么杂七杂八的事情可以令他分心。正因为真诚的人不会被迷惑，所以他们就好像可以预知未来的吉凶祸福，能够准确地把握事物发展的脉络，这就是"诚"的力量！

🏮 史例解读

至诚可知兴亡

《国语·周语》记载：周幽王二年，发生大地震。

伯阳父说：周朝将要衰亡了。从前伊川、洛水枯竭，于是夏朝亡国了，黄河断流干枯，很快商朝就灭亡了。

此时三川皆震，是周朝运数的不祥之兆啊。这是伯阳父有至诚，因而能预先确知周朝即将衰亡啊。

同时，还记载了在周惠王十五年，有神灵降临在莘这个地方。莘，原为虢国的地名。周惠王问内史过，神灵降临预示什么？

过回答说：夏朝当初振兴的时候，祝融神垂降于崇山；到夏朝亡国时，回禄信于聆隧。商朝中兴之时，梼杌旅迹于丕山；当商朝灭亡时，夷羊出现在都城牧野。周朝初兴时，鸑鷟鸣于岐山，及至衰落时，杜伯射周宣王于镐京。现今虢国多行弊政，不得民心，因此虢国必将亡国。

周幽王烽火戏诸侯图

现代运用

以诚待人得人心

　　金利来的创始人曾宪梓先生曾经说过这样的话："无论各地的情况如何不同，各个顾客的要求如何差异，只要我们本着以诚待客、设身处地为客人着想的精神，就会被人们接纳，一切问题都可以得到解决。"他是这样说的，也是这样做的。正是因为他做人处世如此讲究诚实，所以事业才会获得成功。

　　有一次，一个瑞典顾客系着金利来的真丝领带去打网球，结果汗水使领带褪色，染坏了他的T恤衫。事后，这位顾客写信给金利来投诉真丝领带褪色。曾宪梓知道后，亲自找到这位顾客，并认真地向他解释说："真丝领带是不宜沾汗的，因为所有丝质领带遇上带酸性的汗水，都会产生化学作用而褪色。"他在请对方提出进一步的意见的同时，赔偿了顾客新的T恤衫和领带，并认真地告诉顾客一些关于领带和T恤衫的日常保养方法。当顾客跟曾宪梓告别的时候，又激动又开心地说："曾先生，我实在佩服你对顾客的真诚，以前我也曾遇到过类似的情况而投诉其他的牌子，可是结果都是不了了之。这一次我实在是太开心、太惊喜啦。"曾宪梓笑着说："你能来提意见，证明你对我们的牌子是很关心、很爱护的。我应该多多感谢你才是。"

　　曾宪梓常这样告诉下属："你要是希望这个朋友是长期的，这个关系是长久的话，你就必须要以诚待人，并且站在对方的立场上去想一想，看看对方是否能够得到合理的利益。这叫'推己及人'。这个世界上永远不会有单方面的长久的商业关系。是的，我们是应该为自己着想，立场坚定地维护公司的利益，但是只顾及一己私利，甚至伤害对方的利益，这种关系绝对无法长久。"

　　20世纪60年代末期，当曾宪梓还在做泰国丝领带的时候，位于香港中环的龙子行是当时中等偏上的百货公司之一，也是曾宪梓早期的重要客户。

　　有一次，曾宪梓因为急着要去泰国订购泰国丝领带原料，临行前给龙子行订购泰国丝领带的经理报了价，对方也及时预订了20打领带。不过因为时间关系，双方当时都没有签订合同，只是限于口头协议。

当曾宪梓在泰国进货的时候,发现泰国丝的价格已涨,如果按照自己原来的报价把领带卖给龙子行,就意味着这笔生意会亏本。但曾宪梓想到做生意最关键的是"执事以信",宁可自己亏本,也要坚守信诺,所以从泰国回香港后,虽然前后的价格已经大有不同,而且龙子行的经理也是行家,也知道市场行情已经变化,但是曾宪梓还是按照当初口头协议的价格,将领带卖给他。

龙子行的经理十分佩服曾宪梓的诚信的经商作风,因为曾宪梓在当时要为六口之家的生存奔波,能够做到信守诺言,是非常不容易的。因此,龙子行以后与曾宪梓合作的时候都十分信赖他,也十分默契。

要想得到更多人的接纳,就必须以诚待人,不能有太重的私心,尤其不能欺骗别人。俗话常说:"要想人不知,除非己莫为。"一件坏事、一句谎言,能欺骗一人,却不能欺骗十人、百人,更不能欺骗所有的人;能欺骗一时,不能欺骗一生一世,更不能欺骗百世。

做人处世应该光明磊落,不走欺骗的极端。要知道真诚是最有力的武器,可以粉碎冷漠的心墙,而欺骗却只能给人与人之间的心墙垒上厚砖。

第二十五章 自成

儒家强调道德自我觉醒。人要真诚，要自觉地行道。真实，从自然的方面来说，是事物的根本规律，是事物的发端和归宿；真诚，从人的方面来说，就是无私奉献和专注投入的精神，就是宽广的胸襟与宽厚包容的气度，就是自我的内心完善。所以，要修养真诚就必须做到物我同一。唯有真诚能够陪伴我们走向永远。

这里最值得注意的是真诚的外化问题，也就是说，真诚不仅仅像我们一般所理解的是一种主观内在的品质，自我的道德完善，而且还要外化到他人和一切事物当中去。这叫『合外内之道』。自己真诚了，他人真诚了，真诚无处不在，无时不有，世界也就美好无欺了。自己要真诚的东西最主要的是仁和智两种品德，都是靠诚来起作用，因时而措之，天下万物都会停停当当，妥妥帖帖。

【原文】

诚者自成也,而道自道也①。诚者物之终始,不诚无物。是故君子诚之为贵。诚者,非自成己而已也②,所以成物也。成己,仁也;成物,知也③。性之德也,合外内之道也,故时措之宜也④。

【译文】

真诚是自我完善的,道是自己运行的。真诚是事物的发端和归宿,没有真诚就没有了事物。因此君子以真诚为贵。不过,真诚并不是自我完善就够了,而是还要完善事物。自我完善是仁,完善事物是智。仁和智是出于本性的德行,是融合自身与外物的准则,因此,无论何时何地,只要心怀以诚,就是中道。

【注释】

①自成:自我成全,也就是自我完善的意思。自道:自我引导,自我设计。

②成己:完善自己。

③知:同"智"。

④时措:日常行为举措。

【历代论引】

郑玄说:人能至诚,所以"自成"也。有道艺所以自道达。郑玄说:大人无诚,万物不生,小人无诚,则事不成。贵至诚。又说:以至诚成己,则仁道立。以至诚成物,则知弥博。此五性之所以为德也,外内所须而合也,外内犹上下。

孔颖达说:人有至诚,非但自成就己身而已,又能成就外物。若成能就己身,则仁道兴立,若能成就外物,则知力广远,诚者是人五性之德,则仁、义、礼、智、信皆犹至诚而为德,至诚之行合于外内之道,无问外内,皆须至诚。于人事言之,有外有内,于万物言之,外内犹上下。上谓天,下谓地。天体高明,故为外;地体博厚闭藏,故为内也。是至诚合天地之道也。至诚者成万物之性,合天地之道,故得时而用之,则无往而不宜。

朱子说:诚者物之所以自成,而道者人之所当自行也。诚以心言,本也;道以理言,用也。又说:天下之物,皆实理之所为,故必得是理,然后有是物。所得之理既尽,则是物亦尽而无有矣。故人之心一有不实,则虽有所为亦如无有,而君子必以诚为贵也。盖人之心能无不实,乃为有以自成,而道之在我者亦无不行矣。又说:诚虽所以成己,然既有以自成,则自然及物,而道亦行于彼矣。仁者体之存,知者用之发,是皆吾性之固有,而无内外之殊。既得于己,则见于事者,以时措之,而皆得其宜也。

智慧运用

诚者自成也,而道自道也。

【典句札记】

"诚"就是指真实无妄的真诚、诚实,诚信,它居然可以神妙到使人预知未来,可见这个"诚"字对于我们为人处世有多么重要。然而做到诚又是十分容易的,也就是只要顺应自然,不矫揉造作,不虚妄行事,就像宇宙自然一样,顺应真实无妄的诚的本性,按照大道规律运行,合乎自然规律即可。所以说,无论是宇宙自然,还是如同沧海一粟一般渺小的我们,只要以诚行事,就会自己成就自己。因为"诚"的道理包含于自然大道之中,所以以大道行事就是自己引导自己。也就是说,真诚是自然而成的,大道是自然运行的。

"诚者,自成也。"就是说:诚,首先是不自欺,是对自己诚实。"吾日三省吾身"就是对自己行为的自诚检讨,没有这种自诚的功夫,就不可能养成良好的品格,没有高尚的人格,又如何成就事业?

人一旦离开真实无妄的诚,将一事无成,万物也是如此。天地万物的生长与消亡、事情的开端与结尾,人的出生与死亡,总是有一定的规律的,这就像唐代著名诗人杜甫所说的"好雨知时节,当春乃发生"一样,有其必然的发展路径,这是一种唯物主义的道理。离开了真实无妄的本质,万事万物就不可能正常发展了。有智慧的君子因此而十分看重"诚"的道理。正如孟子所说,"诚者,天之道者,思诚者,人之道也。"

曾经有句很流行的话:"思想决定命运,性格成就事业。"成为人们奉行的至理名言。于是,人生的策划、自我设计、包装炒作代替了踏实的努力,到处充斥着虚无和浮躁,诚实被忽略,劳动被投机嘲弄……当谎言的泡沫破裂之后,所剩下的只是失望与心灵的狼藉。

其实,不论想象如何美好,都不能代替诚实的劳动创造。那种为了达成目的而不择手段,毫无诚意的行为,最终受害的是自己,并不能成就什么业绩。

无论做什么,内心都必须有诚。用至诚引导自己的心灵向着完美的境界前进,那么何必忧虑不能成就事业,不能成就人生。

🏛 史例解读

以至诚之心,达教化之功效

王伽是隋代章武(今河北省黄骅县西北)人。后任雍县县令,颇有政绩。

开皇末年,王伽任齐州参军。只是做些日常的琐事,没有什么值得称道之处。后来因受州官委派,押送被判处流放罪的囚犯李参等七十多人到京师去。当时制度规定:凡是被判流放的犯人,解送的途中必须戴着枷锁。走到荥阳的时候,王伽怜悯他们戴着枷锁行路的凄苦痛楚,就把他们一个个召集起来对他们说:"你们既然已经触犯了国法刑律,不仅损害了自己的名誉,也有愧于父老的教养,而使自己遭到监禁,让你们披枷戴锁长途行路,这是我的职责。但是现在又要劳累这些兵卒看守你们,跟你们受苦,难道你们心里就不觉得愧疚吗?"李参等人接受训导,向王伽表示歉意。

王伽接着说:"你们虽然违犯了国家的法律,但是,戴着枷锁行走,也太辛苦了。我的想法是给你们去掉枷锁,让你们轻松自由地走到京城后集合,你们能够按期赶到吗?"

囚徒们听后,全都跪拜致谢,同声说:"我们一定不敢违期。"

于是王伽去掉他们身上的枷锁,解散了看守护送的兵卒,同他们约定赶到京城集合的日期。王伽说:"这天如果有人不来,我就替你们承担死罪!"王伽转身扬长而去。

这些被流放的囚徒们,感念王伽对他们的信任,全都按期赶到京城集合,没有一个人叛逃。

皇上听到这件事后,感到惊异。于是召见王伽,对他的做法夸赞良久。然后，又召见这些囚犯，并允许他们各自带着妻子儿女前往晋谒，并在殿廷上赐宴宣布赦免他们的罪过。当即颁布诏书："凡是一切含灵性的有生命的人，都是深知善恶、明断是非的。如果在平时，官府能够以至诚之心对待人民，明确地加以教育劝导，那么社会习俗必定能够向着好的方向转化，人们都能够弃恶从善。以往因为天下离心而发生动乱，德教废弛，官吏又没有慈爱之心，百姓各怀奸诈之意，所以作奸犯科等从无止息，以致人情淡薄冷漠，难以治理。现在，我接受上天的使命，安养天下百姓，推行神圣的法纪对他们加以引导，用高尚的品德感化、教育人民。日夜勤勉，孜孜不倦，本意就是建立德化的社会风尚。王伽深深地理解我的心意，诚心诚意地教导李参。李参等人也能够诚心醒悟，自动到官府承担罪责。说明百姓并不是难以教化的。只是官员不能以诚心认真劝导，致使他们误犯法纪，陷入犯罪，却又无从悔过自新。假如所有的官吏都能够像王伽这样，平民都像李参等人，那么达到不用刑法就能天下大治的境界，又有什么难的呢？"

于是，提拔王伽为雍县县令。

以宽仁之心，至诚待物，化行所属，爱结人心，就会达到教化的功效。

现代运用

诚实是一种美德

30 年前特纳只有 13 岁。他是一个勤劳懂事的孩子。上学之余，他还帮着附近的邻居送报纸，以此赚取他所需的零用钱。在他的"客户"中有一位老太太曾经给他上了一堂有价值的人生课，依然令他记忆犹新。

那是一个下午，他和几个小伙伴朝老太太的房顶上扔石头。他们很新奇地看着石头像炮弹一样飞出去，又像流星一样从天而降，而且还发出很响的声音。这让他们觉得很开心。特纳也捡起一块石头，当他用力掷出去的时候，偏离了方向，只听"哐"的一声，把老太太的后窗玻璃打破了，接着他们惊慌地逃走了。

那天晚上，特纳一夜都没有睡着，他担心会被老太太知道。很多天过去了，一直很平静。每次给她送报纸的时候，她都微笑着和他打招呼，但后来，特纳觉得很不自在了。特纳终于做了一个决定,要用挣得的零用钱帮老太太换玻璃。三个星期后,特纳已经有7美元,他计算过,这些钱已经够了。于是,他写了一张便条,把钱和便条一起放在一个信封里。说出了自己的歉意,希望能够得到她的谅解。

第二天,他又坦然地去给她送报纸,这次特纳对她说:"您好,夫人!"老太太看起来很高兴,说了"谢谢"后,就递给特纳一样东西,她说:"孩子,这是我送给你的礼物。"原来是一袋饼干,里面还有一个信封。特纳小心地把信封打开,发现里面装了7美元和一张彩色信笺,上面大大地写了一行字:"诚实的孩子,我为你感到骄傲。"

勇敢地承认错误,是一个人坦诚的美德。通常,人们都可以原谅做错事的人,但他们永远也不会原谅那些掩饰过错的人,因为他们知道这是一种欺骗,做错事本身可能是无意的,但逃避就是有意的了。

诚者物之终始,不诚无物。是故君子诚之为贵。

【典句札记】

这句话指出了诚是自然和人类社会最为宝贵的东西。

在太阳的照耀下,自然界万物都在依据自己的天性,自由发展。在自然万物生命的开始与终结之时,表现出的是生命的本真状态。

正如古语所说:"人之将死,其言也善。"此时所言,实出至诚,是天性的自然流露。因为已经走过了风雨,经历了波折坎坷,到了人生最后告别的时刻,一切已经都不必再做遮掩,与生命相比,其他的一切都显得不再重要,虚言假语更是毫无意义,是到了坦荡地说句真话的时候了,这时唯有真话才最为重要,才是最想说出的,这是最后的机会了。这时才真正令人觉得诚至为珍贵,一生中所做出的那些违心行为,是如此的虚无和不可思议。

你播种了什么,就会得到何种收获。

至诚无迹

相传商代末年,有个孝悌兼全的人,姓姬,名字叫太伯,他是周君古公亶父的长子。他的两个弟弟,名叫虞仲和季历。季历生了一个儿子,取名叫姬昌,就是后来的周文王。

姬昌出生的时候,飞来了一只赤色的鸟雀,衔着丹书,栖落在他家门前的树枝上。人们都说这是表示有圣德的人出世的祥瑞。

古公亶父因此认为姬昌有振兴王业的天命,于是就想把君位传给季历再传承给姬昌。

太伯体察到父亲的心思,为了尊重父意,避让君位,成全弟弟,就与虞仲相约出走。恰在这时,古公亶父病了,于是兄弟二人就以上山采药为理由,离开都城,躲避到当时被称为荆蛮之地的江南。他们披散了头发,并在身体上刺出蛮夷风俗所崇尚的图腾,从而表示自己不愿回去继位的决心。使季历自然得位,也使太王免于传位有立爱的非议。

孔夫子感叹说:太伯有"至德",却浑然无迹,使后世的人们无从称颂。

现代运用

真诚无妄的诚

一个处于最基层的植树造林队的队长提出了一个新的治沙观点:退耕还沙。这个观点似乎很难被一般人所接受。那位植树造林队的队长经过多年实践总结而发现,那个地方原来种的是庄稼,可是后来没有水了,土地自然沙化了,想引黄河的水来灌溉,经济成本太高,无法实现,而"还林"也是不可能的,因为种树根本无法成活,如果改为种草,这么大的面积也不是什么简单的事情。然而,如果根本就不管它,只是自然而然地将它还原成沙地,其实那种沙地上并不是什么植物都不生长,它也会零星地长出一些植被,从而固植了沙土。

为了证明自己的观点,这位队长还举出了一个例子,有一个公司,花了许多钱租了一块面积很大的沙化农田,想对其进行彻底改造,结果把所有的土地全部翻耕了一遍,却什么也种不出来,没办法只好全部弃之不管,放弃后的土地反而全部变成了真正的不毛之地,而那些原来没翻动过的地方,却长出一些草,而且还有地表结皮,这其实就是大自然送给我们用来阻挡沙尘暴的处于沙漠和绿洲之间的"过渡带"。大自然始终是真诚不欺地遵循诚这一原则,而我们却忘记了真诚无妄的诚,而以自己的意志去"改造"这条对于稳定绿洲十分重要的天然过渡带,不但达不到预想的效果,反而是"赔了夫人又折兵"。

诚者,非自成己而已也,所以成物也。成己,仁也;成物,知也。性之德也,合外内之道也,故时措之宜也。

‖【典句札记】‖

这三句话道出了诚的真意。仁德是伟大的,智慧是无限的,只有至诚的高贵心灵能够达到。我们发掘出自己本性中的真实无妄的"诚",做到诚意真心,保持正道而行,就是体现出自然规律中的真实无妄的品德,这是人道效法天道的体现,也就是做到了天道与人道的合一。这样做的结果是什么呢?我们因为这个"诚"字而不欺骗自己,不欺骗他人,不妄为那些不合乎规律的事情,结果在社会政治、经济,文化等交往活动中,也获得了他人的"诚"。于是我们和他人之间,互相尊重。真诚相待,不搞阴谋诡计,不相互算计,这给我们自己的各种工作、交往活动带来了方便,也建立和扩大了我们自己的道德信誉,帮助我们成就自我,获得成功。做到了"诚",我们自然而然地成就了自己,养成了举止正直、态度诚恳、观察敏锐、实事求是的良好行为。而在成就我们自己的同时,我们所生存的社会环境的公共道德也得以提升,社会风气也因此而得到净化,社会秩序基本处于安定状态。换句话说,我们人类社会得以良性运行。人类社会的良性运行使得我们所依存的宇宙自然不会受到人为的、无必要的,不良的干扰与破坏,所以宇宙自然也依照自己的规律正常发展。

反过来说,不真诚和肆意妄为注定带给我们不幸,改变我们本该正常发展的命运。比如一些人因为对权力、金钱的疯狂追求而去做伤天害理的事情,结果招致正义的惩罚;再比如一些人自以为能主宰自然而狂妄地"改造"自然,结果导致自然生态的破坏,使我们居住的环境变得越来越恶劣。

史例解读

诚者,成己成物

春秋时期,楚国有个大臣名叫石奢。一天,石奢奉命巡视全国。临行前,楚昭王对他说:"这几年你忙于国事,没有回家乡省亲,这次你可以顺路回去看看。"

石奢听了楚昭王的话,心里自然是十分感激和兴奋。离开都城后,石奢严格按照楚昭王的旨意,认真地巡视。巡视完毕后,石奢让随从们先回都城,自己则踏上了回乡的小路。

眼看就要到家时,忽然听到不远处的树林里传来吵架和呼救的声音。石奢便急忙奔了过去,他看到一个人正举着刀向另外一个人砍去。说时迟,那时快,石奢一个箭步冲上前去,紧紧地抓住了那个杀人的凶犯。可就在这个时候,他一下子惊呆了,那个手拿凶器要杀人的不是别人,正是自己的父亲。石奢牢牢地抓住他父亲的领口,非常气愤地说:"父亲,您怎么能随便杀人呢?这可是犯死罪的啊。"石奢的父亲一看是自己在朝中为官的儿子回来了,顿时松了口气,接着说道:"这件事情只有天知、地知,你知,我知,只要你不对外人说,就不会有人知道。如果你还是我的儿子,那你就放我走。"

石奢的内心矛盾极了,正在他犹豫之时,稍不注意,他的父亲就趁机逃走了。此时的石奢再也没有刚才那种浓烈的思乡之情了,父亲的作为让他难以平静。他调转马头,日夜兼程地返回了都城,并把路上遇见自己父亲杀人和自己放走父亲的事情一五一十地禀告给楚昭王。他说:"杀人的凶犯是我的父亲,如果我把他抓住并判他死刑,是违背孝道的,所以我不忍心这么做;但是我把父亲放走了,我就是纵容了杀人犯,这是有罪的。我作为大臣,知法犯法,是应该判处死刑的。请求大王将我处死吧。"

楚昭王是个十分爱惜人才的君主,他觉得石奢年轻有为,廉洁公正,办事得力,实在是国家的栋梁。如今出了这样一件事,如果按照法律把石奢处死了,真是可惜啊。于是,他想了想说:"在这件事情上,你并没有责任,因为并不是你故意放走杀人犯的,而是你父亲自己趁机逃走的。我看这件事情就不要再追究了,你就安心地料理政事吧。"可是,石奢却说:"大王,您的恩典我非常感激。但是对我来说,不偏袒自己的父亲,就不是孝子;不按国家的法律办事,就不是忠臣。我做了孝子,却违背了国法。因此,即使大王赦免了我,我当臣子的也有责任维护国家法律的尊严。"说完,他就向楚昭王拜谢离开王宫,自刎而死。

🌀 现代运用

以"中庸之道"调整处事之法

　　某公司总部从下面的子公司调来三名员工,甲就像往常一样我行我素,保持自己的个性,总经理认为甲是一个"不知道天高地厚"的人,没有予以重用;乙这个人则和甲相反,一改以前的高傲性格,为人处世唯唯诺诺,总经理更不喜欢这种人,理所当然地不予重用;而丙则能洞察环境,不断地调整自己的交际位置,在办事的时候,刚柔并济,不久就进入了新角色,而且得到了总经理的重用,遇到什么重要的会议或者重要的客户谈判的时候,总把丙带在身边。没过多久,丙就升职为副总。

　　因此,为人处世必须根据外界环境和条件的不同,采取不同的应对方法,刚柔并用,才不失"中庸"之道。古人云:"矫矫者易折,皎皎者易污。"所以为人处世,最好是刚柔并济,这样才能做到不偏不倚。如果只刚不柔,或只柔不刚,都不可能达到完美的效果,因此,要确定什么样的姿态与人交往,还需有"中庸之道"加以适时的调整。

第二十六章 无息

至诚是万物天性的自然之成，贯穿于天地万物之中，是自然演化的内在核心。

圣人是至诚的，最大的真诚是永远不会间断的。

不间断就能持久，内心长久如此，就会发于外，就会久远。长期积累，就会博厚，进到高明境界，从而可以和天地相比，承载万物，覆盖万物。说到底，还是强调由真诚的追求而达到与天地并列为三，从而化生万物的终极目的。

所以，命运是可以预知的，在于慎微与自律，在于颖悟与把握，在于至诚。

天地生物之道和圣人是一样的，都是真实无妄的。天地也展现了博厚、高明、悠久，所以圣人是和天地同德的。

最后引诗颂扬文王的道德是真纯的，发用是不停止的，和天道是相通的。这实际上把人的作用提升了，由被动地适应自然转为主动地配合自然。

【原文】

故至诚无息①。不息则久,久则证②。证则悠远,悠远则博厚,博厚则高明。博厚,所以载物也③;高明,所以覆物也④;悠久,所以成物也⑤。博厚配地,高明配天,悠久无疆⑥。如此者,不见而章⑦,不动而变,无为而成。

【译文】

所以,至诚是没有止息的。没有止息就会保持长久,保持长久就会显露出来,显露出来就会悠久长远,悠久长远就会广博深厚,广博深厚就会高大光明。广博深厚。能以承载万物。高大光明,能以覆盖万物;悠远长久,能以成就万物。广博深厚可以与地相配,高大光明可以与天相配,悠远长久则是永无止境。达到这样的境界,不显现也会自然明显。不运动也会自然变化,无所作为也会有所成就。

【注释】

①无息:不间断,不休止。

②征:征验,显露于外。

③载物:负载万物。

④覆物:覆盖万物。

⑤成物:成就万物。

⑥无疆:没有尽头。

⑦不见(xiàn)而章:虽然不刻意显露,也会自然彰显出来。见,显露,显现。章,同"彰",彰显。

【历代论引】

郑玄说:至诚之德既着于四方,其高厚日以广大也。又说:后言悠久者,言至诚之德,既至"博厚"、"高明",配乎天地,又欲其长久行之。

孔颖达说:至诚之德,所用皆宜,无有止息,故能久远、博厚、高明以配天地也。又说:以其不息,故能长久也。以其久行,故有征验。又说:若事有征验,则可行长远也。以其德既长远,无所不周,养物博厚,则功业显著。又说:以其德博厚,所以负载于物。以其功业高明,所以覆盖于万物也。以行之长久,能成就于物,此谓至诚之德也。又说:圣人之德博厚配偶于地,与地同功,能载物也。圣人功业高明配偶于天,与天同功,能覆物也。圣人之德既能覆载,又能长久行之,所以无穷。又说:圣人之德如此博厚高明悠久,不见所为而功业章显,不见动作而万物改变,无所施为而道德成就。

朱子说:既无虚假,自无间断。又说:久,常于中也。征,验于外也。又说:存诸中者既久,则验于外者益悠远而无穷矣。悠远,故其积也广博而深厚;博厚,故其发也高大而光明。又说:悠久,即悠远,兼内外而言之也。本以悠远致高厚,而高厚又悠久也。此言圣人与天地同用。又说:此言圣人与天地同体。

【原文】

天地之道,可一言而尽也①:其为物不贰,则其生物不测②。天地之道:博也、厚也、高也、明也、悠也、久也。今夫天,斯昭昭之多③,及其无穷也,日月星辰系焉④,万物覆焉。今夫地,一撮土之多⑤,及其广厚,载华岳而不重,振河海而不泄⑥,万物载焉。今夫山,一卷石之多⑦,及其广大,草木生之,禽兽居之,宝藏兴焉。今夫水,一勺之多,及其不测⑧,鼋鼍蛟龙鱼鳖生焉⑨,货财殖焉。

【译文】

天地的法则,可以用一个"诚"字就概括尽了:作为天地没有两个,而它生成万物则是不可计算的。天地的法则:就是广博、深厚、高大、光明、悠远、长久。今天我们所说的天,从小处看只是一点点的光明,可到它无边无际时,日月星辰都靠它维系。世上万物都靠它覆盖。今天我们所说的地,从小处看只是一撮土,可到它广博深厚时,承载像华山那样的崇山峻岭也不觉得重,容纳那众多的江河湖海也不会泄漏,世上万物都由它承载。今天我们所说的山,从小处看只是拳头大的石块,可到它高大无比时,草木在上面生长,禽兽在上面居住,宝藏在里面储藏。今天我们所说的水,从小处看只是一勺之多,可到它浩瀚无涯时,鼋鼍蛟龙鱼鳖等都在里面生长,各种有价值的东西都在里面繁殖。

【注释】

①一言:即一字。这里指"诚"字。

②物:指天地。不贰:专一。诚就是专一,所以不贰。物:指万物。不测:不可测度。这里

指生物之多。

③斯昭昭之多：这是由众多的一个个小的天体的光芒汇聚积累。斯，此。昭昭，明亮，光明。郑玄曰："犹耿耿，小明也。"《楚辞·九歌·云中君》："烂昭昭兮未央。"

④日月星辰系：太阳、月亮、星体运行着。星辰，星系，天体。系，悬游，运行。

⑤撮：容量单位。一撮为一升的千分之一。意为很少。

⑥华岳：即华山。振：整顿，整治，引申为约束。

⑦一卷(quán)石：一拳头大的石头。卷，通"拳"。

⑧不测：不可测度。这里指浩瀚无涯。

⑨鼋(yuán)：大鳖。鼍(tuó)：扬子鳄。

【历代论引】

郑玄说：其德化与天地相似，可一言而尽，要在至诚。至诚无贰，乃能生万物多无数也。又说：天之高明，本生"昭昭"；地之博厚，本由"撮土"；山之广大，本起"卷石"；水之不测，本从"一勺"：皆合少成多，自小至大，为至诚者，以如此乎！

孔颖达说：圣人之德能同于天地之道，欲寻求所由，可一句之言而能尽其事理，正由于至诚，圣人行至诚，接待于物不有差贰，以此之故，能生殖众物不可测量。又说：天初时唯有此昭昭之多小貌尔，土之初时唯一撮土之多，地之广大，载五岳而不重，振收河海而不漏泄。山之初时唯一卷石之多，多少唯一卷石耳。水初时多少唯一勺耳。此以下皆言为之不已，从小至大。然天之与地，造化之初，清浊二气为天地，分而成二体，元初作盘薄穹隆，非是以小至大。今云"昭昭"与"撮土"、"卷石"与"勺水"者何？但山或垒石为高，水或众流而成大，是从微至著。因说圣人至诚之功亦是从小至大，以今天地体大，假言由小而来，以譬至诚，非实论也。

朱子说：复以天地明至诚无息之功用。天地之道，可一言而尽，不过曰诚而已。不贰，所以诚也。诚故不息，而生物之多，有莫知其所以然者。又说：天地之道，诚一不贰，故能各极所盛，而有下文生物之功。又说：指其一处而言之。及其无穷，犹及其至也之意，盖举全体而言也。皆以发明由其不贰不息以致盛大而能生物之意。然天、地、山、川，实非由积累而后大，读者不以辞害意可也。

朱子说：《礼记正义》曰：至诚不已，则能从微至著，从小至大。

诗云^①:"唯天之命,於穆不已^②。"盖曰天之所以为天也。"于乎不显^③,文王之德之纯!"盖曰文王之所以为文也。纯亦不已。

【译文】

《诗经·周颂·维天之命》说:"天道的运行,多么肃穆啊,永远不会停止!"这大概说的是天之所以为天的道理吧。此诗又说:"啊!多么显赫光明啊,文王的道德是那样纯正!"这大概说的是文王之所以被称为文王的道理,他的纯正也是没有止息的。

【注释】

①《诗》云:此诗引自《诗经·周颂·维天之命》。
②於(wū):语气词。穆:肃穆。不已:不停止。
③不:通"丕",大。显:明显。

【历代论引】

郑玄说:天所以为天,文王所以为文,皆由行之无己,为之不止,如天地山川之云也。《易》曰"君子以顺德,积小以成高大"是与。

孔颖达说:《诗》称"维天之命",谓四时运行所为教命。美之不休已也。诗人叹之云,于乎不光明乎,言光明矣。文王德教不有休已,与天同功。

程子曰:"天道不已,文王纯于天道,亦不已。纯则无二无杂,不已则无间断先后。"朱子说:引此以明至诚无息之意。

智慧运用

故至诚无息。

【典句札记】

在这里,用五个字概括了诚的真谛。实诚无妄的"至诚"是贯穿于天地万物之中的,是自然支配、主宰天地万物的法则。至诚是天性的自然流露,没有伪饰,也不需要矫揉造作,是"清水出芙蓉,天然去雕饰"的自然之美,不需要刻意装扮，也不必执着地去做。因为刻意或执着，在开始之初，就已经怀有了功利之心。而至诚就在于不着痕迹，没有投机的心理。至诚是一种自然的给予，而不是施与，无需回报，也无取得回报的存心。至诚的可贵，就在于无我的坦然。是从自我进入无我的超然入圣的境界。在成就他物之时，并不怀有成就自己的德行的自需之心。至诚是与天地同德的至境。

我们在婴儿的时候都能表现出真实无妄的至诚本性，然而随着年龄的增长，我们渐渐被欲望与外物所左右，忘记了诚的天性。天地万物，当然也包括我们人类，只要恢复了真诚的本性，也就会与天地共长久，与自然共命运。这就要求我们"生命不止，为诚不已"，真正把"诚"作为我们为人处世的法则。

真诚最大的特点便是没有止息，而没有止息就会耐久恒长，这就是"生生不息"，因为执着于真诚是不会停息的。那么，只要长久地坚持就会逐渐显露出效果来。这就好比我们持之以恒地学习某种知识或者技能，学习的效果是早晚会显现出来的。而效果与坚持又是相互促进的：坚持产生效果，效果帮助坚持。我们都有这样的体会，当我们坚持某一项活动时，比如说是锻炼身体，虽然十分辛苦，但是我们一旦切身体会到锻炼的效果，就会进一步地努力坚持。至诚就是这样——因为有效验而悠久长远。又因为长远而广博深厚、高大光明起来，广博深厚如大地一般，高大光明如天生一般，历时悠久而不受时间的限制，它是世间万物的纲领和主旨，起到了承载万物的作用。因此，至诚之道就是想隐藏自己也不可能，因为它就是宇宙的本原。

史例解读

至诚可感天动地

陆政，祖籍吴郡（今江苏省苏州市）人。祖上跟随宋武帝平定关中，因而被任命镇守长安，从此居留在北方。陆政生性孝顺，他的母亲是江苏省东南部人，喜欢吃鱼。可是命运的力量，使他们居留生活在北方。北方人生活的习俗很少吃鱼，集市上也很少有鱼贩卖鱼。并且由于气候原因，河流中也很少有鱼。陆政为了使母亲的生活得到保证,常常历尽千辛万苦。他为母亲寻找鲜鱼的孝行令亲邻十分感动。

后来,他家院落旁边,忽然有一泓泉水涌出,而且水中有鱼生存。从此,就不再因为寻找鱼而发愁了。母亲吃鱼的困难得到了解决。人们听说后,以为这是陆政的孝行感动了上天,于是就有神明佑助。所以人们就把这泓泉水称作"孝鱼泉"。

🦁 现代运用

至诚可以承载一切

20 世纪 80 年代中期,印度博帕尔省的杀虫剂泄漏事件导致 5000 人丧生,对于联合碳化物公司来说这件事无疑是个非常沉重的打击。并且联合碳化物公司当时的母公司陶氏化学公司,因为没有及时清理泄漏地点,结果使得地下水受到严重污染,又导致了 15000 人死亡。陶氏化学公司曾经坦白地承认因为可能出现的债务问题,他们不能公开承担责任,或做出赔偿。结果在后来的 20 年中,陶氏化学公司受这件事的影响,始终笼罩在阴影之中。

也是在那个时期,美国强生公司遭到了两次恐怖袭击,有人在芝加哥地区一种瓶装的感冒药里投毒,导致顾客死亡。第一次袭击让强生公司一下子就损失了 10 多亿元,这主要是因为顾客对强生公司失去了信任。但是当几年后第二次发生类似的恐怖事件时,强生公司立即在全国范围内召回商场货架上的存货,在几周内便以真诚的态度重新建立了在公众中的形象,产品销售得以迅速恢复,强生的药品至今仍然是美国人最爱使用的药物。这就说明了一点一滴的"诚"的积累可以制造出巨大的成就,至诚可以承载一切。

不息则久,久则征。

【典句札记】

此句强调至诚在时间和空间里,无始无终,无边无际。时间中的永远其实就是一瞬间,一瞬间也可定格成为永远。永远是一个不确定的概念,是一种体验。永远并不在于时间的长短,而在于行为的品质和所含诚意的量度。

万物因其至诚的天性,而在天地间永存,而春华秋实,而夏荣冬藏,从而在其荣枯变化中得以长久更新,使其生命永恒传承。也正是因为至诚之天性的自由发展,使天地间生命得以共存,多样而独特,多彩而独秀,有此物荣盛必有彼物与之相生,从而构成和谐共荣,从而达到丰富而完美的境界。于是使生命充满时空,使至诚充溢在每一个所在,使人类感受到至诚的惠泽,却又无处可寻,只能回归自身,回归自己内在的天性。

史例解读

严守道义

楼护,字君卿,汉代齐鲁(今山东)人。年少时跟随父亲行医济世,移居长安,出入权贵国戚之家。楼护诵读家传医经、本草、方术等书数十万言,有德望的长者很关爱器重他,都对他说:"以君卿的材质天赋,为什么不学习从政治国的学问呢?"于是楼护辞别父亲,拜师学习经典和史传,担任京兆吏数年,行为清廉端直,很为世人称道。善于言辞,有信义,深得汉成帝之母舅"五侯"的赏识。官至天水太守。王莽时,封息乡侯。位列九卿。

楼护的老朋友姓吕,没有儿子,老来无依,楼护就把吕公夫妻二人接来在家里居住。日常生活对他很好,楼护总是与吕公同桌吃饭。楼护的妻子则陪着吕公的妻子。后来,楼护因受盗贼牵连,被贬为平民。生活陷入困境。楼护的妻子觉得无力赡养,就对吕公夫妻非常厌烦。楼护流着眼泪对妻子说:"吕公穷困老迈,因为念我是故友,所以才把自己托付给我,这是对我们的信任,我们应当尽力奉养,不应该做出不合乎道义的言行。"于是,楼护继续赡养吕公夫妻,并为他们送终。

永恒的承诺

很多年前,一名矿工在井下刨煤时,无意中刨在哑炮上,不幸丧生。因为他是临时工,所以矿上只发放了一笔抚恤金,从来没有过问他妻子和儿子以后的生活。他年轻的妻子在丧夫之痛后又面临着生活上的巨大压力,她找不到任何可以维生的工作,只好收拾行装准备回到家乡那个闭塞的小镇上。这时,矿工的队长找到了她,告诉她矿工都不爱吃矿上的早餐,建议她去矿上开个馒头店。

矿工妻子觉得这是个不错的主意,于是就找人帮忙张罗。不久,馒头店就开张了,开张第一天就来了 8 个人。慢慢地,买馒头的人越来越多,最多可达二三十人,最少却从未少过 8 人,他们从未间断过。

时间久了,许多矿工的妻子发现自己的丈夫都养成一个雷打不动的习惯:每天下井前必须在馒头店买两个馒头,她们百思不得其解。

后来,矿工的队长被炸成重伤,弥留之际向妻子袒露了这个秘密:他们队 8 兄弟有个秘密的约定,如果是谁不幸身亡,那么别的兄弟们对他的老婆孩子必须要帮忙照顾。

并且,他让妻子接替他每天去买两个馒头。从此以后,每天早晨在买馒头的人群中又多了一位中年女人的身影。

时光飞逝,岁月如梭。当年矿工的妻子已白发苍苍,前来买馒头的人也在不断变化着,年轻的代替年老的,女人代替男人,但从来没有少过 8 人。穿透十几年的岁月沧桑,8 颗金灿灿的爱心依然闪亮!

征则悠远,悠远则博厚,博厚则高明。

【典句札记】

这句是说至诚在空间上的广博深厚,厚德载物。

如果把天地运行的大道用一个字概括,那就是"诚"。从真诚出发便有了悠久、广博、深厚、高大、光明的德行,我们可以想象出的一个悠久、广博、深厚、高大、光明的东西,确实就是无所不及,无所不包的。

天空高远而光明、广大而深邃。在我们有限的视野,我们只能看到日月星辰的光辉,我们接受着它们的照耀,我们享受着它们的恩泽所哺育的万物而带给我们的需要,不需要说出感谢。而普泽万物,也正是它们存在的自然之德,并没有什么目的性,也不求任何回报。

在浩渺的时空中,人类不安的目光,总想看到更远,我们总想探寻更多的领域,但是随着我们所注视的半径的扩大,我们发现我们更加无知,我们面对的是更多的无法解答的奥妙,以至于我们怀疑到我们自身,而对我们自身的了解也越来越觉得知之甚少。于是,哲人发出睿智的感叹:"我自感更加无知。"然而天地坦荡,铺陈在我们的眼前,不做任何的遮掩,一任我们自由地生息繁衍,同样地给予我们抚爱,却并不独宠。那么,还有什么能比这种至诚更加感人!

史例解读

以己义行,救助他人

严植之(457—508),字孝源,建平秭归(今湖北省秭归县)人。性情淳厚孝到,为人谨敬质朴,从来不以自己的优长自以为比别人高明。精解《丧服》《孝经》《论语》。对于郑氏《礼》《周易》《毛诗》《左氏春秋》有独到造诣。曾任康乐侯相、五经博士、中抚军记室参军等职。为官清白,民吏称道。

严植之生性仁慈,好行阴德,有义行。即使独处暗室,也从来不敢放任自己。他曾在山中遇到一位重病患者，患者已经不能说话，无法知道他的姓名、家籍。严植之就用车把他带回，请医用药，进行救治，照顾周到。但是仍然没有救活他，六天后死去。严植之给他置办棺木，以礼葬埋。

又有荆州人黄氏，给船主当小工。得了重病，船主却将他赶了出来，他病倒在塘岸上，走投无路。严植之看到后，心生怜悯，就把他带回自己的家中，给予诊治。一年后，这个姓黄的人病治好了。他对严植之非常感激，愿做奴仆，以报答救命之恩。严植之坚决不接受，并送给路费和干粮，让他回家去。

以我们的至诚，默默地帮助需要帮助的人。

现代运用

帮助要让别人乐于接受

人都爱面子，你给他面子就是给他一份厚礼。有朝一日，你求他办事，即使事情难办，他也会尽心尽力，这便是操作人情账户的全部精义所在。

帮助别人离不开技巧，在具体的情景下，当你想帮助某个人时，你要注意具体方法，你对他人的帮助与向朋友付出，一定要让他感到乐于接受，这样才是对他最好的帮助和有效的付出。

一个商人在街头看到一个衣衫褴褛的铅笔推销员，心中顿时生起一股怜悯之情。他把一元钱扔进出售铅笔人的杯中，就走开了。

没有走几步，商人好像听到了有人在吼什么，他一回头，只见那个卖铅笔的人红着脸冲自己大声说："你为什么无缘无故给一个健康的、并且是推销员的人一元钱？"商人赶忙折转身来，从他的摊位上拿起几支笔，他抱歉地解释说："对不起，我忘了取铅笔了，希望你不要介意。"卖铅笔的人说："你我都是商人，我卖东西，而且有明码标价。你给我一元钱，为什么就不肯拿铅笔呢？你是不是瞧不起我，认为我是一个需要人同情的可怜的小贩？"商人连连说"对不起"，然后离开了。

转眼两年过去了，在一个社交场合，一位穿着整齐的人与商人又见面了，他双手递上名片，并且自我介绍说："您可能已经忘记我了，我虽然不知道您的名字，但我永远忘不了您。是您给了我自尊，我一直没有把自己当作乞丐，即使您跑来给了我一元钱，我仍告诫自己：我是一个商人！"商人听了，尴尬地笑了笑。

帮助别人的确是一种美德，但最为重要的是，我们不能让对方感到伤了自尊。帮助一个人，要体现自己的心意是好的，同时要了解对方是不是真的需要帮助，否则你的帮助就是多余的。

博厚，所以载物也。高明，所以覆物也。悠久，所以成物也。

博厚配地，高明配天，悠久无疆。

【典句札记】

这几句指出了圣人的"诚"与天地是相通的。

通向至诚的路是悠远而漫长的，因而不应停息，必须要有坚持到底的毅力。这样才能获得人们永久的称道。只有至诚的德行，才能永恒。

至诚是自然之道，是本性的自然流露，它不需要刻意的做作，也不必做出故意的自我宣扬。是无声无息，无迹无影的流露。就如我们不可须臾离开的空气，充满在我们的周围，无处不在，又无从捕捉，深存于我们的内心，反映在我们的行动之外，流露在我们的一呼一吸之间，体现在我们的一言一行、一举一动之中。这种诚的行为，经过长久的时间的积累，自然而为人们所认同。

回望人类走过的历程，展望我们面对的未来，无际的时间之海汹涌不息。每一朵飞扬的浪花上，都满载着智慧的果实，而且更有新的更美好的有待于我们去采撷。它如此的动人心魄，让我们感叹而不忍离去。于是，有权势的帝王，想求得长生，有德行的智者，想修养德行，以求与日月同辉；而平庸如我辈之人，除了安然接受上天的赐予，奋力做好我们此生的事业，还能奢求什么呢！

修炼己之"诚"

辛弃疾(1140—1207),字幼安,号稼轩居士,南宋山东历城(今山东省历城县)人。宋孝宗时以大理少卿出为湖南安抚使,后来官至龙图阁待制。辛弃疾性格豪爽忠信,崇尚道义气节。有文采,擅长短句,风格激昂振奋,与苏轼并称。有《稼轩长短句》,今人辑有《辛稼轩诗文钞存》。辛弃疾年少好学有远识,以蔡伯坚为师,与党怀英同学,并称辛、党。辛弃疾所处的时代正是南宋积弱,辽金南侵,政局动荡的时期。辛、党二人面临着南归还是北进的选择,便用蓍草占卜,党怀英得坎卦,坎为金,对应的方位为北方,便留在北方为金国做事。辛弃疾得离卦,离为火,对应的方位是南方,于是南归大宋。二人从此走上了不同的道路,也由此开始了他们不同的命运。

当时金宋战争频繁,南宋政权无力控制局面,地方豪杰并起,耿京在山东聚集人马,自称天平节度使,是山东、河北一带的实际占领力量。辛弃疾在南下途中,为路途所阻,便留下任掌书记,并劝说耿京归属宋朝,抗击金国的侵略。于是耿京委派辛弃疾去向南宋联系。正值宋高宗在建康劳军,于是召见并嘉奖了辛弃疾,授予承务郎天平节度使掌书记的官职,赐予节度使印和文告,让他返回召抚耿京。

在辛弃疾南下期间,耿京军队内部发生了变乱,张安国、邵进杀害了耿京,去向金国投降,成为金国的帮凶。辛弃疾返回后,面临的是这样一个严重局面。

辛弃疾说:"我受主帅委任,为归顺朝

清平乐·村居图

廷奔走,没想到会发生这样的变故,如何向朝廷复命呢?"于是邀约心怀忠义气节的人直接进入金国军营。当时张安国等人正与金将饮酒欢宴,没有戒备。辛弃疾当即将他捆绑起来带走,迅速撤离,金将愕然失措,当他们回过神时,辛弃疾他们早已远归。辛弃疾将张安国送交朝廷,就在闹市中将张安国正法。他的壮举令朝廷赞赏,于是任命辛弃疾为江阴检判。

🌀 现代运用

对人要实在

有一天,狡猾的狐狸请丹顶鹤吃饭,它非常吝啬,端出一只平底的小盘子,盘子里盛了一点儿肉汤,他还连声说:"丹顶鹤大姐,别客气,就当是在自己家,请吃吧,吃吧!"丹顶鹤一看,非常生气,因为她的嘴巴又尖又长,盘子里的肉汤一点也没喝到。可狐狸呢,张开他那又阔又大的嘴巴,呼噜呼噜没几下,就把汤喝光了,还假惺惺地问丹顶鹤:"您吃饱了吧!我烧的汤,不知合不合您口味?"

丹顶鹤对狐狸笑笑:"谢谢您丰盛的午餐,明天请到我们家吃饭吧!"狐狸正等着这句话呢,连忙说:"好啊,明天中午我一定去,一定去。"

狐狸一心想在丹顶鹤家多吃点儿饭,这天晚饭没吃,第二天早饭也没吃,肚子饿得咕噜咕噜叫,早早来到丹顶鹤家等着吃午饭了。狐狸一进丹顶鹤家的门就闻到一股香味儿。他仔细嗅了嗅:"嗯,准是在烧鲜鱼!"心里不由得暗暗高兴。狐狸坐到饭桌前,不一会儿,丹顶鹤端出一只长颈瓶子放到狐狸面前,指着瓶子里的鱼和鲜汤说:"狐狸先生,请吃吧,就当是在自己家,千万别客气!"狐狸望着那么一点大的瓶口,他那阔嘴巴怎么也伸不进去。闻着香味,肚子叫得更厉害了,馋得直流口水。狐狸什么也吃不到,只能看着丹顶鹤把又尖又长的嘴巴伸进瓶子里,把鱼吃完,汤喝光,还挺客气地劝狐狸:"吃吧,放开吃吧!"

最后,狐狸耷拉着脑袋,饿着肚皮回家了。

人与人之间交往的时候,需要的是真诚与实在,而不是自以为是的虚伪的小聪明,没有谁希望活在别人的欺骗与虚假中。如果与人交往的时候,你可以真诚、实在地对待别人,那么你的人际关系定会改善许多。

如此者,不见而章,不动而变,无为而成。

【典句札记】

这句颇有些道家的无为而治的味道,作者在此意在说明诚是世间的至道,真正做到了诚,必将无往而不胜。

诚实的人,心如明镜,没有任何虚伪造作的负荷,因而就能抵挡任何诱惑欺诈的侵袭。诚实的人富有坚定的正义感,坚守正义,使自己伸向人间的触角光明凌厉,因而就没有屈膝的耻辱和奉承的扭曲。诚实的人的心情永远是充满阳光而美好的。

其实,不必刻意做出成就,也不必求得在此生有所作为。其实天地无为,而无不为。人类刻意而为,而最终一无所为。还是回归我们内心至诚的天性,与天地同心,与天地同德,而致达与天地同辉!

史例解读

以诚治民

北魏上谷沮阳(今河北省怀来县东南)人张苌年出任汝南太守。

在南北朝时,朝代变换频繁,战乱不止,百姓困穷。他初到汝南任职,就遇到一件民事案件,地方无法裁决,送到郡府。

郡人刘宗之兄弟分家。二人都想分得家里唯一的一头耕牛。因为,牛在以农为业的人家,是农业生产的主要耕作力量,所以兄弟争执不下,互不相让,邻里多次调解,都不能解决。官司打到郡守那里。

张苌年阅过诉状后,心内悲悯,就召见刘宗之兄弟二人来听取判决。

张苌年说:"你们争执的根本原因,就是为了能够得到一头牛。如果有两头牛,那么也就不存在争议了。"

刘宗之兄弟听后说：事实就是这样，我们都想有自己的耕牛，可是我们只有这一头牛。

张苌年就说：我送给你们一头牛，你们就不必相争了，回家去好好过日子吧。

于是就把自己的一头牛送给了他们。兄弟俩既感到高兴，心里又感到非常惭愧，推辞再三，张苌年让他们把牛牵回。

从此，汝南境内的民风习俗为之大变。百姓相互礼让，不再有争持过激之事，风化大治。

现代运用

忠诚比能力更重要

在一所有名的高校中，有两个学生李明奕和方皓刚，他们是好朋友。李明奕成绩在中等或中等偏下，没有特殊的天分，只是性格诚实、安分守己。而方皓刚性格活跃，成绩突出。老师们都认为李明奕毕业后应该会有一份稳定的工作，不爱出风头，默默地奉献，不会有太突出的成就。而方皓刚毕业后可能会按自己的想法做事，最终做出一番事业来。

毕业几年，李明奕在一家公司上班，忠于职守，做事踏实，进步很快，不久就从普通职员升为主管，在接下来的几年中又从主管升为公司副总。几年后，李明奕带着成功的事业回学校来看老师了。而本来被认为会有一番事业的方皓刚，毕业后在一家企业工作，自以为是名校高才生，不满足于在这样的小企业上班，总想着有更好的发展，于是不断地跳槽、换工作。这样不停地换了几年，依然一事无成。

成功与在校成绩并没有什么必然的联系，但和踏实的性格密切相关。务实的人，比较能自律，比别人更努力，所以许多机会会落在这种人身上。平凡的人如果加上勤奋刻苦，成功之门必将向他大方地敞开。

一个人如果有了忠于职守的习惯，不断自我努力学习，并积极为一技之长下功夫，那么成功就变得容易起来。

天地之道，可一言而尽也：其为物不贰，则其生物不测。

天地之道：博也、厚也、高也、明也、悠也、久也。

【典句札记】

此句旨在说"诚"则通彻天地。

一个人"诚"的修养需要从心开始，你的所作所为不是为了别人的认可和尊重，而是一种心性的修养。

人作为天地间的一种微小的存在，那么还有什么理由不诚呢？无诚何以生存？是的，不必诈伪，只要至诚，天地间可任自由行走，又哪里不能涉足呢！何处又不可立足呢！"虽蛮夷之地，何陋之有。"至诚如此，那么，我们又何必做出伪行，而自陷牢笼，损害我们的美好德行呢！

如果心怀贰意，无论你到哪座庙宇，无论你如何切切地祈祷，都没有意义。因为你的心灵已经为你铸造了一切，神明又如何保佑你呢？其实，不必寻机去做善事，只要在可及的范围，心怀至诚，做出努力就行。天地神明，并不苛求，只关注我们是否至诚。

罗素说：我们的生命是大地生命的一部分，是寄生在大地之上的生灵之一，与万物平等。虽然我们具备自己的独特性，但是我们并不是自然给予特殊惠顾的宠儿。我们如同自然界所有生命体一样，以自己的天性和方式从大地上吸取营养，使自己的生命得以存在。

自然之美，美在和谐。万物都是有灵性的，并不只是人类意识到自己的存在。其实，无论人类如何强调自己，使自己与自然界的生命隔离，但当你走进大自然，投入它宽广温厚的胸怀时，你油然而生一种如释重负的情感，那些心中苦苦得不到排解的事由，便在大自然的抚慰下消融不见。从而使你的个体生命如同受到了来自于大自然的一草一木的祝福，也使你受伤的心灵得到呵护。

无论天地如何高大、广远、神妙、多变，以至于无限，唯有至诚是维系其永恒的内在质地。无诚不成天地，无诚无以致达久远，无诚就没有存在。诚，虽似微不足道，但是，诚又充满天地时空。包容一切，又使一切的诈伪自惭。望着山中那经历了千百年风雨剥蚀的岩石，不觉感叹人类的生命是如此的短暂与微末。那么，为什么要把自己囚禁在城墙的废墟之内而不融入自然之国呢，又为什么不与自然万物自在相处呢。

🌀 史例解读

心不为利所诱

赵柔，字元顺，北魏金城(今甘肃省兰州市)人。年少时就在当地很有名气，以德行和才学识见成名。后来出任著作郎，官至河内太守。很有诚信，惠泽百姓，为世人所称颂。

赵柔曾经在路上拾到金珠一贯，价值相当于数百匹丝绢，他毫不为这种意外之财动心，当即追上失主送还给他。后来朋友送给他数百枚铧，赵柔就和儿子拿到市场上卖掉。有人从赵柔手里购买，每只铧只要价素绢二十匹。有个商人看到他的价格便宜，认为有利可图，就提出每只铧按三十匹绢的钱付款全部收购。他的儿子善明觉得也很合理，就准备成交，并想收回已经卖出的铧。赵柔说："做生意就像做人，一言既出，就应当守信，怎么能因为利益就做出改变呢？"地方上的名流和平民，听到这件事后，从内心感到敬重佩服。

樊重，字君云。南阳郡湖阳(今河南省唐河县西南湖阳镇)人。祖先是周朝的仲山甫，封于樊地，便以樊为姓。樊重继承了祖上世代善于耕作和经商的传统，家财殷富。他为人温和、厚道，乐善好施，赈赡宗族，恩加乡里。临终时让家人焚毁借据文契，不再追讨。被后人称为"君子之富"的楷模。

樊重治理家业严格、公正，一家三代没有分过家，子孙早晚都要向长辈行礼问候，礼仪规矩就像官府一样严整。经营家业，物尽其用，节俭持家。全家上下同心合力，各自尽力做好应做的事。因此，家道兴隆，财富每年成倍增长。拥有土地达到三百多顷。据说，他家准备制作家用器具等日常用具，于是就提早做出谋划，自己种植梓树和漆树，邻居们笑话他迂腐。但是几年后，梓树和漆树长成材了，木材、油漆都能自给自足。曾经嘲笑他的人才佩服他的远见，也来向他借用梓木、油漆。就这样，樊重家越来越富。他的外孙何氏兄弟因分家，而争夺财产，互不相让，樊重就送给他们土地。他平时借给别人的钱计有百万之多，在他八十多岁去世时，嘱咐家人将借贷文契统统烧掉。

史官评价樊重时写道：从前楚顷襄王问阳陵君："什么是君子之富？"阳陵君回答说："君子之富，就是给予别人恩惠不自认为是有德，也不图谋得到别人的报答；赡养别人而不把别人当作工具驱使。亲戚友爱，众人敬重。"那么，樊重应该可以称为君子之富吧！

现代运用

用心去关爱他人

有一只老兔子，因体力不支而无法像其他兔子那样到山坡上去吃青草。因此，它就在房屋的后面开垦出一块地来，种上了花生。

秋天到了，老兔子收获了很多的花生。它准备把这些粮食储存起来，作为过冬的食物。而那些四处吃青草的兔子们都没有为自己准备过冬的粮食。

在寒冷的冬季里，很多兔子无法觅食而饥饿难忍。这时，它们闻到了从老兔子家里飘出花生的香味，便怨恨地说道："凭什么它在家里有花生可以吃，而我们却在挨冻受饿？"

"哼！当初它开垦出的那块地应该属于我们所有领土中的一部分，那块地里长出的粮食也应该属于大家所有，凭什么它一个人独吞？"另一只小兔子立刻附和。

"对，那块地里产出的粮食应该属于我们大家，而老兔子现在却独吞了。走，我们找老兔子算账去。它要不分给我们粮食，我们就把它逐出山林。"兔子们纷纷叫嚷道。

第二天一大早，众兔子们都早早起床，准备去老兔子家。可当它们打开自家大门时，都惊奇地发现在自家门口放着一大堆花生。众兔子们看着这一堆堆粮食，都羞愧难当。

原来，老兔子看到天气骤冷，想到大伙儿肯定没有过冬的粮食，而自己粮食却贮藏得很丰富。于是就主动把自己多余的粮食分成了好几份，挨家送给小兔子们过冬。

由此可见,能平息一切战争的并非多么强大的武器,而是一颗小小的关爱之心。当你无私地献出你的爱心时,你就会得到别人同样的爱心回报。这些爱心就是人生最大的财富,足以让你无往而不胜!

> 今夫天,斯昭昭之多,及其无穷也,日月星辰系焉,万物覆焉。
> 今夫地,一撮土之多,及其广厚,载华岳而不重,振河海而不泄,万物载焉。
> 今夫山,一卷石之多,及其广大,草木生之,禽兽居之,宝藏兴焉。
> 今夫水,一勺之多,及其不测,鼋鼍蛟龙鱼鳖生焉,货财殖焉。

【典句札记】

这几句用几个例子点出了诚既有微小易行的一面,又有没有限量的一面。而之所以如此的原因在于诚的无止息。

诚,在于自取,可以是一撮土,可以是一块砂,可以是一勺水,可以是一捧盐,关键在于你有多少诚在里面。至诚,可为立岳,可遨江海,可参天地。无诚,则无一锥之地,无一粒食物,无一滴之涓。是的,至诚在己,在于我们心灵的深处,在于我们自己的发现,在于我们自己的培育,在于我们自己使之发扬广布于天地万物之间。

无论是杂草还是禾苗,也无论鲜花还是荆棘,都同样生存在这天地之间。无论是供在温室的名花还是生长在原野的花朵,都是天地的至爱。它们以其至诚,自然地成长,为太阳生长,为大地吐芳,为生命添翠。不求人赏,不需赞美,只是默无声息地活着,活着它永远的精彩。在季节间徜徉,不论生长在那里,它们都顽强地活着。那种美丽的绽放,悠远而令人神往。

罗丹说:“我们身边并不缺少美,只是有待于我们的心灵去发现。”天空白云的流浪,蓝天上鸟儿的飞翔,大海中游鱼的悠游……无不是大自然的和谐所造就。

人贵有自知之心

皇甫谧,字士安。安定朝那(今宁夏固原县东南)人,他过继给叔父为子,迁居新安。20岁已过还不喜欢读书,终日游荡无度,人们都把他视为弱智的呆傻人。突然有一天,不知他从哪里得到几颗瓜果,就拿给自己的叔母任氏吃。

任氏说:"《孝经》上写道,即使每餐都有牛、羊、猪等三牲的鲜美肉食奉养老人,仍然是不能称为孝。你现在已经年过20岁了,眼睛不识字,行为没有教养,心中不懂道理,没有什么能耐可以让我觉得心里感到安慰。"

她深深地叹息说:听说从前孟子的母亲为了培养孟子成才,多次迁居,最终成就了孟子的仁德。曾子的父亲信守诺言,果断杀猪,使诚实的美德得以延续。难道是因为我没有选择好邻居,教育的方法有问题所造成的吗?不然,为什么你如此的愚笨不化啊!修养德行,勤奋苦读,是为了你自己的未来前途,受益的是你自己啊,对于我来说又能得到什么好处呢。

任氏说着就伤心地对着他痛哭不止。

皇甫谧的内心受到很大震撼,幡然感悟,于是拜同乡人席坦为师,接受教育,勤学不倦。因为家境贫穷,就自己耕读持家,

皇甫谧

带着书籍种田,伴着经典睡眠。就这样,他博通典籍,深悟百家言论,并把著书立说作为自己终生的事业。皇上下诏任他做太子中庶子、议郎、著作郎、司隶校尉等官,他拒不赴任,终身不仕,著述颇丰。有《礼乐》《圣真》等论著传世,受到世人敬重。

现代运用

诚实是永久的美德

一个晴朗的周末早晨,月明带着她两个儿子去游乐园玩。月明带着孩子来到游乐园门口的售票处前,问里面的工作人员:

"请问门票是多少钱一张?"

里面的一位年轻人回答说:"4周岁以上的游客进入游乐园都需要买门票,价格为8元,4岁以下的儿童免费游玩,请问你的这两个孩子多大了?"

月明骄傲地回答道:"我的小儿子今年3岁了;大儿子4岁半了,所以我应该付你16元,对吗?"

售票处里的年轻人有点惊讶地说:"哟,你是刚刚中了彩还是捡到巨款了?你本来可以为自己节省8元的,即使你告诉我两个孩子都不到4岁的话,我也丝毫看不出差别的。"

月明回答说:"对,先生,你的确不会看出其中的差别,但是我的孩子会知道这其中的差别的。作为一个母亲,我不能让他们在小小年纪就学会去欺骗别人。"

无论在什么时候,正直和诚实始终是比金子显得还要珍贵的美德。一个正直诚实的人,他的良好品性不但会为自己带来好的声誉,也会于潜移默化中影响着他人。

诗云:"唯天之命,於穆不已。"盖曰天之所以为天也。

"于乎不显,文王之德之纯!"盖曰文王之所以为文也。纯亦不已。

【典句札记】

这一章的最后引用《诗经·周颂》中的诗句,仍然是要说明天与地,以及圣人,有一个共同特点,那就是至诚无息。圣人的德行之所以时至今日仍为人们所传颂,像天地一样生生不息,就是"至诚无息"的功效。

以仁德化育百姓

王畅,字叔茂,东汉山阳高平(今宁夏固原县)人。世为豪族。年轻时就以清正朴实为人所称道,不愿与人交结作为党羽。初举孝廉,托病不就。后特辟举茂才,四迁尚书令,任为齐相。征拜司隶校尉,渔阳太守。以严明著称。后来采纳张敞劝谏,推崇宽政,教化遂行。升任司空。

王畅任南阳太守。因为南阳是刘秀的故乡,豪族贵戚恃势横行。以前的太守因为惧怕他们的势力,都不称职,境内治理不好。王畅对此深为疾愤,到任伊始,就采取严厉措施给予惩处。对有劣迹和犯有前科的豪族,一律严惩。但却偏偏遇到朝廷大赦,又不得不将他们释放。王畅愤愤不平,于是,制定了更加严酷的法规律条。凡是受贿二千万铢以上的官员,如不主动自首,一旦查实,没收全部家产。如果发现隐藏、转移赃物罪证的,涉案人等,一律查抄,让他们家破人散……境内豪族贵戚内心震恐。功曹张敞上书建议说:"五教的推广在于实行宽恕的仁政,这是写在典籍中的经典。商汤去除掉多种刑罚,天下归于仁德。周武王进入殷地,首先废除炮烙的酷刑。高祖进驻长安,只约法三章。孝文皇帝因感缇萦,从此不再实行肉刑。卓茂、文翁、召父等人都反对严刑峻法,推崇温厚、宽缓的法律。从而使他们以仁慈开明的执政形象,流芳后世。凡是聪明圣哲的君王,法律都很宽简。从而国家稳定,百姓安乐。这是有历史鉴证的。扒房拆屋、砍树毁家的做法,实为过于严苛惨烈。虽然您的本意是为了惩治恶人,净化境内,但是却难以取得长远的效果。以您超人的才干智略,如同日月的明察,辅以仁惠的政举,那么改变境内的不良风气,就会像折断一根小枝条一样容易,而不是像有些人说的那样如同移山那样困难。南阳郡是光武帝的家乡,园林祖庙就在章陵,三位皇后也都生在新野。后代子女沐浴着朝廷的教化,百姓仰慕。自东汉中兴以来,功臣将相世代相继,享受着皇上特许的优厚待遇。……我认为,与其耿耿用力地推行严刑,不如施行恩惠;与其孜孜用心地查找奸恶,不如以礼对待贤明之士。舜因为举用了皋陶,那些品德卑微的人渐渐就改恶从善了。随会执政,晋国的强盗就都跑到秦国去了。虞芮经过的地方,礼敬谦让的风气就在那里兴起了……教化人的关键在于实行德政,不在于是否有严密的刑法。"

王畅采纳了张敞的建议,改变当初严苛的做法,实行宽和的政策,谨慎地用刑,简化审理程序,减轻刑罚的程度,于是,良好的社会秩序很快就建立起来了,南阳的风气大为改观,境内得到大治。

第二十七章 明哲

本章首先盛赞圣人之道。认为它像天一样广博浩瀚，能生养万物，这使人想到《易经》中『天地大德曰生』。圣人之道所以能生养万物，因为其道的核心是仁，有了它，天地万物就会在和风细雨中生长化育。

那么什么是圣人之道呢？诚实、友善、淳朴、敦厚……这些品质，是圣人之道的初级表现，对于人生来说，都是不可缺少的。然而这些并非圣人之道的全部。圣人之道必须由高尚道德的人来承担，礼仪也必须由高尚道德的人来实行。

《礼记正义》曰：圣人之道高大，苟非至德，其道不成。最高的道和最高的德是相连接的，但成就高尚道德谈何容易，必须加强修养。所以君子应该既尊崇道德又追求学问，使二者结合起来。做到这样，才能体现至高的圣人之道。

最后讲到智。人有不同的社会地位，需要做到『居上不骄，为下不倍』，素位而行。《论语·宪问》中孔子说：『邦有道，危言危行；邦无道，危行言逊。』这里和孔子思想交相辉映。这一思想大概启发了孟子，所以他说：『穷则独善其身，达则兼善天下』(《孟子·尽心上》)。

章末引用《诗经》，说明只有既明事理又有智慧的人，才能在进退出处人生仕途周旋中，既不失其道，又能保护其身。

【原文】

大哉圣人之道！洋洋乎①！发育万物，峻极于天②。优优大哉③！礼仪三百，威仪三千④，待其人而后行⑤。故曰苟不至德，至道不凝焉⑥。故君子尊德性而道问学，致广大而尽精微⑦，极高明而道中庸⑧。温故而知新，敦厚以崇礼。是故居上不骄，为下不倍⑨。国有道，其言足以兴；国无道，其默足以容⑩。《诗》曰⑪："既明且哲⑫，以保其身。"其此之谓与？

【译文】

伟大啊，圣人的道！浩瀚无边！生养万物，与天一样崇高。多么平和而从容啊！大的礼仪有三百项，细的仪节有三千条，这些都有待于有德之人来施行。所以说，如果不具备崇高的德行，就不能凝聚极高的道。因此，君子尊崇道德而又追求学问，既达到广博的地位而又穷尽精微之处，既达到高明的境界而又遵循中庸之道。温习已有的知识从而获得新知识，以至诚之心崇尚礼仪，行为中矩，符合礼节。所以身居高位不骄傲，身在低位而不悖逆。国家政治清明时，他的言论足以振兴国家；国家政治黑暗时，他的沉默足以保全自己。《诗经·大雅·烝民》说："既明智又通达事理，可以保全自身。"大概说的就是这个意思吧？

【注释】

①洋洋：盛大，浩瀚无边。

②峻极：高峻到极点。

③优优：平和，宽裕。自然从容。

④礼仪：古代礼节的主要规则，又称经礼。威仪：古代典礼中的动作规范及待人接物的礼节，又称曲礼。

⑤其人：指圣人。

⑥苟不至德：如果没有极高的德行。苟，如果。凝：凝聚，引申为成功。

⑦道问学：讲论学问。道，讲论。致：推致。尽：达到。

⑧极：极至，达到最高点。高明：指德行的最高境界。道：遵行。

⑨倍：通"背"，背弃，背叛。

⑩默：沉默。容：容身。这里指保全自己。

⑪《诗》曰：此诗引自《诗经·大雅·烝民》。

⑫哲:智慧。这里指通达事理。

郑玄说:为政在人,政由礼也。

孔颖达说:圣人之道,高大与山相似,上极于天。又说:圣人优优然宽裕其道。又说:三百、三千之礼,必待贤人然后施行其事。又说:古语先有其文,今夫子既言三百、三千待其贤人始行,故引古语证之。苟诚非至德之人,则圣人至极之道不可成也。又说:贤人行道由于问学,谓勤学乃致至诚也。贤人由学能致广大,如地之生养之德也。致其生养之德既能致于广大,尽育物之精微,言无微不尽也。贤人由学极尽天之高明之德。又能通达于中庸之理也。贤人由学既能温寻故事,又能知新事也。以敦厚重行于学,故以尊崇三百、三千之礼也。又说:若无道之时,则韬光潜默,足以自容其身,免于祸害。宣王任用仲山甫,能显明其事任,且又圣哲知保全其己身,言中庸之人亦能如此。

朱子说:道之极于至大而无外也。又说:道之入于至小而无间也。又说:尊德性,所以存心而极乎道体之大也。道问学,所以致知而尽乎道体之细也。二者修德凝道之大端也。不以一毫私意自蔽,不以一毫私欲自累,涵泳乎其所已知。敦笃乎其所已能,此皆存心之属也。析理则不使有毫厘之差,处事则不使有过不及之谬,理义则日知其所未知,节文则日谨其所未谨,此皆致知之属也。盖非存心无以致知,而存心者又不可以不致知。故此五句,大小相资,首尾相应,圣贤所示入德之方,莫详于此,学者宜尽心焉。

《礼记正义》曰:君子欲行圣人之道,当须勤学。又说:贤人学至诚之道,中庸之行,若国有道之时,尽竭知谋,其言足以兴成其国。

智慧运用

大哉圣人之道! 洋洋乎! 发育万物,峻极于天。

【典句札记】

作者在此感慨圣人之道的崇高与伟大。他们以自己至诚的本性,与道合一,无所不能。就像《道德经》中所说的那样:道常无为而无不为。

历代所推崇尊敬的圣人，就是尧舜禹汤文武周公，也包括孔子，他们的大德有如天地，他们的功绩可昭日月，是历代推崇的至德圣人。他们共同的圣明之处，就是心地至诚，胸怀宽容。因而，他们所实行的大道，有如汪洋大海，充满整个宇宙，孕育天地万物，沛然充满于天地之间。

圣人所实行的大道，其实就是自然的大道，是天地运行的规律。

❀ 史例解读

孔子不怒非议己者

儒家的创始人孔丘，处于春秋乱世，想以仁义之道来改变这个互相残杀、弱肉强食的世道，回到上古那种"大道"社会。于是，他周游列国，宣传自己的学说和主张，可是能够理解他的人不多，愿意采纳他的建议、施行仁政的君主更少，因此他到处碰壁，经常弄得狼狈不堪。人们也常在背后议论他，有同情的，也有讥笑的，更有对他破口大骂，把他说得一文不值的，凡是说的有道理的，孔子既不恼怒也不怨恨，还称赞有些议论是说到点子上了。

有一天，孔子到郑国时和弟子们走散了，他一个人独自站在城郭东门等候弟子们。弟子们也在打听老师的下落，有郑人对子贡说："在东门有个人，额头像尧，颈项很像皋陶，肩膀像子产，腰以下还不到大禹的三寸，狼狈的样子像丧家之犬。"他形容的这些人的特征都是当时人们熟知的最丑的，子贡听了很生气，

孔子圣迹图

但也没办法，等找到孔子，把原话告诉了他。孔子听了，丝毫不恼怒，笑着说："先不说外形，那都是微不足道的细节，他说像丧家之犬，倒是很对啊。"

又有一次，子路跟孔子在路上也走散了，子路遇见一个老人，便走上前去，恭敬地问："您看见夫子了吗？"老人不屑一顾地说："四体不勤，五谷不分，谁是夫子啊？我从来不认识。"

说完就自己忙自己的了。子路找到孔子，将老人的话转告给他，孔子感叹说："隐者也。"便去找这个老人，却已经不见了。

孔子对别人的冷嘲热讽，从来不放在心上，说他到处奔波像只垂头丧气的丧家之犬，他笑着说，像啊，很像，确实是。他认为外貌形状是细节，而他当时的本质状况就是一只丧家之犬。当有人说他"四体不勤，五谷不分"，实质上是在讥笑他是只懂得大谈空头政治，却不懂得劳动生产的人，怎能治理好国家？算什么夫子。孔子知道说这话的人是个隐者，立即就去不耻下问地想请教，可惜没有如愿。

现代运用

要做到名副其实

身居高位的人常常为众人所仰视，他们的言行会得到更多人的关注。如果因此而好大喜功、弄虚作假，必定会受到众人的批判；如果做到位尊而不自傲，做到名副其实，那么，将会受到更多的尊重。

在美国历届总统中，林肯是最平易近人的一位。他出身卑微，他的身上具有很多美德，例如：勤劳俭朴、谦虚和诚恳。他不仅是一位伟大的总统，更是一位伟人。林肯不愿意与民众拉开距离，他甚至对保镖抱怨说："让民众知道我不怕到他们中间去，这对我来说非常重要。"他不愿意像囚徒似的到处有人跟着，所以经常命令他的卫兵回到陆军部去。这也让保镖的工作十分难做。

1861年，林肯常常待在白宫外面，甚至有时在内阁召开会议的中途闯进去。他打开白宫的大门，让普通民众进来见他。林肯曾亲自给一位普通民众回信说："我很少拒绝别人来见我。如果你愿意来的话，我也许会见你的。"

林肯的做法缩短了他与下属和人民之间的距离，名副其实地做到了一位民众的总统能做到的一切，因此他才被评为美国历史上最伟大的总统。

苏东坡在《水调歌头·明月几时有》中写道："高处不胜寒。"人生也是如此，一个人久负盛名，难免会引起他人关注，所谓"树大招风"就是这个道理。如果身居高位者都能像林肯总统这样以身作则，将行动与身份做到一致，必将得到人们的尊重。

优优大哉！礼仪三百，威仪三千，待其人而后行。

故曰：“苟不至德，至道不凝焉。”

【典句札记】

这里指出，本性真诚的圣人具有最高的品德，有真正的修养，大道的推行要依靠他们。圣人们毕竟还是在人间行事，所以还要有他们来带领人们遵守各种礼仪规范。这些礼仪与规范内容全面，包罗万象。

礼仪源于美好的心灵。文明是人类进步的结晶，礼仪是人类心灵的反映。

礼仪与威仪既是庄重肃穆场合的仪式规范，也是日常动作行为的规范。

礼仪是人的社会行为的基本原则和行为秩序。“礼”是尊重，“仪”是规范的表达方式。文明礼仪是社会进步的必然产物。礼仪是沟通心灵的桥梁，表达的是对人的尊重，收到的是自尊。

礼仪以德行为基础，没有德行，礼仪只能是沦为虚伪的做作，是骗术。德行因为礼仪而更加为人所敬仰。

从圣人自身而言，他们首先要精通事理和礼仪规范，有很高的修养和品德，否则自己尚且无德无能，怎么能够指导教化其他人呢？

史例解读

无礼不尊

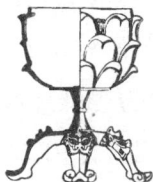

齐国有一个财主，自恃有钱，占有广阔的土地，所以在村里横行霸道。他强行规定：村子里的人见到他，都必须低头向他行礼，否则就要受到他的处罚。

晏子听说后，就穿着破烂的衣服来到这个村子。刚走到村口，正好遇到这个财主在那里显摆。看见有人向村子走来，财主就大声喝道：“穷小子过来，快点向我行礼。”

“我并不需要你的施舍，有什么必要向你行礼？”晏子反问道。

“在这方圆附近，我是最富有的人，因而也就是最有势力的人，谁敢不向我行礼，我就有权处罚他。”财主气势汹汹地说。

晏子使楚图

晏子并不理睬他。路上的人们都围过来观看,财主感到很尴尬,觉得无法下台。于是就心生一计,装出很大度的样子说:那么我们来比比看谁现在兜里钱最多,钱少的人就向钱多的人行礼,如何?

晏子问:"你有多少钱?"

财主很随便地从衣袋里掏出了一堆金钱来,说:"你有多少钱?"

晏子说:"我没有钱,但是我有礼!"

财主说:"你没有钱,就得向我行礼。"

晏子说:"你虽然有钱,但是你却需要我的礼。我不需要你的钱,那么有什么必要向你行礼呢?"

财主说:"那么,用我的钱买你的礼如何?"

晏子问:"怎么买?"

财主说:"我把我的钱分一半给你,你向我行礼怎么样?"

晏子从容地将钱收下,然后理直气壮地说:"现在我与你的钱同样多,我更没有必要向你行礼。何况你的这点钱哪里够买我的礼呢?"

围观的人看到财主被晏子捉弄,都痛快地大笑起来。

财主气急败坏地拿出剩余的钱说:"好吧,穷小子,我把全部的钱都给你,你该向我行礼了吧。"

晏子接过钱,分送给围观的人,然后对财主说:"现在我们大家都有钱了,而你一文钱也没有,按你的规定,你应该向我们行礼。"

礼,是成就人生的财富,但是,拥有财富,并不一定就能得到人们的礼敬。

现代运用

言行举止很重要

一个人是否有崇高的品格,大的方面就是看他在大是大非面前的表现,而

小的方面，就应看他日常生活中与人交往的言行举止。

有这样一个故事：一天下午，突然一阵大雨，一位浑身湿淋淋的老太太，蹒跚着走进百货商店，看到她狼狈的样子和简朴的衣着，所有的售货员都不理睬她。只有一位年轻人热情地对她说："夫人，我能为您做点什么吗？"老太太笑着说："不用了，我在这躲会儿雨，马上就走。"但是，她的脸色明显地露出不安，因为雨水不断地从她的脚边淌到门口的地毯上。正当她无所适从的时候，那位年轻人又走了过来，他亲切地说："夫人，我给您搬一把椅子放在门口，您坐着歇一会儿吧！"两个小时后，大雨停了，老太太找到小伙子，向他说声："谢谢。"并向他要了张名片，然后走了。

几个月后，百货公司的总经理詹姆斯收到一封来信，信中指名要求那位年轻人去一趟苏格兰，收取一份装潢材料订单，并要求让他负责几个大家族公司下一个季度办公用品的供应。詹姆斯很吃惊，大略地算了一下，这封信带来的利益，就相当于他们两年的利润的总和。当他与写信人取得联系后，才知道她正是美国亿万富翁"钢铁大王"卡内基的母亲，也就是几个月前曾在他的百货商店躲雨的那位老太太。

詹姆斯马上把这位叫菲利的年轻人推荐到公司董事会。当菲利收拾好行李准备去苏格兰的时候，他已经是这家百货公司的股东了。随后几年，他以一贯的踏实和诚恳的做事态度，成为"钢铁大王"卡内基的左膀右臂，逐渐成为美国钢铁行业仅次于卡内基的灵魂人物。

菲利对一个陌生的老太太，几句简单的话，一个简单的搬椅子的行为，就为他以后的事业铺下了基石。这样简单的话、搬椅子的举手之劳，对于现在来讲，是再平常不过的事，但真正能做到的人却没有几个。所以孔子感叹："我未见好仁者恶不仁者。"

故君子尊德性而道问学，致广大而尽精微，极高明而道中庸。
温故而知新，敦厚以崇礼。

【典句礼记】

作者在这里指出我们首先要尊重自己的道德本性，也就是诚的本性，然后再去努力地学习知识。没有诚的道德规范，知识的运用就可能出现偏离，就可能不以正道行事。有了道德的指导，才会有正确的学习目的、方法和用途。有道德的君子所学的知识既要包括小常识、小学问，比如文学、地理、生物等等，还要包括人生、世界、宇宙的哲理，这样我们才能够达到宽广博大的最高境界，也可以探索研究微观世界，掌握最精最细的道理，也就是探究世间万物所蕴含的大道，从而轻松自在地生活。为人处世要合乎规律，无偏无倚，无过无不及，大道中庸。了解了大道的规律性的东西，因为真理都是相通的，所以就可以举一反三，触类旁通，从已知而了解未知，通过温习旧有的知识而达到帮助掌握新知识的目的，回归朴实真诚的本质而崇尚礼仪规范。总之，君子就是既尊重德行，提高道德修养，又讲求学问，增长知识。既要充实广大，具有博厚宽阔的心怀，又要穷尽精微，养成精细严谨的作风，既要树立高远的理想，目标远大，又要遵循中和的原则，行为笃实。通过"尊德性"和"道问学"而达到最高境界，这是一种智育、德育并修的要求。

史例解读

学，然后践行

脱脱(1314—1356)，字大用。蒙古蔑儿乞部人。出身蒙古贵族，自幼养于伯父伯颜家中。拜师名儒吴直方，深受儒家思想影响。姿貌魁梧，注重实践躬行。"日记古人嘉言善行，服之终身"。任同知枢密院事，官至中枢右丞相。主持修撰辽、金、宋三史。为群小所谗，流徙云南大理，被矫诏鸩毒而死。史称脱脱"器宏识远，莫测其蕴。功施社稷而不伐，位极人臣而不骄，轻货财，远声色，好贤礼士，皆出于天性。至于事君之际，始终不失臣节，虽古之有道大臣，何以过之"。

现代运用

为人要谦和

新战士小涵在一次发言时，无意中涉及了老兵老白的某些问题，老白误认为小涵是有意要让他在大家面前出丑，便指桑骂槐地数落了小涵一番。事后有人对小涵说："你当时怎么不顶他？"小涵说："事情会弄明白的，即使老白不明白，你们大伙不也都明镜似的吗？"老白还经常向别人散布说小涵这人只会巴结班长、表现自己等等。对此，小涵一笑了之，他说："我帮班长干活是应该的，别人不帮大概是有原因的，要么累了，要么有别的事要做，我也经常帮助其他人啊。"果然，经过一段时间的朝夕相处，老白对小涵的人品有了全新的认识，主动向小涵赔了不是，全班同志也都乐意和小涵共事，甚至只要小涵参加勤务劳动时，大伙都不好意思偷懒了。

在与人交谈中，由于种种原因，难免会遇到他人的误解，甚至会招致别人的"攻击"。此时，如能保持宽容、尊重他人的心态，先从自身找找毛病，再从长远考虑问题，随着时间的流逝，真相也就会自然而然地让别人明白的。

在与人交往时，无论谈话的对象是谁，都应该给人一种谦和的感觉，千万不要咄咄逼人。有一位哲学家说："尊重别人是抬高自己的最佳途径。"事实也是如此。

有一个年轻的报社编辑，刚刚从学校毕业，心高气盛，他觉得自己总是胜人一筹，同事们不太愿意与他相处。后来，是一位年长的总编教会了他怎样与人交往。每天一到报社，他都看见总编带着一脸的微笑，并且和每一位编辑记者乃至杂勤工友好地打招呼。如果有什么问题向他汇报或请教，他也总是微笑着，认真地听别人说话，然后以感激的口吻说："真是辛苦你了！"或者以商量的语气说："你看是不是这样，或许会好一点。"哪怕是有些建议没有被采纳，也会从他那儿得到一句让人心暖的话："这个主意不错，不过还是不太成熟，让我们一起好好地研究研究。"这位年轻的编辑终于知道了与人交往中态度、语气的谦和和尊重别人的重要性，他也学会了怎样与他人相处，工作上也变得顺利多了。

是故居上不骄，为下不倍。国有道，其言足以兴；国无道，其默足以容。诗曰："既明且哲，以保其身。"其此之谓与？

【典句札记】

这几句话是说，有道之人因为懂得中庸的道理，所以无论处于怎样的境况，行为都不会有偏差。这正如《诗经》中所言："既明达而又智慧，可以保全自身。"这种智慧既信奉宇宙人生的大道大德,又是一种恰到好处的安身立命之法,也是一种进退自如的工作艺术。

中庸的最高原则就是没有固定不变的原则。一切随情势的变化而制宜。中庸不是固守,中庸也不是无原则的变通。

政治清明,社会和谐,国家必然昌盛,于是万物欣欣向荣,自然就会有吉祥的瑞兆呈现,反映了天地人心的所向。而同样是自然的变化,在政治晦暗,社会积怨时期,则是败亡的警告,是天地人心的背离。因此,所谓的祥瑞或是凶兆,其实都是人心向背的代言者。在国家政治清明的时候,要为振兴国家而出谋划策,贡献力量。当国家政治昏庸、暗无天日的时候,既不愿同流合污,又善于保存实力,等待机遇,不去以卵击石,因为在天下如此时,也同样逃不过规律的框框,为害者必会受到制裁。所以,儒家所推崇的"忠"并不是愚忠。孔子说:"邦有道,危言危行,邦无道,危行慎行。"意思是,国家政治清明,言语正直,行为正直;国家政治昏暗,行为正直,言语谨慎。孟子也说过:"穷则独善其身,达则兼善天下。"上自一个国家,下至一个工作单位,由正直的人管理就会风气清明,由小人管理就会风气昏暗。然而,君子有自己一以贯之的做人原则,那就是为人要正直、诚信。因此,如果处于有道之地,就畅所欲言,放心做事,若处于无道之地,说话时就有所顾忌,但是决不昧着良心说瞎话,工作时仍然保持行为正直,做事正直就不会让别人抓住把柄,但是说话不谨慎就会祸从口出,招来祸患。总之,有道之人因为懂得中庸的道理,所以无论处理怎样的境况,行为都不会有差错。即使遇见凶险,也必引以为戒,从而逢凶化吉,遇难而呈祥。而胸藏阴谋的人,即使天降洪福,也终必致于祸乱。

由此可见,在于人心,在于以己之至诚之心,与天下人同心,那么又何在乎是否有凤来仪,又何关乎蛇蝎当道。内心至诚,自有智德之士相佐。心怀鬼胎,必招奸邪小人为祸。奉行正义,必然牛鬼蛇神远逃;助长邪气,必然聪明睿智避祸。因此,国家的安宁与发展,并不在于什么前兆,而在于治理国家的人的行为是否符合正道。

趋利避害,是天经地义的自然规律,因此保全自身就不应受到非议。也只有保全了自己,才有再一次进取的机会和可能。古人说:"人必先自爱而后人爱之;人必先自助而后人助之。"不能自保其身,又何以安民。

这正如《诗经》所言:"既明达而又智慧,可以保全自身。"这种智慧,既信奉宇宙人生的大道大德，又是一种恰到好处的安身立命之法，也是一种进退自如的工作艺术。这种人生态度与"事不关己，高高挂起"并不相同。

🔘 史例解读

安贫乐道，自得其乐

古代不入仕的学者多贫穷，而他们能成为学者也因其能安贫乐道，毕生沉浮于学海中，以读书著述为乐。清代颇多安贫乐道之士，张履祥就是一个典型的以耕读为乐的学者。

他七岁丧父，家贫，母亲勉励他说："孔、孟两家无富儿也，只因有志，便做到圣贤。"及长，受学于著名学者刘宗周之门。学成，授徒。

他重视经世济用之学，并能实践，自食其力。他耕田十余亩，农忙时，穿草鞋戴竹笠，手提筐饭，到田里耕种，劳动在田里，吃在坡上。

他自己耕作种田，收入只够平常的吃和穿。他把房子取名为安乐窝，因此自称为安乐先生。他每天早晨燃香静坐；黄昏时小饮三四杯酒。兴致来时，做诗自娱，快乐无比。有时候想到城里去，就坐着车子，兴之所至，想到哪里就到哪里。

当官的、读书人听到他的车子声音，都跑出来争着迎接；小孩子们都很高兴，互相说："安乐先生来了！"有时候张履祥也随兴留下过夜，天明方才离去。

他曾说："人须有恒业，无恒业之人，原因在于他丧失了自己的本心，丧失了自己的信仰。他说他因为愚笨，以稼穑作为自己生活的手段。因为一旦学会稼穑，就不需求人，则能立廉耻；知道了稼穑的艰难，就不妄求于人，不妄求于人，则能兴礼让。廉耻立，礼让兴，而人心可正，世道可隆。

明清之学，学者崇空谈的多，而他强调实践，以仁为本，以修己为务，着重经济，安贫乐道，对事物有自己独到的见解。

明哲保身

现在人看来,明哲保身似乎是胆小怕事、遇事就躲的怯懦者的代名词。但在儒家的中庸思想里,明哲保身却不是这意思。明哲保身一词出于《诗经》,原文是:"既明且哲,以保其身。"

明哲保身应该说是一种高明的智慧,而不是一种贪生怕死的表现。那些贪生怕死、一味退缩的人,并不是明哲保身,他们的行为不符合中庸。

三门峡水利工程是个败笔,在动议搞这个工程的时候,黄万里教授就已经预见到了它的后果,在那特殊的年代,许多人三缄其口,但黄万里深受儒家文化的熏陶,成长为一个慷慨之士,他以一颗"至诚"之心,坚持讲真话。在 20 世纪 50 年代,他在黄河规划、筹建讨论会上说:"你们说圣人出,黄河清,我说黄河不能清。黄河清不是功,而是罪。"当时出席会议的专家大多同意苏联专家的设计。黄万里孤身舌战,最终无效。黄万里退而提出:若一定要修此坝,建议勿塞 6 个排水洞,以便将来可以设闸排沙。这个观点被全体同意通过。但施工时,苏联专家坚持按原设计把 6 个底孔堵死了。20 世纪 70 年代,这些底孔又以每个 1000 万元的代价打开。

马寅初先生少时也是体弱多病,他却活了 101 岁。他因"新人口论"遭到了批判,人生挫折很大,但他胸怀坦荡。他诚心不自欺,在最艰难的日子,牢记"真理在胸笔在手,无私无畏即自由"这两句很有名的诗,身体力行。正因为真理在胸,所以他才能吟出:"大江东流去,永远不回头!"

中庸思想不是一般人认为的是一种圆滑的避世思想,也不是一味的折中思想。它是以"诚"为基础的入世思想。当大家都在过激地普遍看好某事上,明智者会觉得这是种反中庸的行为,非常有危害,于是提出不同的观点,以回到中庸的状态。

《第二十八章 自用》

所不及的事情。

缩，承担自己该担负的责任，忠于自己肩负的使命，不做自己力

所以遵循中庸之道，就是做好自己该做的事，不越位，不退

位，故只能是「从周」而已。

因明己以此之故，不敢专辄制作礼乐也。」而孔子有其德而无其

或默，以保其身。若不能中庸者，皆不能量事制宜，必及祸患矣。

记·正义》说：「上经论贤人学至诚，商量国之有道无道能或语

中庸之道的本质，就是合乎自然，顺乎人情，适乎时宜。《礼

子的两段话来看，的确不能随意给他加上复古帽子。

是「当世之法」（朱熹语），也已是过去的了。所以，从本章所引孔

证，而殷礼虽然还在他的先世之国宋国那里残存着，但毕竟不

「古之道」的「夏礼」和「殷礼」。因为按孔子话说，夏礼已不可考

其实，孔子所要复的礼，恰好是那种「今用之」的「周礼」，而不是

人，这与一般认为孔子主张「克己复礼」的看法似乎有些冲突。

本章所引孔子的话否定了那种「生乎今之世反古之道」的

子曰:"愚而好自用,贱而好自专①。生乎今之世,反古之道②。如此者,灾及其身者也。"非天子,不议礼,不制度,不考文③。今天下车同轨④,书同文,行同伦⑤。虽有其位,苟无其德,不敢作礼乐焉⑥。虽有其德,苟无其位,亦不敢作礼乐焉。子曰:"吾说夏礼,杞不足征也⑦;吾学殷礼,有宋存焉⑧;吾学周礼⑨,今用之,吾从周⑩。"

【译文】

孔子说:"愚昧却喜欢自以为是,卑贱却喜欢独断专行,生于现在却要返回古代道路上去。这样做,灾祸一定会降临到他的身上。"不是天子就不要议订礼制,不要制定法度,不要考订规范文字。现在天下车子的轮距一致,文字的字体统一,伦理道德相同。虽有相应的地位,如果没有相应的德行,是不敢制作礼乐制度的;虽有相应的德行,如果没有相应的地位,也是不敢制作礼乐制度的。孔子说:"我述说夏朝的礼制,夏的后裔杞国已不足以验证它;我学习殷朝的礼制,殷的后裔宋国还残存着它;我学习周朝的礼制,现在还实行着它,所以我遵从周礼。"

【注释】

①自用:自以为是,刚愎自用的意思。自专:独断专行。

②反:通"返",引申为复兴、复辟的意思。

③议礼:议订礼制。制度:在这里作动词用,指制定法度。考文:考察文化传承。文,礼乐法度。指以礼乐教化治理国家的政治措施。

④车同轨:车子两轮间的距离遵从相同的标准。轨,车辙。

⑤书同文:指字体统一。行同伦:指伦理道德相同。

⑥作:改作,即修订创制。乐:音乐,指文化艺术。通过礼乐教化治理天下。

⑦夏礼:夏朝的礼制。杞:国名,传说周武王封夏禹的后代于此,故城在今河南杞县。征:验证。

⑧殷礼:殷朝的礼制。宋:国名,商汤的后代居此,故城在今河南商丘县南。

⑨周礼:周朝的礼制。

⑩以上这段孔子的话散见于《论语·八佾》《论语·为政》。

【历代论引】

郑玄说:"反古之道",谓晓一孔之人,不知今王之新政可从。又说:此天下所共行,天子乃能一之也。又说:作礼乐者,必圣人在天子之位。又说:吾能说夏礼,顾杞之君不足与明之也。

孔颖达说:寻常之人,不知大道。若贤人君子,虽生今时,能持古法,故《儒行》云"今人与居,古人与稽"是也。又说:礼由天子所行,既非天子,不得论议礼之是非。不敢制造法度,及国家宫室大小高下及车舆也。亦不得考成文章书籍之名也。又说:人所行之行,皆同道理。又说:当孔子时,礼坏乐崩,家殊国异,而云此者,欲明己虽有德,身无其位,不敢造作礼乐,故极行而虚己,先说以自谦也。

朱子说:三者皆同,言天下一统也。又说:三代之礼,孔子皆尝学之而能言其意;但夏礼既不可考证,殷礼虽存,又非当世之法,唯周礼乃时王之制,今日所用。孔子既不得位,则从周而已。

《礼记正义》曰:上文孔子身无其位,不敢制作二代之礼,夏、殷不足可从,所以独从周礼之意,因明君子行道,须本于身,达诸天地,质诸鬼神,使动则为天下之道,行则为后世之法,故能早有名誉于天下。盖孔子微自明己之意。

智慧运用

愚而好自用,贱而好自专。生乎今之世,反古之道。如此者灾及其身者也。

【典句札记】

儒家所推崇的中庸之道,要求我们做事情恰到好处、合乎自然,既不能超过,也不可不及。那些愚蠢而没有道德的人,最主要的一个特点就是自作聪明、刚愎自用。我们每一个人也会自作聪明,想当然地做一些事情,其实自作聪明并非不可救药,如果一时因考虑不周而出现了失误,事后分析考察原因而下次改正,或者听从智者的建议而改正,这样反而能够走向成熟。而愚蠢者的刚愎自用才真正害人,因为这样的人从来不接受别人好的建议。愚蠢者本该认识到这一点而更加好学,然而他们刚强得过了头,结果走向了愚蠢。聪明人往往并非智商比愚蠢的人高出多少,然而他们却十分注重学习与改进,始终保持着一种谦虚好学的态度。所以说,愚蠢并不可怕,可怕的是愚蠢却刚愎自用。

史例解读

以治理天下为己任

崔暹,字季伦。北齐博陵安平(今河北省安平县)人。是汉朝尚书崔寔的后代。初官左丞吏部郎,后迁御史中尉。在任期间,为官清廉,办事公正,不徇私情,不畏权贵,敢于揭发权贵重臣的罪状。威名日盛,朝廷内外人皆畏服。

崔暹年轻时避居渤海。初次面见皇上,相谈欢愉,当即被任命为左丞吏部郎。他刚上任,就向朝廷引进并荐举人才。他说邢邵的才干可做府僚,并掌管机密文书。世宗很信任他的话,就立即征请邢邵,十分倚重。但是,后来邢邵在言谈之中,经常诋毁崔暹。世宗听了,心里很不高兴,觉得邢邵人品不正。就对崔暹说:"你总是称说邢邵的才能,但邢邵却专门诽言你的不足,你实在有点呆傻啊。"崔暹说:"邢邵所说我的短处,我说邢邵的优点,这都是事实,这是不必在意而猜忌的。"

现代运用

切忌"好高骛远,眼高手低"

年轻人有远大的理想固然是好事,但是如果不能脚踏实地做人,理想也就无从实现。如果不及早纠正眼高手低的毛病,那么你离梦想的距离恐怕会越来越远。

蕙兰毕业于某大学外语系,她一心想进入大型的外资企业,最后却不得不到一家成立不到半年的小公司"栖身"。蕙兰很是心高气傲,她根本没把这家小公司放在眼里,她想利用试用期"骑驴找马"。在蕙兰看来,这里的一切都不顺眼——一般般的工作环境、不修边幅的老板、不完善的管理制度,就连那些同事都非常土气。自己梦想中的公司可完全不是这样。

"怎么回事？""什么破公司？""整理文档？这样的小事怎么能让我这个外语系的高才生做呢？""这么简单的文件必须得我翻译吗？""唉，我受不了了！"就这样，蕙兰天天抱怨老板和同事，双眉不展，牢骚不停，而实际的工作却常常是能拖则拖，能躲就躲，工作做得一塌糊涂。她总是感叹："梦想为什么那么远呢？"试用期很快过去，老板认真地对她说："你确实是个人才，但你似乎并不喜欢在我们这种小公司里工作，因此，对手边的工作敷衍了事。既然如此，我们也没有理由挽留你。对不起，请另谋高就吧！"被辞退的蕙兰这才清醒过来，当初自己应聘到这家公司也是费了不少力气的，而且现在就业形势这么难，再找一份像这样的工作也很困难。初次工作就以"翻船"而告终，这让蕙兰万分后悔，可一切都已经晚了！

蕙兰犯的是年轻人普遍容易犯的一个错误：好高骛远。实际生活中，我们要脚踏实地，时时衡量自己的实力，不断调整自己的方向，才能一步一步达到自己的目标。但凡在事业上取得一定成就的人，大都是从简单的工作和低微的职位上一步一步走上来的。他们总能在一些细小的事情中找到个人成长的支点，不断调整自己的心态，走向成功。而"眼高手低"只会让你永远站在起点，无法到达终点。

非天子不议礼，不制度，不考文。

【典句札记】

这句话是说处世用事要找准自己的位置，符合自己的角色身份。

一切在于顺应，居上位，应当顺应民心。处下位，应当服从制约。不违不欺。

不要以为自己是谁，不要自我膨胀到自以为天下独尊，老子唯一正确。否则，灾祸就将降临。不要强调自我，但是也不能没有原则，中庸就在于不放弃原则，又顺应时势，使自己处于进退自如的位置。

即使在集体失语的时候，也不能令自己的人格跌落同流。既要坚定自己的信仰，又不能随声附和。保持人格的正直。

做好分内之事

　　韩昭侯(公元前？—公元前333),韩国君主、战国七雄之一。在位时期任用申不害为相,变法励治,内修政务,外御强敌,使韩国政权得以巩固,国势安定。

　　一次,韩昭侯饮酒过量,和衣醉卧床上。宫中侍寝的官吏中,专管冠冕的典冠司仪主动取了一件衣服,给韩昭侯盖在身上。韩昭侯酒醒后,看到盖着的衣服,心里很高兴。于是询问身边的侍从:"谁替我盖的衣服？"

　　侍从说:"是管理冠冕的司仪。"

　　韩昭侯当即沉下脸来。命令把专管冠冕典冠司仪和专管衣服的典衣司仪找来。

　　韩昭侯问:"哪位给我盖的衣服？"

　　典冠司仪说:"是我。"

　　韩昭侯又问:"从哪儿拿来的衣服？"

　　典冠司仪说:"是从典衣司仪那里取来的。"

　　韩昭侯就问典衣司仪:"是他来向你拿的衣服吗？"

　　典衣司仪说:"是的。"

　　韩昭侯说:"身为寡人身边的侍从,典冠擅自离开自己的岗位,却去做自己职权范围以外的事,这是越权。典衣司仪作为掌管衣物的官员,很不负责任地就随便将衣服取给别人,这是明显的失职行为。如果人们都像你们这样做事,岂不是扰乱了朝廷的正常秩序了吗？因此,必须从重惩处,让大家引以为戒。"

　　于是,韩昭侯下令严厉地惩治了典衣司仪和典冠司仪。

战国时期韩国宰相申不害

做人要有自知之明

有点成就就吹嘘自己,是与中庸之道背道而驰的。有的人确实喜欢用吹牛来证明自己是一个不可多得的人才,可是,能做大事就值得吹嘘吗?细究那些古往今来的成大事者,他们的成就有几个是靠吹牛吹出来的?再细究一下,你可能还会发现,他们根本就没有吹嘘过自己,他们的成绩完全是脚踏实地干出来的。

有一个很有实力的电脑业老板与一个朋友闲谈,这个朋友说:"据我观察,你的实力和影响堪称我们地区电脑业的老大。"这个老板说:"此话差矣,无论从经济实力、社会影响,还是经营之道来讲,如果要选老大,我当之无愧,但真的选起来,没人选我,因为从表面上看,我算不上老大。"他说:"因为在处世上我还需要学习。"

他说,当"老大"不容易,因为不论研发、行销、人员、设备,都要比别人强,为了不被别的公司超过,须不断地扩充、投资;换句话说,要花很多力气来维持"老大"的地位。他说,这样太辛苦了,而且一没弄好,不但老大当不成,甚至连当老二的资格都丢了。这只是他个人的想法,不过也是事实——当"老大"的,还要为维持"老大"的地位费很多心血。

不只从事企业经营如此,上班拿薪水也是如此。比如主管就是某一部门的"老大",这老大为了保住自己的位置,不但要好好带领手下,也要和上级长官打理好关系,以免位置不保。所以,如果你自认能力有限,个性懒散,那么就算有机会,也不要去当"老大",因为当得好则好,当不好就要经受许多心理上的折磨。

因此,做事或经营企业,先不要当"老大",从基层积累好一定的资本才能做好一个"老大"的样子。

这位电脑老板可谓是对社会和处世有认识、有体验,因此处世也较理智。

而现在有一些成功人士平日表现得态度傲慢、飞扬跋扈,处处向人显耀,高级饭店、豪华轿车、成了他们的"日常消费",社交上讲究排场,花销阔绰,非常张扬。这显然不是一种中庸的处世态度。要知道花开总有花落时,花落还有车碾过,何必让自己的行为显得那么招摇呢?

今天下,车同轨,书同文,行同伦。

【典句札记】

这句话旨在说明无论做什么事都要符合人民的愿望,不要逆人心而行。"求逞于人,不可;与人同欲,尽济。"(《左传·昭公四年》)意思是说:企图把自己的意志强加于人,这是行不通的。与众人的意愿一致,任何事都能办成。

虫豸们因时而兴,因时而隐,就是顺应大自然的规律。作为万物灵长的人,更应当能够把握时机,"王者立法,随时从宜"。百姓顺应天时,播植百谷;平民顺应世途,创制新物。所谓大势所趋,就是条件的具备,这时君子乘势而为,施展自己的抱负使天下百姓受到福泽。

史例解读

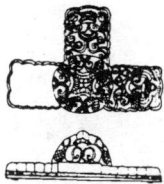

"求逞于人"莫如"与人同欲"

杨津,字罗汉,本名延祚。杨津是高祖赐给的名字。北魏弘农(今河南省灵宝县北)人。历岐州、华州、定州刺史。累迁中军大都督、司空等。为人端庄恭谨,以器度见称。为政宽仁,百姓称道。

华州出产丝织品,每年向朝廷交纳一定量的绸缎贡品。以前,一些地方官吏为了谋取私利,他们收取民众上缴的产品时用来量度的尺子长出标准很多,乘机作弊,获取暴利,而且借机生事,因缘相沿,共相进退,使百姓受到很大的损失,却又无处诉告。杨津任右将军、华州刺史。到任后,他命令采用朝廷统一发放的尺子来量度百姓上缴的产品。对于上缴足量的优质丝织物,特别予以奖赏,由检收的官员当即赏给他一杯酒。所上缴的织物数量不足且质量粗劣的,则给他一只没有酒的空杯子,使他由此感到羞愧。从而,使那些品质恶劣的投机者没有作奸的机会。于是，百姓竞相勉励，争着上缴优质的绸缎，因而官府收缴的丝织品的质量和数量比以前更多更好。

🌀 现代运用

多到基层走一走

克罗克是美国最有影响的十大企业家之一。作为麦当劳快餐店的创始人，他不喜欢整天坐在办公室里，而是喜欢到各分公司和部门走走，了解基层情况。

曾有一段时间，麦当劳公司面临严重亏损。经过调查，克罗克发现其中一个原因就是各部门经理都习惯于躺在舒适的椅背上指手画脚，把宝贵的时间耗费在抽烟和闲聊上。于是，克罗克想出了一个"妙招"——将经理们的椅子靠背锯掉。

开始时，有很多人骂克罗克是疯子，但不久后大家就体会到了他的良苦用心。经理们纷纷走出办公室，像克罗克一样开展"走动管理"。深入基层，及时了解情况，现场解决问题。最终，公司扭亏转盈，走向了成功。

领导者与被领导者之间的有效沟通，是管理艺术的精髓。一个优秀的领导人，应该提供开放空间让下属自在地传达意见给你，而你要有风度地响应，并对这些意见或问题及时处理。如果一个领导者整天待在办公室，不到外界走动，世界发生了翻天覆地的变化也不知道。如何把企业经营好？制度上要鼓励大家了解外界，与一线工作者同步。

在接触的过程中，除了发现问题，还能找到商机呢！有这样一个例子：一家旅行社推出"农家乐"两日游并大获成功，完全是因为当时负责外联部的孔先生随时注意倾听部下的意见。一天午饭后，部里好几个人一起打牌。忽然有人说起，富阳那里的一个村庄颇有特色："有一头牛是白色的，还有原始造纸。"言者无心，听者有意。孔先生马上派人去实地考察，随后决定从部门的资金中抽出 5 万元进行投资。"农家乐"节目从此上演，至今不衰。

做管理人员的若能注意倾听部下意见，把部下提出的切实可行的建议付诸实施，"人微言轻"便可变为"人微言不轻"。部下有了这种认识，必将以更大的热情投身工作,他们的才能也必将得到更好的发挥。

虽有其位,苟无其德,不敢作礼乐焉。虽有其德,苟无其位,亦不敢作礼乐焉。

【典句札记】

这里还是谈的"不在其位,不谋其政"的原则。在管理者的位置上就要去管理;不在管理者的位置上,就不要去制定什么法度,否则就是做力所不及的事情,不是"过",就是"不及"。

因此,在我们日常生活中,应该明白什么是自己应该做的,什么又是自己所不能够去做的。把握好为人处世的一个"度"。

史例解读

巧化危机

李乐,字彦和,号临川,青镇(今乌镇)人,寄居乌程。明隆庆二年进士。出任新淦知县。刚到任,守门的衙役傲慢无礼,李乐杖责其人。为官直声清节,著闻朝野。立身高洁俭约,关心民间疾苦。常常自我评价说:"无心之失甚多,有意之恶不作。"著有《金川纪略》《见闻杂记》。

明代嘉庆年间,李乐升任礼部给事中。他发现科考舞弊,立即上奏皇帝,结果激怒了皇帝。皇帝却以故意生事罪,下令用封条贴上李乐的嘴巴,并明令谁也不能揭去。意在定他死罪。这时,一位官员越众而出,挥手打了李乐两记耳光,大声斥责说:"在圣明的天子面前多言生事,罪该严惩!"当即把封条打破了。皇帝也无从怪罪他。这个人是李乐的学生,他巧妙地解救了自己的老师。

强谏只要有勇气就行,但是因变应对更要有智

听琴图

慧。既不出卖良知曲意附和，又能处变不惊，审时度势，以高明的政治智慧和灵活的策略，找到那个最合逻辑的解答，从而，避开锋芒，化解危机。

现代运用

如何与女上司相处

某公司的前任主管因为工作上严重的失误而被免职，留下个烂摊子给这个刚刚走马上任的女主管。老赵、小李、小张星期一上班的时候，发现领导竟然是个女的，各自心里都有不一样的主意。老赵是这个部门里资历最老的，也是最有经验的人；小李是刚进来的，但恃才傲物；小张虽说是干了几年，但工作上没做出什么成绩，整天老想着怎么去巴结领导。

女主管第一天接手公司就分别找了这三个人谈话。老赵对这位女主管说了自己对公司人员改制以及公司发展的前景和弊病等方面的看法，态度诚恳，丝毫没有因为她是刚来的就处处以教训的口吻与她说话；小李等老赵出来后，门也不敲就进去了，也不等女主管叫他坐就坐下了。主管就问他对公司有什么看法，小李自然是高谈阔论一番；轮到小张的时候，小张还特意整了整衣服才进去。女主管当然也问了相同的问题，小张因为之前只知道跟前任主管去吃喝玩乐，没有工作历练，也没有经验，于是随便答了几句，然后站起来又是给女主管倒水，又是擦桌子的。

过了一个星期，小李和小张同时收到了被辞退的通知。后来，老赵就找了个机会问女主管为什么，女主管说小李那个人太孤傲，事实上也不一定有什么能力；小张那个人则只知道阿谀奉承，这样的人是不能留在身边的。

对待女上司，做下属的不要对她有什么成见，也不要厚着脸皮趋炎附势，因为女性都是讨厌小人和庸俗的人。女上司有她自己的做事和管理的方式，下属们只要认真执行，并努力完成就可以了，如果她有什么不得当的想法和做法，那就要及时地提出来。

子曰：“吾说夏礼，杞不足征也。吾学殷礼，有宋存焉。吾学周礼，今用之。吾从周。”

这里说的是有些人明明生活在现在，却想要恢复古时候的某些做法。然而，孔子一直是主张“克己复礼”的，而这种“礼”恰恰就是古为今用的“周礼”。实际上，孔子主张的是不要硬去推行那些过去的、已经完全不合时宜的道理和做法。做事必须合时宜，时代变了，法则也要有相应地改进。“夏礼”已经失传，不足以验证其存在的合理性了，“殷礼”与时代发展不相适应了，而周礼中的许多制度礼仪却对当时的人有净化作用，所以孔子主张恢复周礼。这是遵从当时时代需要提出来的。

过去有好的并且适用于当今的传统，就要继承；时代已经发展出更高级的东西，就不要抱着过去的老一套不放手，否则就是倒退，正如《韩非子·五蠹》中所言：“时移则事异，事异则备变。”还说：“今有构木钻燧于夏后氏之世者，必为鲧、禹笑矣，有决渎于殷、周之世者，必为汤、武笑矣。”这就是一种遵从历史的正确的发展观。

史例解读

学不晚矣

西汉刘向《说苑》中有这样一个故事：

这天，晋平公对师旷说：“我现在已经七十岁了，但很想再读些书，求得一点学问，只是觉得年纪大了，已经日薄西山，恐怕太晚了！”师旷说：“既然您已经知道天色已晚，那么为什么不把蜡烛点燃呢？”晋平公以为师旷在搪塞，就生气地说：“我和你说的是正事，作为臣子你怎么敢嘲笑我呢？”师旷说：“我是一个盲眼人，所以光明只在我的心里，任何的光亮都对我没有影响，但是我哪里敢跟君王您开玩笑啊！我听说过，一个人在少年时期好学上进，那就好像是旭日东升,光彩夺目,前程不可限量。中年时期不甘庸碌,仍然坚持刻苦学习,那么就好像是烈日当空,锐气正盛,人生的历练经验与知识的累积,会令他的前途不可阻挡。老年将至,犹且坚持不懈,不愿放弃学习,就像晚上点起了蜡烛,光辉虽然不比太阳,但也足以将黑暗照亮,有了这萤萤烛光的照亮,总比在黑暗中摸索强得多呀!"晋平公听了师旷的话,赞叹地说:"太师说得好啊!"

知识是无止境的,学习是没有年龄界限的。只有学习是获得真知、提升修养的有效途径。

🏛 现代运用

用发展变化的眼光看问题

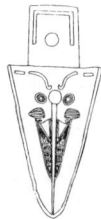

一天下午,一个年轻人在高尔夫球场准备开球,这时过来一个年老的绅士,询问是否可以和他一起打几杆。因为年轻人是自己一个人玩,挺无聊的,就爽快地答应了。

开球以后,老人打得一点也不赖,虽然球击得不很远,但却是扎扎实实地前进,几乎没有浪费时间。当他们来到第九洞前时,年轻人看到一棵枝繁叶盛的大树挡住了球路。年轻人反复观察测量,想找出避开大树的方法。

几分钟后,老人开了腔:"年轻人,知道吗?我在你那个年纪的时候,狠命一击,就把球从树顶上打了过去。"

被老人一激,年轻人玩命挥杆,向球击去。不幸,球直接飞进了树冠中,然后掉下地面,又滚到了眼前。这时,老人笑了笑,又说道:"小伙子,我还没说完呢,我在你那个年纪的时候,这棵树只有两米来高。"

学会用发展变化的眼光看问题吧!如果周围的环境变化了,而你思考问题的方式还停留在最初的阶段,肯定会碰壁。

第二十九章 三重

吕氏曰：『三重，谓议礼、制度、考文。』即统一的制度，统一的礼节仪式，统一的书写文字。王者重此，就会使『国不异政，家不殊俗』，便会减少过失。

『凡治民之体，先当治心。心者，一身之主，百行之本。』(《周书·苏绰传》)治理民众的根本，其首先应当从思想上予以教化，使他们从内心拥戴。因为思想是人身心行为的主宰，是一切行为的本原。

民心就是天意，具有高尚品德的王者与天道合一。能王天下的人所持之道，必须要本诸自身道德，身体力行，取信于民，还要经得起历史考验，不悖于自然规律，使造化也无疑问，即使圣人再起，也改变不了，做到既知自然规律，又要知社会人生，这样言动都可成为天下的道理、法度、准则，远近都是众望所归，而获得天下人的普遍赞誉。

【原文】

王天下有三重焉①，其寡过矣乎！上焉者②，虽善无征，无征不信，不信民弗从。下焉者，虽善不尊③，不尊不信，不信民弗从。

【译文】

治理天下能够做好议订礼仪、制定法度、考订文字这三件重大的事，那就很少有过失了！夏商的制度虽好，但没有验证，如果没有验证的话，就不能使人信服，不能使人信服，老百姓就不会遵从。像孔子这样身在下位的人，虽然有美德，但没尊贵的地位，没尊贵的地位，也不能使人信服，不能信服，老百姓就不会听从。

【注释】

①王(wàng)天下：做天下之王，统治天下。王，作动词，称王。三重：指上一章所说的三件事：仪礼、制度、考文。

②上焉者：指夏、商时代的礼制。

③下焉者：指在下位的人，如孔子。不尊：没有尊位。

【历代论引】

郑玄说：上，谓君也。君虽善，善无明征，则其善不信也。下，谓臣也。臣虽善，善而不尊君，则其善亦不信也。征或为"证"。

孔颖达说：为君王有天下者，有三种之重焉，谓夏、殷、周三王之礼，其事尊重，若能行之，寡少于过矣。又说：为君虽有善行，无分明征验，则不信著于下，既不信著，则民不从。臣所行之事，虽有善行而不尊，不尊敬于君，则善不信著于下，既不信著，则民不从，故下云"征诸庶民"，谓行善须有征验于庶民也。皇氏云"无征，谓无符应之征"，其义非也。

吕氏曰："三重，谓议礼、制度、考文。唯天子得以行之，则国不异政，家不殊俗，而人得寡过矣。"

朱子说：上焉者，谓时王以前，如夏、商之礼虽善，而皆不可考。下焉者，谓圣人在下，如孔子虽善于礼，而不在尊位也。

故君子之道，本诸身，证诸庶民①，考诸三王而不缪，建诸天地而不悖②，质诸鬼神而无疑，百世以俟圣人而不惑③。质诸鬼神而无疑，知天也；百世以俟圣人而不惑，知人也。是故君子动而世为天下道④，行而世为天下法，言而世为天下则。远之则有望⑤，近之则不厌。

【译文】

所以君子治理天下应该以自身的德行为根本，并从老百姓那里得到验证。考察夏、商、周三代先王的制度而没有违背的地方，立于天地之间而不悖逆自然，质证于鬼神而没有疑问，等到百世以后圣人出现也不会产生疑惑。质证于鬼神而没有疑问，这是因为知道天理；等到百世以后圣人出现也不会产生疑惑，这是因为知道人情。因此君子的举动能世世代代为天下的先导，行为能世世代代成为天下的法度，语言能世世代代成为天下的准则。距离君子远的人常有仰望之情，距离君子近的人也没有厌倦之意。

【注释】

①本诸身：本源于自身。证：验证。

②三王：指夏、商、周三代君王。缪（miù）：通"谬"，谬误。建：立。悖：违背。

③质：质疑，证实，求证。一说为卜问。疑：疑虑。俟（sì）：等待。

④世为天下道：世世代代成为天下效仿的榜样。世，世代。道，道路，楷模。一说通"导"，先导。

⑤望：咸望，仰望。令人敬仰，使人仰慕。

【历代论引】

郑玄说：知天、知人，谓知其道也。鬼神，从天地者也。《易》曰："故知鬼神之情状，与天地相似。"圣人则之，百世同道。又说：用其法度，想思若其将来也。

孔颖达说：君臣为善，须有征验，民乃顺从，故明之也。君子行道，先从身起，立身行善，使有征验于庶民。若晋文公出定襄王，示民尊上也；伐原，示民以信之类也。己所行之事，考校与三王合同，不有错缪也。己所行道，建达于天地，而不有悖逆，谓与天地合也。又说：己所行之行，正诸鬼神不有疑惑，是识知天道也。此鬼神，是阴阳七八、九六之鬼神生成万物者。此是天地所为，既能质正阴阳，不有疑惑，是识知天道也。以圣人身有圣人之德，垂法于后，虽在后百世亦堪俟待。后世世之圣人，其道不异。又说：圣人之道，为世法则，若远离之则有企望，思慕之深也。若附近之则不厌倦，言人爱之无已。

朱子说：此君子，指王下者而言。其道，即议礼、制度、考文之事也。本诸身，有其德也。征诸庶民，验其所信从也。立于此而参于彼也。天地者，道也。鬼神者，造化之迹也。百世以俟圣人而不惑，所谓圣人复起，不易吾言者也。又说：知天知人，知其理也。又说：动，兼言行而言。道，兼法则而言。法，法度也。则，准则也。

【原文】

《诗》曰①："在波无恶，在此无射②。庶几夙夜，以永终誉③。"

君子未有不如此而蚤有誉于天下者也④。

【译文】

《诗经·周颂·振鹭》说："在那里没有人憎恶，在这里没有人厌烦。希望日夜操劳啊，使众人永远赞誉。"君子没有不这样做而能够早早在天下获得名望的。

【注释】

①《诗》云：此诗引自《诗经·周颂·振鹭》。

②射(yì)：《诗经》本作"斁"，厌弃的意思。

③庶几(jī)：几乎。夙(sù)夜：早晚。永：永远。终：通"众"。誉：赞誉。

④蚤：即"早"。

【历代论引】

孔颖达说：微子来朝，身有美德，在彼宋国之内，民无恶之，在此来朝，人无厌倦。故庶几夙夜，以长永终竟美善声誉。君子之德亦能如此，故引《诗》以结成之。欲蚤有名誉会须如此，未尝有不行如此而蚤得有声誉者也。

王天下有三重焉,其寡过矣乎!

【典句札记】

治理天下必须重视的三大要务:议定礼仪,设立制度,规范文字。礼仪用于约束规范人的行为,制度在于确立人的行为应遵循的标准,文字是用来统一思想,方便沟通。这是治理天下所必须重视的根本。

君王要想治理好天下,就必须办制定礼乐、制度、考文这三件大事。如果能把这三件大事办好,那么这位君王便很少会犯错误了。这三件事其实就是制度规范的设置。这三件事做到位了,也就是大纲制定了,那么其他事情都依此而行,就不会有大的问题了。如果连基本的大法则都没有,其他事情做起来也就没有依据。就好比说一个企业,首先要有自己的法则、规章制度及要求,然后企业才能正常发展。

要做到这三件事,首先必须从自身出发,使自己的心灵清纯,并使自己的行为合乎自然大道,合乎人伦大道,合乎神明良知,以自己的行为终身实践,建立自己崇高的人格,树立自己的道德楷模,从而影响和引导天下人效法。

洪应明说:"清能有容,仁能善断,明不伤察,直不过矫,是谓蜜饯不甜,海味不咸,才是懿德。"就是说,清心寡欲,就能包容万物;心怀仁恕,就能选择好的决策;明达事理,就不至于苛求;正直耿介,而又不失于矫枉过正。就像蜜饯,味美却不令人觉得过分的甜腻;虽是海味,鲜美却不过分的咸涩。做人处世能够达到这样浑然完美的境界,才是真正的美德。

史例解读

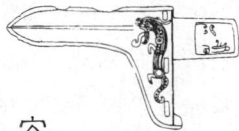

广开言路,方可长治久安

魏征(580—643),字玄成,魏州曲城人。诡为道士,隋末天下大乱,随李密参加瓦岗起义军,起义失败后,归顺唐朝。唐太宗时拜谏议大夫、检校侍中等职,封郑国公,任太子太师。向太宗陈谏二百多条。建议唐太宗广开言路,强调:"君,舟也;民,水也。水能载舟,亦能覆舟。"太宗临朝慨叹说:"以铜为鉴,可正衣冠;以古为鉴,可知兴替;以人为鉴,可明得失。朕尝保此三鉴,内防己过。今魏征逝,一鉴亡矣。"主要著作有《群书治要》。

魏征和唐太宗

太宗曾同魏征谈话,唐太宗嫌上书陈谏的人太多,而且所言多是道听途说,是没有根据的无稽之谈。因此准备狠狠斥责这些人。魏征听了就奏道:"古代的圣王树立诽谤之木,让天下人都能自由说话,指出执政和德行的过失。陛下只有广开言路,让人们尽情议论,说出他们想说的话,从而使陛下知道自己有哪些过失。如果他们的议论是正确的,而且出于公心,那么就是有益的;如果他们所论言不由衷,或者偏执一词,那么对国家也没有什么损害。"太宗说:"你说得对啊。"

现代运用

自身一定要行得正

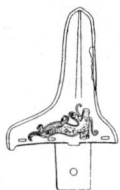

俗话说:职场如战场。身在职场,要万事留心,稍有不慎,就可能被人拉下水,阴沟里翻船。那些身在职场一帆风顺的人,除了自身行为端正外,做事小心谨慎也是一个重要因素,从不给别人留下把柄;而很多职场不顺者,并非自己能力差,而是总有把柄在人手上,处处受人排挤、牵制。

1976年,代表共和党的卡特与代表民主党的爱德华·肯尼迪角逐总统一职。爱德华·肯尼迪有明显的优势:庞大的家族财势、两位兄长为国殉职的声望、自身兼任参议员多年的经历。而卡特出身农夫,虽有担任州长的经验,但是显然不是爱德华·肯尼迪的对手。卡特眼见力攻无望,唯有智取。当时,水门事件对美国人民的影响还在继续,加上华盛顿政府政治人物一些有损名誉的事件又层出不穷,卡特就紧紧地抓住这一弱点,开始了一连串攻击前总统约翰·肯尼迪的行动。

卡特表示对前总统肯尼迪指使美国中央情报局谋杀外国领袖的阴谋知情,又说前总统肯尼迪在白宫里面乱搞女人,甚至居然还有一位女人出面对新闻界大谈她曾和前总统肯尼迪上床的事。进一步又扯出一位黑手党的首领,说他如何帮助爱德华·肯尼迪违法当选等等。这些宣传的目的,无非是要丑化肯尼迪及其家族在公众心目中的形象。在这种猛烈攻击下,爱德华·肯尼迪果然招架不住,不得不宣布退出角逐。

1980年,爱德华·肯尼迪和卡特再度狭路相逢——竞争民主党的总统候选人。此时卡特为现任总统,他明白1976年的打击策略已经不能再使用,因为那些旧账选民不会再有新鲜感。因此,他就怂恿新闻记者抬出"柯鲁珍事件",述说爱德华·肯尼迪当年对掉进水里的女友见死不救的经过,又说这样的一个人如何会有他自己所谓的"领袖气质"呢?结果可想而知,爱德华·肯尼迪再一次败于卡特之手。

所以,很多人认为卡特之所以能两度击败肯尼迪,主要是由于他善于打击竞争者的弱点,尤其是善用情势民气,遥指问题的核心。当然,不给人留下把柄,最好的办法就是自身行为要端正。所谓身正不怕影子歪,说的就是这个道理。

作为职场中人,要时时牢记这句话,端正自己的行为,不该说的不说,不该做的不做。那样你才能真正做到:为人不做亏心事,半夜不怕鬼叫门。

上焉者,虽善无征,无征不信,不信民弗从。

下焉者,虽善不尊,不尊不信,不信民弗从。

【典句札记】

"上焉者,虽善无征,无征不信,不信民弗从"这句话,也有人解释为:"向上推溯,可以一直推溯到夏商二代,这两代的礼制虽然好,但年代久远,没有证验,所以不可全信。既然不相信,民众便不会依照二代之礼去做了。"无论是哪种解释,都说明了在上位的人的行为和法则,如果没有考察与验证,就不会得到百姓的信任。

那么向下看,处在下位的人,即使有好的德行,因为他的主张没有机会得以验证,所以无人信服,因而就无人听从。比如孔子,他的德行虽然近于圣人,然而他始终没有得到一个足以使他施展才华的尊贵地位,因而他的各种主张就很难得到大多数人的信任与服从,以致他的一生,到处游学,四处碰壁。也就是说,为天下王者,要想使民众相信,听从他,并且奉行他制定的法度,就要有德、有时、有势,这三项缺一不可。试想,像孔子这样的德行、学识都如圣人一般的人,如果居于君王之位,有机会治理天下的话,那么他的一举一动就会自然而然地得到天下百姓的信任与拥护,对百姓产生巨大影响。他的行为理念,就会成为后人们的行为标准。做事,就被世人所效法,说话,就为世人所信服。没有相应的地位,自然说话没有人听,可是如果有名而无实,处在统治管理的地位上却没有相应的修养与能力,无法令人看到值得相信的东西,那么也不会得到老百姓的信服。因为民众往往是以亲眼所见、亲身所感为判断信还是不信的依据的。

🏛 史例解读

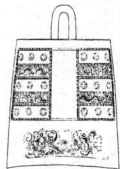

身先士卒,以身作则

作为一个领导,要在思想上和行动上影响部下。需要身先士卒,以身作则。

26岁的色诺芬不仅是哲学家,另一个更为让人敬重的身份是希腊的将军。有一次,为了摆脱土著人和波斯追兵,他发出了迅速抢占制高点的命令。"士兵们!"他喊道,"想想你们现在是在为希腊而战,为你们的妻儿而战!稍加努力,前方的路就会畅通无阻!"就在这时,一个名叫索特里达斯的士兵闷闷地说:"色诺芬,我们不在一个水平上。你骑在马背上,而我却拿着盾牌,早已疲惫不堪。"

按一般人的做法,色诺芬可以理直气壮地把这个士兵抓起来处罚,但他没有这样做。而是立刻从马背上跳下来,拿过索特里达斯的盾牌徒步前行。其他士兵大为振奋,生气地看着索特里达斯,向他扔石头,打骂他,直到他重新拿回自己的盾牌,让色诺芬重新骑马指挥。

最终,色诺芬领导的这支队伍先于敌人到达了制高点,成功地挺进了底格里斯河边肥沃的平原。

从色诺芬的故事中,可以看到榜样的力量是无穷的,尤其当这个榜样就是身边的领导人时。当你教别人的时候,你是不是把你自己的立场、观念、评价都教给别人?在教导别人的同时,也在训练自己,应该给自己一个机会,去主动训练自己。

现代运用

学会笼络下属的心

　　新厂长有特殊管理专长,在专业技术方面却并不很出色;前任厂长在专业技术方面十分精通,和员工有多年深厚的感情,因此员工们对这个新厂长颇有些排斥。从上到下,大家好像都不喜欢这位新厂长。新厂长看到这种情形,有了新的打算。

　　于是,他经常带一些小礼物,在晚间到两位主管的家里,和他们及他们的家人谈天说地,后来几乎是无话不谈。他也因此了解了主管们的一些不为人知的小缺点。随着时间的推移,他和两位主管取得了越来越多的共识,两位主管常常在晚上到新厂长家里喝茶,报告一些厂里员工的工作情况和其他方面的情况,并将自己遇到的一些事也汇报一番。这样,新厂长就对厂里的员工们有了比较详细的了解。

　　上班的时候,新厂长会四下走动。当他看到管仓库的小星时,就说:"嗨!我看到过你的男朋友在工厂门口等你,他长的高大帅气!今天他来了吗?"其实他并不曾遇到过那女孩的男友。"嘿!听说你儿子功课特棒,他的脑袋瓜子一定跟你的一样聪明。"新厂长经常和大伙儿一起在餐厅用餐,一边吃一边当着两位主管的面将他们的一些小缺点讲出来,而和新厂长早有默契的两位主管,在一旁只是傻笑。

　　最后,厂里真的成了上下一家,而新厂长的管理改革方案也获得了员工的普遍支持。

　　东方的企业经营大师松下幸之助曾说:"组织以和为贵。"他所谓的和,就是上司与下属彼此有着好感。以好感为基础,领导和下属才能顺畅地工作。如果上司与下属之间存在着对立关系,工作是无法顺利进行的。那么,怎样赢得松下口中的这种"和"呢?这就要求管理者主动出马,善于笼络人心,拉近与员工之间的距离。

故君子之道,本诸身,征诸庶民,考诸三王而不缪,建诸天地而不悖,
质诸鬼神而无疑,百世以俟圣人而不惑。

【典句札记】

当政者不仅要有好的德行修养,而且要有能够身体力行的务实作风,才能取信于民。切忌以空洞的说教和用过多的条规制度来进行强制性约束。应当奉行"清净无为"的政策,顺应天意,服从民心,让百姓尽其所能,自主发展。而不是进行人为的干预。

哲人说:"领导的威信不是从掩饰错误中而是从改正错误中提高起来;权威不是从自吹自擂中而是从埋头苦干中培养起来的。"

史例解读

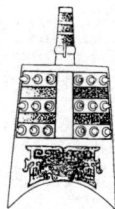

以诚信得天下

晋文公是"春秋五霸"之一。春秋时期,周天子有名无实,只是名义上的君主。因国内动荡,且受到翟戎的侵略。晋侯率兵勤王,一战而胜。于是,周王就把攒茅、阳樊、温、原四座城邑分封给晋侯,以表彰他的功德。

晋文公率兵接收土地。原这个地方本来是周大夫伯贾的封地,因兵败无功,周王夺取他的土地改封给晋文公。伯贾因此怀恨在心,连夜散布谣言说:"晋兵围攻阳樊,屠杀了全城的百姓。"于是,原国人十分恐惧,誓死固守。

晋国大夫赵衰说:"民之所以不归服晋国,是因为没有建立起信义啊,如果表示出诚信,那么原国将不攻自服啊。"文公说:"如何表示信义呢?"赵衰说:"请命令军队,每人只带三天的军粮,如果三天不能攻取原国,就撤兵解围而去。"

文公采纳了他的意见。让士兵向城里喊话劝降。说:"我军只准备三天的粮草,三天期满,如果仍然不能攻克,就立即撤兵,决不伤害百姓!"

晋文公

结果，围满三天。原国仍然不投降。晋文公决定撤兵。这时，原国人探知阳樊人并没有遭到杀戮。就有人逃出城，向晋军联系说，愿意在明日晚献城投降。

晋文公说："寡人约定三日为期限，现在限期已到，寡人立即退师，你们各自尽力守城，不要心存二意。"

于是下令撤围退兵。他的部下请求再坚持一天，原国就会投降。

晋文公说："信誉，是国家的至宝，是天下百姓赖以生存的条件。如果以付出信誉为代价，即使得到了原国，那么用什么来取得天下百姓的信任呢？"

于是解围。原国的百姓奔走相告：晋侯宁失城，不失信，是难得的有道之君。争相出城投奔文公。

原国遂即归附。

质鬼神而无疑，知天也。百世以俟圣人而不惑，知人也。

【典句札记】

作者在这里指出了君子的所作所为，是上知天意，下晓人意。这里多少有些"谋事在人，成事在天"的意味。做出自己最大的努力，同时又遵从命运的安排。

我们知道的并不很多，尤其对于在未来的路口等待着我们的会是什么，我们事先根本就不知道。我们总是心怀奢望，以求前知，以图逃避。于是向神明祷告，借助草芥，迷信占卜，以期找到什么征兆，寻找冥冥中的昭示。其实人作为万物之灵，尚且不知道即将到来的是什么，何况毫无知觉的蓍草与龟壳。

只要我们没有做出什么有损道义的事，俯仰无愧，无愧于天地，无怍于鬼神，我们何必忧虑会受到何种回报。

不修德行，鬼神又能带给我们什么福祉。持心正道，又何需忧惧灾祸。

史例解读

以花辨命

命运就如花朵。花里饱含着人生的运势与神秘。那个深刻的隐喻,如同箴言,注定了我们一生的起落。

《东周列国志》中记载了战国时期著名军事家鬼谷子"以花辨命"的故事。

孙膑,是春秋时军事家孙武的孙子,齐国人。与庞涓结拜为兄弟,拜隐士鬼谷先生为师,学习兵法。

鬼谷子是战国时期一位声名显赫的人物,是纵横家的鼻祖,也是位卓有成就的教育家。原名王诩,自号鬼谷,由其出生地或隐居地"归谷"而得,因"鬼"、"归"二字同音,而"鬼"具有莫测的机变色彩,故称为"鬼谷"。鬼谷子既有政治家的权谋机变,又擅长于外交家的纵横韬略,更兼有术数家的神妙变化。世人称他是一位奇才、全才,著有《鬼谷子》一书。

在鬼谷子的悉心教诲下,孙膑和庞涓刻苦学习,精心研究,各自对兵法颇有心得。时光荏苒,转眼三年过去,庞涓自以为才识已足以傲视天下,所以,功名心生,就不想安心继续学习。

恰在这天,庞涓到山下汲水,偶然听见路人传说,魏国重金招贤,求聘将相。庞涓怦然心动,就想辞别先生下山,去魏国应聘,又恐先生不放,心怀忐忑,坐立不安,欲言又止。鬼谷先生鉴容知意,就对庞涓说:"你飞黄腾达的机遇已经到来了,为什么还犹豫不定,赶快下山,用自己的所学,建功立业,求取富贵。"庞涓听先生这样说,正中下怀。却故作不舍地向前跪拜说:"学生虽有这个想法,只是心里没有把握,不知道能否达成愿望?"

鬼谷先生说:"你去摘取一枝山花,我为你预测一下前途命运。"

庞涓于是便下山寻找山花。此时时令正值盛夏,百花早已开过,遍野绿草郁郁,那里也找不到一枝山花。庞涓寻觅很长时间,才找到了一棵草花。他便连根拔起,返回走了数步,忽又觉得这棵草花质弱低微,不为大器,便心生厌弃,抛掷在地。又继续寻找,可是任他如何急切,再也没有一枝山花。只得又拾起那棵草花,藏在衣袖中。回来对先生说:"山中没有一枝花。"先生说:"既然没有

孙膑著书图

花,那么你衣袖中藏的是什么?"庞涓只得取出这枝草花呈送先生。只因为草花被拔离土地时间太长,又经受了太阳的照晒,已显出枯萎的状态。

先生说:"你知道这朵花的名称吗?这是马兜铃花。盛开时十二朵花同时开放,正象征你的命运中最为辉煌的时间年数,这朵花是在鬼谷所找到的,且由于太阳的照射而显出枯萎的形态,暗示出你必能在魏国显达。"庞涓暗暗惊奇。

先生又道:"但是,你不应该存心欺骗别人,存心欺人的人以后也必定会被人欺骗,切记切戒。我送给你八个字,你应当牢记在心:遇羊而荣,遇马而卒。"

庞涓再拜致谢说:"恩师大教,敢不书绅。"

临行,孙膑相送下山。庞涓说:"我与兄八拜深交,又同学三载,这次弟先出山,如有晋身之阶,一定举荐兄长,同建功业,共享富贵。"孙膑说:"贤弟果能如此。为兄必当厚报。"庞涓对天立誓说:"弟若谬言,当死于万箭之下!"孙膑说:"兄弟厚谊,先自心领,何须如此重誓!"相顾依依不舍,挥泪而别。

庞涓来到魏国,径直拜见相国王错。经王错推荐,魏惠王召见庞涓。正值魏惠王用午膳之时,庖人呈献蒸羊于惠王之前。庞涓看到后,心里暗自高兴:"老师说遇羊则荣,看来应验了。"果然,魏惠王见庞涓一表人才,起身以礼相迎。谈论之间,庞涓倾其所学,说:"我拜鬼谷先生为师,已学得用兵征战的要义。"因而对于历史上的战例进行评点褒贬,详明精警。魏惠王深为叹赏。于是魏惠王以当前面临的军事形势询问:"我国东部边境潜伏着被实力雄厚的齐国侵凌的危险,西边承受着来自强大的秦国的威胁,南面被楚国制约,北方有韩、赵、燕等国掣肘,处在强敌环伺之间。而赵国此前又夺取了我国的属国中山,此仇未报,先生有什么高明的良策吗?"

庞涓说:"大王不用微臣则已,如用微臣为将,管教战必胜,攻必取。可以兼并天下,何忧六国哉!"惠王说:"先生豪言壮语,令人鼓舞,只是有多大把握实现呢?"庞涓说:"臣自揣所长,实可操六国于掌中,若委任不效,甘当伏罪。"

魏惠王听了十分高兴,于是任命庞涓为元帅,兼任军师的要职。整军训练,先后对卫国、宋国用兵，屡屡得胜。宋、鲁、卫、郑诸君相约来魏朝见。这时，齐国发动了对魏国的战争，庞涓率军御敌于国门之外，于是以为建立了不世之功，不时夸诩。

孙膑经鬼谷先生的朋友墨翟的荐举，被魏惠王拜为客卿。

当孙膑拜辞鬼谷先生时，先生也让孙膑去取山花一枝，卜问凶吉。当时正是九月天气，孙膑看见先生几案之上，瓶中供有黄菊一枝，于是就取菊花呈上，并立即放回瓶中。先生沉吟片刻，剖析评断说："此花现被残折，不为完好，但性耐岁寒，经霜不落。虽有残害，不为大凶，且喜供养瓶中，为人爱重。花瓶又是范金制成，钟鼎之属，终当威行霜雪，名勤鼎钟矣。只是此花再经提拔，恐怕一时未能得意，仍旧归瓶，预示你的功名，最终还是在故国的土地上才有所建树。"并代为改名为膑，以避刑罚。又送锦囊一枚。吩咐说一定等到危急之时，才可打开。

后来，孙膑受刑刑而致残，终为齐国所用，庞涓死于乱箭之下。所言全都应验。

人生如花，有盛开也有萎谢。花兆人生，有坦荡也有崎岖。当你进入顺境时，花鲜艳而蓬勃，当你身处逆流时，花暗淡而委靡不振。

播下的是什么种子，得到的是相应的收获。

🪙 现代运用

与命运抗争

我国台湾地区著名的职业画家谢坤山，出生于台东一个十分贫寒的家庭，由于父母没钱供他读书，他很早就辍学了。不过，生活贫困也使他早熟，从12岁起，他就出去打工，用他那稚嫩的肩头分担着家庭的重担。然而命运偏不垂青这个懂事的孩子，总是一次又一次地将灾难降临到他的头上。16岁那年，他因误触高压电，失去了双臂和一条腿；23岁那年，一场意外事故，他又失去了一只眼睛。随后，女友也悄然离他而去……

面对命运接踵而来的打击，谢坤山没有一蹶不振，为了不拖累可怜的父母及这个贫困的家，他毅然选择了流浪。独自一人，与命运展开了博弈。

在流浪的日子里，谢坤山一边打工，挣钱糊口；一边热心公益，救助社会。后来，他逐渐对绘画产生了浓厚的兴趣，他想重新给自己灰色的人生着色。

起初,谢坤山对绘画一无所知,他就去艺术学校旁听,学习绘画技巧。没有手,他就用嘴作画,先用牙齿咬着画笔,再用舌头搅动,练习时间长了,他的嘴角时常渗出鲜血。少一条腿,他就金鸡独立作画,通常一站就是几个小时。他尤爱在风雨中作画,捕捉那乌云密布、寒风吹袭的感觉……

谢坤山日复一日、年复一年地勤奋作画,使得他的作品接连不断地在国际大赛中获奖。后来,一个漂亮女孩不顾父母的强烈反对,毅然走进了他的生活……这时的谢坤山不仅赢得了爱情、事业,成为有名的画家,也赢得了社会的尊重,他的传奇故事感动着海峡两岸的中国人。

曾经,有人问他:"假如你有一双健全的手,你最想用它做什么?"他笑着说:"我会左手牵着太太,右手牵着两个女儿,一起走好人生的路。"

是故君子动而世为天下道,行而世为天下法,言而世为天下则。
远之,则有望;近之,则不厌。

【典句札记】

这里讲的是君子的所作所为达到了上知天意,下晓人意之后,能够永远行中庸之道。那么他必然会被天下百姓所景仰。一个高明的领导者就应该有这样一种要求自己从修养到实践都要"有征"的自觉性。

史例解读

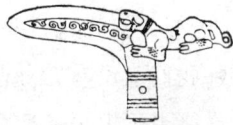

持守"慎独"之境

韦温,字弘育。唐京兆(今陕西省西安市)人。七岁时就能每天背诵诗书数千言。曾为翰林学士,后官至宣、歙二州观察史。侍奉护理亲人的疾病,调适汤剂,共二十余年,衣不解带。谥号孝。

韦绶在朝廷为官,掌管禁密机要,所以养成了谨小慎微的习惯,后来竟成了心病。临死时告诫他的儿子韦温说:"不要在皇帝身边任职。"当韦温升为翰林学士,皇上要韦温在朝廷任职,韦温坚持辞谢。皇上生气地说:"难道是你父亲韦绶的主意？"礼部侍郎崔蠡说："韦温之所以违拂圣上的命令,也是因为要守孝道啊。"皇上才稍微释意不再生气了,就改任他为知制诰。

后来韦温卧病,就把子女亲属召集来,对他们大声诵读韦绶的诗《在室愧屋漏》,读着不觉泪流满面。他说："到今天才知道一生埋没无所成就,所幸没有辜负这样的告诫。"

现代运用

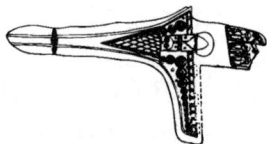

将责任归咎于自己

一位主管和一位职员,两个人构成了这家公司北京的办事处。办事处刚成立时需要申报税项,但由于中国的国情以及当时类似的办事处都没有申报,再加上这家办事处没有营业收入,所以也就没申报税项。

两年后,税务局在税务检查中发现这家办事处没有纳过税,于是罚了他们几万块钱。

老板知道这件事后,单独问这位主管："你当时为什么没有申报税项？"主管说："当时我本来是想申报税务的,但那个职员说很多公司都不申报,我们也不用申报。而且,考虑到不申报可以给公司省点钱,我也就没再考虑。这些事情都是由职员一手操办的。"

老板又找到这位职员,问了同样的问题。这位职员说："不申报可以为公司省钱,我们又没有营业收入,而且其他公司也没申报。我把这种情况同主管说了,最终申不申报还应由主管决定,主管没跟我说,我也就没报。"老板很快就把这位主管炒了。正是一句"这些事情都是由职员一手操办的",才让这位主管被炒了鱿鱼。这位主管犯了一个常识性的错误:本应是他承担的责任却推卸给了一名普通员工。这样的人作为下属,老板不会喜欢他,因为他承担不起责任;作为中层管理者,下属也不会喜欢他,因为他善于邀功于己,推卸责任于他人。

管理者带着大家做事,总有事情做砸了的时候。这时,如果管理者能把责任揽到自己身上,说句"别害怕,是我考虑不周",做错事的员工会多么感激。

作为一个好的管理者,要尽可能减少员工在执行工作时的风险,让成功的荣誉归他们,失败的责任归自己。这样你就能赢得人心,工作起来也很顺畅。

诗曰:"在彼无恶,在此无射;庶几夙夜,以永终誉。"

君子未有不如此,而蚤有誉于天下者也。

曾国藩曾在他的日记中写下这样一句话:"天下事知得十分,不如行得七分。"他还批评部分读书人只知高谈阔论、没有实际修养和办事能力时说:"读书人之通病,约有二端,一曰文不尚实,一曰责人而不责己。尚文之弊,连篇累牍,言之成理,及躬任其事,则乱废弛,毫无条理。"

而君子的所作所为却是,上知天意,下晓人意。注重自己的修养,永远行天下的大道。被百姓所景仰,不会被人们所厌烦。一个高明的领导者就是应该有这样一种要求自己从修养到实践都要"有征"的自觉性!

史例解读

君子贵有自知之明

王浚(206—286),字士治,西晋弘农(今河南省灵宝市)人,博通经典,有大志,却总是受到乡邻的讥嘲。于是常以"燕雀安知鸿鹄之志"自抒心声。历任巴郡太守、益州刺史、右卫将军、抚军大将军、大司农等职。施政有方,分利给民,深得民心。

三国末期,王浚巧用火烧铁索之计,平定吴国。三国分裂的局面至此结束,国家重新归于统一。王浚自以为功大,反而被王浑父子诬陷及豪强压制,心中愤愤不平,每次晋见皇帝,都一再陈述伐吴之战中的功劳,以至越说越激动,很失礼地转身离去,也不向皇帝辞别。皇帝总是很大度地宽恕了他。时任益州护军的范通,是王浚的一个外家亲戚。范通对他说:"足下的功劳实在是不可磨灭的,然而令人遗憾的是未能做到尽美尽善啊!"

王浚问:"怎么理解这句话的意思呢?"

范通诚恳地说:"当时,足下凯旋就应当请求退职,安居家中,说话再也不要提及伐吴的事。并经常说:'这是皇上的天威圣德、诸位将帅并力作战所取得必然结果,我有什么功劳可自夸呢!'这样,王浑能不惭愧吗？"

从此,王浚改变了心态,按照范通的话去做了,谗言果然不止自息。

🌀 现代运用

不断提高自己的竞争力

著名青年企业家王英俊说,在商场中,你要不想在竞争中垮掉,就必须懂得广交朋友,善于用"情",从而增强自己的能力,千万不要高估了自己的能力。

王英俊领导的英俊科贸有限公司有很多外国朋友。其中, 既有外国企业家,也有外国的一些著名人物,如美国人斯通和日本人竹下登。

英俊公司刚刚成立,王英俊向斯通发出了邀请,他答应斯通:凡有利于中美友好的事,我都做;凡不利中美友好的事,我都不做。从此斯通多次访问英俊科贸公司。在斯通的帮助下,他与世界各国众多公司建立了广泛的联系,为他的事业成功奠定了基础。

王英俊很注意人情的投资,一次,王英俊接待一位从德国来的客人,下飞机时恰逢大雨,那位客人浑身都湿透了。王英俊一见,立刻让人把客人的衣服拿去,烘干、烫平,10分钟内送还。之后,他与这位客人的生意谈得非常顺利。

王英俊还特别注重私人友谊的维护,他常常做一些超越公务关系、表示私人友谊友情的举动,以得到对方更多的帮助和支持。有一次,日本企业家竹下登对王英俊说,最近一个时期太紧张,突然脱发。王英俊回国后,立即买了20瓶毛发再生精送给竹下登。此外,他还送给一位日本企业家一件中国瓷雕,在瓷盒上刻上了这位企业家的照片。这些礼物并不贵重,它只是表示了王英俊的友情,王英俊称之为"动脑筋的礼物"。

有人说,人生如战场。但人生毕竟不是战场,无论在商场还是在职场,用心、用情比斗智斗勇还有效。自己正面竞争的能力不足,就用另一方面的能力去征服,例如情,就是王英俊的用力的另一面。做事先做人,既要讲究游戏规则,更要讲世故人情。一味讲规则,板起面孔公事公办,或者一味讲利害,扳起指头精打细算,不懂得为人处世之道,一定做不好人,办不好事。

第三十章 敦化

本章有三个层次。首先从人类历史看孔子。尧、舜和文王、武王都是儒家推崇的榜样。尧、舜仁慈孝友，不以天下为己私，贤者当之；文王、武王除暴安民，以德治天下，天下颂之。他们都有高尚的道德，都是孔子学习的对象，孔子不少思想原则是从他们那里继承而来的。『祖述尧、舜，宪章文、武』这两句话，成了道统论的雏形，屡被后儒所称道。

其次，从自然界来看孔子。自然界最广大的东西莫如天地日月，孔子与天地比肩，与日月同辉，《礼记正义》曰：子思申明夫子之德，与天地相似堪以配天地而育万物。

最后，用『万物并育而不相害，道并行而不相悖』来比喻孔子的博大宽容，用『小德川流，大德敦化』来形容万物的多样性与统一性。万物活活脱脱地生长，天地无声无息地化育，这就如同圣人的道德作用。

这里是把孔子描绘成中庸之道的典范，从《中庸》本身的结构来看，这也是从理论到实际的过渡了。

【原文】

　　仲尼祖述尧、舜，宪章文、武①，上津天时，下袭水土②。辟如大地之无不持载，无不覆帱③，辟如四时之错行，如日月之代明④。万物并育而不相害，道并行而不相悖。小德川流，大德敦化⑤，此天地之所以为大也！

【译文】

　　孔子远宗尧、舜之道，近以文王、武王为典范，上遵循天时，下符合地利。就如同天地那样没有什么不承载，没有什么不覆盖；又好像四季的交错运行，日月的交替光明。万物共同生长而互不妨害，道路同时并行而互不冲突。小的德行如河水一样长流不息，大的德行使万物敦厚纯朴，这就是天地所以伟大的原因啊！

【注释】

　　①祖述：效法、遵循前人的行为或学说。宪章：遵从，效法。

　　②上律天时：上达天命变化的玄机。律，认识。天时，自然变化的时序。天命，时机。下袭水土：下知地理风水变化的神妙。袭，因袭，相合，适应。水土，地理山川，风水变化。

　　③辟：同"譬"。持载：支持承载。覆帱(dào)：覆盖。

　　④错行：交错运行，流动不息。代明：交替光明，循环变化。

　　⑤敦化：敦厚纯朴，潜移默化。

【历代论引】

　　郑玄说：此以《春秋》之义说孔子之德。孔子曰："吾志在《春秋》，行在《孝经》。"二经固足以明之，孔子所述尧、舜之道而制《春秋》，而断以文王、武王之法度。《春秋传》曰："君子曷为为《春秋》？拨乱世，反诸正，莫近诸《春秋》。其诸君子乐道尧舜之道与？末不亦乐乎？尧舜之知君子也。"又说："是子也，继文王之体，守文王之法度。文王之法无求而求，故讥之也。"又说："王者孰谓，谓文王也。"此孔子兼包尧、舜、文、武之盛德而着之《春秋》，以俟后圣者也。又说：圣人制作，其德配天地，如此唯五始可以当焉。"小德川流"，浸润萌芽，喻诸侯也。"大德敦化"，厚生万物，喻天子也。

　　孔颖达说：仲尼祖述始行尧、舜之道也。夫子发明文、武之德。夫子上则述行天时,以与言阴阳时候也。下则因袭诸侯之事,水土所在。此言子思赞扬圣祖之德,以仲尼修《春秋》而有此等之事也。又说:孔子所作《春秋》,若以诸侯"小德"言之,如川水之流,浸润萌芽。若以天子"大德"言之,则仁爱敦厚,化生万物也。夫子之德比并天地,所以为大不可测也。

《礼记正义》说:《孝经纬》文,言褒贬诸侯善恶,志在于《春秋》,人伦尊卑之行在于《孝经》。《春秋》、《孝经》足以显明先祖述宪章之事。又说:孔子之德与天地日月相似,与天子、诸侯德化无异。

朱子说:祖述者,远宗其道。宪章者,近守其法。律天时者,法其自然之运。袭水土者,因其一定之理。皆兼内外该本末而言也。又说:天覆地载,万物并育于其间而不相害;四时日月,错行代明而不相悖。所以不害不悖者,小德之川流;所以并育并行者,大德之敦化。小德者,全体之分;大德者,万殊之本。川流者,如川之流,脉络分明而往不息也。敦化者,敦厚其化,根本盛大而出无穷也。此言天地之道,以见上文取辟之意也。

智慧运用

仲尼祖述尧舜,宪章文武。上律天时,下袭水土。

【典句札记】

比较来说,孔子的德行与天地相似:首先,他学识广博,能够洞悉万事万物所深藏的至理,并且他相当谦虚,他认为自己天生并不聪明,而是后天勤奋学习才弥补了先天的愚顽。他是一个时代的继往开来者,他远取上古的圣人尧和舜之道,近取文王、武王的伟业,把他们的高明做法,比如行中庸之道等等,传述给后人以便学习,以他们为楷模。其次,他一生所从事的事业公而忘私,言行体现出了大道规律,合乎自然法则。他同时又能不拘一格,依据现实情况而有所发展。即使前途渺然也乐在其中。他始终坚持自己的志向行事。第三,他又具备多种品德,这种品德集于其一身而不相互妨碍,也不失中道。细小的德行仿佛是小的川流,虽然各自分流,却终归汇入长河。人的德行,广博敦厚,容纳百川,化育民众。孔子的所有这些品行,都可以和天地的德行相提并论,天与地的伟大之处与孔子的伟大之处是何等的相似啊！天地以此为"大"，孔子以此为"圣"，这就是孔子流芳百世、成为后世人永远学习与敬仰的楷模的原因所在。

🐚 史例解读

以经书怡人之德

李先，字容仁，后魏中山庐奴(今河北省唐县西南)人。少好学，师事清河张御，御奇之。始仕苻坚，后慕容永闻其名誉，迎聘为谋士。每一进策，所向皆胜。累迁博士。

太祖询问李先说："天下什么书最好，可以怡养人的品德，启迪人的智慧？"李先回答说："只有经书。三皇五帝治理国家、教化天下的大典，可以丰富君王神鬼莫测的智慧。"太祖又问："天下书籍共有多少？怎样才能全部收集齐全？"李先回答说："伏羲开创的制度，各代帝王沿袭相承，传承到现在。世代留下来的国记、天文、秘谶之类的典籍无法统计。陛下确实想收集完备，就当严令天下各州郡县收集呈送，君有所好，收集也就不难做到。"于是，太祖颁令天下，典章经籍才得以集中而保存下来。

🐚 现代运用

以人格的力量打动对方

国画大师齐白石先生，不但艺术成就为世人所叹服，而且人格也别具魅力。他恪守着为人处世的中庸之道，极好地保留了"温良恭俭让"的思想。1950年，齐白石年近九旬，人民画报社请他赐画"和平鸽"，他慨然应允，却又迟迟没动笔。关门弟子娄师白询问原因。齐白石说："我以往只画过斑鸠，没画过鸽子，也没养过鸽子，不好下笔啊！"后来他专门买来鸽子放养院中，反复揣摸它的一举一动；又到养有鸽子的弟子家观看鸽子，边看边对身边的弟子说："要记清楚，鸽子的尾巴有十二根羽毛。"齐白石这样认真，一旦答应别人的事情，就一定要做到,并且做到最好。

同行相轻,是文人的通病。齐白石虽然誉满华夏,但他对前辈画家和同辈画家都非常恭敬,显示了一位大师、一位长者应有的谦逊风范。他曾赋诗说:"青藤雪个远凡胎,老缶衰年别有才。我愿九泉为走狗,三家门下轮转来。"他说的"三家"是指徐渭(号青藤)、朱耷(号雪个)和吴昌硕三人。齐白石对同时代的画家也尊重有加,他常以一句话来自律:"勿道人之短,勿说己之长,人骂之一笑,人誉之一笑。"他与同时代的许多画家都有着深厚的友情,在艺术上取长补短。20世纪30年代,某记者造谣说齐白石看不起徐悲鸿,认为徐悲鸿只是到国外镀了镀金而已。齐白石得知此事后,勃然大怒,对人说:"悲鸿是我多年的至交,他画人画马冠绝当世,我是非常佩服的!"

1936年,张大千赴北平办画展,齐白石不顾年事已高,亲往助兴,临走时还买了一幅画,来表达对大千的一片厚意。过了段时间,有人在齐白石耳边吹风,说张大千太狂妄了,一点儿也瞧不起他。齐白石听后,拈须微微一笑,不置一词。不久他刻了"我怒视一人"的印,弟子问"一人"指谁? 齐白石说:"我就是怒视造谣说:'大千怒视一切'的这个人。"此语一出,谣言便风息浪止了。

正是齐白石"温良恭俭让",才使他如海纳百川般吸收前人和他人的艺术的精华,从而使自己的笔下渐臻化境。

今天,如果我们把"温良恭俭让"那套君子作风,引用到人际关系之中来,提高自身修养,或许不无作用。

辟如天地之无不持载,无不覆帱。辟如四时之错行,如日月之代明。
万物并育而不相害,道并行而不相悖。
小德川流,大德敦化,此天地之所以为大也。

【典句札记】

天地的自然规律是我们人类不可改变的,然而,只要我们的品德行为不违背自然规律,做事时不违背人道法则,我们就完全可以掌握自己的命运。并且,任何一个聪明人都知道,从前人那里取得经验与教训是走向成功的一条"捷径",这正如谚语所说:只有傻瓜从自己的经验中学习,聪明人从他人的经验中学习。真正的圣人君子，行为一定合乎自然的规律，行中庸之道，为人处世真诚无妄，结果自然是得到大道规律的回报。

天地间的万物竞相生长，互不伤害。道路众多，任由选择，通往各自的目标。天地自然的变化规律是人力所不能改变的，但是人类的命运却完全取决于自己。

一个人在为人处世中，除了要立正自身，还需要善于"明听""明察"，能听取他人的意见就要改正，若不然，左耳朵进右耳朵出，不就等于没听吗？明朝大将戚继光说："居官不难，听言为难；听言不难，明察为难。"当然，"明听""明察"不仅仅表现在官场中，平常人也应该做到这一点，别人对的，我们就要找出自己不足的地方；别人错的，我们更要善于从他身上找出为什么错了。这样，"明听"和"明察"的效果也就达到了。

"中庸"思想要求人们"合内外之道"，就是在为人处世中要能够全面地、正确地认识自己。要善于发现自己的优势，又要勇敢地正视自己的不足。既不能一叶障目只能看到自己的长处，而忽视自己的短处，甚至为此沾沾自喜、骄傲自大；当然也不能消极片面地只看到自己的短处，忽视自己的长处而妄自菲薄。夸大其中的一方面而忽视或否定另一方面都是无法全面、正确认识自己的，也就免不了在为人处世中走上极端。

🏵 **史例解读**

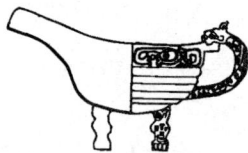

不听忠言，必招祸患

商朝末代君主纣王，为讨好妲己，就命手下的人给她打造一双象牙筷子，工匠们日夜辛苦地雕琢，在筷子上雕了游龙戏凤的图案，很是精美玲珑。纣王见后，十分欢喜，上早朝的时候，就拿给大家伙儿看，一群浑浑噩噩的大臣，都点头称赞。只有纣王的叔父箕子默不作声，面色凝重。

纣王一见，大觉扫兴，于是就问箕子。箕子抹了把眼泪说：大王，一双象牙筷子不足为奇，但是有了它，那些陶制的杯碗就不相配了，非得金樽玉盘不可；有了金樽玉盘，那就要盛龙凤佳肴；既然吃了山珍海味，就不能再穿粗布的衣

箕子筚路图

服,住土窑竹棚了;凭彩栏,临秀屏,夙夜听歌赏舞,这才更加舒服啊。由此看来,由俭入奢是很容易的。而如今各国都在增加生产、富国强兵,大王怎么能终日昏昏呢?象牙筷子是奢侈的开端啊,它使我预感到我们大商天下的末日就要来临了。

纣王一听大怒:你不要在这危言耸听。我的大商朝现在国盛民富,有你要担心的吗?不就是一双象牙筷子吗?用得着这么小题大作吗?天塌下来我一个人顶着就是,你真是瞎操心。纣王不听箕子的劝告,日后变得更加穷奢极欲,不理朝政,结果没几年,诸侯兵变,就有了史上著名的"武王伐纣",纣王大势已去,最终在鹿台抱柱自焚。

苏轼说:"一炬有燎原之忧,而滥觞有滔天之祸。"一双象牙筷子,在纣王看来只不过是一个小小的错误,但箕子能够"见微知著"。但是纣王不听,这样的小错误不觉得是错误,所以也就发现不了自己的缺点,不知道加以改正。最终走向灭亡。

现代运用

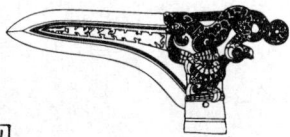

虚心接受他人的意见

任何人潜意识深处都是争强好胜的,自负正是人的本性。聪明人最大的特征是能够谦虚接受别人的批评,坦然地说"我错了";而愚蠢的人往往对别人的批评置若罔闻。

小赵进这家公司已经几个月了。他发现所在部门的同事老张是个认真、细心的人。早上谁迟到几分钟、谁没有打扫办公桌,老张都十分清楚。这天,他慢条斯理地走到小赵身边说:"小赵,我看你写的这份宣传资料了。你看看,用错了多少标点符号？如果拿这样的东西给总经理看，我们会给他留下什么印象？标点符号跟汉字一样，我们从小到大都在学，你不会连标点都用不好吧？"老张滔滔不绝地数落小赵的用标点不当。小赵默默地听着。

从此以后，小赵做事变得十分仔细。早晨第一个到，下班最后一个走，写每一份资料都仔细斟酌字、词、句；甚至连标点符号都不放过；打每一个电话都用心揣摩，努力做到最好。久而久之，这引起了老张的注意。相比其他几个与小赵一起进公司的年轻人，老张更喜欢小赵，对他也特别欣赏，经常在业务上对他进行指点，小至一份合同的撰写，大至跟客户打交道的技巧。除此之外，老张也跟他讲明了公司的一些人际关系，这就使小赵避免了卷入公司中的"派系"斗争。老张对小赵的帮助使小赵工作起来更得心应手。最终，成绩斐然的小赵受到了公司老总的重视。

对于任何批评，尤其是来自上级的批评，当场反驳对自己没有任何好处。即使你想不通，回去还要细细想通，因为没有谁喜欢无缘无故地批评人，之所以找上你，还是因为你有哪些地方做得不够好。只有改进，批评才会体现它的价值，你才会进步。

第三十一章 至圣

本章讲『至圣』。首先讲圣人的内涵，有以下五项：『聪明睿智』『宽裕温柔』『发强刚毅』『齐庄中正』『文理密察』，都是说圣人的内在品德。根据前文，圣人是生知安行的，所以『聪明睿智』是讲圣人是生而知之的，即所谓『生知之质』。『宽裕温柔』是仁，『发强刚毅』是义，『齐庄中正』是礼，『文理密察』是智，圣人具备仁义礼智四德。

然后，用源头的奔腾流淌，用天的浩瀚无垠，来比拟圣人的智慧，并极力形容其影响，从种群，到地域，人们都会尊敬他，信任他、亲近他。

如朱熹所说『盖极言之』，『言其德之所及，广大如天也』。

所谓『至圣』，德行修养致达极致，就如日月照耀一般，在日月照耀的地方，必有德泽化育万物。

【原文】

　　唯天下至圣①，为能聪明睿知，足以有临也②；宽裕温柔，足以有容也③；发强刚毅，足以有执也④；齐庄中正⑤，足以有敬也；文理密察⑥，足以有别也。溥博渊泉，而时出之⑦。溥博如天，渊泉如渊。见而民莫不敬⑧，言而民莫不信，行而民莫不说⑨。是以声名洋溢乎中国，施及蛮貊⑩。舟车所至，人力所通，天之所覆，地之所载，日月所照，霜露所队⑪，凡有血气者，莫不尊亲，故曰配天⑫。

【译文】

　　唯有天下最圣明的人，才能达到既聪明又睿智，能居于上位而治理天下；广大宽舒，温和柔顺，足以包容天下；奋发强劲，刚健坚毅，足以决断大事；整齐庄重，公平正直，足以敬业；文章条理，周详明辨，足以分辨是非。圣人道德广博深沉，随时表现于外。广阔得如同天空，深沉得如同潭水。他出现在民众面前，人们没有不敬重的；他说的话，人们没有不相信的；他的行为，人们没有不喜欢的。因此他的名声洋溢中原之地，传播到南蛮北貊等边远地区。凡是车船能到的地方，人力能通的地方，天所覆盖的地方，地所承载的地方，日月所照临的地方，霜露所降落的地方，凡是有血气的人，没有不尊敬他亲爱他，所以说，圣人的美德可以与天相配。

【注释】

①至圣：最高的圣人。

②聪明睿知：耳听敏锐叫聪，目视犀利叫明，思维敏捷叫睿，知识广博叫智。知，同"智"。朱熹认为是讲"生知之质"。临：居上而临下。

③宽裕温柔：广大宽舒，温和柔顺。这里是形容仁。容：包容。

④发强刚毅：奋发强劲，刚健坚毅。这里是形容义。执：决断，固守。

⑤齐庄中正：整齐庄重，公平正直。这里是形容礼。

⑥文理密察：文章条理，周详明辨。这里是形容智。

⑦溥(pǔ)：周遍。时出：随时发见于外。朱熹说："言五者之德，充积于中，而以时发见于外也。"

⑧见：同"现"，出现。

⑨说：同"悦"。

⑩施及蛮貊：远播到边远的少数民族地区。施及，蔓延，传到。蛮貊：古代借指边远落后的少数民族。南方称蛮，北方称貊。

⑪队：同"坠"。

⑫尊亲：尊敬亲爱。配天：与天相匹配。朱熹说："言其德之所及，广大如天也。"

郑玄说：德不如此，不可以君天下也。盖伤孔子有其德而无其命。又说：其临下普遍，思虑深重，非得其时不出政教。又说：如天取其运照不已也，如渊取其清深不测也。

孔颖达说：申明夫子之德聪明宽裕，足以容养天下，伤其有圣德而无位也。夫子宽弘性善，温克和柔，足以包容也。孔子发起志意，坚强刚毅，足以断决事物也。又说：以其浸润之泽，如似渊泉溥大也。既思虑深重，非得其时不出政教，必以俟时而出。又说：似天"无不覆帱"。润泽深厚，如川水之流。又说：申明夫子蕴蓄圣德，俟时而出，日月所照之处，无不尊仰。

朱子说：聪明睿知，生知之质。临，谓居上而临下也。其下四者，乃仁义礼知之德。文，文章也。理，条理也。密，详细也。察，明辩也。又说：溥博，周遍而广阔也。渊泉，静深而有本也。出，发见也。言五者之德，充积于中，而以时发见于外也。又说：言其充积极其盛，而发见当其可也。又说：舟车所至以下，盖极言之。配天，言其德之所及，广大如天也。

🌀 智慧运用 🌀

唯天下至圣，为能聪明睿知，足以有临也；宽裕温柔，足以有容也；发强刚毅，足以有执也；齐庄中正，足以有敬也；文理密察，足以有别也。

在此，中庸为天下君子提出了五大标准：聪明睿智、宽裕温柔、发强刚毅、齐庄中正、文理密察。而为圣为愚则取决于自己的修行了！

正因为圣人君子有这五大美德，所以才可能把天下国家百姓交付给他们治理。也这可以理解为《中庸》给管理天下者制定了德行标准，合乎这五种美德的就是一个好君王,不合乎这五种美德的就是一个昏君,当然也就不是一个君子。

此外,"中庸"的"中"决非是折中或调和,而是合宜、适中,也就是合乎一定的标准。为人处世不能偏激,不能走极端。说话办事都以"中"为准则,能够找准最适当的时机,那就不会有过分和不及了。

史例解读

深谙中庸之道的范雎

范雎逃离魏国来到秦国,由于结识了王稽而见到了秦昭王。秦昭王是一个善于用人的君主,也从王稽口中得知范雎是一个贤能的人,于是就叫手下的人退下,要单独和他谈谈秦国的国家大事,就对他说:"有幸请得先生教导我。"范雎只是唯唯诺诺而已,不说一句话。昭王再请他谈话,他都还是如此,一直到了第四次,范雎只凭空大放厥词。到第五次,才挨得上边际。第六次,畅谈外事还是不涉及秦国内政。等到秦王拜他为客卿,采用他的话有几年了,自己有了充分的把握,就痛陈内事。于是废除太后,驱逐穰侯、高陵、华阳、泾阳君到关外。

后来大家才知道,范雎之所以这样,是因为当时的秦国,内有太后专横,外有穰侯的跋扈,再有高陵、华阳、泾阳君等人为虎作伥,所以不敢与秦昭王深谈,只能一步一步地谈,并等待时机,避免说话达不到目的,反而有可能招致灾祸。

"美德"要适可而止

中庸提出了五大美德，但是这些美德必须要合乎"中"，不偏不倚，适可而止。否则也会适得其反。

看过三毛小说的人都知道，三毛刚到美国留学时，是带着东方女性特有的美德与西方女同学共处一个宿舍，三毛初来乍到，为了早日融入集体，她每天都早早起床，坚持整理"寝务"，这些西洋女也真散漫得可以。回到寝室，所有的东西都乱放乱扔，每天起床，被子掀在一边，洗脸、刷牙、化妆后便扬长而去，于是三毛便成了西洋"女佣"，一段时间将寝室收拾得井井有条，寝友们看着一室整洁也都着实称赞不已。

可是，有一次三毛病了，她躺在床上休息，身体很累，也懒得整理清扫。一群寝友回来，看看房间纷乱的样子，于是纷纷指责三毛。

"我凭什么要为你们收拾房间？"三毛一下火了，她哭叫着撕扯着东西，乱扔物件，"我也是来上学，不是你们的用人，我为你们付出那么多，难道是理所当然的吗？你们为什么不能动手自己整理？"

一群"西洋女"顿时惊呆了……

是啊，三毛凭什么要为她们收拾房间，三毛带着东方女性的美德，宁可自己受累，也要为她们收拾房间，只为了留个好印象。但这种行为使得西洋女形成了依赖的习惯，一旦三毛没有为她们收拾房间，就内心不平衡。

其实，人很容易产生思维定式。人，对于别人给予的恩赐和付出一开始会感到不安和感动，但时间长了，习惯成自然，便会认为一切都是理所当然的。人性的行为惯性纵容这些西方女同学心安理得，三毛不明其中道理，当然大为委屈了。

看来"美德"固然可贵，但是不能过于纵容，要掌握好一个"度"，懂得恰到好处，适可而止。

溥博渊泉，而时出之。溥博如天，渊泉如渊。见而民莫不敬，言而民莫不信，行而民莫不说。

【典句礼记】

这里是作者对圣人中庸品德的礼赞。

每个人都渴望被人肯定，被人赞美，因为这是我们对成就感的需要。当然，在人际交往中，赞美也是少不了的，能够得到别人的赞美，是你的成功；能够适当地赞美别人，也表现出你对他人的认可和尊重，就像在一道菜中加上了可口的佐料。

赞美一个人，首先得细心观察他，要善于发现他的优点，比如你可以就他的外表、穿着、品位、谈吐、学识、工作的态度以及内在的修养等方面去赞美他，绝对不要在与人交往中吝啬你的赞美，因为几乎没有人喜欢吹毛求疵、斤斤计较的人。但是，值得大家注意的一点就是：赞美不是为达到自己的某种目的，也不是拍马屁。

赞美必须是真诚的发自内心的，并通过话语以及眼神表达出来。若不是出自内心的，让别人从你眼中发现"不真"的话，那你的赞美转瞬间就变成无用的吹捧，而你在别人眼中也可能会变成一个虚伪的马屁精。凡事都有"过犹不及"的情况，赞美也不例外。如果在交往中，频频向对方灌迷魂汤，那当然是令人肉麻的，甚至是恶心的。所以赞美别人也不能过头，都要做到恰到好处。

史例解读

受人爱戴的子产

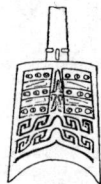

子产不仅是孔子的弟子，还是春秋时期郑国卓越的政治家，被推许为"春秋第一人"。复姓公孙，名侨，出生于郑国的贵族家庭，他的父亲子国是郑穆公的儿子。公元前554年，子产任郑国卿后，实行一系列政治改革，承认私田的合法性，向土地私有者征收军赋，铸刑书于鼎，为我国最早的成文法律。他主张保留"乡校"、听取"国人"意见，善于因才任使，采用"宽猛相济"的治国方略，将郑

国治理得秩序井然。

子产一直致力于外御晋楚、内抑强宗，匡救风雨飘摇的政治危局，披斩盘根错节的社会荆棘。他有着很强的"人道"思想，认为人道先于天道，为人廉明奉公，豁达宽容，很得民心。

有一天，从晋国来了一位说客，对郑国宰相子产说："丰卷过去反对过你，并且曾率兵攻打过你的家，他那次失败后逃到了晋国，一直过着流浪的生活。丰卷近来悔过自新，想回到自己的祖国来，却又怕你不同意。"

子产说："对于我这个人，丰卷是知道的呀。平时，我只嫌朋友太少，丰卷要是能成为我的好朋友，那是我求之不得的啊。"

子产蓄鱼图

没过多久，丰卷回到了郑国，受到子产的热情接待，还对他委以重任。子产正是凭着这样的心胸和度量得到了几乎所有人的爱戴和合作，被评价为"德过管仲"，后世的相国、辅政大臣很少有能够及得上他的。

如果事事都要计较得失，心胸狭小，就会使得一些小的恩怨成为仇恨。如果把一切恩怨放一旁，一心扑在事业上，就很容易化敌为友。

🐚 现代运用

恰到好处的赞美

几十年前，一个被执行死刑的青年在赴刑场时，人群中有一个老人突然冒出一句："看，这孩子的眼睛又黑又亮！"那个青年闻听此言，朝那老人站的方向深深地鞠了一躬，含着泪大声说："如果周围多一些像您这样的人，我也许不会有今天。"

还有一个类似的故事：一个年轻人，他对生活完全丧失了信心，准备割腕自杀。临死前，他搜索脑海里所有的记忆，想找一个能让自己活下来的理由，但他所能记起的都是些充满忧伤的事情。绝望之时，他脑海中突然闪现出一件事:小学时的一次写生课上,他画了一棵树,绿色的枝干,绿色的树叶。老师从他身后走过,说了一句:"这幅图画真有创意啊!"正是这一句话让他又重新燃起了生的希望。

一句赞美的话也许会改变一个人的一生,只可惜现实生活中我们往往过于吝啬,不肯轻易吐露自己的赞美之言,却容易在不经意间伤害别人。第一个故事中的年轻人之所以走到那一步,或许就是在他的生活中充满了一些有意无意的伤害,而没有一个人赞美过他。如果大家都像那位老人一样,多一份爱心,在别人沮丧失落之时,送一句鼓励或赞美的话,让他感到阳光的温暖,让他知道在茫茫人海中他不是孤独的,或许他会有另一种人生。

记得狄金森曾这样描述生命的意义:"如果我能弥补一个破碎的心灵,我便不是徒然活着;如果我能减轻一个生命的痛苦,抚慰一处创伤,或是令一只离巢的小鸟回到巢里,我便不是徒然活着的。"减轻别人的痛苦,分担他人的忧愁,让他或是她感动,我们便不是徒然地活着,生命的内容就不会苍白无色。

假如一个人总是生活在别人的指责、轻视、鄙夷中,往往会自甘平庸,甚至长期处于抑郁之中,仇视他人和社会。而一句饱含爱心的善意的激励,则可能引导他走向人生正途。

是以声名洋溢乎中国,施及蛮貊。舟车所至,人力所通,天之所覆,地之所载,日月所照,霜露所队,凡有血气者,莫不尊亲,故曰配天。

【典句札记】

这几句是说圣人的美德经由人们传颂,到达了人所能至的各个角落。这便是美德的力量。就像圣人孔子一样,虽然他在世的时候周游列国却无法施展抱负,也没有找到欣赏他的君主,然而他的思想和美德却最终传遍了天下。

两千多年来,中国人的思想中或多或少都有孔子的精神血统,他的儒学甚至还影响到世界上其他地区的一部分人。在 1988 年,一群诺贝尔获奖者汇聚法国巴黎,宣称"人类要在 21 世纪生存下去,必须回到两千多年前,在孔子那里寻找智慧"。

人类社会是天地之间的存在之一,有正义,同样有邪恶。这正如光明与黑暗一样。也正是由于恶行，才令我们更加体会到德泽的宽和仁恕与包容化育。由此可见，德行之于我们的生活是如此的重要，须臾不可或缺。因此，只有效法圣哲，修养我们的德行，才可以使这世间日益完美，才可以使我们的生活更加和谐美好。

🐂 史例解读

真诚使人格卓然而立

张奂，字然明，东汉敦煌渊泉(今甘肃省酒泉县)人。张奂年少时，即有高远的志节，曾对朋友说："大丈夫处世，当为国家立功边境。"及为将帅，果然建有功勋。董卓深为敬慕，让他的长兄赠送绫罗绸缎百匹，以相结交。但是张奂厌恶董卓的人品，断然拒绝而不接受。张奂年轻时游历三辅，拜太尉朱宠为师，学《欧阳尚书》。认为四十多万字的《牟氏章句》浮辞繁冗，于是精简为九万字，"乃上书桓帝，奏其《章句》，诏下东观"。举贤良，对策第一，擢拜议郎。累迁安定属国都尉。为政宽仁、清正，升匈奴中郎将、大司农等。后因得罪宦官，陷于党锢，放归田里。

永寿元年，张奂升任安定属国都尉。初到职。南匈奴左薁鞬台耆、且渠伯德等七千余人寇掠边境，张奂只有二百余名兵士，军吏以为兵力悬殊太大，叩头谏止，张奂不听，当即率兵出击，进驻长城，招募兵士，派遣使者招诱东羌，占据龟兹，隔断了南匈奴与东羌的联系。于是当地豪强相率通好，协力共击薁鞬等，连战皆胜。伯德惶恐，率众归降，郡界因此安宁。

羌人豪帅感激张奂的恩德，献上好马二十匹，先零酋长又送给他八枚金制饰品。张奂豪爽地收下，然后召来主簿，在这些羌人面前，先以酒倒在地上表示敬祭天地。张奂说："天地共鉴，让马匹和牛羊，不要占为自己所有；让金银和粮食，不要装进自己的怀中……"说完把马和金银饰品全数退还。羌人生性贪婪，但是对清白的官吏特别崇拜。以前的历任都尉全都贪财好利，所以羌人以为灾患。面对张奂正身洁己的廉洁行为，他们深为叹服。因此秩序稳定，威化大行。

现代运用

赞美使人更有亲和力

美国《福布斯》杂志因推出"全美 400 首富排行榜"而蜚声世界。它的几任老板都是很有亲和力的人,他们的领导风格是:完全信赖,大胆任用,真诚地赞美员工的优点。

在这里,哪怕新来第一天的人,也能在他的职权之内按自己的意愿工作,而不会受到任何干涉。如果干得好,其收获是丰厚的奖励和令人惊喜的赞美;如果干得不好,那是自己的问题,即使被开除,也没有人会产生怨言。

以赞美进行激励是《福布斯》传统的人际交往方式,它的第一任老板柏地·福布斯曾说:"一般人受到赞美,就算他没那么好,他也会因此尽力做好的。"本着这种理念,他从不吝于赞美那些值得赞美的人。

《福布斯》的第二任老板布鲁斯·福布斯是个很有魅力的人。他和员工关系很融洽,深受员工爱戴。在每逢发圣诞节奖金时,为了避免给人以施舍的印象,他会走到每个人的桌子的面前——连邮递室的员工也不漏掉,一一握住他们的手,真诚地说:"如果没有你的话,杂志就不可能办得这么好!"这句话让每个人听了,荣誉感和责任感也油然而生。

第三任老板马孔·福布斯也极善赞美之道,并且运用得很巧妙。有一年,《福布斯》决定扩大版面,工作任务骤然加重。由于人手少,加上管理不完善,工作显得很忙乱,往往是稿件送印的当天,版面还错误百出。

马孔·福布斯全权委托杰夫·克里斯比改善管理。克里斯比从融洽人际关系入手,合理分配人力资源,终于使杂志社的各项工作井然有序。

不久后,在一家餐厅聚餐时,一名高级主管抱怨他们的公司工作杂乱无章,问题多多。马孔·福布斯马上回头对克里斯比说:"杰夫,你快告诉他你是怎么解决我们杂志问题的吧!"这意思是说,杰夫·克里斯比是这方面的专家,如何解决管理问题,只有他最有发言权。后来,克里斯比感叹道:"马孔最会找机会赞美别人。"

现在,《福布斯》已成为全球最著名的杂志之一。它的成功,当然不完全是赞美的结果,但是,赞美激发了员工的工作热情,提高了大家的忠诚度,对公司的发展确实起了很大的作用。赞美之词能够将自己的善意迅速传达给对方,是改善上下级关系的一种有效方法。每一个地方都有可赞美之人,每一个人都有可赞美之处,只要你乐意运用这种方法,你的"高帽子"可以灵活地戴到任何人头上。那么,你将更加富有亲和力,你的人际关系将畅通无碍。

《第三十二章 至诚》

极力形容「至圣」和「道」的同一。

矣。圣人天道之极致,至此而无以加矣。「全篇能知;至圣之德,非至诚不能为,则亦非二物德之敦化,亦天道也。然至诚之道,非至圣不格,否则,只是为了自己的私利。朱子说:「大

只有至诚的心灵,才具备经纬天下的资道理。

这是只有已达到和天同德的圣人才能了解的的道德自然会独自挺立,无须依托任何东西。像渊水一样深静,像浩天一样广博,这样崇高立起来了,「大本」的核心——仁,也十分笃实,实,只有圣人才能做到。「大经」理顺了,「大本」指性之全体,如仁等。这二者都需要高度的诚「大经」,指五伦——五种人际关系;「大本」,

本章还是讲「至圣」。至圣必须是至诚的。

【原文】

唯天下至诚①，为能经纶天下之大经，立天下之大本②，知天地之化育。夫焉有所倚③？肫肫其仁④！渊渊其渊⑤！浩浩其天⑥！苟不固聪明圣知达天德者⑦，其孰能知之？

【译文】

唯有天下最诚的人，才能掌握治理天下的大纲，树立天下的根本道德，知晓天地化育万物的道理。除了至诚还有什么可依傍的呢？至诚的人，他的仁德是那样的诚恳！他的思想像潭水一样深沉，他化育万物的胸襟像蓝天一样广阔！假如不是确实具有聪明睿智通达天德的人，又有谁能够知道这个道理呢？

【注释】

①至诚：最诚。

②经纶：本意为整理丝缕，引申为治理。大经：常道，如五伦。大本：根本的德行，如仁义礼智等。

③倚：依傍。

④肫肫(zhūn)：与"忳忳"同。诚挚的样子。

⑤渊渊其渊：圣人的思虑如潭水一般幽深。渊渊，形容水深。《庄子·知北游》："渊渊乎其若海。"

⑥浩浩其天：圣人的美德如苍天一般广阔。浩浩，广大，旷远。《尚书·尧典》："汤汤洪水方割，荡荡怀山襄陵，浩浩滔天。"《诗经·小雅·雨无正》："浩浩昊天。"

⑦固：实在。达天德者：通晓天赋美德的人。

【历代论引】

郑玄说："至诚"，性至诚，谓孔子也。"大经"，谓六艺，而指《春秋》也。"大本"，《孝经》也。又说：安无所倚，言无所偏倚也。故人人自以被德尤厚，似偏颇者。又说：唯圣人乃能知圣人也。《春秋传》曰："末不亦乐乎，尧舜之知君子"，明凡人不知。

孔颖达说：夫子无所偏倚，而仁德自然盛大也。夫子之德，普被于人，何有独倚近于一人，言不特有偏颇也。又说：能肫肫然恳诚行此仁厚尔。夫子之德，渊渊然若水之深也。夫子之德，浩浩盛大，其若天也。

朱子说：经、纶，皆治丝之事。经者，理其绪而分之；纶者，比其类而合之也。经，常也。大经者，五品之人伦。大本者，所性之全体也。唯圣人之德极诚无妄，故于人伦各尽其当然之实，而皆可以为天下后世法，所谓经纶之也。其于所性之全体，无一毫人欲之伪以杂之，而天下之道千变万化皆由此出，所谓立之也。其于天地之化育，则亦其极诚无妄者有默契焉，非但闻见之知而已。此皆至诚无妄，自然之功用，夫岂有所倚着于物而后能哉。又说：其渊其天，则非特如之而已。

《礼记正义》曰：此《大雅·抑》之篇，刺厉王之诗。言诗人诲尔厉王忳忳然恳诚不已，厉王听我藐藐然而不入也。

智慧运用

**唯天下至诚，为能经纶天下之大经，立天下之大本，知天地之化育。
夫焉有所倚？**

【典句札记】

这一章又回到了至诚的问题上，阐述只有至诚的人才可以掌握天下的至道。认识人类世界和宇宙自然，对于各种理论都能发挥到极致。因为至诚的人真实无妄，没有私心杂念，因而真正了解天下的法则，所以把自己掌握的所有伦理、道德都丝毫不夹杂私欲地运用、发挥出来，因而可以驾驭千变万化的人和事，正所谓"万变不离其宗"，"至诚"就是这个"宗"。经论、立本、知化这三件大事，都依靠着真诚。

正视千年的历史，那些曾经显赫无匹的帝王，有几人能够为后世所长久记忆，全都成为历史的陈迹。虽然他们的名字写在史册上，也记载了他们的丰功伟业。其实，只是写在册页间的一个摆设，又有几人能为人们所长久提及。唯有孔子的思想传承无穷，千年来影响着历史。那些频繁改换的朝代，有哪一位帝王不自诩为民谋福利，有哪一位不动用各种力量想要万岁以求不朽，可是当他的声音停歇，便再也没有人愿意说起。唯有孔子的思想传承不朽，成为人类灵魂的主宰，成为引领人类精神的旗帜。

求索经论、立本、知化之正道

杜佑(735—812),字君卿,唐代京兆万年(今陕西西安)人。唐代政治家、史学家。官至宰相兼度支使、盐铁使。是一个好学深思、治学严谨的学者。"佑性勤而无倦,虽位极将相,手不释卷。质明视事,接对宾客,夜则灯下读书,孜孜不息。""以富国安人之术为己任"(《旧唐书·杜佑传》)。撰《通典》二百篇。

杜佑身处安史之乱时期,唐王朝由盛转衰,社会动荡。他极其重视经济制度,他说:"夫理道之先,在乎行教化;教化之本,在乎足衣食。"向皇上上书说:臣闻太上立德,不可庶几;其次立功,遂行当代;其次立言,见志后学。其目的在于"经世",在于"致治"。权德舆评价说:"博极书术,详观古今,……作为通典,以究理道,上下数千百年间,损益讨论而折衷之,佐王之业,尽在是矣。"

现代运用

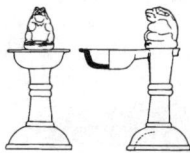

诚信永远不能丢

答应别人的事一定要做到! 其实,如这样的事是无关紧要的小事,也许很多人都能践行自己的诺言。可是,正像逆境见真情一样,在难以坚守诚信的时候守住自己的誓言,才是真正的守信者。

初创公司时,李凌云凭借一句"相信我,年底无论如何都还你"的承诺,向朋友借了一笔钱作为周转资金。可到了年底,李凌云的公司资金周转依然非常困难,为了遵守自己的承诺,他绞尽脑汁筹足 20 万元。还差 20 万元怎么办?最后李凌云横下一条心,与老婆商量后,把房子以 20 万元的低价卖了出去,终于筹齐了 40 万元。没有了房子,一家人只好在市郊租了间房子住。

朋友如期收到了李凌云的还款,准备星期天约一帮人到李凌云家去玩,不料被他委婉地拒绝了。朋友搞不懂平日热情好客的李凌云为何变得如此"无情",便驱车前去问个明白。

朋友费尽周折在一间破旧的屋子里找到了李凌云的"家",被眼前的景象惊呆了。临别时,朋友留下一句话:"你是最讲信用的人,今后有困难尽管找我!"

不久,李凌云的公司陆续收回了欠款,生意越来越红火。然而,当他准备在商场上大展拳脚时,却被一家跨国公司盯上,那家公司千方百计挤占他的市场。李凌云的公司遭受了沉重的打击。他破产了,不仅一无所有,而且负债累累。

李凌云没有被困难压倒,想贷款重整旗鼓,但又没有担保人和抵押物。就在他走投无路时,又想起那位曾经借钱给他的朋友。朋友没有嫌弃失魂落魄的他,毅然借给他 40 万元。李凌云吸取上次的经验教训,两年后,他不仅还清了债务,还赚了一大笔。每当有人问他是凭借什么起死回生的时候,李凌云都会郑重地说:"是诚信!"

在人生的路上,任何失败你也许都能补救,唯有失去诚信的后果是你难以逆转的。在所有的原则中,任何绝对的原则都有灵活性,唯有诚信的原则绝对不能妥协!

肫肫其仁!渊渊其渊!浩浩其天!

【典句札记】

这里用比喻说出了圣人的心灵之诚的表现。

如果心灵深处缺乏"诚",那么做什么事都会动机不纯,行为就会远离大道与正道。朱熹说:"诚其意者,自修之首也。"意思是,"诚"是自我德行修养的首要前提。一个自我修养的人只有在动机和意念上真诚无妄,才能真正使自身的修养有所进步和成就,也才能真正实现自我完善。如果在动机和意念上根本做不到诚,就会永远自欺欺人。

至诚的君子之所以能治理天下,靠的就是心中的一个"诚",也就是真实无妄。那"诚"到底是什么样子的呢?它的表现是,仁德之心至诚,思虑深远如潭水,品德广阔如苍天。达到这样的境界,他的人生就与天地自然相通达。并且也只有至诚的人才能通晓天地至道。

以我们至诚的仁厚心灵,以我们源源不竭的智慧,以我们堂堂正正的浩然之气,昂然立于天地之间,建设我们至德至诚的完美人格,经天纬地,制规立矩,正本化育,导引着天下世道走向正途。

做人只要至诚、无愧,就是成功。

清廉守信的辛穆

　　辛穆,字叔宗。举茂才,任雍州别驾。当初跟随父亲居住在下邳,与彭城陈敬文友善。敬文的弟弟敬武,在很小时就被送去寺院为沙门,跟着他的师父远游学佛,从来就没有回过家乡。敬文病危临终之时,将积攒的杂绫二十匹,托付给辛穆,让他转交给敬武。辛穆久访不得。历经二十余年,才在洛阳见到敬武,就将所托的物品完整送交给他,其上原封存的标识仍然保持不变。当地人世代称赞辛穆的清廉信义。

现代运用

忠诚的魅力

　　忠诚是职场的做人之本,只有拥有忠诚的品质,才能在工作中获得更多的晋升机会。而一个人即使有能力,如果缺乏忠诚之心的话,他不会得到公司的重用。成功者都是带着敬业精神与忠诚工作的人,他们往往能在工作中找到自己发挥的舞台,然后逐渐实现自身的价值,最后成为一个有成就的人。

　　微软总裁比尔·盖茨的第二任女秘书露宝来到微软时,已经 42 岁了,并且已经有了 4 个孩子。而当时比尔·盖茨才 21 岁。年龄并没有成为他们之间的障碍,相反,露宝以一个成熟女性特有的缜密、周到与尽职尽责,赢得了盖茨的信任。盖茨通常中午到公司上班,一直工作到深夜,每周 7 天,从来如此。照顾盖茨在办公室的饮食起居,便成了露宝日常工作中的一项内容。她始终将盖茨的办公室收拾得井井有条。当时的微软公司离亚帕克基机场只有几分钟的车程,每次在出差前,盖茨往往在办公室忙到最后时刻,再往机场赶。为了赶时间,盖茨经常超速,甚至闯红灯。露宝非常担心盖茨的安全,因此她便请求盖茨留出13分钟的时间去机场,并且每次她都亲自督促。

露宝把微软看成了自己的家,她对公司里的每个员工都很好。她自然而然地成了公司的后勤主管,发放工资、记账、接订单、采购、打印文件等事务都由她来负责。久而久之,盖茨和公司的其他员工都对露宝产生了依赖心理。在他们眼里,露宝像妈妈一样关心和照顾着他们。

后来,微软公司迁往西雅图,露宝却因为一些原因不得不留下,尽管盖茨对她依依不舍。3年后的一个冬夜,当盖茨因身边缺少得力助手而坐在办公室里郁闷时,露宝又回到了盖茨身边,回到了微软。她说服了丈夫,举家迁往西雅图,继续为微软贡献自己的力量。

随着微软公司的蓬勃发展,露宝也取得了事业上的巨大成功。从露宝身上,我们可以看到忠诚的魅力。事实证明,员工对公司越忠诚,就越能得到公司的重用。

苟不固聪明圣知达天德者,其孰能知之?

【典句札记】

本章的结尾以作者的反问,来表达一个肯定的意思,即对于天地万物内在天性的认识,是没有止境的,只有彻悟上天之德的圣哲,才能具备如此的大智慧。也只有至诚至德的圣哲,与天地并立,通晓天地之道,即中庸之道。

史例解读

诚德兼备的虞愿

虞愿,字士恭,南齐余姚(今浙江省余姚县)人。祖父虞赉,曾任给事中,封监利侯。

祖父虞赉的院子里有一棵橘子树,每当橘子成熟的时候,子孙们竞相采摘。只有虞愿从不去摘取。因此,祖父及家里人觉得他的志向与众不同。

虞愿曾经侍奉宋明帝,任太常丞,尚书祠部郎,通直散骑侍郎。多次因为直言进谏而忤旨,而承蒙赏赐仍然异于其他人。迁兼中书郎。

明帝后,出任晋安太守。在郡立学堂教授学生经籍诗书。郡内产有一种蚺蛇,胆可做药,有人送给他几条,他不忍心杀害,亲自送到二十里外的山中放生。其中有一条蛇于夜间又回到虞愿的床下。他又送到四十里外的山里,过了一天后,蚺蛇又回到他家。于是,人们议论说这是虞愿的仁慈之心所感化啊。

海边有越王石,平常隐匿在云雾之中,民间传说,“只有为政清廉的太守才能够见到。”虞愿前去观察,越王石清晰地袒露在海边。

⊙ 现代运用

失去诚信,将寸步难行

成功的人会注意承诺这个细节。他不会轻易去承诺某一件事,即使有把握,也不会轻易承诺。而生活中有许多人丝毫没有诚信的概念,他们的承诺很轻率,不给自己留下丝毫的余地,结果使许下的诺言不能实现。

又到了评定职称的时候,某高校一系主任,郑重向本系青年教师许诺,一定会让他们三分之二的人评上中级职称。不料,当他向学校申报名额时,学校说不能给他那么多名额。虽然他据理力争,东奔西走,磨破嘴皮子,还是无济于事。他又不愿意把真实情况告诉系里的教师,只是对他们说:“放心吧,我既然答应你们了,一定会做到。”

看到最终公布的职称评定结果,众人很是失望,将他臭骂了一通。甚至有人当面质问他:“主任,你答应给我的中级职称呢?”除了要面对众人的指责,校领导也批评他是“本位主义”。从此,他不仅在系里信誉全无,而且失去了校领导的好感。

看来,在工作和生活中,最好不要轻易许诺,以便为自己留一份回旋的余地。

诺言是信任的前提,如果你坚守住了诺言,你会得到更多的信任;如果你违背了诺言,你就失去做人最起码的诚信。

信用总是难得易失的,往往由于一时一事的言行而失掉。所以爱惜信用的人一定要谨慎行事,才不致种下失信的苦果。

还有这样一个例子:在德国,一名成绩优异的外国留学生,毕业后求职屡次碰壁。实在无路可走,他不得不放下身段到一家小公司求职,可依然遭到了拒绝。这位留学生终于无法再容忍这种待遇,愤愤地说:"你们这是种族歧视!"公司的人事主管并没有生气,只是把他拉到无人的地方,从其档案中抽出一张纸,他这才看到这张纸上有他乘坐公共汽车三次逃票被抓的记录。在德国,乘公共汽车逃票被抓的概率为万分之三。可见,这位留学生在德国留学期间,乘车没有买过票。面对这份档案,他无话可说。

诚信一旦失去,你该如何弥补?没有人永不犯错,但是在事关信用的问题上,即使无人在场、无人监督,你也不要轻易放松对自己的要求。

第三十三章 尚纲

本章由前面圣人之道的高远广博回归于君子之道，使人联想前面的『君子之道，辟如行远必自迩，辟如登高必自卑』，为学者开出一条入德之路。

首先君子和小人划清界限，君子之道，开始并不辉煌，但在积累中日见光辉。小人则不同，开始很张扬，但华而不实，会渐渐消亡。君子外表平淡、简朴、温和，内则有品位、文采、条理。君子以其至诚顺应天时，以其至性借助地利，以其至德惠泽人民。君子由于有丰富的内涵，由内向外，由近及远，由微细到彰显，其影响力是无穷的。但君子必须加强自己的修养，任何时，任何地，都无愧于心，都要慎独。

君子上体天德，下知地理，感应鬼神，中和民心。不苟不求，无声无息，如日月之普照。具有高尚道德的君子，不用赏赐，不用刑法暴力，民众自然会努力。道德治国，牢牢守着德行，恭恭敬敬地做事，天下也就太平了。德治如春风化雨，润物无声。可以说，有至德的君子，已经接近圣人了。

【原文】

《诗》曰①："衣锦尚䌹②。"恶其文之著也③。故君子之道,暗然而日章④;小人之道,的然而日亡⑤。君子之道,淡而不厌⑥,简而文,温而理⑦,知远之近,知风之自⑧,知微之显,可与入德矣⑨。

【译文】

《诗经·卫风·硕人》说:"身穿锦绣衣服,外面再穿一件麻布罩衫。"这是厌恶锦衣的花纹过分耀眼。所以,君子之道表面暗淡而日益彰明;小人之道外表鲜明而日益消亡。君子之道,平淡而让人不厌,简略而有文采,温和而有条理,知道远是由近处开始的,知道风是从何处吹来的,知道隐微可以变得明显,这样,就可以进入有道德的境界了。

【注释】

①《诗》曰:此诗引自《诗经·卫风·硕人》。

②衣(yì):穿衣。此处作动词用。锦:指色彩鲜艳的衣服。尚:加。䌹(jiǒng):同"裻",用麻布制的罩衣,即风衣。

③恶(wù):嫌恶,厌恶。著:鲜明,耀眼。

④暗然:隐藏不露。日章:日渐彰显。章,同"彰"。

⑤的(dì)然:鲜明、显著的样子。

⑥淡而不厌:不媚悦于人,初似淡薄,久而愈敬,无恶可厌。

⑦简而文:性情简静无嗜欲,才艺明辨有韬略。文,经天纬地曰文。温而理:气性和润温厚正直不违。

⑧知远之近:欲知远,必先适于近。想要到达远方,必先从近处举步。知风之自:见风知源"睹末察本"。见风之起则知其所从来处。教化别人必先从自己做起。风,教化。《尚书·毕命》:"树之风声。"立其善风,扬其善声。自,从。

⑨知微之显:察微知著,"探端知绪"。从微小之事所露端倪而察知未来事件的征兆。明治乱于即萌。入德:进入道德之门。

【历代论引】

郑玄说:君子深远难知,小人浅近易知。人所以不知孔子,以其深远。禅为䌹。锦衣之美而君子以䌹表之,为其文章露见,似小人也。又说:淡其味似薄也,简而文,温而理,犹简而辨,直而温也。

孔颖达说：以前经论夫子之德难知，故此经因明君子、小人隐显不同之事。欲明君子谦退，恶其文之彰着，故引《诗》以结之。

朱子说：前章言圣人之德，极其盛矣。此复自下学立心之始言之，而下文又推之以至其极也。古之学者为己，故其立心如此。尚䌹故阇然，衣锦故有日章之实。淡、简、温，䌹之袭于外也；不厌而文且理焉，锦之美在中也。小人反是，则暴于外而无实以继之，是以的然而日亡也。远之近，见于彼者由于此也。风之自，着乎外者本乎内也。微之显，有诸内者形诸外也。有为己之心，而又知此三者，则知所谨而可入德矣。故下文引诗言谨独之事。

《诗》云①："潜虽伏矣，亦孔之昭②！"故君子内省不疚，无恶于志③。君子之所不可及者，其唯人之所不见乎？

《诗经·小雅·正月》说："君子虽然潜藏隐匿很深，但是其德辉仍然会流露昭示出来。"所以君子自我反省没有内疚，也就无愧于心了。君子的德行之所以高于一般人，大概就是在这些别人看不见的地方吧。

【注释】

①《诗》云：此诗引自《诗经·小雅·正月》。此诗讽刺周幽王。

②潜虽伏矣，亦孔之昭：因为幽王无道，比喻贤人君子隐居不出，但是他们的德操与人格却昭著于世，以至于不能免去祸害。犹如鱼伏于水，仍然显露得清清楚楚，被人采捕。潜，潜藏。伏，隐匿。孔，很。昭，明白。

③内省(xǐng)不疚：内心经常反省，没有什么愧疚。无恶于志：无愧于心。志，心。

郑玄说：圣人虽隐遁，其德亦甚明矣。君了自省，身无愆病，虽不遇世，亦无损害于己志。

孔颖达说：君子其身虽隐，其德昭著。贤人君子身虽藏隐，犹如鱼伏于水，其道德亦甚彰矣。君子虽不遇世，内省省身，不有愆病，则亦不损害于己志。言守志弥坚固也。

朱子说：无恶于志，犹言无愧于心，此君子谨独之事也。

【原文】

《诗》云①："相在尔室,尚不愧于屋漏②。"故君子不动而敬,不言而信。

【译文】

《诗经·大雅·抑》说："独自静处自己的私室,仍然固守心地光明,无愧于神明。"所以,君子在未行动之前就怀有恭敬之心,在没说话之前就先有诚信之心。

【注释】

①《诗》云：此诗引自《诗经·大雅·抑》。讽刺周厉王之诗。

②相在尔室：指小人不敬鬼神,在庙堂之中,犹尚不愧畏于屋漏之神。相,注视。不愧于屋漏：喻指心地光明,不在暗中做坏事或起坏念头。屋漏,指古代室内西北角。相传是神明所在,所以这里是以屋漏代指神明。

【历代论引】

郑玄说：君子虽隐居,不失其君子之容德也。视女在室独居者,犹不愧于屋漏。屋漏非有人也,况有人乎?

孔颖达说：君子之人在室之中"屋漏",虽无人之处不敢为非,犹愧惧于屋漏之神,况有人之处君子愧惧可知也。言君子虽独居,常能恭敬。

朱子说：承上文又言君子之戒谨恐惧,无时不然,不待言动而后敬信,则其为己之功益加密矣。故下文引诗并言其效。

【原文】

《诗》曰①："奏假无言,时靡有争②。"是故君子不赏而民劝,不怒而民威于铁钺③。

【译文】

《诗经·商颂·烈祖》说："祭祀时心中默默祈祷,此时肃穆无言没有争执。"所以,君子不用赏赐而百姓也会互相劝勉,不用发怒而百姓畏惧甚于斧钺的刑罚。

【注释】

①《诗》曰：此诗引自《诗经·商颂·烈祖》。是赞美成汤的诗。

②奏假无言,时靡有争：指默默向神明祷告,性平心和,没有争端。奏假,祈祷。奏,进奉。

假,通"格",即感通,指诚心能与鬼神或外物互相感应。靡,没有。

③不赏而民劝:不需要特意做出奖赏就能使百姓受到感化。铁(fū)钺(yuè):古代执行军法时用的斧子。铁,斧。钺,古代的一种形状像板斧式的长柄兵器。

||【历代论引】||

郑玄说:奏大乐于宗庙之中,人皆肃敬。金声玉色,无有言者,以时太平,和合无所争也。

孔颖达说:祭成汤之时,奏此大乐于宗庙之中,人皆肃敬,无有喧哗之言。所以然者,时既太平,无有争讼之事,故"无言"也。引证君子不言而民信。

朱子说:承上文而遂及其效,言进而感格于神明之际,极其诚敬,无有言说而人自化之也。

||【原文】||

《诗》曰①:"不显唯德,百辟其刑之②。"是故君子笃恭而天下平。

||【译文】||

《诗经·周颂·烈文》说:"大大弘扬天子的德行,诸侯们都会来效法。"所以,君子笃实恭敬就能使天下太平。

【注释】

①《诗》曰:此诗引自《诗经·周颂·烈文》。

②不显:即大显。不,通"丕",大。百辟(bì):很多诸侯。刑:通"型",仿效。

||【历代论引】||

郑玄说:不显乎文王之德,百君尽刑之,诸侯法之也。

孔颖达说:以道德显着,故天下百辟诸侯皆刑法之。引之者,证君子之德犹若文王,其德显明在外,明众人皆刑法之。

朱子说:不显,此借引以为幽深玄远之意。承上文言天子有不显之德,而诸侯法之,则其德愈深而效愈远矣。笃恭而天下平,乃圣人至德渊微,自然之应,中庸之极功也。

【原文】

《诗》云①:"予怀明德,不大声以色②。"子曰:"声色之于以化民,末也。"

【译文】

《诗经·大雅·皇矣》说:"我怀念文王的美德,他从不厉声厉色。"孔子说:"用厉声厉色去教育老百姓,那是末节下策。"

【注释】

①《诗》云:此诗引自《诗经·大雅·皇矣》。赞美周先祖开国创业之诗。

②怀:归向,趋向。明德:具有美德的人。以:与。色:严厉的脸色。

【历代论引】

郑玄说:我归有明德者,以其不大声为严厉之色以威我也。

孔颖达说:天谓文王曰,我归就尔之明德,所以归之者,以文王不大作音声以为严厉之色,故归之。记者引之,证君子亦不作大音声以为严厉之色,与文王同也。

朱子说:引之以明上文所谓不显之德者,正以其不大声与色也。又引孔子之言,以为声色乃化民之末务,今但言不大之而已,则犹有声色者存,是未足以形容不显之妙。

【原文】

《诗》曰①:"德辅如毛②。"毛犹有伦③。"上天之载,无声无臭④。"

至矣!

【译文】

《诗经·大雅·烝民》说:"德行犹如鸿毛。"犹如鸿毛还是有行迹可比。《诗经·大雅·文王》又说:"上天化生万物,既没有声音也没有气味。"这才是最高的境界啊!

【注释】

①《诗》曰:此诗引自《诗经·大雅·烝民》。赞美宣王之诗。

②辅(yóu):古代一种轻便车,引申为轻。

③毛犹有伦：羽毛虽轻，仍然是有相应的重量。伦，比。

④上天之载，无声无臭(xiù)：引自《诗经·大雅·文王》。周公追述文王之德。上天化育万物，无声无息，不动声色，不着痕迹。臭，气味。

郑玄说：化民常以德，德之易举而用，其轻如毛耳。毛虽轻，尚有所比；有所比，则有重。上天之造生万物，人无闻其声音，亦无知其臭气者。化民之德，清明如神，渊渊浩浩然后善。

孔颖达说：用德化民，举行甚易，其轻如毛也。天之生物无音声无臭气，寂然无象而物自生。言圣人用德化民，亦无音声，亦无臭气而人自化。是圣人之德至极，与天地同。

《礼记正义》曰：子思既说君子之德不大声以色，引夫子旧语声色之事以接之，言化民之法当以德为本，不用声色以化民也。若用声色化民，是其末事，故云"化民末也"。

朱子说：不若烝民之诗所言"德輶如毛"，则庶乎可以形容矣，而又自以为谓之毛，则犹有可比者，是亦末尽其妙。不若文王之诗所言"上天之事，无声无臭"，然后乃为不显之至耳。盖声臭有气无形，在物最为微妙，而犹曰无之，故唯此可以形容不显笃恭之妙。非此德之外，又别有是三等，然后为至也。

智慧运用

君子之道，暗然而日章；小人之道，的然而日亡。

这句话是说君子拥有好的德行，并非是要表演给别人看的，因此不会刻意声张，而是内心修养，在言谈举止中自然而然地流露出来。君子奉行大道也是如此，君子更重视内在的修炼，开始时不刻意地显露，可是随着日积月累，修养和学问还是会逐渐彰显出来，结果是周围的人对他越来越景仰。

人们常说世界的美好，的确，它是有美好的一面，但是当我们享受美好的时候，有没有想到人心险恶呢？真的都是那么美好吗？其实不然。即使《中庸》里的"安贫乐道""知足常乐"等一些规劝人们莫贪求的思想深入人心,但人的欲望的沟壑是永远也填不满的,生活中不免就有人抱着侥幸心理,耍一些卑鄙的伎俩,甚至是丑恶的行径。所以,在与人交往中要注意这一点。

荀子《性恶》篇中说:尧向舜问道:"人情怎么样?"舜回答说:"人情很不好,又何必问呢?有了妻子,对父母的孝敬就差了;嗜好、欲望达到了,对朋友的信赖就差了;高官厚禄的愿望满足了,对君主的忠诚就差了。"这虽然说得有点绝对化,但毕竟是有道理的。而其中原因都是来自于"人欲"二字,即使是得到了一定程度的满足,但眼光又会盯上更大更远的地方。孔子说:"君子坦荡荡,小人常戚戚。"一旦"小人"的欲望得不到满足的时候,他就会不择手段、处心积虑地要得到。那要靠什么得到?只有歪门邪道而已。

史例解读

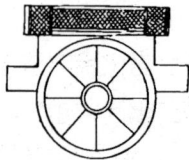

偏正道者,必致祸患

楚考烈王没有儿子,宰相春申君(黄歇)也为此而忧虑。春申君门下有个舍人叫李园,他把妹妹嫁给了春申君,当他得知妹妹有了身孕的时候,就私下里诱导妹妹劝说春申君:"楚王很喜欢你,他待你就像待他自己的兄弟,你已经做了三十年的宰相了,但大王没有儿子。当他百年之后,大王必定立他的兄弟,到那时各以自己的亲戚朋友为贵,你又怎能继续得宠呢?何况你做了这么多年的宰相,难免会失礼于大王的兄弟,等他即位后,难保你不会大祸临头,又怎能保证相印和江东的封地呢?现在妾已有身孕,又和你结婚不久,外人不知道,假使你以将来为重,就不如把妾献给大王,然后生下的儿子,就顺理成章地继承他的王位,那么将来,楚王就是你的了,也就不会有什么顾虑了。"

春申君听完,觉得很有道理,于是上朝的时候,

春申君饮马图

就把妾带到殿外,楚考烈王果然召见,又非常喜爱,于是纳入后宫。后来,生下儿子叫棹,楚王立为太子。李园的妹妹被封为皇后,因此李园也身价百倍,他就想找机会除掉春申君灭口。等楚考烈王一死,李园就杀了春申君,并拥立棹为楚幽王。而春申君怎么也想不到,这一切都是自己的舍人李园的阴险伎俩,可是想回头已经晚了。当然,后来李园也没有什么好下场。春申君的下场告诉人们,为了得到更多的东西,甚至连自己怎么丢了性命都不知道,是不值得的。这个世界有它运行的规则,如果有人心存侥幸地想打破它的话,最终也只有以悲剧收场。

🌀 现代运用

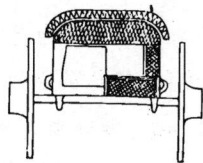

小人之道,的然而日亡

有一位年轻的小职员为了升为科长,就四处托关系,送烟送酒,但是没起到任何作用。于是有人帮他出了个主意。于是,他没事的时候就找几位爱打牌的领导一起打麻将,常常是输得精光。而这几位靠"劳动"所得的领导心里都很舒坦。这样,仅仅是半年的时间,他就如愿以偿地登上了科长的位置。但他没有仅仅满足于当一个小小的科长,还想往上爬,甚至厅长的位置都想过。后来爬到处长的位置时,因为涉嫌行贿而被捕,这一下子,牵出一大帮的官员,每个人得到了应有的惩罚。

所以说,不管是为了升官还是为了发财,除了真的有能力,还要站得直、行得正,自己不走歪门邪道,不要自以为聪明的手段去达到自己不可告人的目的,也不给其他人留下任何可钻的空子,这才是一个正直的、有道德的人,若不然,控制不了自己的私欲,也就无法拒绝别人的诱惑,不免就会同流合污、沆瀣一气,那早晚有一天会受到法律的惩罚。

在人际关系上,我们不管是在什么样的地位,也不管是不是所谓的"门当户对",都要做个真正意义上的人,不能为了达到什么目的而抛弃自己的人格和尊严,也绝不要去走歪门邪道,欺骗他人同时也在欺骗自己,这样是不会有什么好结果的。

君子之道，淡而不厌、简而文、温而理。知远之近，知风之自，知微之显
可与入德矣。

▌【典句札记】

此处意在说明君子奉行的大道，仿佛是平淡无奇的，就像一杯清茶，清爽
而耐人品味，温和而有条理。由远及近，经历的时间越久，遇到的事情越多就越
让人有好感。

君子的做法就是中庸之道的体现，注重自身的修洁，不会自己主动、过分
地张扬或标榜自己，不冒进，不炫耀，而是谦虚稳重，坚持不懈。他们知道由风
知源的教化的道理，知道微小的东西也会彰显的道理，其结果是德行修进，大
道彰显，得到别人的敬仰与效仿，这就是最高尚的境界。

《诗经·硕人》说：穿着锦绣衣服，在上面罩上粗麻单衣，一则是不愿自己锦
绣的衣服太耀人眼目，招致非议。同时，也是为了隔开灰尘，不使污渍浸染到锦
衣的华美。这正是君子自爱的体现。

君子修养德行，是自己心灵的需要，并不是为了炫耀，求得他人的赞赏。因
而注重默默地自砺，从不刻意张扬，唯在务实。即使平日衣食起居，也严谨不
苟。爱护自己的德行，保护着不愿受到任何的侵蚀，就如爱护自己的新衣，披上
旧的粗麻外衣，使其不致受到尘埃的玷污。对于我们的德行，我们应该珍爱。衣
饰之污，犹可洗去。德行一旦被损害，就永远不再清白。

所以，君子之德看似简略，实则英华内敛，看似平淡，实则条理清晰；看似
疏远，实则与人亲近。君子不注重做表面文章，更不会矫揉造作地显露，而是注
重内心，品德的真正修炼。

🏛 史例解读

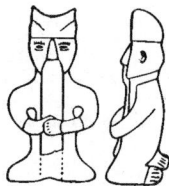

守节辞赐

曾参，字子舆，春秋时咨国甫武城人。后世都尊称曾参为曾子，他在儒家的
道德修养观念的架构上有独到的贡献。

曾参啮指痛心图

曾参小的时候，家中十分贫穷，他不能像其他贵族子弟一样只要专心治学或是仕途就可以了，他需要参加农业生产，每天耕田种地、贩卖布匹，这样才能维持生活。不过曾参很喜爱读书学习，后来他拜孔子为师，学习诗、书、礼、乐、易、春秋，由于他的勤奋好学，持之以恒，成为孔子最得意的学生之一。曾参当年在乡间生活的时候，经常是衣襟破烂，有的时候几天吃不上饭，将近十年没有制作新衣。有时稍微动一下帽子就会把系帽子的绳子弄断，稍微整理一下衣服，就会捉其襟而见其肘，提起前襟就露出脚后跟，但是他毫不在乎。反而在去工作的道路上，拖着锄头，推着车子，大声朗诵《诗经》，声音洪亮，有若洪钟。

后来，鲁国国君听说贤人曾参身穿破旧的衣服在田地里辛苦耕种，觉得这样实在和一位贤士学者不相符合，于是就决定送给他一块封地。国君在赐赠给曾参的时候，派人告诉他说："请你用这块封地的收入做一些衣服吧。"曾参笑了笑，没说什么，也没有接受。鲁国国君很是不死心，反复派人送来，曾参很坚决地一再地拒绝。使者不解地问："这并不是您向别人索求的，而是人家主动奉送您的。您有什么理由非不能接受呢？"曾参回答说："我听说，接受人家的东西，就要害怕人家；给予人家东西，就要傲视人家。即使鲁君的恩赐，不会傲视我，但我能不畏惧吗？"曾参始终没有接受。

孔子听到这件事后称赞说："曾参说的话，足够保全他的节操了。"

🉑 **现代运用**

做人要谦虚谨慎

一个企业或公司的上司，一般可以容忍自己的下属在学问、气质上超过他，但十有八九不喜欢下属在智力上超过他，因为智力往往是他成为领导的重要标志。如果你认为是一件小事，你的判断或建议要比领导高明的话，在你看来是无关大局，但领导时常不会也这么认为，而是觉得你超过了他，让他丢了面子，这就比其他方面胜过他更严重了。所以，表现或张扬自己之前，得先看看你的领导是怎样的人，如果开明的，你也要表现得适合、适中，如果是爱面子的，大家都心知肚明了吧。

小李的棋艺甚高。大学毕业以后，他进入一家国有企业当技术员。一次偶然的机会，他随同公司的领导去外地开会，小李知道领导非常喜欢下棋，于是就主动陪领导下了几个晚上。开会回来不久，小李就从基层被提升为技术主管。

小李知道领导的脾气，既不能胜他，以免背上骄傲自满的罪名，也不能轻易让他取胜，那样，他会觉得小李没本事。于是，领导和小李下棋常常是和局。每次去什么地方开会都把小李带上，一有空就杀几盘，领导逢人就说：小李这个人聪明但一点也不骄傲，实在是难得的人才啊。

后来，公司要举行象棋大赛。小李正要报名参加，领导叫他也给自己捎带报个名。领导虽然喜欢下棋，却从未在众多人面前施展过，因为经常和小李切磋，领导觉得自己棋艺大长，这次比赛正好是自己表现智慧的大好机会。决赛的时候，是小李对领导，经过几个小时的"厮杀"，最终领导获胜，领导高兴地拍着小李的肩膀。几年以后，当领导退休的时候，极力推荐小李做自己的接班人，他在给市委的报告中强调，小李不仅符合提拔干部的标准，而且还具有谦虚、谨慎的好品质。

下几盘棋，当然是小事，但在输赢之中也能表现一个人的性格、品质。在领导面前应当尽力地表现谦虚，不能自以为聪明就目空一切，因为你毕竟是当下属的。虽然比不上历史上因为功高盖主而最终被害的那些人，但为人处世，谦虚谨慎是没有害处的。

诗云:"潜虽伏矣,亦孔之昭。"故君子内省不疚,无恶于志。
君子之所不可及者,其唯人之所不见乎。

【典句札记】

作者在此引用《诗经》中的诗句意在阐述儒家在个人修养方面非常看重的一个问题——慎独。慎独是指一个人在独处的时候,也能自觉地严于律己,注重内心自省。他们的用心之处并非一定要让人看到。可是这种好的德行还是会显露出来。就像所说的"潜虽伏矣,亦孔之昭"。

德行的修养必须从微小之处做起,一丝不苟。无论处在何种境地,都必须持守正道,不做出有愧良知的事,也不萌生非分的念头。这正是君子之道不为常人所能致达的微妙所在。慎独的君子即使在没有行动的时候也是恭敬的,在没有说话的时候也是诚信的。

财富是一分一文积累起来的,德行也正是由一举一动中细微的言行习惯养成的。"合抱之木,生于毫末,九层之台,起于垒土。"只要自己出于至诚,其行为必然合乎天地大道,因而其德行必然得以彰显,必为人们所景仰。

史例解读

子夏内省

子夏,姓卜,名商,春秋末晋国人,是孔子的著名弟子。他才思敏捷,以文学见长,尤其精通《诗经》《周易》和《春秋》。孔子还专门赞许他为"文学科"的高才生。子夏晚年在西河讲学,后来著名的法家代表人物吴起就出自他的门下。

在孔子的诸多弟子中,子夏是特别重礼的一个。为学时,有一次,他问孔子《诗经》中"巧笑倩兮,美目盼兮,素以为绚兮"是什么意思。孔子答道:"绘事后素。"意思是说,绘画之事,先布众彩,然后以素色分布其间以成。子夏立刻就联想到礼,而说"礼后乎",即礼乐产生在仁义之后。因此而受到孔子的赞许。

更值得称道的是,子夏平素很注重内省,可以称得上是慎独的典范。

有一天,子夏去拜见曾参,曾参一向严于律己,以孝行著称。曾参看了看子夏,打趣地说:"怎么一阵子不见,你就如此发福啊。"子夏不以为意,反而笑着回答道:"我打了一个大胜仗,心情舒畅无忧,所以身体就胖起来了。"曾参有些摸不着头脑了,疑惑地问:"这话是什么意思?"子夏说:"我终日在家读书,学习先王(泛指贤帝尧舜等)之道,觉得他们的仁义道德和高尚的德行,实在是高山仰止,令我心生敬佩仰慕之情,觉得能效仿他们一定很快乐。可是出门之后,当我看见富贵人家身穿绫罗绸缎,享受豪宅美食,夜夜笙歌曼舞,逍遥自在。我又不由得心生向往之情,觉得能像那样生活一定很幸福。两个念头不断出现在我的脑海中,激烈争斗,难分胜负,我寝食难安,心中不宁,所以身体日益消瘦。现在先王之道终于在心中占上风,取得了绝对胜利,我的心情又恢复了安宁祥和,所以身体自然发胖了。"

曾参听了,连连称赞子夏,对他更为敬重。

🐢 现代运用

毋去贪求身外之物

正因为不少人有贪欲之心,所以一些人在处世上就设下诱饵,想利用人的贪欲达到他不可告人的目的。

某公司长期承包一些单位的工程,公司老总利用人们贪欲之心,对这些单位的重要人物常施以小恩小惠,这位董事长的交际方式的不同之处是:不仅奉承公司要人,对年轻的职员也常献殷勤。

谁都知道,这位董事长并非无的放矢。事前,他总是想方设法将对方公司内各员工的学历、人际关系、工作能力和业绩,做一次全面的调查和了解,认为这个人大有可为,以后会成为该公司的要员时,就不管他有多年轻,都会以厚礼相待。这位董事长这样做的目的,是为日后获得更多的利益做准备。他明白,十个欠他人情债的人当中有九个会给他带来意想不到的收益。他现在是"放长线,钓大鱼",暂时做亏本生意,日后会赚大钱。

所以,当自己所看中的某位年轻职员晋升为处长时,他会立即跑去庆祝,赠送礼物。年轻的处长,自然倍加感动,无形之中产生了感恩图报的意识。董事长却说:"我们公司有今日,完全是靠您的抬举,因此,我向您表示谢意,也是应该的。"

这样,当有朝一日这些职员晋升至科长、处长等要职时,还记着这位董事长的恩惠。

后来,这位总裁涉嫌行贿,被捕后,一下子牵出了一大帮人。

诗云:"相在尔室,尚不愧于屋漏。"故君子不动而敬,不言而信。

‖【典句札记】‖

这句所揭示的道理和上一个差不多,还是说君子的慎独这种难能可贵的品质。

而我们身边的有些人,自以为自己所做的见不得人的事情没有人看到,就可以放心大胆地做,自以为自己在私下里想一想的坏念头又没有产生行动就无所谓。殊不知,"头上三尺有神明",要想人不知,除非己莫为,只要是做了不合道义的事情,总有一天事情会败露的。并且,那些自己在私下里想一想的坏念头,即使一时间没有付诸行动,但是日积月累下来,必定会对我们的行为造成影响,由于平时常常对自己放松思想上的要求,一旦遇到某一个时机,就可能付诸行动,为非作歹,许多犯罪行为就是这样产生的。

"诚者,君子之所守也,而政事之本也。"(《荀子·不苟》)意思是说:诚是君子的操守,也是处理国家事务的根本出发点。无处不在是谓神,神明时时处处都在关注着我们的行为。君子修行不只是说在嘴上,更要身体力行,尤其是要在内心的深处怀着诚敬,这就是慎独,不只是在自己独处静室的时候,存心正道,更要在时时刻刻使自己的心灵的动念之间,不越礼仪的底线,非礼之念勿起。

"举头三尺有神明",无论你走在何处,上天的巨目都在注视着你,因此,对于自己的每一个行为或闪念,都要谨慎,对得起神明,对得起天地良心。虽然自以为别人没有看见,其实天地间没有神灵不知道的事,没有什么是能够瞒得过人的耳目,更何况想欺瞒上天。任何事物都有细微的漏洞,深隐在不易为人所察觉之处,因此,应当拭净我们的心灵,首先使我们的心灵保持透明。

史例解读

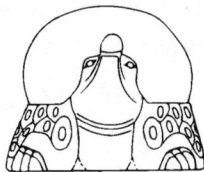

慎独君子柳下惠

柳下惠,原姓展,名获,战国时期人。

柳下惠曾做过鲁国大夫,还做过掌管监狱的小官。据说,柳下惠做官期间,为官清正,执法严谨,用我们现在的话说就是一个为国为民的好官了。但是由于他生性耿直,不愿攀附富贵,所以后来弃官归隐,居于柳下,也就是现在的濮阳县的柳屯,"柳下惠坐怀不乱"的故事就是发生在这里。

相传一个寒夜,柳下惠宿于郭门。那晚,凌烈的寒风刺人肌骨。柳下惠穿着衣服拥在被卧里,还感觉寒气逼人。柳下惠心里想,不知道这样冷的冬夜,有没有无家可归的人,想想各国征战不休,生灵涂炭,柳下惠不禁辗转难眠。正在这时,忽然传来了敲门声。柳下惠急忙起身开门,原来是一个没有住处的妇女来投宿,只见她冻得浑身抱成一团,还不住地瑟瑟发抖,脸色也冻得发青,眼看就要支撑不住。柳下惠连忙把她让进屋里,并请她上床暖和一下。可是她在被子里缩成一团,浑身发抖,家里并没有其他可以取暖的东西,柳下惠恐她冻死,于是就叫她坐在自己怀里,并解开外衣把她裹紧,这样,那位妇女才渐渐缓过神来。只听她断断续续地说只因出门走亲戚,回来晚了,衣服又穿得太单薄,实在冻得不行了,所以才不得已敲门,并想借宿一晚。柳下惠看她一副可怜的模样,想到如果不收留她,或许她就会冻死在荒郊野外,于是就让她在怀中取暖一晚,可是柳下惠毫无私心杂念,对妇人举止有礼,绝无趁人之危,逾越道义之举。

"柳下惠坐怀不乱"的故事就此流传开来。在他死后,被后人称为"惠",又因为他居住在柳地,所以世称柳下惠。

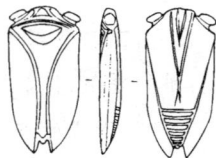

诚信为本

　　华裔科学家丁肇中是个非常诚实的人,他在科学探索上秉持一种"执中"思想——既然有"物质",难道没有"反物质"?也就是说有此端,必有彼端,他大胆地用这种思维逻辑进行论证和实验,在为人处世上是"守中如一"。

　　2004年10月,丁肇中教授应邀到南京航空航天大学做报告,有学生问:您觉得人类在太空能找到暗物质和反物质吗?"丁肇中坦然回答:"不知道。"又一个学生问:"您觉得您从事的科学实验有什么经济价值吗? "丁肇中说:"不知道。"另一个学生问:"您能不能谈谈未来20年物理学的发展方向?"他仍然说:"不知道。"对此,使很多学生大惑不解。在他们看来,这些问题极为普通,绝对算不上刁钻古怪,不用说丁肇中这样的大师,就是一般人也能随便敷衍过去。他就是不想说假话,也要顾及自己的面子问题啊,怎么能"三问三不知"呢!

　　殊不知,丁肇中教授坚守的是"中",既然自己真的不知道,或者不能说得不偏不倚,还不如诚实地说"不知道"。在他看来,"不知道"比胡说八道误人子弟要好得多。

　　对丁肇中来说,"不知道"是一件非常正常的事,他一直牢记孔子曾经说过的"知之为知之,不知为不知",在任何场合,对任何事情,绝不"强不知以为知"。他在接受《东方时空》节目主持人采访时,面对主持人的提问,也一连说过几个"不知道"。在其他重要场合包括级别很高的学术交流会上,他对自己不清楚或没有搞明白的问题,都内心坦然地说自己"不知道"。人们常常为他这种可贵的精神而感动,给予热烈的掌声。

　　诗曰:"奏假无言,时靡有争。"是故君子不赏而民劝,不怒而民威于铁钺。

▌【典句札记】

　　这里是在强调以诚教化人民。"教之化民也深于命,民之效上也捷于令。"(《史记·商君列传》)意思是说:用礼教影响化育民众,比行政命令的效果要深远得多;民众效法执政者的行为,比对执行当政者的传信要迅捷快速得多。因此,率先垂范,比制定制度更为有用、更为有效。

各种形式的典礼和祭祀仪式,庄重威严,人们恭敬肃立,静穆无声,就在于引导人们遵守礼教,受到同化。因为,在这种时刻,人们的心境最为坦诚,即使平时作恶多端的人,也会在此时使自己的心灵回归到虔诚与透明,会在这一时刻回归善良的天性,会对自己的所为做出稍许的反省。因而,祷告也就显得真诚。这时所作的忏悔就是良知的萌生与发现,那么也就会得到上天的聆听。那么,祷告吧,只要内心怀有真诚,上天自会听到你的心声。

奖赏,激起人们的竞争;刑罚,则迫使人们畏惧退缩。所以只有用至诚的德行,来影响教化百姓,才能使天下安定和谐。

史例解读

君臣当与百姓同忧乐

薛广德,字长卿,汉代沛郡相(今河南省安阳市)人。当初在楚国教授《鲁诗》,当时萧望之任御史大夫,对他非常器重,多次互相论议,叹赏他的学问识见,于是举荐广德,任为博士,后升迁为谏议大夫等职。

薛广德为人温文儒雅,位至三公,直言进谏。到任不到十天,皇上驾幸甘泉,祭祀天地,礼仪完毕后,皇上不想立即回宫,准备暂时驾留这里射猎游乐。薛广德于是上书说:"我看到关东百姓困顿流离,生计无着。陛下却每天敲撞着败亡的秦国的钟鼓,听赏着郑、卫的靡靡之音,而不以百姓生民的疾苦为意,我深感痛心。现今士卒暴虐,官吏荒怠政事,希望陛下赶快回宫,与百姓同忧乐,那么这是天下人的幸运。"皇上接受了薛广德的意见,当即回宫。

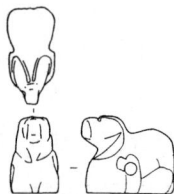

春庭行乐图

现代运用

以和待人，以礼待人

孟子说："诚者，天之道也；思诚者，人之道也。至诚而不动者，未之有也；不诚，未有能动者也。"在现实生活中，与人交往共事，都要以诚心待人，以善意待人，以和气待人，以礼貌待人。不管对师对友，对上对下，总得以诚实相处。遇到欺诈的人，以诚心感动他；遇到残暴的人，用和气熏陶他；遇到贪得无厌的人，把廉耻送给他；遇到倾邪私曲的人，以仁义气节激励他。这样，天下就都在我的陶冶之中了。

著名学者台静农先生是一个重"身教"的人，他是以人格和性格的魅力教化学生的。他温良恭俭让，具有强烈的平民意识，在家事母至孝，在校理事至忠，处世待人至诚，有口皆碑。他执掌台湾大学中文系 20 年，办公室大门永远敞开，任何人进去不必喊"报告"，儒雅、祥和。他的朋友说："中文系是一个庄严的平等，是一个平等的庄严；更是一个和谐的秩序，是一个秩序的和谐。"他对学生像对待自己的儿女一样，亲切、谦和又富耐心。有一次，一位学生向他诉说，想看浃浃五百卷的《太平广记》中某一册。台静农说："下次我带一套借给你看。"同学们听了哄堂大笑，以为老师在说笑话。下周上课时，同学们果然见台老师捧来了一函十册《太平广记》。

诗云："不显唯德，百辟其刑之。"是故君子笃恭而天下平。

【典句札记】

这里还是要统治者要发扬诚的精神，以身作则，内心修洁，用诚来感化他人。"南面而治天下，莫不以教化为大务。"（《汉书·董仲舒传》）就是说：君主治理天下，无不以推行教化作为根本要务。道德教化的力量无形无迹，但却影响深远，滋润着人们的心灵，规范着人们的言行。君子努力戒惕，以礼乐约束自己，用道德修养自己。凡事从自身做起，"躬自行而薄责于人"，以自己的德行为楷模，使天下效法。

子产不毁乡校

子产在郑国做宰相,在治理国政方面,他很重视百姓的利益,注意听取百姓的批评和意见。

郑国民间有乡校,这些乡校是百姓平时聚会的场所。每天,人们结束了工作,都喜欢来到乡校,谈天玩乐,还议论国家政事的得失,评论当官的政绩好坏。

有的卿大夫不愿意听到百姓的批评议论,向子产提出,毁掉乡校。

子产对他们说:"百姓每天忙完了事情都到乡校玩乐,议论政事,百姓认为好的,我就推行,百姓讨厌的事,我就改掉,乡校就是我的老师,为什么要毁掉它呢?做官的多做好事,可以减少百姓的怨恨,没听说谁能用权威防止百姓的怨恨。不让百姓批评议论,就像堵住河水不让水流通,一旦河水决堤,就不可挽救了。"

那些主张毁掉乡校的人,也觉得子产顺从民意对国家有利,就不再坚持了。

郑简公逝世,举行丧礼时,一些守陵人的房子正挡在通往简公墓地的道上,如果绕路而行,丧礼就要推迟到中午。

有人提出拆掉这些民房,因为推迟丧礼,是对诸侯国派来参加丧礼的宾客不礼。

子产认为,为了丧礼拆房子,是危害百姓的大事,不能这样做,就说服他们:"诸侯国的宾客既然能够远道来参加丧礼,难道就不能坚持到中午吗?不拆房子对宾客没有什么损害,也不会让百姓受到危害,为什么不这样做呢?"在子产的坚持下,民房没有拆掉。

由于子产做事为百姓着想,在他主持国政的时候,百姓得以安居乐业,百姓歌颂他说:"我们有土地,子产让它增五谷。我们有子弟,子产对他们教育。子产如果死了,还有

子产

谁能继承他!"

为官的人,应该时刻牢记:百姓才是自己的衣食父母。我们来自于普通百姓,应该时刻想着百姓的疾苦,关注百姓的生活,无论做什么事情,制定什么决策,都把他们放在优先考虑的位置。

现代运用

以最低的姿态"入围"

有一位留学美国的计算机博士,毕业以后就在美国找工作,有"博士"这样吓人的头衔,一般来说求职标准工资当然不可能低。可谁也不会想到,结果他却连连碰壁,好多公司都没有录用他。后来,他想明白了,他决定收起所有的学位证明,以一种最低的身份去求职。不久,他顺利地进入一家电脑公司,当程序输入员。这对于一个计算机博士来说,当然就是小菜一碟,但他仍然干得勤勤恳恳,一点儿也不马虎。不久,老板发现他能看出程序中的错误,老板就觉得这不是一般程序输入员可比的。这个时候,他才亮出了学士学位证明,于是老板就给他换了一个与大学毕业生相称的工作。又过了一段时间,老板又发现他能经常提出一些非常有价值的建议,他的能力远远超出了一般的大学毕业生,这个时候,他拿出了自己的硕士学位证明,老板又提升了他。就这样,他继续做了一段时间,老板觉得他还是与众不同,于是就问他,此时,他只好拿出博士学位证明。这时,老板对他的技术水平已经有足够的了解和信任,毫不犹豫地重用了他。这位博士最后的职位,也就是他当初理想中的目标,

这个博士的做法是聪明的。他先放下"博士"的"帽子"和"架子",甚至让别人看低自己,然后再寻找机会全面地展现自己的才华,让别人一次又一次地对他刮目相看,他的形象也就慢慢地变得高大。如果刚一开始,就毫不掩饰地表现自己多么有才华,那别人就会觉得他了不起,随之对他寄予种种希望,可当他随后的表现一次又一次地让他们失望,结果只能被人越来越看不起。这个时候,一个人从以前无比的优越感一下子坠入巨大的痛苦之中,那么这个人就会在心理和行为上发生变化,这种变化甚至会影响一个人的一生。

诗云:"予怀明德,不大声以色。"子曰:"声色之于以化民,末也。"

作者在此大赞周文王的美德——以诚治民。以一颗至诚无欺的心不懈怠,修养到了极致,那么,他的一切言语行为都成为天下人的楷模,甚至不用有所要求、奖励,人们就会争先恐后地行善事;不用大发雷霆,就会得到人们的信任与敬畏。以奖励来使人们去做善事,人们的功利之心就会渐渐产生:以愤怒刑罚来使人们不做恶事,人们不做恶事只是因为迫于刑罚的威慑,并非由衷地为善,压迫久了人们就会渐渐起来反抗,以牙还牙,以眼还眼。因此孔子说,用厉声厉色来教育百姓,是没用的下下策。

权力不是用来压制别人使人屈服的工具,而是用来帮助他人服务于人民的手杖。权力并不意味着占有,而是利益的公平分配机制,是一种分享的和谐关系。权力的意义在于爱护老百姓,调动他们的积极性协力创造生活,在于严加约束权力操持者的言行,使他们为老百姓服务而不是欺负老百姓。通过公正的运用权力,使民众能够共同分享生活的果实,能够心情和畅地享受到阳光的滋润;能够心身惬意地欣赏风景;能够充满希望地建设生活。

权力就像一个礼物,是信任和给予,是帮助和支持。

史例解读

德才兼备的"中兴名将"

周访,字士达。晋代浔阳(今江西省九江市)人。祖籍汝南安城。汉末避地江南。

周访,性格刚毅,沉稳谦让,处事果断坚决。与陶侃为友,结为姻亲。周访年少时遇庐江陈训,他对周访与陶侃说:"二位君子都是位居一方的国家栋梁。"

周访为人豪爽,喜好周济贫穷,因而家中没有财产积累。当初,陶侃处境低微时,父亲殁世,即将下葬时,家里的耕牛忽然丢失。在寻找之时,遇见一位老人,他说:"前面山冈下有一头牛卧在泥污中,如果在此安葬立墓,那么后世将出高官。"又指着另一座山说："这也是一块风水宝地。"说完后忽然不见。陶侃找到牛以后，就把父亲安葬在这里。并把另外一处山地告诉周访。周访父亲死后，也就埋葬在那里。后来周访果然官到刺史。

元帝渡江，周访官至扬烈将军。由于他能征惯战，世有威名，智勇过人，远近悦服，率军征讨，无不克复，为"中兴名将"，累官扬州刺史。但是，他生性谦虚，从不自矜功劳，也不居功自傲。有人说："一般的人们只要做出了一点小的成绩，很少不对人夸耀的。而您为国建立了如此大的功勋，为什么却从来也不见您对别人提到过一个字呢？"周访说："幸而不辱王命，取得一些胜利，那也是由于朝廷的天威，皇上的英明，将士勇猛奋战的结果，我有什么功勋可谈啊。"于是，有智谋勇略的人都因此而敬重他。

🌀 现代运用

做平民型的领导人

帕尔梅首相在瑞典是十分受人尊敬的领导人。他虽贵为政府首相，但仍住在平民公寓里。他生活十分简朴，非常平易近人，与平民百姓毫无二致。帕尔梅的信条是："我是人民的一员。"

除了正式出访或特别重要的国务活动外，帕尔梅去国内外参加会议、访问、视察和私人活动，一向很少带警卫人员。只是在参加重要国务活动时，才乘坐防弹汽车，并有两名警察保护。有一次，他去美国参加一个国际会议，人们发现他竟独自一人乘出租车去机场。1984 年 3 月，他去维也纳参加奥地利社会党代表大会，也是独自前往的。当他走入会场时，没有人注意到他，直到他在插有瑞典国牌子的位置上坐下来，人们才发现他。

同普通群众打成一片是帕尔梅为人的重要特点。帕尔梅从家到首相府，每天都坚持步行，在这一刻钟左右的时间里，他经常朝路上的行人打招呼，有时甚至与同路人闲聊几句。帕尔梅同他周围的人相处得非常融洽。在工作之余，他还经常帮助别人，毫无高贵者的派头。帕尔梅一家经常到法罗岛去度假，和那里的居民建立了密切的联系，那里的人都将他看作朋友。

帕尔梅喜欢独自微服私访，去学校、商店、工厂等地，找学生、店员、工人谈话，了解情况，听取意见。他从来不摆首相的架子，他谈吐文雅、态度诚恳，从没有前呼后拥的威严场面，因而深得瑞典人民的爱戴。

在瑞典人民的心目中，帕尔梅既是是首相，又是平民；既是领导人，又是兄弟、朋友，他是人们心中最为崇拜的偶像。

诗曰：“德辑如毛。”毛犹有伦。“上天之载，无声无臭。”至矣！

【典句札记】

从此处可以观知，中庸之道既是修德的最高境界，也是教化的最佳手段。

“君能下人，必能信用其民矣。”（《左传·宣公十二年》）就是说：君子能够放下身份以礼对待人民，就一定能够取信于民，民众也就自然效仿并乐为所用。圣人君王是这样以身作则的，内心修洁，产生了足以感化他人的人格魅力。即使不去肆意张扬于外，四方的诸侯都争相效法于他，结果天下四方就安定和平了。正如《诗经》中所言，“上天所承载的，没有声音也没有气味”，绝妙到极点，真是“润物细无声”。因此，中庸至诚之德，既是修德的最高境界，也是教化的最佳手段。《大学》中格物、致知、诚意、正心、修身、齐家、治国、平天下的任务就这样完成了，这就是中庸至诚的力量！

史例解读

以和为本

陆贾，西汉楚国（今江苏徐州市）人。因能言善辩，以宾客的身份跟随在高祖身边，高祖平定天下后，封陆贾为太中大夫，常常出使往来于各诸侯国之间，是汉朝初期的重要谋略家。著有《新语》十二篇，总结了秦、汉兴亡的原因，论述了古代帝王成败的经验教训，指出了国家兴衰存亡的征兆和潜在因素。

孝惠帝时期，吕太后权倾朝野，封诸吕为王。陆贾洞悉政治形势，便称病辞职，居家休养避祸。

诸吕专权跋扈，妄图篡夺天下。右丞相陈平对此深怀忧虑，但是因为力量有限，只好先谋自保，再筹良策，于是常常思虑过度，却苦无万全之计。

这天，陆贾以老朋友的身份前去拜访陈平。陈平正自深思，竟然没有发觉陆贾来到了身边。

陆贾问："什么事会让您忧虑如此深重呢？"

陈平说："你认为我会有什么忧虑的呢？"

陆贾说："您位居右丞相的高位，是食邑三万户的列侯，富贵荣华无人可及，自然不是因为享乐不能满足而心生烦忧的。之所以令您忧愁难解，只是担忧国家所面临的重大变故吧。"

陈平说："正是这样。那么，你认为该怎么办呢？"

陆贾说："古语说，天下安定，重在丞相；天下动乱，重在大将。将相契合，那么天下有才能的人就会有所归附；天下有德能的人归附，就体现了人心所向。那么即使有意外的事情发生，国家也不致分裂。因此，为了国家的长治久安，这就取决于您和周勃两人了。您为什么心怀犹疑，却不和太尉交好呢？"

陆贾又为陈平筹划方略。于是，陈平就用他的计策，以五百金的重礼为绛侯周勃祝寿。而太尉周勃也以同样的隆重的礼节回报陈平。从此，陈平、周勃二人建立起了非常密切的关系。吕氏篡权的阴谋由此受到阻滞。从而使历史沿着有利于人民大众安定生活的方向发展。

天下的根本，在于民心。民心所向，体现的就是和。和则通，通则顺，顺则治。

🏮 现代运用

君能下人，必能信用其民

李先生现在已经是人社局调配科一位相当有人缘的骨干了，在他刚到人社局的那段日子里，几乎在同事中连一个朋友都没有。因为他正春风得意，自恃才高。因此每天都使劲吹嘘他在工作中的成绩，说每天有多少人找他请求帮忙，许多记不清名字的人硬是给他送礼等等，得意得不得了。同事们听了之后不仅没有人分享他的"成就",而且还极不高兴,有意无意地疏远他。

李先生不明白为什么别人要冷落自己,他并没有得罪他们呀!后来,经当了多年领导的老父亲一语点破,他才意识到问题的症结到底在哪里,从此他很少谈自己而多听同事说话,因为他们也有很多事情要吹嘘,夸耀自己的成就远比听别人吹嘘更令他们兴奋。李先生与同事闲聊的时候,总是先请对方滔滔不绝地将成就炫耀出来,与其分享,只有当对方问他的时候,才谦虚地说一下自己的成就。这一来,他的人际关系越来越好,无论上司、同事还是下属,无不乐意与他交往。当他从科长升副局长时,没有一个人说闲话。

"良贾深藏宝若虚,君子盛德貌若愚。"这句古话的意思是:商人总是隐藏其宝物,君子品德高尚,而外貌却显得愚笨。所以对于需要展示自己时,一定要露一手,让别人记住你,对你刮目相看,但是必要时"藏其锋芒,收其锐气",不可将自己的优势在别人面前一览无余,这才是恰到好处的中庸处世策略。

不要试图证明自己高明。你高明不高明,不能故意做给别人看,实际上人们心明眼亮,会看出谁高明,你过于在意自己的高明而见人就显摆自己,到最后,别人就会很讨厌你。所以,在与人交往时,假如你确实比对方高明,别人是看得到的,但你不必试图证明你的高明。比方说,有人说了一句你认为错误的话,或者做了一件你认为错误的事,这时,你告诉他正确的应该是什么,无形中将对方摆在学生的地位。除非你真的是他的老师,否则他肯定不服气。即使你真的是他的老师,他同样会在心里存有异议。

无论是在言语还是在行为方面,向人展示自己的优越心理,都是令人反感的,所以,智者会尽量保持甘居人下的谦逊姿态,结果他们反而受到大家的景仰,被人们举得高高的,这难道不是一种更高明的策略吗?

参考文献

1.〔宋〕朱熹撰,金良年今译:《四书章句集注》(上),上海,上海古籍出版社,2006

2.陈戍国撰:《四书校注》,长沙,岳麓书社,2004

3.王国轩译注:《中华经典藏书〈大学〉〈中庸〉》,北京,中华书局,2006

4.方向东著:《〈大学〉〈中庸〉注评》,南京,凤凰出版社,2006

5.水成冰编著:《中庸处世之道》,北京,中央编译出版社,2006